U0946859

中国保密法制史研究

Government Secrecy in Chinese Legal History

张群 著

上海人民出版社

国家社科基金后期资助项目出版说明

后期资助项目是国家社科基金项目主要类别之一，旨在鼓励广大人文社会科学工作者潜心治学，扎实研究，多出优秀成果，进一步发挥国家社科基金在繁荣发展哲学社会科学中的示范引导作用。后期资助项目主要资助已基本完成且尚未出版的人文社会科学基础研究的优秀学术成果，以资助学术专著为主，也资助少量学术价值较高的资料汇编和学术含量较高的工具书。为扩大后期资助项目的学术影响，促进成果转化，全国哲学社会科学规划办公室按照“统一设计、统一标识、统一版式、形成系列”的总体要求，组织出版国家社科基金后期资助项目成果。

全国哲学社会科学规划办公室

2014 年 7 月

目　　录

第一章　导　　论

本书主要考察中国历史上的保密思想和法制，兼及保密与政治制度、思想文化、社会变迁的关系。但是，当今世界，公开已经成为社会主流价值和权威话语，保密只是公开的例外情形，世界上颁布保密法的国家和地区屈指可数，且依附和从属于信息公开法。在这种情况下，专门研究保密问题还有什么意义？这是本书要首先回答的问题。

一、他 山 之 石

为了有个参照，本书首先简单介绍一下西方历史上的保密问题。①2009年，美国出版了一本题为《政府秘密：经典与当代文献》的文集，全书近800页，收录了西方从18世纪末到21世纪初200多年间多关于保密问题的重要文献。②从书中不难看出，在西方思想史上，保密有着较为丰富的理论内涵与深厚的学术积淀。

起初，保密只是在谈到军事和政治问题的时候偶尔涉及，③至19世纪末20世纪初，两位划时代的社会学家——马克斯·韦伯（Max Weber，1864—1920年）和格奥尔格·齐美尔（Georg Simmel，1858—1918年）首次对保密问题进行了系统研究。前者从管理层面，认为保密是官僚体系正常运行的一种必要手段，没有秘密，就没有权威和统治；④后者从个人与社会

① 更多内容参见张群：《西方保密法制札记》，金城出版社2017年版。

② Susan L.Maret and Jan Goldman(Ed.), Government Secrecy—Classic and Contemporary Readings, Libraries Unlimited, 2009。

③ 例如，[古罗马]弗龙帝努斯：《谋略》，袁坚译，解放军出版社2014年版，第5、10、113、117页。

④ Max Weber, *Economy and Society*, ed. Guenther Roth and Claus Wittich, vol.2, pp.992—993 (Berkeley, CA: University of California Press, 1978).

关系角度,认为保密是一种社会行为形式,是个人为保持自己的安全感和优越感而采取的蓄意隐瞒行为。[①]还有学者将保密(Secrecy)与宣传(Propaganda)相提并论,认为二者都是政治操纵的手段,前者是封锁消息、拒绝提供信息;后者则是提供虚假的或经过筛选的信息,最终目的都是巩固统治;所谓泄密则是人民希望自己直接管理自己的表现。[②]其他学者也提出过一些不同观点,但大都没有超越上述范围。[③]

但是,西方思想界对保密价值和作用的看法并不一致。一般来说,对个人、家庭与社会组织的保密行为基本持认可态度,认为保密属于个人对自己信息的处分,属于私法自治范畴,不应干预。但对政府保密则有较多争议。一方面,学者们都承认,保密有着显而易见的必要性,如保护军事计划顺利实施、便利谈判、有利于政府内部进行充分而坦诚的讨论、避免利益集团的压力、鼓励他人与政府进行信息沟通等。但另一方面,保密特别是过度保密又有许多负面作用,如损害民主监督、阻碍科技进步、破坏市场竞争等。[④]此外,相关研究几乎无一例外地证明,政府总是更倾向于保密、逃避、抵制甚至反对公开。因此,目前西方学者关注的焦点已经不是应当不应当保密,而是如何规范与限制保密,从而最大限度地确保保密活动的正当化与保密范围的最小化。

在西方法制史上,保密很早就成为法律规制对象。英美普通法在资产阶级革命之前就确立了对个人秘密(个人隐私)和商业秘密的保护制度,如牧师对信徒的忏悔内容、医生对患者的病情、夫妻对家庭隐私、律师对委托人的秘密、银行对储户的秘密等,除法律规定情形外,对法庭也不得透露。这又称为保密特权、拒绝作证权。[⑤]资产阶级革命后,西方又陆续确立了一些涉及政治权利的保密制度,如秘密投票制度,为投票人不受干扰独立表达自己的意志提供保障;[⑥]新闻来源保密制度,为不少勇敢揭露真相、主持正

---

① [德]齐美尔:《社会学:关于社会化形式的研究》第五章"秘密和秘密社会",林荣远译,华夏出版社2002年版,第261页。

② Carl J. Friedrich, *The pathology of politics; violence, betrayal, corruption, secrecy, and propaganda*, New York, Harper & Row, 1972, pp.176—177.

③ 韩姗姗:《社会学视野中的保密观》,《保密科学技术》2013年第11期。

④ [美]凯斯·森斯坦:《政府对信息的控制》,李志强译,《比较法研究》2007年第2期。

⑤ 参见刘荣军:《论证人的证言拒绝权》,《法学》1999年第5期;王进喜:《律师职业秘密问题研究》,载《诉讼法论丛》第3卷,法律出版社1999年版;蔡辉、李薇薇:《英美保密特权原则之比较与启示》,《国家检察官学院学报》2004年第1期。

⑥ 李智:《秘密投票——以私密的方式行使民主权利》,《南京社会科学》2009年第5期;张佛泉:《论"代书"与秘密投票》,载张佛泉:《自由的言说》,清华大学出版社2010年版,第395页。

义的线人和记者反抗暴政和迫害提供有力支持。①

本书研究的保密法制，即保守国家秘密法，起初属于刑法，主要内容为反奸防谍、惩治泄密，其典型代表是英国1889年颁布的《公务秘密法》(Official Secret Act)。②在两次世界大战以及随后的"冷战"期间，各国开始对定密标准和保密管理进行规范，其典型代表就是美国总统罗斯福1940年发布的第一个保密总统行政命令(Executive Order)，此后几乎每任总统都会颁布一个新的保密行政命令。③20世纪60年代，蓬勃兴起的知情权运动推动美国国会通过了《信息自由法》(Freedom of Information Act，简称FOIA)，并确立了"公开为原则，保密为例外"原则。④随后发生的一些重大案例，如1971年美国五角大楼文件案、⑤1972年日本外务省公电泄露案、⑥1984年英国庞廷案，⑦引起人们对保密负面作用的深刻思考。在此期间，美国于1974年修订《信息自由法》，加强了国家秘密的司法审查力度。⑧20世纪90年代，以计算机和互联网为核心的信息技术革命，从根本上改变了信息存储、流动和获取的形式、途径和面貌，也对传统保密法制构成重大挑战。保密技术法规的分量越来越大、地位越来越重要。⑨1995年在南非通过的《约翰内斯堡关于国家安全、表达自由和获取信息自由原则》(The Johannesburg Principles on National Security, Freedom of Expression and Access to Information 以下简称约翰内斯堡原则)就保密问题提出了法律化、最小化等原则，⑩这些对各国保密法制产生了深远影响。2000年以

① CRS Report RL34193, *Journalists' Privilege: Overview of the Law and Legislation in Recent Congresses*.(January 19, 2011).

② Parliament and Constitution Centre, Number CBP07422, *The Official Secrets Acts and Official Secrecy*.(17 December, 2015).

③ CRS Report R41528, *Classified Information Policy and Executive Order 13526*.(December 10, 2010).

④ CRS Report 97-71, *Access to Government Information in the United States: A Primer*.(March 18, 2016).

⑤ 《英美判例百选》，北京大学出版社2005年版，第91页。

⑥ [日]右琦正博：《国家之秘密与国民之知的权利——外务省公电泄漏事件》，李鸿禧译，载荆知仁主编：《宪法变迁与宪政成长》，台湾正中书局1984年版，第607页。

⑦ 楚安生：《"庞廷事件"与英国的保密法》，《世界知识》1985年第8期。

⑧ CRS Report R41406, *The Freedom of Information Act and Nondisclosure Provisions in Other Federal Laws*. p.7.(September 24, 2010).

⑨ 周汉华：《互联网对传统法治的挑战》，《法学》2001年第3期。

⑩ 英文本请访问 http://www.article19.org，中文参见中国人民大学法学博士高中的中译本，中国法理网，http://www.jus.cn，2013年5月25日访问。

来,越来越多的国家(包括英国)按照这一精神,在信息公开和知情权框架下对保密法制进行修改,保密法制有从刑法附庸演变成为信息公开法附庸的趋势。①

西方各国保密法制体例不一,但大都包括三方面内容:一是定密(classify),②包括确定、变更和解除国家秘密。定密明确保密的具体对象和范围,回答什么是国家秘密的问题,被视为保密工作的基础,在保密法制体系中具有举足轻重的地位。各国信息公开法差不多都将国家秘密作为例外,因此,定密对公民知情权影响很大。保密范围是否适度、定密程序是否科学规范、定密决定是否接受司法审查,也被视为一个国家政府开放和民主法治程度的重要标志。二是秘密信息的保护,即对国家秘密信息采取的各种防范性保护措施,包括涉密人员、涉密载体、涉密活动、涉密会议等的保密管理,其中,涉密人员管理通常需要采取一些限制公民权的措施,如采集指纹、提供个人和家庭隐私信息、审查回忆录乃至监控其社会交往等,争议较多。三是法律责任追究,主要是指违反保密规定乃至造成泄密的刑事法律责任,这是各国刑事法律的当然内容。

此外,从世界史角度观察,政体不同,保密范围和保密手段确实存在一些差异。如皇权社会的"奏章非发抄,外人无由闻;非奉旨,邸报不许抄传",③纳粹国家的"凡事皆秘密",④但现代民主国家的保密范围大多由法律或者行政法规明确规定,且相对较小,主要限定在国防、外交、军事、武器和情报等国家安全领域。具体事项是否涉密也只有法律规定的主体才有资格确定,非领导者个人意志或者任何行政机关可以左右。保密事项亦非一定终身,保密期满必须解密。定密决定也非不可挑战,公民可以质疑甚至提起诉讼,司法机关可以审查。泄密罪必须经过独立司法程序才能定罪量刑,犯罪嫌疑人有辩护的权利,只不过在审判公开性上可能受到一些限制。因此,保密固然不能简单视为民主还是专制的标尺,但确是可以作为分析一个政体和社会的一把钥匙。

---

① 托比·曼德尔:《信息自由:多国法律比较》,龚文庠等译,社会科学文献出版社2011年版。

② 中国台湾地区翻译为"区分",大陆有学者翻译为"归类"。参见张千帆:《政府公开的原则与例外——论美国信息自由制度》,《当代法学》2008年第5期。本书统一译为"定密"。

③ 《明史》列传第一百四十一《王应熊》。

④ 党卫军里几乎凡事皆秘密。最大的秘密是集中营里的行为,甚至连盖世太保成员未经特许也不得入内。参见[美]汉娜·阿伦特:《极权主义的起源》,林骧华译,三联书店2012年版,第545页。

二、中国问题

中国有着悠久的保密传统。很早就有人提出“君不密,则失臣;臣不密,则失身”、①“国之利器,不可以示人”、②“忠臣不显谏,大臣奏事不宜漏泄”③等箴言,民间也有“天机不可泄露”、④“家丑不可外扬”⑤等俗谚,《唐律疏议》中的“漏泄大事”条影响甚至及于整个东亚。清末以来,密码电报等保密技术为战胜外敌侵略、实现民族独立提供了有力保障。新中国成立以来,保密工作稳步发展,为保障社会主义建设和改革开放顺利进行做出重要贡献。但以上只是一个大概情况,理论上和实践中都还有一些没有得到明确回答甚至有较大争议的问题,需要进一步研究。

(一) 中国古代是保密国家?

西方学者几乎普遍认为,中国古代是一个保密国家。主要理由是中国古代实行的是君主专制,而民主欠发达的社会,保密当然会多一些。⑥但也有西方学者不同意上述观点,认为中国古代也存在信息公开的传统,并非一味保密。瑞典“信息公开法之父”——安德斯·屈德纽斯(Anders Chydenius)坦承自己是受中国古代监察制度的启发,才在瑞典倡导信息公开,并撰写了《中国新闻自由报告》(A Report on the Fredoom of the Press in China)。⑦日本学者研究发现,明清时期的善会善堂等民间慈善组织普遍编印征信录,公开捐款和支出明细。从起源看,征信录属于完全意义上的中国传统社会的产物,显示当时中国人已经自觉应用信息公开原理进行社会管理。⑧宋代司马光倡导的“事无不可对人言”,⑨更被曾国藩为代表的士大夫阶层视为做人的基本原则。

---

① 《周易·系辞上第七》。

② 《老子》第三十六章。

③ 《汉书》卷八十六《师丹传》。

④ (清)翟灏:《通俗编》卷一《天文》“泄天机”条,中华书局2013年版,第3页。

⑤ (清)翟灏:《通俗编》卷二十二《妇女》“家丑不外扬”条,中华书局2013年版,第308页。

⑥ Carl J.Friedrich, The pathology of politics: violence, betrayal, corruption, secrecy, and propaganda, New York, Harper & Row, 1972, p.188.

⑦ 杨伟东:《政府信息公开主要问题研究》,法律出版社2013年版,第7页;[美]威廉·R.安德森、彦廷、任东来:《美国〈信息公开法〉略论》,《南京大学学报》2008年第2期。

⑧ [日]夫马进:《中国善会善堂史研究》,伍跃等译,商务印书馆2005年版,第714页。

⑨ 语出《宋史》卷三百三十六《司马光传》。清代翟灏《通俗编》卷十七《言笑》亦收录此条。

这两种说法哪一个更符合历史事实？有中国学者几乎不假思索的相信前者，认为瑞典故事不过是历史的美丽误会。这不但在情感上过于妄自菲薄，在认知方式上也不具备一个现代人应有的理性——康德批评的盲目相信没有经过自由而公平的批判的各种观念。中国古人是如何看待保密和公开的性质和功能？是否纯粹鼓吹保密、反对公开？保密传统（如果有的话）对中国政治、经济、科技和文化发展乃至民族性格有着怎样的积极和消极影响？这些无疑都是只有经过深入探讨才可以作出结论。这是研究中国保密法制史的第一个重要意义。

（二）新中国保密法是“特例”？

1995 年 12 月 29 日，我国台湾政治大学组织召开关于保密问题的研讨会。原文如下：

“国家机密，一般系指攸关国家安全或利益，而有保密必要之事项。因其牵涉国家安危与其他重大利益，举世各国，无论采何种政体，莫不对国家机密严加保护。惟各国对国家机密之维护，多定位为机关内部事项，鲜有以国会制定法规范者。例如，美国以总统命令为之；韩国、德国以委任命令为之；日本、瑞士以职权命令为之；中共之保守国家秘密法则为一特例。”①

马英九对西方保密法制的认识大体不错。至于说《中华人民共和国保守国家秘密法》为“特例”，其实并不准确。英国早在 1889 年就颁布《公务秘密法》，俄罗斯 1993 年颁布《俄罗斯联邦国家保密法》。但新中国的确是世界上少数几个颁布专门保密法，并将保守国家秘密作为公民义务写进宪法的国家。在政治上，新中国保密工作一直居于较为尊崇和特殊的地位，实行“党管保密”领导体制（与之相似的仅有军事、干部、宣传等领域），中央保密委员会在党中央领导下，组织开展全国党政军民各系统各领域的保密工作，中共中央保密委员会办公室与国家保密局一个机构、两块牌子。②新中国保密工作地位为何如此重要？回顾历史，可能是寻找答案的最佳途径。这是研究中国保密法制史的第二个重要意义。

（三）当前保密工作的“两难”

研究中国保密法制史的第三个重要意义就是为现实服务。保密不仅是耐心细致的思想政治工作，更是需要智慧和力量的“技术活”。当前中国保

---

① 《“国家机密”法制与新闻采访权》，台湾政大传播学院 1996 年版，第 3 页。

② 周恩来曾长期担任中央保密委员会主任。现任主任为中共中央政治局委员、中央书记处书记、中央办公厅主任栗战书。

密工作面临的形势比较严峻,可谓“内忧外患”。一方面,保密工作的合法性和正当性遇到更多质疑和挑战,“不必保”、“不应保”的论调甚嚣尘上。特别是2008年《政府信息公开条例》实施以来,申请政府信息公开成为公民一项法定权利,全社会知情权意识高涨。而在拒绝信息公开的案例中,以国家秘密为由的占到总数的7%至20%以上。这些案例中,绝大部分是既有明确法律依据,又是依照法定程序确定的,但也有极少数是站不住脚的,其结果是造成民众对国家秘密的反感与严重不信任。要解决这些问题,不仅要从现行保密制度及其实施上找原因,还需要从历史和文化层面对保密体制和保密观念进行反思。

另一方面,国家秘密“保不住”、“保不了”的问题依然突出。各类网络窃密泄密行为不再局限于国家行为体、不再受限于地理距离,中国只能采取最原始的物理隔离手段,“涉密不上网、上网不涉密”。①同时,中国加入WTO后,必须遵守WTO协定的一系列透明度要求,不得将WTO要求披露的信息作为保密信息(confidential information)而拒绝提供。②可以说,中国保密工作正遭遇前所未有的,涉及观念、制度、体制与技术各方面多层次的严峻挑战。③

“以史为鉴,可以知兴替”。中国古代保密经验之丰富与珍贵自不必多言,清末民初是中国三千年未有之变局,一方面外患深重,国家信息主权受到严重威胁,迫切需要加强对外情报保密斗争,严格管控涉及国家安全的信息流动;另一方面,新闻媒体如雨后春笋,民权观念伸张,社会开放趋势不可逆转,保密工作必须同时应对国家安全与新闻自由的双重冲击与挑战。这个时期又恰逢中华法系传统解体、大面积移植西方法制的历史关头,保密法制身处中西法制和文化冲突之中,其历史经验尤其可以为当前保密工作提供启示和借鉴。

此外,国家教育行政主管部门已经批准设立保密管理专业,保密法学和保密史学均被列为专业必修课。国家保密局先后在哈尔滨工程大学、北京交通大学、天津大学、南京大学、复旦大学、武汉大学、中山大学、四川大学、西北工业大学等十余所大学设立国家保密学院,组织开展保密管理专业教学研究工作。保密法制史主要是以历史和法学方法,通过考察保密法制背

---

① 美国机密的军事网络从1982年就开始与非涉密网络采取了物理隔离。

② 商务部世贸司编译:《中国加入世界贸易组织法律文件》,中国商务出版社2011年版,第271页。

③ 这种两难处境同样体现在个人信息保护上。参见闫晓丽:《大数据时代的个人信息及隐私保护立法研究》,《保密科学技术》2015年第9期。

景、起源、发展、内容、实施状况,对其经验、教训和规律进行总结的学问。研究中国保密法制史,不仅可以为保密法学、保密史学乃至整个保密管理专业学科建设奠定坚实基础,更能使我们不断深化对历史规律的认识,汲取历史的经验与智慧。在我国,保密还是一个比较稚嫩的学科,研究中国保密法制史尤其具有重要的理论价值和现实意义。①

三、研 究 现 状

著名文史学家程千帆先生曾指出:从事学术研究,"必须在前人已取得的成绩的基础上向前发展","必须从掌握已有文献开始"。②保密研究同样应当遵循这一要求。中国保密法制史是一个综合性课题,涉及法律、历史和政治等多个学科。要全面了解其研究情况,比较可取的是从法学和史学两个方面说起。

(一) 保密法研究

目前,国外保密法研究大致集中在以下两个领域:一是刑事法研究领域,主要是阐释国家秘密涵义,分析涉密犯罪行为构成要件及行为态样;二是宪法和行政法研究领域,主要是探讨国家安全利益与信息公开、新闻自由、审判公开等法益的衡平。例如,日本外务省密电泄露案,刑法学者主要研究应当采纳何种标准认定国家秘密才最符合人权、正义,宪法学者则从表达自由、新闻自由角度探讨国家秘密与知情权的关系。新中国保密法制研究路径大略同此,但在广度和深度上远逊于发达国家。

为直观了解有关情况,我们不妨从一些知名学者的经历入手。中国社会科学院法学研究所周汉华研究员是国内较早从事保密法和信息法研究的专家。他在2007年的一篇文章中回忆了自己对保密问题从"断然拒绝"到"萌生兴趣",再到"系统研究"的过程。

(1997年底)一天,经法学所陈泽宪教授的介绍,后来成为朋友的

① "人文科学不比自然科学,必须与本国本民族的历史与现状结合起来才有意义、有价值,不能光是把洋人的学说介绍几家,外国的著作翻译几部过来,就算是中国也有了人文地理学。当前我们若要认真建立中国的人文地理学,那就必须充分重视继承本民族在这方面的遗产,撷取其成果,作为建立这门学科的一个重要组成部分。"谭其骧:《与徐霞客差相同时的杰出的地理学家——王士性》,载《长水集(续编)》,人民出版社2011年版,第200页。

② 程千帆:《闲堂书简》,上海古籍出版社2004年版,第26页。

国家保密局法规处郭杰处长、宗建文副处长专门到法学所拜访我，希望邀请我担任《保密法》修改专家组顾问。由于当时律师事务所工作非常忙，加之自己不愿意“涉密”，所以非常坚决地回绝了两位处长。他们走后不久，宗建文先生又专门打电话到律师事务所，向我作了两点解释：一是国家保密局只是政策制定机关，本身并不涉密，不必担心；二是《保密法》修改必然涉及保密与信息公开的关系，作为一个行政法学者应该会对后者有兴趣。宗先生的解释，不但打消了我担任顾问的顾虑，也第一次使我对信息公开问题萌生了兴趣。1998 年下半年，我利用在挪威奥斯陆大学做访问学者的机会，开始比较系统地对国外信息公开与保密法制进行资料收集和研究工作。2000 年初，法学研究所组织了国内第一个信息公开制度研究课题组，邀请了许多政府部门和学术单位的同仁参与研究，由我担任负责人。2002 年中，在时任中国法学会常务副会长孙琬钟先生和国家保密局副局长王善祺先生的大力支持和积极奔走之下，经我倡议并经信息产业部法规司李国斌先生、国务院信息办政策规划组欧阳武先生、公安部法制局柯良栋先生、国家安全部法制办公室张菁女士、国家保密局郭杰先生的共同努力，我们发起成立了中国法学会信息法学研究会。①

周汉华的经历在一定程度上也是新中国保密法学发展的缩影。从新中国成立到 1988 年第一部保密法颁布的 40 年间，唯一公开出版的保密法著作是著名法学家江庸先生撰写的《保守国家机密暂行条例浅说》。②该书只是逐条介绍 1951 年 6 月颁布的《保守国家机密暂行条例》内容，谈不上什么研究，尽管在当时环境下这已经非常难得。1988 年保密法颁布实施后，出

---

① 周汉华：《政府监管与行政法·前言》，北京大学出版社 2007 年版。信息法学研究会已于近期正式更名为中国互联网与信息法学研究会。

② 江庸：《保守国家机密暂行条例浅说》，上海大众法学出版社 1951 年版。该书前三章分别介绍了条例通过的时局背景、经过、主要内容。从第四章开始依条文顺序分别说明了保守国家机密的目的、国家机密的基本范围、建立保守国家机密的组织。第七章通过批评过去一些人对保密责任的错误认识详细说明了如何进行保密教育，明确在各部门、各单位和各阶层中广泛地、深入地展开保守国家机密的宣传和教育工作，使得每一个人建立保守国家机密的观念。第八章在建立保密人事制度方面强调了首长责任制，第九、十、十一、十二、十三章分类介绍了文书档案、会议、电讯、新闻发布、政府系统出版物保密的具体做法。第十四章从当前失密、泄密的现状入手谈到了保密责任的相关问题，不仅区别了出卖、泄露国家机密的故意和过失两种不同情况的处理，还介绍了条例第十六条对严格保守国家机密的奖励措施。最后强调了各级人民监察机关对各单位及其工作人员是否能严格保守国家机密的经常性监督责任，呼吁各界用实际行动保守国家机密。

现一些不错的作品，如吉林大学法学院高格、韩立朝主编《保密法总论》，[①]但总体学术水平仍然偏低，而且重点都放在泄密罪上。2000年前后，在国家保密局组织和推动下，中国社会科学院法学研究所、北京大学法学院等单位的专家开始系统研究中外保密法制，保密法学才算打下一定的学术基础。[②]近年来，保密法研究有较大进展，出现多篇博士论文，[③]但在整体上，还比较稚嫩，还没有出现可以和美国《定密原理》媲美的作品。[④]

周汉华的回忆还揭示保密研究的一个基本特点，即只有将信息公开和保密综合考虑，才能对保密法有较为全面深刻的了解。学术史考察也表明，尽管早在19世纪末20世纪初，马克斯·韦伯和格奥尔格·齐美尔等社会学家已经从社会学角度对保密问题进行了相当深入的开拓性研究，但后继乏人。[⑤]直到第二次世界大战结束，特别是20世纪七八十年代，美国、欧洲、日本以及中国台湾地区才大范围兴起保密法制研究，而这很大程度上都是缘于知情权运动和信息公开浪潮的冲击和挑战。[⑥]中国近年来保密法制研究比较繁荣也是这个原因。正是在2003年"SARS"危机和2007年《政府信息公开条例》起草过程中，理论界和实务界对现有保密法律制度作了比较深

---

① 主要有赵志宏、郑洪扬：《保密法学》（内部发行），四川大学出版社1993年版；高格、韩立朝主编：《保密法总论》，金城出版社1995年版；徐向丽、周立强：《对近年来北京市泄密罪案的分析》，《人民检察》1994年第12期。

② 主要成果有：《国外保密法规选编》，金城出版社1997年版；《国家秘密与商业秘密的关系及其法律保护》，金城出版社1997年版；《美国保密法律制度》，金城出版社2000年版；《保密法比较研究》，金城出版社2001年版。

③ 例如孙光明：《中国保密立法若干问题研究》，中国社会科学院法学研究所2009年博士论文；孙琦：《论公民知情权与政府保密权的冲突与平衡》，中国社会科学院法学研究所2012年博士论文。

④ Arvin Quist, *Security Classification of Information*，网络来源：*http://www.fas.org/sgp/library/quist/*。该书第一卷《定密概述、历史及负面影响》(Introduction, History, and Adverse Impacts)，出版于1989年。

⑤ 参见韩姗姗：《社会学视野中的保密观》，《保密科学技术》2013年第11期。英文资料参见丽萨·布兰克：《关于保密的两个学派：从马克斯·韦伯、格奥尔格·齐美尔、爱德华·希尔斯和西塞拉·博克的著作中了解"保密"》，Susan L.Maret and Jan Goldman(Ed.), Government Secrecy—Classic and Contemporary Readings, Libraries Unlimited, 2009。

⑥ 主要成果有：Government Secrecy in Democracies, edited by Itzhak Galnoor, New York University Press, 1977; Administrative Secrecy in Developed Countries, edited by Donald C.Rowat, Columbia University Press, 1979；[美]凯斯·森斯坦：《政府对信息的控制》，李志强译，《比较法研究》2007年第2期；[日]右琦正博：《国家之秘密与国民之知的权利——外务省公电泄漏事件》，李鸿禧译，载荆知仁主编：《宪法变迁与宪政成长》，台湾正中书局1984年版，第607页；蔡墩铭：《刑法关于军事秘密之保护》，台湾《法令月刊》1985年第9期；林明锵：《公务机密与行政资讯公开》，台湾《台大法学论丛》1993年第1期；苏俊雄：《论"国家机密"法益与新闻自由的保护》，台湾《政大法学评论》1993年第48期。

刻的反思和批判。[①]2010年保密法修订前后发表的多篇有分量的保密法论文，也大多是从信息公开或者知情权角度切入。[②]

这种研究取向有其合理性和必要性，但也在一定程度上遮蔽了保密问题的特殊性，影响研究深入，一个典型例证是美国著名学者凯斯·森斯坦的经典论文《政府对信息的控制》被翻译成中文发表已经10年，却没有引起中国法学界的重视，中国学术期刊网显示该文引用率不足10次。[③]有学者简单比照美国保密范围，认为国家秘密应当仅限于军事、外交、武器和情报，[④]而没有注意到美国在国家安全秘密信息之外，还有大量非密敏感信息也在保密之列。还有一些学者批评中国密级鉴定制度，认为保密局侵夺了法院的司法权，[⑤]而没有注意到密级鉴定意见是否采信仍然取决于法院，而且在国家秘密认定上，法院尊重行政部门意见是国际通行做法。还有学者对审判工作秘密提出批判，认为不仅违背司法民主原则，也与审判公开的宪法原则直接相抵触，而没有注意到即使在国外，法院审判过程和材料也并不是完全对外公开的。[⑥]对国家秘密本身及其与个人隐私、商业秘密的比较研究也还远远不够。[⑦]

这种重公开、轻保密的倾向也影响到司法实践。在著名的河南律师于萍涉嫌泄密案中，辩护人提出的一些观点和主张（如检察工作国家秘密范围规定不适用于法院文件的定密）明显违反保密法，但竟然获得最高人民法院专家的首肯。[⑧]在项某某诉上海市发展改革委政府信息公开案中，原告也提出一些明显违背保密法和信息公开条例出的要求（如涉密文件应当公开质证）。[⑨]上述种种均显示，当代中国保密法研究不仅有较大的开拓空间，还有较强的

---

① 主要有周汉华主编：《外国政务公开制度》、《中国政务公开的实践与探索》，中国法制出版社2003年版。

② 主要有林爱珺：《基于知情权的国家保密制度研究》，《新闻理论》2008年第1期；龙文懋：《侵犯国家秘密犯罪中国家秘密的甄别问题研究》，《中国人民公安大学学报》2008年第1期；王锡锌：《政府信息公开语境中的"国家秘密"探讨》，《政治与法律》2009年第3期；贺诗礼：《关于政府信息免予公开典型条款的几点思考》，《政治与法律》2009年第3期；周汉华：《〈保守国家秘密法〉修改述评》，《法学家》2010年第5期；郑春燕：《政府信息公开与国家秘密保护》，《中国法学》2014年第1期。

③ [美]凯斯·森斯坦：《政府对信息的控制》，李志强译，《比较法研究》2007年第2期。

④ 王锡锌：《政府信息公开语境中的"国家秘密"探讨》，《政治与法律》2009年第3期。

⑤ 张正平：《定密的主观性及其克服》，《法商研究》2012年第2期。

⑥ 张新宝、王伟国：《司法公开三题》，《交大法学》2013年第4期。

⑦ 如中国有所谓"国家科学技术秘密"（1995年国家科学技术委员会、国家保密局颁布、2015年修订《科学技术保密规定》），但对国家科学技术秘密与一般国家秘密区别何在，还缺乏深入研究。

⑧ 最高人民法院中国应用法学研究所编：《人民法院案例选》（2004年刑事专辑），人民法院出版社2005年版，第535页。

⑨ 李广宇：《政府信息公开判例百选》，人民法院出版社2013年版，第202、347页。

现实意义。

应当指出的是，周汉华不愿意“涉密”的顾虑在保密法研究中具有普遍性（周汉华本人也一直将研究的重点放在信息公开而不是保密上）。许多学者对保密问题避之唯恐不及，甚至连一些没有涉密风险的基础理论研究也不愿问津，主要就是担心“涉密”影响出国、就业以及成果发表、职称评定。同时，因为保密工作的特殊性，许多一手资料难以看到，普通研究人员即使想进行研究，也巧妇难为无米之炊。[①]美国学者曾经指出，保密有着阻碍科技交流和发展（自由学术交流有助于学者建立必要的积极态度去面对任何观点）、增加研究成本（一个保密的科技研发项目，一半以上经费都要用于安全管理）等多种弊端。[②]这些弊端在保密法研究上最先表现出来，令人深思。

（二）保密史研究

与保密法相比，保密史研究的涉密风险较低，基础相对好一些，成果也丰富一些。许多学者都有所关注，在政治史领域，主要是对明代密疏制度和清代奏折制度的研究，重在揭示保密与政治的关系，大多肯定保密对君主政治的必要性；[③]在新闻史领域，主要从信息传播角度，探讨保密对新闻的限制，一般都对保密持批判立场；[④]在社会史领域，主要是对秘密社会（secret society）的研究，和本书主题关系不大；[⑤]在法制史领域，主要是对律例有关条文的考订及保密制度沿革的梳理。[⑥]

---

① 例如张卓明翻译的美国《涉密案件程序法》（《行政法学研究》2010年第4期），在1997年出版的《国外保密法规选编》（金城出版社1997年版）中已经收录中文译本，但因属于内部资料，流传不广。

② Arvin S.Quist，Security Classification of Information，Chapter 7th，www.fas.org.

③ 例如庄吉发：《清代奏折制度》，台湾“故宫博物院”1979年版；杨启樵：《雍正帝及其密折制度研究》，广东人民出版社1983年版；王剑：《明代密疏研究》，中国社会科学出版社2005年版；白新良：《清代中枢决策研究》，辽宁人民出版社2002年版；张群：《上奏与召对：中国古代决策规则和程序研究》，上海人民出版社2011年版；赵涯菲：《唐代密疏制度研究》，暨南大学2013年硕士论文。

④ 例如朱传誉：《宋代新闻史》第三章《边报》第三节“保密防谍”，台湾商务印书馆1967年版；方汉奇主编：《中国新闻事业编年史》（上），福建人民出版社2000年版。

⑤ 最早从事中国秘密社会研究的是日本人平山周，他在20世纪初出版了《中国秘密社会史》一书，该书记载哥老会会规第八条：“我们兄弟中有坏了良心，出首会中秘密的事件，我们是一定要劈死他的。”参见《中国秘密社会史》，商务印书馆2011年版，第150页。新中国成立以来的秘密社会研究状况，参见蔡少卿：《我与中国秘密社会史研究》，《徐州师范大学学报》2007年第3期。

⑥ 例如余华青：《略论秦汉王朝的保密制度》，《中国史研究》2002年第3期；陈玺：《唐律“漏泄禁中语”源流考》，《华东政法大学学报》2012年第1期；徐世龙：《唐代保密制度与泄密问题研究》，陕西师范大学2013年硕士论文；李书永：《宋代保密制度研究》，河南大学2011年硕士论文；闫晓君：《古代保密法：漏泄罪与间谍罪》（初稿），载《唐律与唐代法制学术研讨会论文集》，甘肃政法学院2015年9月编印，第100页。

与这些领域相比，保密学者在资料发掘、方法创新和社会影响上，都相形见绌。一是资料发现能力薄弱，甚至对一些早已公开的资料（如《军机保密办法》）都没有注意到。[①]明代左懋第关于保密的重要言论是新闻史学者最先发现和使用的，清史学者（如白新良）也早已注意到奏折制度的弊端。二是研究方法单一，就保密谈保密，对于政治史、新闻史的一些重要成果，缺乏应有关注和整合。如既往研究表明，中国古代已经形成保密应当适度的观点，并非一味主张保密。明代左懋第提出，不同事项应该有不同的保密政策，所谓“必当密者”、“不可密者”、“可密于事先而不必密于事后者”、“当密于今日而不必密于明日者”。清代康熙、雍正、乾隆等皇帝也曾严词批评一些官员密奏不当，甚至予以处分。按照现代保密理论，这些观点实质已经超越此前基于义务本位，单纯强调官员保密责任和保密义务的局限，开始关注保密责任和义务的前提，即秘密本身的正当性和合法性。这是值得肯定的，尽管主要动机仍旧是为皇帝统治的便利。三是社会影响较小，对一些历史问题缺乏解释力。如现行保密法第十条规定的国家秘密范围制度，一直受到舆论的批评。[②]如果对历史多一些了解的话，评价或许就客观许多。因为早在《唐律疏议》中，就将保密事项分为“大事应密”和“非大事应密”两种，前者指“潜谋讨袭及收捕谋叛之类”等军事行动，后者指“日月星辰之变，风云气色之异”等气候灾异现象。这其实就是保密范围规定。清末民初以后，《大清报律》、《钦定大清报律》、《战时新闻禁载标准》等新闻法规，均规定了各类禁载事项。这实质是一种变相的保密范围，因而不宜将保密范围制度完全理解为“舶来品”或者“土特产”，主要还是保密工作实际需要的产物。此外，晚清民国新闻法上的禁载规定固然有压制舆论的一面，但政府明文公布禁载事项，报界可以就此与政府平等对话，这在清代前期是不可想象的，说明君主“一言而为天下法”的不容反对的专制思想，正在逐渐被理性、妥协、协商的民主思想所代替。一些新闻史作品对此断然否定，有失公允。[③]

古人有云：“创始者难工，踵事者易密，固事理之自然耳。”评述既往研究的不足，不是要否定这些成果的价值，而是要在此基础上继续推进。学术研究从来不是在真空中进行，都要受到具体历史条件的限制。本书的写作也不例外。

---

① 《中华民国史档案资料汇编》第五辑第三编军事（一），江苏古籍出版社 1999 年版，第 284 页。

② 例如汪全胜：《论政府信息的保密范围》，《软科学》2006 年第 5 期；庞世之、孙战国：《试论保密事项范围制定修订工作的基本原则》，《保密科学技术》2011 年第 10 期。

③ 寒宇：《中国新闻史视野下的保密问题》，《保密科学技术》2014 年第 9 期。

四、写作思路

中国台湾地区法学家王泽鉴曾说："法学的研究应具备历史与体系两个层面。"①按照笔者的理解，这是指对一个法律制度的研究，既要追源溯流，了解其历史发展，还要进行规范分析，探讨其具体内涵和理论依据。这也符合一般史学著作的通例。现代史学一向倡导以问题而不是断代为中心的研究取向。②但就史学作品来说，仅仅强调问题意识似乎还不够，因为历史非常丰富多彩和复杂深邃，远非几个问题可以概括。好的历史作品要能见人见事见思想，给读者较为全面真实的认识，并启发读者思考。中国传统的纪传体史书不仅包括史事（本纪），还有制度（志）、人物、言论（列传）以及图表等内容，所谓"纪传以述理乱兴衰，八书以述典章经制"。③这些体例都是前人经过长期艰苦探索形成的，有相当的合理性。本书主体内容为制度史，原就稍嫌枯燥，更加需要人物（言论）和事件（案例）的补充与支撑，方可揭示其丰富多彩、曲折生动的发展变化。有鉴于此，本书在写作上，采取通常的章节体，但在布局谋篇上，既注重梳理制度变迁，也注意考察人物（言论）和事件（案例），力求写出一本比较丰满、生动、深刻的法制史著作。

按照这一思路，本书内容大体分为两大部分：一是纵向上，按照时间顺序，依次考察中国古代、近代和新中国三个阶段保密法制的背景、观念、内容、特点及其实施情况；二是横向上，对一些重要现象和理论问题进行专门研究，如中国古代史上关于密奏（以清代奏折为代表）利弊的争论，中国近代关于保密与新闻自由的论争，新中国关于保密与"资料供应"的冲突与调适等。基本结构如下：

第一部分是中国古代保密法制与思想（第二章至第四章）。鉴于已有不

① 王泽鉴：《人格权法：法释义学、比较法、案例研究》，北京大学出版社 2013 年版，第 3 页。

② 19 世纪阿灵顿名言："研究的对象是问题不是断代(study problems not periods)。"参见余英时：《关于韦伯、马克思与中国历史研究的几点反省》，载《余英时文集》第三卷《儒家伦理与商人精神》，广西师范大学出版社 2004 年版，第 213 页。程千帆也认为，学术研究"要真正有所贡献，要从深入研究专题，切实写成论文入手"。参见程千帆：《闲堂书简》，上海古籍出版社 2004 年版，第 26 页。著名唐史专家张国刚读博时曾打算写一本唐代藩镇史的书，并拟了一个简单提纲，但被导师杨志玖先生否定，认为这样写将沦为历史过程的叙述，还是应从专题论文着手。张国刚后来认为这一指示是十分正确的。参见张国刚：《唐代藩镇研究》后记，中国人民大学出版社 2011 年版。

③ 马端临：《文献通考》自序，中华书局 2011 年版。

少著作梳理过中国古代保密制度沿革，本书主要探讨三个方面的问题：一是从思想史角度，梳理、总结中国历史上一些主要学派和人物的保密言论；二是从制度史角度，追溯中国古代一些比较成熟、影响比较大的保密制度的源流，总结其亮点和局限；三是在上述基础上，对一些重要现象、重要问题进行探讨。

第二部分是中国近代保密法制与思想（第五章至第七章）。鉴于学术界对中国近代保密法制还没有系统研究，本部分比较全面地考察清末到民国保密观念和法制的发展历程，分析战争、电报、新闻业兴起对保密的影响。清末和民国历史上新闻自由与国家秘密的关系相对紧张，报界和政府就新闻禁载事项进行多次激烈论争，有一定理论价值，本部分深入考察这一争论的过程，并结合西方相关思想和法制，评析其得失。

第三部分是新中国保密法制与思想（第八章至第十章）。新中国保密法制是在中国共产党领导下建立的，充分吸取了共产党保密工作的经验，深受党的理论和政策影响。本部分首先梳理中国共产党关于保密问题的论述，并与西方保密思想进行简单比较。其次，以红色革命传统的继承与改造为中心，探讨革命、建设、改革等时代主题对保密法制的影响。再次，新中国保密法制在促进信息资源合理利用方面，受到一些批评。本部分从法制史的角度，考察新中国保密法制与信息公开关系的演变。

结语部分，对本书主要观点进行总结。

鉴于调研和实证资料获得比较困难，且本书主要是一项历史和理论研究，故主要使用文本分析、案例分析与比较分析方法，通过对相关立法、案例和学说资料的归纳，梳理中国保密法制发展的基本轨迹，总结其基本精神和主要特点，并对保密、法制与社会的互动关系以及一些重要理论问题进行探讨。在分析问题时，从一些值得注意的历史现象出发，研究隐藏在现象背后的本质规律，揭示矛盾的根源。[①]对一些沿袭已久的传统理论和权威观点，

---

① 毛泽东曾指出："研究问题，要从人们看得见、摸得到的现象出发，来研究隐藏在现象后面的本质，从而揭露客观事物的本质的矛盾。《资本论》对资本主义经济的分析，就是用这种方法，总是从现象出发，找出本质，然后又用本质解释现象，因此，能够提纲挈领。教科书对问题不是从分析入手，总是从规律、原则、定义出发，这是马克思主义从来反对的方法。原理、原则是结果，这是要进行分析，经过研究才能得出的。人的认识总是先接触现象，通过现象找出原理、原则来。而教科书与此相反，它所用的方法，不是分析法，而是演绎法。形式逻辑说，人都要死，张三是人，所以张三要死。这里，人都要死是大前提。教科书对每个问题总是先下定义，然后把这个定义作为大前提，来进行演绎，证明他们所要说的道理。他们不懂得，大前提也应当是研究的结果，必须经过具体分析，才能够证明是正确的。"参见毛泽东：《读苏联〈政治经济学〉教科书谈话》（一九五九年十二月至一九六零年二月），载《毛泽东文集》第 8 卷，人民出版社 2013 年版，第 139 页。

根据自己的认识，重新进行评价和分析。[①]在比较时，不仅注意宏观的古今比较和中西比较，还注意微观的明清比较、唐宋比较等，也融入了一些个人从事保密工作的体会。[②]

① 毛泽东说："写书要有批评对象，就会有生气。这本书（指苏联《政治经济学》教科书）没有展开对错误观点的批判，所以看起来很沉闷。"参见毛泽东：《读苏联〈政治经济学〉教科书谈话》（一九五九年十二月至一九六零年二月），载《毛泽东文集》第8卷，人民出版社2013年版，第139页。

② 程千帆曾说：研究古典文学，不仅要将考证（文献学）和批评（文学理论）结合起来，还要尝试写写诗词等文学作品，对创作有所体会，才能真正进去。对于法律史研究来说，最理想的境界当然也是如此，即不但要占有丰富的史料，掌握相关的法学理论，最好还要有一定的司法实践经验。

第二章　中国古代的保密观

一、引　　言

自清末以来，就不断有人批评中国古代保密传统，其中既有著名思想家和政治家，如康有为，①也有普通官僚和学者，如姚锡光、②褚辅成、③唐庆增等，④甚至还有外国人。历史考察显示，上述看法稍显简单化。中国古代保密思想历史悠久，中国古人也很重视保密，但对保密弊端也不乏深刻反思，有识之士还提出保密适度的主张。其中许多观点对今天亦不乏启发。本章从思想史角度，对中国历史上重要文献和重要人物的保密言论进行梳理，前者主要是《左传》、《孙子兵法》、《韩非子》、《史记》、《汉书》和《资治通鉴》，后者主要是武则天、韩愈、朱熹、左懋第、顾炎武和清代康熙、雍正、乾隆三帝。选择这些文献和人物，首先是考虑到他们在中国古代史上的重要地位，具有相当代表性，更重要的则是他们在保密方面提出重要观点，或者在实践中创立重大举措，对后世影响较大。⑤

二、《左传》的多元保密观

《左传》是先秦史学名著，关于其作者、创作年代及材料来源有许多争

① 孔祥吉编著：《康有为变法奏章辑考》，北京图书馆出版社2008年版，第269页。

② 姚锡光：《姚锡光江鄂日记》（外二种）1896年8月30日条，中华书局2010年版，第154—155页。

③ 郭卫编辑：《大理院判决例全书》，上海会文堂书局1932年版。

④ 唐庆增：《中国经济思想史》，商务印书馆2010年版，第27页。

⑤ 本章的部分内容曾经发表。张群：《谈谈中国古代的保密文化》，《北京电子科技学院学报》2013年第1期；《中国保密法制历史研究的意义、现状与展望》，《北京电子科技学院学报》2013年第3期；《事以密成，语以泄败——中国古代保密法制初探》，《南京大学法律评论》2013年春季卷。

议，但根据考古以及《史记》等其他文献，其记载大体可靠，而且该书首尾一致，较有系统，较之《国语》、《战国策》等其他先秦史籍更具典型性，作为考察先秦史学文献中的保密观比较合适。《左传》中涉及保密的记载有多处，虽然并未像现代著作那样明确主张保密应当如何，但可以从字里行间分析其立场。

一是军事斗争要保密。这主要体现在"殽之战"的记载中。《左传》僖公三十二年冬天，潜伏在郑国的秦国间谍杞子派人送来情报，说他掌管了京城北门的钥匙，如果秦军偷偷来攻，有望里应外合，拿下国都。秦穆公问大夫蹇叔的意见，蹇叔认为不可行，主要理由之一是无法保密，"劳师以袭远"，"师之所为，郑必知之"，"且行千里，其谁不知？"但秦穆公听不进去，仍然决定出兵。果然，秦军到达滑（诸侯国名，在今河南睢县西北）的时候，被郑国商人弦高侦知，派人通知了郑国。秦军主将孟明看到郑国有了防备，打又打不赢，围又没有后援，只好撤兵。回师途中，在殽（晋国山名，在今天河南洛宁西北）被一直虎视眈眈的晋军偷袭，主将孟明、西乞术、白乙丙被俘。事情的发展一如蹇叔所料，但蹇叔并非"神机妙算"，而是以事实为根据推断出来的科学结论，其理论根据就是军事行动要保密，密则胜，不密则败。

二是政治斗争要保密。这包括国君和臣子两个方面。首先，是国君要注意保密。这主要表现在文公六年的"晋杀其大夫阳处父"事件中。该年春，晋襄公拟任命狐射姑为中军，赵盾为副。太傅阳处父反对，理由是"射姑民众不悦，不可使将"。[①]襄公遂将两人职务对调，并把阳处父的意见告诉了狐射姑。狐射姑怀恨在心，后来找机会杀死了阳处父。[②]《春秋》认为，阳处父虽然是被非法杀害，但有错在先，被杀也并不冤枉。其理由是，其一，君已命帅，阳处父易之，是对君权的冒犯，有专断之嫌。其二，阳处父是赵氏的家臣（"成季之属也"），依靠赵盾父亲的推荐获得重用（"阳处父欲臣文公，因咎犯，三年不达；因赵衰，三日而达"）。他的谏言出于私心（"党于赵氏"）。国君用人尚且不敢行私，阳处父却公然行之，即所谓"侵官"，宜为国讨，故不言狐射姑杀之，而曰"晋杀其大夫阳处父"。[③]但同时，《左传》以及《穀梁传》、

---

① 《春秋公羊传注疏》卷一三《文公六年》，载《十三经注疏》（全二册），上海古籍出版社 1997 年版，第 1268 页。穀梁传记载为："古者君之使臣也，使仁者佐贤者，不使贤者佐仁者。今赵盾贤，夜姑仁，其不可乎？"《春秋穀梁传注疏》卷十《文公六年》，载《十三经注疏》（全二册），上海古籍出版社 1997 年版，第 2406 页。

② 杨伯峻：《春秋左传注》第二册，中华书局 2009 年版，第 545、552 页；高士奇：《左传纪事本末》卷三十一《晋卿族废兴》，中华书局 2015 年版，第 435 页。

③ ［日］竹添光鸿：《左氏会笺》，巴蜀书社 2008 年影印版，第 708、716 页。

《公羊传》都认为，即使阳处父有这些不是，晋襄公将阳处父的谏言泄露给狐射姑也是不对的，所谓“自上言泄下，曰漏。”①这就是后世“漏言”之说的由来。《穀梁传》明确提出，“士造辟而言，诡辞而出”，“用我则可，不用我则勿乱其德”。②这主要是对君主提出保密要求。

其次，是臣子要保密。这主要体现在襄公十四年的“驹支不屈与晋”故事中。驹支是姜戎部落的首领，率领部落诸人生活在晋国的南部边境。晋国与南方诸国关系恶化后，身处南疆的他们最先受到怀疑（“戎居晋南鄙，故疑而诘之”）。③在一次朝会上，大臣范宣子声称，最近南方诸侯没有以前尊重晋国，是姜戎把晋国一些机密泄露出去造成的，故拟剥夺驹支参加朝会的权力（“今诸侯之事我寡君不如昔者，盖言语漏泄，则职女之由。诘朝之事，尔无与焉。与，将执女”）。驹支辩解说，我们各族戎人饮食衣服和中原不同，财礼不相往来，言语不通，能做什么坏事呢？（“我诸戎饮食衣服不与华通，贽币不通，言语不达，何恶之能为？”）范宣子等一听，认为有道理，允许驹支继续参加朝会。④从这个案例可以发现，当时对泄密的处理非常严厉，实质上已经将保密与忠诚联系在一起。

三是法制要公开。这主要表现在郑国子产铸刑书（昭公六年）、晋国铸刑鼎（昭公二十九年）事件中。以叔向和孔子为代表的一方主张法制应该保密，以子产、赵鞅为代表的一方则主张法制公开，双方有激烈的论争，说了很多理由。在古代即引起许多讨论。⑤改革开放以来，因为涉及法治和人治问题，该事件更引起史学界和法学界的普遍关注。⑥这个事件争议颇多，但有

---

① 《春秋公羊传注疏》卷一三《文公六年》，载《十三经注疏》（全二册），上海古籍出版社 1997 年版，第 1268 页。

② 《春秋穀梁传注疏》卷一三《文公六年》，载《十三经注疏》（全二册），上海古籍出版社 1997 年版，第 1268 页。

③ ［日］竹添光鸿：《左氏会笺》，巴蜀书社 2008 年影印版，第 1278 页。

④ 杨伯峻：《春秋左传注》第三册，中华书局 2009 年版，第 1005 页。这个故事在清代还被选入《古文观止》卷二《驹支不屈于晋》。

⑤ 杨伯峻编著：《春秋左传注》（修订本），中华书局 2009 年版，第 1274、1504 页；杜佑：《通典》卷一百六十六《刑法四・杂议上》，中华书局 1988 年版，第 4285 页；竹添光鸿：《左氏会笺》，巴蜀书社 2008 年影印版，第 1730、2098 页；吕思勉：《吕思勉读史札记（增订本）》（上）甲帙先秦第一五二至第一五四条“郑人铸刑书（上）（中）（下）”，上海古籍出版社 2005 年版，第 361—367 页。

⑥ 主要有韩连琪：《论春秋时代法律制度的演变》，《中国史研究》1983 年第 4 期；俞荣根：《孔子讥刑鼎辨析》，载俞荣根：《道统与法统》，法律出版社 1999 年版，第 95 页；孔庆明：《“铸刑鼎”辩正》，载杨一凡主编：《中国法制史考证》甲编第一卷，中国社会科学出版社 2003 年版，第 345 页；王沛：《刑鼎源于何时》，《法学》2012 年第 10 期。

一点是有共识的，就是法律保密有利于人治而不利于法治。当代学者范忠信曾基于今天的法治立场，借古喻今做了一个评论，可以佐证。

> 关于铸刑书刑鼎引起的争议，我们只需与1979年我们国家制定颁布"两法"时的争议作个简单对比，就更好理解。1979年"两法"（刑法、刑诉法）的颁布，正如春秋时郑国晋国铸刑书于国鼎一样，是有特别的意义的，它标志着"政策治国"、"文件治国"、"长官治国"到"以公开而稳定的法律治国"的变化。据说，颁布"两法"时，好些干部，特别是政法干部很不以为然。他们说，从前没有"两法"，靠党和国家的文件或政策，打击犯罪分子得心应手、灵活机动，充分体现了专政的威力；现在有了"两法"，对于"两法"没有规定的很多行为我们就不好打击了，我们办案子就得讲程序合法了，于是有时鞭长莫及，有时束手束脚。①

但要注意的是，铸刑书、铸刑鼎事件本身的关键并非法律的公开和保密问题，而是法律的确定性问题。其主要变革意义是在确立刑罚标准，使得罪刑一一对应，改变此前处罚标准模糊、操作空间太大的弊端，同时也使国君绕过诸侯，获得直接行使对民众的司法权。②

四是保密和为人之道。以上讨论的都是政治、军事领域的保密问题，《左传》的态度是比较明确的。那么，对于个人事务的保密，《左传》是个什么态度呢？答案稍微复杂一些。保密作为一种社会行为，背后都涉及价值和利益。当个人面对国家、民族和君王时，涉及国家安全和利益，事关忠诚，没有多少权衡的余地。而在私人场合，利益大体相当，互相冲突时就会有权衡的需要和条件。目前所见最早对保密问题进行利益权衡的例子，可能要算《左传·桓公十五年》记载的郑国大夫祭仲女儿雍姬的故事。

> 祭仲专（权），郑伯（厉公）患之，使其婿雍纠杀之。将享诸郊。雍姬（祭仲女儿）知之，谓其母曰："父与夫孰亲？"其母曰："人尽夫也，父一而已，胡可比也？"遂告祭仲曰："雍氏舍其室而将享子于郊，吾惑之，以告。"祭仲杀雍纠，尸诸周氏之汪。公载以出，曰："谋及妇人，宜其死也。"夏，厉公出奔蔡。③

这个故事里权衡的是父亲和丈夫哪一个更重要问题，而且倾向于父亲。此后也有类似故事，不过女性当事人都选择了丈夫。《左传·僖公二十

---

① 黄东海、范忠信：《春秋铸刑书刑鼎究竟昭示了什么巨变》，《法学》2008年第2期。

② 郝铁川：《从多元立法权和司法权到一元立法权和司法权的转折——春秋时期"铸刑书"、"铸刑鼎"辨析》，《华东政法大学学报》2005年第5期。

③ 参见《史记》卷四十二《郑世家第十二》。

二年》：

(晋惠公之子圉为质于秦，)将逃归，谓嬴氏曰："与子归乎？"对曰："子，晋大子，而辱于秦，子之欲归，不亦宜乎？寡君之使婢子侍执巾栉，以固子也。从子而归，弃君命也。不敢从，亦不敢言。"遂逃归。①

《左传·僖公二十三年》：

(晋公子重耳)及齐，齐桓公妻之，有马二十乘，公子安之。从者以为不可，将行，谋于桑下。蚕妾在其上，以告姜氏，姜氏杀之。而谓公子曰："子有四方之志，其闻之者吾杀之矣。"公子曰："无之。"姜曰："行也。怀与安，实败名。"公子不可。姜与子犯谋，醉而遣之。

这几个案例中，当事人在面对保密还是不保密的难题时，均根据具体情况做出选择，并不固守某一道德教条，体现出比较浓厚的实用主义色彩。《左传》未对她们的选择做出评价，但对这种处事方法似不无赞赏之意，至少并不否定。

总体而言，《左传》中的保密观比较多元，既重视其忠诚、守信等伦理性价值性的一面，也赞赏其技术性智慧性的一面，比较全面客观地反映了先秦社会保密活动的多重面相，也显示当时思想的开放和包容。此外，还有三点需要注意：一是现代读者一般将《左传》看做一部史书，其实在古人眼中，《左传》还是一部地位堪比《孙子兵法》的兵书。三国时期的关羽、吕蒙都从《左传》中学习用兵之道。南宋名将岳飞更高度评价《左传》中的用兵谋略，他说："用兵在先定谋，乐枝曳柴以败荆，莫敖采樵以致绞，皆谋定也。"②这主要是因为《左传》比较全面地记载了当时纷繁复杂的军事斗争实践，其中许多谋略(包括保密)可以为实际斗争提供参考和借鉴。《左传》有关这方面的记载也最为丰富，而且也不限于军事。这里再举一个政治方面的例子。桓公十一年，当时还是太子的郑昭公带兵帮助齐国击败北戎，齐侯打算把女儿嫁给他，昭公辞谢了。大夫祭仲劝他说："您一定要娶她。国君(指当时在位的郑庄公——引者注)姬妾很多，您如果没有有力的外援，将不能继承君位。其他三位公子都可能做国君。"昭公还是不同意。最后"卒以无大国之助，至

① 同是这位女人，在面对晋文公重耳的无礼时，却表现出让人意外的"尊严"。《左传·僖公二十三年》记载：秦伯纳女五人，怀嬴与焉。奉匜沃盥，既而挥之。怒，曰："秦晋，匹也，何以卑我？"公子惧，降服而囚。

② 顾栋高：《春秋大事表》卷四十六《春秋左传兵谋表》，中华书局1993年版，第2529页。参见钱钟书：《管锥编·史记会注考证》四七《卫将军骠骑列传》，三联书店2007年版，第570页。

于见逐”。这个实例中，昭公的年轻气盛，祭仲的老谋深算，一览无余，而作者明显是肯定祭仲的。这无关乎立场，主要是从技术角度的观察，体现出的是对政治智慧的一种赞赏。《左传》对保密的态度大约也是如此。

二是南宋朱熹批评左丘明是一个“审利害之几，善避就底人”，《左传》一书“以成败论是非，而不本于义理之正”。[①]大概指的就是上述这样一些有关谋略的内容。其实《左传》并非没有立场，只是没有直接说出来，而是通过直书其事的方式，让是非互见。比如《左传》记载：当时背叛旧主的臣子，几乎均不为新上台的主子所信任，多被处死。这实际就是对臣子的一种告诫，所谓“让乱臣贼子惧”。但同时，《左传》对于国君见利忘义、翻云覆雨的一面也不回避。《左传·僖公十年》记载的“晋杀其大夫里克”故事就是如此。晋惠公夷吾依靠大夫里克的支持当上国君之后，担心里克也会背叛他，就说：“如果没有您，我就做不了晋君。尽管如此，您杀了两个国君、一个大夫（指奚齐、卓子和荀息——引者注），做您国君的人，不也太难了吗？”里克回答说：“没有奚齐、卓子的被废，君王怎么能兴起？要给人加上罪名，还怕没有话说吗？下臣听到命令了。”遂伏剑而死。晋惠公对叛变“其事可喜，其人可憎”的态度，[②]赤裸裸地暴露出国君在维护个人权位时的残酷与无情。也许在朱熹看来，臣子背叛应该谴责，但君主过错则不应追究，更不应这样深描，所谓“为尊者讳”。但我们则要赞赏左丘明的这一特点，并感谢他留下这些珍贵的记录。

三是与《左传》相比，同样被定为儒家经典的《论语》对保密的态度似乎保守许多，经常引用的就是“民可使由之，不可使知之”这句话，但是对此争议较多。南宋朱熹赞成这一观点，理由是“民但可使由之耳。至于知之，必待其自觉，非可使也。由之而不知之，不害其为循理。及其自觉此理而知之，则沛然矣。必使之知，则人求知之心胜而由之不安。甚者遂不复由，而惟知之为务。其害岂可胜言。”[③]近代以来，这句话被视为“封建残余”。[④]著名史学家钱穆认为这是近人的误解，孔子是从行政管理角度而言，符合实

---

① 《朱子语类》卷第八十三《春秋·纲领》，中华书局1984年版，第2149页。

② 西方有类似说法：“臣之功可酬者，则君喜之；苟臣功之大，远非君所能酬，则不喜而反恨矣。”参见钱钟书：《管锥编》第一册，三联书店2001年版，第543页。

③ （宋）朱熹：《答范伯崇》，转引自钱穆：《朱子新学案》第三册《朱子论当时学弊》（中），九州出版社2011年版，第279页。

④ 《为了帮助国家统计局整风，薛暮桥局长邀请京津部分经济学统计学教授举行座谈会》（1957年5月20日），《统计工作》1957年第12期。

际，并非主张愚民以便专制。[①]从古代史以及《左传》来看，儒家对待保密的态度比较中庸，对待民众也相对宽和，这句话的消极影响也远逊于韩非子，故似直接依据字面理解即可，不必非得为孔子找出一个正面的解释。

三、《孙子兵法》的军事保密观

从历史角度看，军事保密意识起源甚早，对军事计划和行动保密有数千年之久。前述《左传》僖公三十三年的殽之战中，蹇叔主要就是从保密角度对战争胜负做出正确判断。但较早从理论上提出和论证军事保密的是《孙子兵法》一书。其主要内容包括以下两个方面：

第一，关于对敌保密。《孙子兵法》首倡“知己知彼，百战不殆”。《孙子兵法·用间篇》专门谈到使用间谍侦探敌情的重要性。[②]相应的，对我方军情则强调保密，不能让敌人知悉。《孙子兵法》卷上《计篇》云：“兵者，诡道也，故能而示之不能，近而示之远，远而示之近……”。“攻其不备，出其不意。此兵家之胜，不可先传之。”其意思是说，用兵打仗是一种诡诈的行为。所以，能攻而装作不能攻，要打而装作不要打，要在近处行动而装作要在远处行动，要在远处行动而装作要在近处行动。要在敌人无准备的状态下实施攻击，要在敌人意想不到的情况下采取行动。这些都是军事家取胜的奥妙所在，是不可事先加以具体规定的。[③]要达到这样的效果，当然就必须做好保密工作。所谓“兵以诈立”、“兵不厌诈”，都包含这个意思。[④]

第二，关于对内保密。《孙子兵法》还认为，带兵打仗不仅要对敌人保密，对自己的士兵也要保密。《孙子兵法·九地篇》说：“将军之事，静以幽，正以治。能愚士卒之耳目，使之无知。易其事，革其谋，使人无识。”其意思是说，统帅军队这种事情，要沉着冷静，幽深莫测，严肃认真，有条不紊。要能蒙蔽士卒的耳目，使他们对军事计划毫无所知；改变任务，变更计谋，使人们不能识破。[⑤]

以上两个方面是互为补充、不可分割的，都是军事斗争所必须。但在历

① 钱穆：《论语新解·泰伯篇第八》，九州出版社 2011 年版，第 235 页。
② 《孙子兵法新注》，中华书局 2005 年版，第 105 页。
③ 《孙子兵法新注》，中华书局 2005 年版，第 7 页。
④ 钱钟书：《管锥编·左传正义》一五《僖公二十二年》，三联书店 2007 年版，第 310 页。
⑤ 《孙子兵法新注》，中华书局 2005 年版，第 91 页。

史上，评价却有些不同。对于前者，几乎没有什么异议。曹操在给《孙子》做注时也指出："将周密，谋不泄也。"①李荃在注释这一句时专门引用匈奴对汉高祖保密并取得成功的例子。

高祖遣使十辈视之(指匈奴——引者注)，皆言可击。复遣娄敬，报曰："匈奴不可击。"上问其故。对曰："夫两国相制，宜矜夸其长。今臣往，徒见羸老。此必能而示之不能，臣以为不可击也。"高祖怒曰："齐虏以口舌得官，今妄沮吾众！"械娄敬于广武，以三十万众，至白登，高祖为匈奴所围，七日乏食。此师外示之以怯之义也。②

其他兵书上也多类似言论。例如，"漏泄军事，斩之。"③"三军之事，莫重于密。"④"我秘敌泄，则胜常在敌；敌秘我泄，则胜常在我。""胜在于敌人之不及知事，败于吾军之不能秘事。机之无穷，一或不密，则我之所以制敌者，敌反得以制我矣。"⑤"军中咨事，若以文牒往来，须防泄漏，以腹心报复，不惟劳烦，亦防人情离叛。"⑥"凡朝廷问机密事宜及兵中钱粮文字，不得只凭口宣，须亲见宣敕方得奏报。"⑦"号令之出务加慎密，前代漏泄禁中语犹不免其死，况成败安危所系乎？"⑧"夫朝廷之事固有当密者，如行军用间、已成之谋，一或漏泄，为害非细。"⑨北宋大臣田锡建议宋太宗对契丹实行间谍战，所持理由也是为了获得对峙上的信息优势。

兵书曰："事莫密于间，赏莫重于间。"契丹自有诸国，未审陛下曾探得凡有几国与之为仇？若悉知之，可以用重赏，行间谍。间谍若行，则契丹自乱；契丹自乱，则边鄙自宁。昔李靖用间，破突厥心腹之人。如汉之陈汤、傅介子之流，则不劳师徒，自然归化。此可以缓陛下忧边之心也。⑩

历代军事将领无不奉孙子之言为圭臬。南北朝时期，高欢建立的东魏

① 《曹操集》，中华书局1959年版，第86页。
② 《十一家注孙子》，中华书局2012年版，第13页。
③ 《大唐卫公李靖兵法》，转引自杜佑：《通典》卷第一百四十九《兵二》。
④ 揭暄：《兵法百言·智篇·秘》，载《中国兵书集成》第41册，解放军出版社、辽沈出版社1995年版，第51页。
⑤ 华岳：《翠微北征录》卷六《将帅小数》反泄条，解放军出版社、辽沈出版社1992年版，第663页。
⑥ 《武经总要》前集卷十五《守验》，解放军出版社、辽沈出版社1993年版，第767页。
⑦ 《武经总要》前集卷十五《行军约束》，解放军出版社、辽沈出版社1993年版，第755页。
⑧ (宋)曹勋：《松隐集》卷二十七《议淮上事宜》，文渊阁四库全书本，第1129册，第489页。
⑨ (宋)徐梦莘：《三朝北盟会编》卷一百八十八，绍兴八年十二月一日癸丑朔条。
⑩ 《资治通鉴》卷十四。

最终被宇文泰建立的西魏灭掉，有两个人物很关键，一个是东魏大将侯景，另一个是西魏大将韦孝宽。前者在关键时刻叛投南朝，严重消解东魏势力，后者一生忠心耿耿，维持和壮大西魏。这两人都有一个共同特点，就是特别重视和擅长情报和保密工作。史载：高欢派侯景经营河南，侯景临行前建议："今握兵在远，人易为诈，所赐书皆请加微点。"高欢答应了。后来高欢病重，其子高澄伪造书信，召侯景觐见，想借机除掉他。侯景收到信后，一看没有加点，就借故不去，不久就公开叛变。①至于韦孝宽，《周书·韦孝宽传》记载："孝宽善于抚御，能得人心。所遣间谍入齐者，皆为尽力。亦有齐人得孝宽金货，遥通书疏。故齐动静，朝廷皆先知。"特别是利用反间计除掉东魏重臣斛律明月，为最终灭掉东魏扫除了绊脚石，西魏皇帝特赦免所有囚犯，以示庆贺。

> 东魏丞相斛律明月精于用兵，韦孝宽很是忌惮，因令作谣歌曰："百升飞上天，明月照长安。"百升，斛也。又言："高山不摧自崩，槲树不扶自竖。"令谍人多赍此文，遗之于邺。明月竟以此诛。②

明代万历年间，明军之所以能在朝鲜击败丰臣秀吉，除了战争本身的正义性质、赢得人民支持以外，与保密工作卓有成效，并积极向日本派遣间谍搜集情报有很大关系。③丰臣秀吉在日本历史上向以重视和善于情报工作

① 《资治通鉴》卷一百五十九，武帝中大同元年十一月己卯条。

② 韦孝宽多次用间成功。《周书》卷三十一《韦孝宽传》记载：孝宽任南兖州刺史时，东魏将段琛、尧杰复据宜阳，遣其阳州刺史牛道恒扇诱边民。孝宽深患之，乃遣谍人访获道恒手迹，令善学书者伪作道恒与孝宽书，论归款意，又为落烬烧迹，若火下书者，还令谍人送于琛营。琛得书，果疑道恒，其所欲经略，皆不见用。孝宽知其离阻，日出奇兵掩袭，擒道恒及琛等，崤、渑遂清。宣帝崩，隋文帝辅政，时尉迟迥先为相州总管，诏孝宽代之。又以小司徒叱列长釜为相州刺史，先令赴邺。孝宽续进，至朝歌，迥遣大都督贺兰贵赍书候孝宽。孝宽留贵与语以察之，疑其有变，遂称疾徐行。又使人至相州求医药，密以伺之。既到汤阴，逢长釜奔还。孝宽兄子魏郡守艺又弃郡南走。孝宽审讦其状，乃驰还。所经桥道，皆令毁撤，驿马悉拥以自随。又勒驿将曰："蜀公将至，可多备肴酒及刍粟以待之。"迥果遣仪同梁子康将数百骑追孝宽，驿司供设丰厚，所经之处，皆辄停留，由是不及。时或劝孝宽，以为洛京虚弱，素无守备，河阳镇防，悉是关东鲜卑，迥若先往据之，则为祸不小。乃入保河阳。河阳城内旧有鲜卑八百人，家并在邺，见孝宽轻来，谋欲应迥。孝宽知之，遂密造东京官司，诈称遣行，分人诣洛阳受赐。既至洛阳，并留不遣。因此离解，其谋不成。雍州地方，路侧一里置一土候，经雨颓毁，每须修之。自孝宽临州，乃勒部内当候处植槐树代之。既免修复，行旅又得庇荫。周文后见，怪问知之，曰："岂得一州独尔，当令天下同之。"于是令诸州夹道一里种一树，十里种三树，百里种五树焉。

③ 主持对日情报间谍工作的福建巡抚许孚远提出"莫妙于用间"这一战略理念。他曾策划派遣间谍潜入日本，试图挑动萨摩藩和丰臣秀吉之间的矛盾，诱发日本内部发生火并，进而颠覆丰臣秀吉政权，但被明廷否决："诏：今后沿海地方只宜修整防御，勿得擅遣侦探以生事端。"参见郑洁西：《万历二十一年迁入日本的明朝间谍》，《学术研究》2010年第5期。

著称，明军能在情报战上取得如斯成绩，颇为不易。而在后来的萨尔浒之战（1619年）中，明军拥有兵力上的绝对优势，却被努尔哈赤以数万之众在五天之内击溃，一个重要原因就是在以善间谍著称的努尔哈赤面前，明军的保密工作频频出现事故。据陕西道御史冯嘉会事后上奏，努尔哈赤早已知悉明军进剿情形。“我师进剿，出揭发抄，略无秘密，以致逆奴预知。又闻奴酋狡黠异常，不但辽左事机，尽为窥瞰，而长安邸报，亦用厚赀抄往，盖奸细广布，则传递何难?”①另据明朝官员报告，此前辽阳、沈阳之破都有间谍的功劳：“臣闻攻城而破者，未闻不攻而破者也。沈阳以吊绳断破，说者谓降夷者实为之。辽以角楼火起破，的系辽人为内应。闻辽城中私通李永芳者凡数十家，相与约期举事。”②如果明朝军事保密工作做得好一些的话，明清易代的历史可能会多一些变数吧。③

对后一种观点，则反对者较多。《韩非子》曾引述晋文公时舅犯“战阵之间，不厌诈伪”的话，④认为这里“不谓诈其民，谓诈其敌也”。⑤可见《韩非子》也不赞成《孙子兵法》的这一观点。一些学者更视此为愚弄士卒之举。著名学者钱钟书曾引之以评论中国古代愚民政策说：“一言以蔽之，治民如治军，亦使由而不使知也。”⑥

但在军事实践中，这种观点获得普遍应用和赞同。《周书》卷三十一《韦孝宽传》记载，韦孝宽“所有经略，布置之初，人莫之解；见其成事，方乃惊服”。红军长征中四渡赤水之前，党中央和总政治部向各军团发出指示：“这次东渡，事前不得下达，以保秘密。”⑦毛泽东于抗战时期在延安讲授游击战术，明确提出：“袭击计划不应全部告知部下，只告部下以应知之事或分段告知之（如在出发前、行军中及到达目的地以后）。”⑧解放战争莱芜战役期间，

① 《明神宗实录》582卷，万历四十七年五月乙酉。

② 《明熹宗实录》卷九，天启元年四月壬午。

③ 高庆仁：《努尔哈赤的用间策略》，《满族研究》1994年第3期。与其父相比，皇太极在用间上可谓有过之而无不及。一个典型例子是设反间计除掉袁崇焕。参见赵翼：《廿二史札记》卷三十一《袁崇焕之死》。

④ 晋文公将与楚战，召舅犯问之：“吾将与楚人战之，彼众我寡，为之奈何?”舅犯回答说：“战阵之间，不厌诈伪。君其诈之可也。”最后，以舅犯之谋与楚人战而败之。

⑤ 周勋初修订：《韩非子校注·难一》，凤凰出版社2009年版，第407页。

⑥ 钱钟书：《管锥编》第一册，三联书店2001年版，第387页。

⑦ 《中共中央、总政治部致各军团电（1935年3月20日）》，转引自《毛泽东传（一）》，中央文献出版社2011年版，第354页。

⑧ 毛泽东：《论抗日游击战争的基本战术——袭击》，载《毛泽东文集》第2卷，人民出版社1993年版，第77页。

粟裕将军根据敌情变化，决定对战役计划做重大调整，将主攻方向从南调整到北，但为隐蔽我军作战意图，对广大基层干部和战士，一开始不能讲清北上歼敌的计划，为此很伤脑筋。①抗美援朝期间，中方获悉美军准备撤退的情报。毛泽东在将有关情况电告前方彭德怀等的同时，明确要求"为了不使部队松气，上述情报不要下达。"②美国著名记者李普曼曾参加第一次世界大战新闻报道，他发现，战争期间的宣传都是有所隐瞒的，官方只提供某些最有可能稳定人心的事实，而不可能让公众知道的和将军们一样多。③可见对孙子的上述观点不宜简单否定，军事斗争有其特殊性，保密有其自己的特点。

《孙子兵法》不仅在中国影响深远，在国外影响也很大。英国情报史专家指出，日本在日俄战争期间情报工作的成就，主要归功于几代人对吴起和孙子这两位中国战略家所阐述的原理进行研究的结果。直到偷袭珍珠港，日本人所用的策略还是从《孙子兵法》中学来的。④这其中应该包含保密策略。

四、《韩非子》的君主保密观

在中国古代史上，《孙子兵法》影响很大，甚至及于域外，但其对保密的观点主要局限在军事领域，对政治领域保密的理论思考，主要是由法家代表人物韩非子完成的。从《韩非子》一书可以看出，其保密观在总体上没有超出《周易》的范围，即所谓："君不密则失臣，臣不密则失身，几事不密则害成。"但颇有进步的是，韩非子不仅明确主张，君主应当将保密作为一种重要的统治手段（"术"），还通过比较、举例、说故事等多种方法，从作用、手段等多个方面和角度进行论证，文章很有说服力，显示出作者对人情物态的练达。

韩非子的主要观点包括：一是保密有利于了解下情。《韩非子・三守》中人主有"三守"之说，"三守完则国安身荣，三守不完则国危身殆"，"三守"

---

① 粟裕：《粟裕回忆录》，解放军出版社 2007 年版，第 366 页。

② 中共中央文献研究室编：《毛泽东年谱（一九四九—一九七六）》1950 年 12 月 11 日条，中央文献出版社 2014 年版，第 260 页。

③ ［美］沃尔特・李普曼：《舆论学》，林珊译，华夏出版社 1989 年版，第 22 页。

④ ［英］理查德・迪肯：《日本情报机构秘史》，群益译，群众出版社 1985 年版，第 5 页。

之一就是"心藏不漏"(另外两个为独自决断、独揽权柄)。原文如下:

人臣有议当途之失、用事之过、举臣之情,人主不心藏而漏之近习能人,使人臣之欲有言者,不敢不下适近习能人之心,而乃上以闻人主。然则端言直道之人不得见,而忠直日疏。①

这句话的意思是说,臣子中有议论当权大臣的过失、执政大臣的错误、一般臣子的逸情,君主不把这些藏在心里而泄漏给左右亲信和善于钻营的人,使臣子中想向君主进言人的不敢不先屈从于亲信和能人的心意,而后向君主进言。这样,讲真话、办事公正的人就不能见到君主,忠诚耿直的人就会一天天被疏远。这里韩非告诫君主,对臣子的议论要心藏不漏,否则,就无法听到忠直之言。这是君主必须掌握的第一个原则。按照太田方的解释,"能人"解为"私人",所谓"漏之近习能人",指的是君主以议者之姓名与其议谈,漏泄于近习私人:"某甲议某若斯也,汝以为奈何?"其结果就是直议之士不得不顺从和迎合于君主左右之人以上言,否则就不得闻于人主。端直之士不屑于此,就会日渐疏远于人主,不受重用。这对君主当然是不利的。②

二是保密是谋事成功的保障。韩非子认为:"事以密成,语以泄败。"③《韩非子·亡征》中将不能保密视为君主亡国的47种征兆之一:"浅薄而易见,漏泄而无藏,不能周密而通(漏泄之意——引者注)群臣之语者,可亡也。"其意思是,君主不持重而好轻易表露感情,机密泄漏出去而不加以隐藏,不能严密戒备而将臣子们的进言互相透露的,国家就可能灭亡。④《韩非子·外储说右上》记载了一个齐威王因为没有保密意识而被臣下提前看出意图的故事。

薛公相齐,齐威王夫人死,中有十孺子,皆贵于王,薛公欲知王所欲立,而请置一人以为夫人。王听之,则是说行于王,而重于置夫人也;王不听,是说不行,而轻于置夫人也。欲先知王之所欲置以劝王置之,于是为十玉珥而美其一而献之。王以赋十孺子。明日坐,视美珥之所在而劝王以为夫人。⑤

① 周勋初修订:《韩非子校注》,凤凰出版社2009年版,第124页。

② [日]太田方:《韩非子翼毳》第五卷《三守》,中西书局2014年版,第193页。

③ 周勋初修订:《韩非子校注》,凤凰出版社2009年版,第92页。

④ 周勋初修订:《韩非子校注》,凤凰出版社2009年版,第117页;[日]太田方:《韩非子翼毳》第五卷《亡征》,中西书局2014年版,第183页。

⑤ 周勋初修订:《韩非子校注》,凤凰出版社2009年版,第370—371页。《战国策》齐策和楚策都有类似故事,参见[日]太田方:《韩非子翼毳》第十三卷《外储说右上》,中西书局2014年版,第517页。

三是提出具体保密措施。《韩非子·备内》提出“备内”，即要防备王后、后妃、太子及左右服侍之人。[①]《韩非子·外储说右下》提出“独寝”，防止说梦话泄露机密。

堂溪公见昭候曰：“今有白玉之卮而无当，有瓦卮而有当。君渴，将何以饮？”君曰：“以瓦卮。”堂溪公曰：“白玉之卮美而君不以饮者，以其无当耶？”君曰：“然。”堂溪公曰：“为人主而漏泄其群臣之语，譬犹玉卮之无当也。”堂溪公每见而出，昭候必独卧，惟恐梦言泄于妻妾。[②]

还有一种手段最为残酷，即行苦肉计，以掩盖真实意图。

昔者郑武公欲伐胡，故先以其女妻胡君以娱其意。因问于群臣：“吾欲用兵，谁可伐者？”大夫关其思对曰：“胡可伐。”武公怒而戮之，曰：“胡，兄弟之国也。子言伐之，何也？”胡君闻之，以郑为亲己，遂不备郑。郑人袭胡，取之。[③]

四是倡导告密。韩非子对告密持肯定态度，主张君主要为告密的人保密，《韩非子·八经》：“言通事泄，则术不行。”其意思是说，假如把臣下的告密和要办的事情泄露出去，君主考察臣下的术就不能施行了。[④]韩非子还建议君主和臣下约定，要他们告发上级，即“下约以侵上”（“侵”是告发之意）。[⑤]但同时，韩非子也告诫君主要善于辨别告密真实意图和内容，不能被告密者利用。《韩非子·外储说右上》记载甘茂如何通过告密，借秦惠王之手除掉政敌公孙衍的故事，给君主提供借鉴。

甘茂相秦惠王，惠王爱公孙衍，与之间有所言，曰：“寡人将相子。”甘茂之吏道穴闻之，以告甘茂。甘茂入见王，曰：“王得贤相，臣敢再拜贺。”王曰：“寡人托国于子，安更得贤相？”对曰：“将相犀首（官名，指公孙衍）。”王曰：“子安闻之？”对曰：“犀首告臣。”王怒犀道之泄，乃逐之。[⑥]

韩非子之所以对君主保密如此重视，是基于他对君臣关系的判断。他认为，君主和臣子是“一日百战”的关系，君主如果不能控制臣子，臣子就要反过来控制君主，轻则被臣子玩弄于股掌之上，重则丧失权力，甚至丢了卿

① 周勋初修订：《韩非子校注》，凤凰出版社 2009 年版，第 127 页。

② 周勋初修订：《韩非子校注》，凤凰出版社 2009 年版，第 373 页；[日]太田方：《韩非子翼毳》第十三卷《外储说右上》，中西书局 2014 年版，第 519 页。

③ 周勋初修订：《韩非子校注》，凤凰出版社 2009 年版，第 95 页。

④⑤ 周勋初修订：《韩非子校注》，凤凰出版社 2009 年版，第 540 页。

⑥ 周勋初修订：《韩非子校注》，凤凰出版社 2009 年版，第 370—371 页；[日]太田方：《韩非子翼毳》第十三卷《外储说右上》，中西书局 2014 年版，第 518 页。

卿性命。这种实用主义观点的形成，与韩非子所处的历史环境密不可分。当时七国并立，斗争异常激烈，君主们为扩张势力范围，广招人才，一些有本事的人纷纷投靠可能重用自己的君主。在这个过程中，不断上演着阴谋和背叛。在《韩非子·说林下》中，后世盛传的鲍叔牙不计前嫌、大力提携管仲的故事，不过是两个年轻人为追求荣华富贵，兑现当初押宝的承诺而已。

管仲、鲍叔相谓曰："君乱甚矣，必失国。齐国之诸公子其可辅者，非公子纠，则小白也。与子人事一人焉，先达者相收。"管仲乃从公子纠，鲍叔从小白。国人果弑君。小白先入为君，鲁人拘管仲而效之，鲍叔言而相之。①

在此环境下，保密的重要性当然会引起思想家们的格外重视，而韩非子是其中的佼佼者。

韩非子保密思想影响深远，获得后代多位君王的呼应，如清代康熙帝曾说："密奏亦非易事，稍有忽略，即为所欺。朕听政幼年，稍有暧昧之处，皆洞悉之，断不能欺朕。"②这与韩非子应当慎重对待告密，不可为其蒙蔽的观点几无二致。又如清代雍正帝解释推行奏折制的理由说："因念诸臣之欲进言者，或有所顾忌，或招致怨尤，或有牵制之情，或有不便显言之处，故令各人密封进存。""其所以如此者，无非欲人人尽其所有，无所瞻顾回避，而朕得收听言之实效，于治理大有裨益之意也。"③这和韩非子保密有利于了解下情的观点也是接近的。

此外，还要注意的是：其一，在世界古代史上，韩非子关于保密是帝王统治之术的观点谈不上多么稀奇。波斯王朝杰出政治家尼扎姆·莫尔克曾指出，一个国王不能宽容四种人的罪孽，其中一种就是泄露他的秘密的人。④西方还流传着一个关于德国佛德烈大帝的保密故事，著名女作家张爱玲曾专门撰文介绍。

德国的佛德烈大帝，大约是在打仗吧，一个将军来见他，问他用的

① 周勋初修订：《韩非子校注》，凤凰出版社2009年版，第214页；[日]太田方：《韩非子翼毳》卷八《说林下》，中西书局2014年版，第321页。

② 中国第一历史档案馆整理：《康熙起居注》康熙五十六年丁酉十一月二十六日丙子，中华书局1984年版，第2464页。

③ 中国第一历史档案馆编：《雍正朝起居注册》第1册雍正三年六月初二日戊辰条，中华书局1993年版，第505至507页。

④ 另外三种是，觊觎他王位的人；图谋他的后宫妃子的人；口头上拥戴国王，但在内心里支持国王敌人事业，偷偷地追随敌人政策的人。参见[波斯]尼扎姆·莫尔克：《治国策》，蓝琪等译，云南人民出版社2011年版，第24页。

是什么策略。皇帝道:“你能够保守秘密么?”他指天誓曰:“我能够,沉默得像坟墓,像鱼,像深海底的鱼。”皇帝道:“我也能够。”①

近代以来,学者们还经常把意大利政治思想家和历史学家马基雅维里(1469—1527年)与韩非子相提并论,前者被视为西方保密思想的重要源头,首次正面提出,政治和军事活动应当巧用计谋,保守秘密,欺骗对方,出其不意。梁启超在其名作《先秦政治思想史》中认为,韩非子与马基雅维里有相通之处。②这个看法是正确的,但就保密思想而言,韩非子似乎要更为复杂、深刻、系统一些。19世纪末的马克斯·韦伯庶几近之,后者对官僚机构保密现象的分析相当深刻,如认为保密起初是官僚机构执行其职能的需要,但这种正当的偏好往往转化为一种对保密行为本身的痴迷,即保密从实现组织目标的手段成为目的。但其时西方民主法治思想已经兴起,韦伯更多的是在揭示和批判,而不是像韩非这样颂扬保密,甚至出主意。

其二,在先秦思想家中,韩非子属于实用主义者,特别强调人性恶的一面,把树立君主强大无比的威权作为至高无上的目标,把臣民畏惧刑罚、追名逐利作为政策考量的基本出发点,因而推崇严刑峻法、阴谋诡计,对保密工具性的一面挖掘较深,但对保密中表现出来的忠诚、与人为善、智慧等正面价值比较淡漠,几乎没有关注。这是其深刻的地方,也是其片面的地方。著名思想家王元化曾强烈批判韩非“掩其迹,匿其端”的诡秘之术。③著名学者周勋初“文化大革命”中奉命参加《韩非子》一书的校注工作,当时“四人帮”横行,周先生“深感韩非此书贴现实太近,有些话就像是对今人说的”,“读《韩非子》时,犹如读当今的政治教科书一样”④。我们今天在研读《韩非子》时也要注意其中的糟粕,不要把偏见当真理,把管控和专制看做理所当然,要注意清理其中片面强调扩张君权,罔顾臣民权益和人格尊严的毒素,警惕其消极影响。

其三,《韩非子》通篇强调的都是君主对臣下保密的重要性,对臣子保密的必要性只是间接说到,而且也主要是从趋利避害角度立论。如《韩非子·说难》阐述臣子进言困境的时候,说如果臣子向君主提出一个好的建议并被采用,当外界猜出这个计划时,进言的人就第一个被怀疑:“规异事而当,知者揣之外而得之,事泄於外,必以为己也,如此者身危。”其意思是,进说者替

① 张爱玲:《秘密》(1945年),载张爱玲:《流言》,北京十月文艺出版社2009年版,第232页。

② 梁启超:《先秦政治思想史》,岳麓书社2010年版,第163页。

③ 王元化:《韩非论稿》,载王元化:《王元化文论选》,上海文艺出版社2009年版,第132页。

④ 周勋初修订:《韩非子校注》,凤凰出版社2009年版,第627页。

君主筹划一件不平常的事情,而且合于他的心意,聪明人从外部迹象上把这件事情猜测出来了,事情泄露出来,君主必定认为是进说者自己泄露的,这样就会身遭危险。[①]从忠诚角度讨论臣子保密的必要性主要见于儒家,在时间上要晚一些,而且都比较粗略,包括此后一些专门谈过保密问题的思想家,在系统性方面均无法与韩非子相比。在这个意义上,韩非子在中国古代保密史上的地位是空前绝后的。

五、《史记》、《汉书》与儒家保密观

在中国史学史上,《左传》之后就是著名的"前四史"。其中,《三国志》和《后汉书》成书时间较晚,更多反映的是魏晋南北朝时期的观念,而且在编纂体例和写作思想上深受《史记》、《汉书》的影响,其原创性并不是很强。《史记》、《汉书》均撰写于两汉时期,前者是第一部纪传体通史,后者是第一部纪传体断代史,无论是内容还是体例,均被视为中国古代文化的源头性典籍,内容丰富、思想深邃,对于考察中国保密观来说,是不应忽略而且还应充分挖掘利用的重点文献。

先说《史记》。这部巨著被誉为"史家之绝唱、无韵之离骚",这除了其在体例上的开创性、文笔上的优长之外,主要还是因为其记载真实、全面、丰富,"于序事中寓论断"。[②]作者司马迁也是一位卓越的思想家,在选材和落笔上均展示出后来史家少有的魄力、雄心和见识,具体到保密问题上,就是继承和发扬《左传》的立场,[③]对保密活动的看法比较原生态和多元化,没有后来那么多的道德束缚和价值评判,思想比较开放。

我们不妨先看一段汉代人的评论。西汉末年,东平王刘宇来朝,请皇帝赐予《太史公书》及诸子,大将军王凤认为,"《太史公书》有战国纵横权谲之谋,汉兴之初谋臣奇策,天官灾异,地形扼塞",不可以与诸侯。[④]这里所谓"战国纵横权谲之谋"不过历史陈迹,难言有什么风险,但"汉兴之初谋臣奇

---

① 周勋初修订:《韩非子校注》,凤凰出版社 2009 年版,第 92 页。

② (明)顾炎武:《日知录》卷二十六《史记于序事中寓论断》。

③ 《史记》继承的不仅是《左传》一家,在内容和体例上还深受战国其他著作的影响。参见胡宝国:《汉唐间史学的发展》(修订本),北京大学出版社 2014 年版,第 1 页。

④ 《汉书》卷八十《宣元六王传》。参见(明)顾炎武:《日知录》卷二十九《徙戎》,上海古籍出版社 2012 年版,第 1120 页。

策"对于那些意图不轨的诸侯王来说，却可能有历史教科书作用。因为《史记》不仅详细记载了刘邦和张良、萧何等将帅艰苦奋斗、不屈不挠、救民于水火的伟大正确的一面，对刘邦等阴险狡诈、不太光彩的一面也不避讳，其中不少内容属于所谓阴谋、保密手段的运用（如张良、陈平的数出秘计）。对于失败一方的项羽、韩信乃至淮南王等的作为（包括一些正面内容）亦秉笔直书。在西汉统治者看来，这些内容当然不宜让太多人知道。对一个事件是否应当保密的判断本身就是保密观的题中之义。《史记》的上述记载主要反映的是司马迁求真求实的史学观，但也可以看出他在保密问题上的开放态度。南宋朱熹批评司马迁《史记》"只是计较利害"，似乎说错了对象。[①]史书以真实为第一原则，何况司马迁也并非"只是计较利害"，也有自己的"义理"，只是不为朱熹认可而已。

其次，在具体问题上，司马迁重视保密，将保密视为一种重要能力，同时，对泄密行为也并没有那么多的道德批评，特别是在两军对垒之际。比如后世闻名的鸿门宴，《史记》项羽本纪和高祖本纪都记载，在鸿门宴上，项羽经不住刘邦几句软话，主动透露自己对刘邦的不满，是因为刘邦部下曹无伤的告密。这个案例充分暴露刘邦在政治上的老谋深算和项羽在政治上的幼稚冲动，[②]堪称一堂活生生的政治斗争示范课。但司马迁笔下对泄密的曹无伤并无太多谴责，反而详细记载其"欲以求封"的泄密动机。

> 沛公左司马曹无伤，闻项王怒，欲攻沛公，使人言项羽曰："沛公欲王关中，令子婴为相，珍宝尽有之。"欲以求封。……沛公从百馀骑，驱之鸿门，见谢项羽。项羽曰："此沛公左司马曹无伤言之。不然，籍何以至此！"沛公以樊哙、张良故，得解归。归，立诛曹无伤。

这也是司马迁比较特别的地方，就是重视小人物和细节在历史发展中的作用，包括这里所说的保密问题。司马迁还记载，西汉孝文帝时与匈奴交涉一再受挫，很大程度上是因为此前送公主和亲的宦官中行说的"捣鬼"，而中行说这么做则是因为汉廷看他身份卑贱、人微言轻，没有充分尊重他的意见，"赶鸭子上架"，故心怀不满，就借此报复。《史记》卷第一百十《匈奴列传第五十》记载：

---

① 《朱子语类》卷第八十三《春秋·纲领》，中华书局1984年版，第2152页。

② 梁玉绳："此时沛公已五十，思虑既熟，项羽年二十加六，血气方刚。彼接物周匝缜密，不敢妄动，此当事真挚勇决，任意径行，是二人成败之所以分也。"转引自[日]泷川资言：《史记会注考证》卷七《项羽本纪》，上海古籍出版社2015年版，第438页。

老上稽粥单于初立，孝文皇帝复遣宗室女公主为单于阏氏，使宦者燕人中行说傅公主。说不欲行，汉强使之。说曰："必我行也，为汉患者。"中行说既至，因降单于，单于甚亲幸之。……自是之后，汉使欲辩论者，中行说辄曰："汉使无多言，顾汉所输匈奴缯絮米糵，令其量中，必善美而已矣，何以为言乎？且所给备善则已；不备，苦恶，则候秋孰，以骑驰蹂而稼穑耳。"日夜教单于候利害处。

《史记》卷第一百十《匈奴列传第五十》还记载，汉武帝时精心策划了一个伏击匈奴骑兵的秘密计划，但因为一个无名之辈（雁门尉史）的泄密而功亏一篑。

汉使马邑下人聂翁壹奸兰出物与匈奴交，详为卖马邑城以诱单于。单于信之，而贪马邑财物，乃以十万骑入武州塞。汉伏兵三十余万马邑旁，御史大夫韩安国为护军，护四将军以伏单于。单于既入汉塞，未至马邑百余里，见畜布野而无人牧者，怪之，乃攻亭。是时雁门尉史行徼，见寇，葆此亭，知汉兵谋，单于得，欲杀之，尉史乃告单于汉兵所居。单于大惊曰："吾固疑之。"乃引兵还。出曰："吾得尉史，天也，天使若言。"以尉史为"天王"。汉兵约，单于入马邑而纵。单于不至，以故汉兵无所得。

在《左传》上我们也可以看到类似细节，但在《史记》之后，这样的记载就难以寻觅，《明史》卷二百五十七《陈新甲传》中粗心的书童庶几近之。

与《史记》相比，《汉书》的史料编排更加整齐，"太史公书疏爽，班固书密塞"，①《地理志》、《刑法志》等的创设也受到普遍肯定，但在思想上比较中庸、保守。体现在保密问题上，就是《汉书》更加强调忠诚、服从等道德的一面，对技术性智慧性一面说得不多。其中最典型的可能就是师丹泄密案，这也是中国保密史上记载较早较详细的一个重要案例。

师丹时任大司空之职，学问渊博，深受皇帝信任和赏识。因年老体衰，有一次他让书吏代为起草封事（密奏），不料书吏竟然将封事内容抄写传播。朝中大臣认为，"忠臣不显谏，大臣奏事不宜漏泄"，"臣不密则失身"，建议交廷尉治罪。廷尉认定师丹犯"大不敬"罪。博士申咸、炔钦二人为师丹鸣不平，认为师丹让主簿起草"封事"，不够"深思熟虑"，但"漏泄之过不在丹"，而且他对泄密行为也不知情，"以此贬黜，恐不厌众心"。这个意见让尚书省官员大为不快，对二人发起弹劾。皇帝将申咸、炔钦降级二等使用，同时策免

① 《朱子语类》卷第一百三十四《历代一》，中华书局1984年版，第3202页。

师丹。诏书公布后，尚书令唐林又提出不同意见，认为师丹地位崇高、学问深厚，因为这样一个小过罢黜，似未免过重，建议从轻处置。最后，皇帝听从了唐林的意见，下诏赐师丹爵关内侯，食邑三百户。[①]这个案件掺杂许多政治因素(如皇帝及尚书省官员态度的前后变化)，不是一个简单的刑事案件，但有一点是比较明显的，就是在师丹生活的时代，保密、泄密和忠诚联系在一起，“忠臣不显谏，大臣奏事不宜漏泄”的说法就出自这里。

除了师丹这样的反面教材，《汉书》还记载了多个以保密著称的正面典型。如与师丹生活在同一时期，对师丹有提携之恩的孔光，是孔子第十四世孙，居官谨慎、严守机密，当时就被视为保密和忠诚的典范。史载，孔光“凡典枢机十余年”，“时有所言，辄削草稿，以为章主之过，以奸忠直，人臣大罪也。有所荐举，唯恐其人之闻知。沐日归休，兄弟妻子燕语，终不及朝省之事。或问光：温室省中树皆何木也？光嘿不应，更答以它语，其不泄如是。”[②]孔光销毁奏稿的做法流传下来，称之为“焚草”，“不言温室之树”则常用来赞扬一个人性格慎密。

《汉书》不仅详细记载了上述这样一些正反两方面的典型案例，更通过这些丰富翔实的一个又一个案例，从伦理上理论上确立了忠臣应当保密的教条。事实上，臣子应当保密，在世界古代史上亦屡见不鲜。在著名的维吾尔族古典长诗《福乐智慧》中，大臣月圆劝诫其子贤明，“严守内心秘密，切勿把它暴露”，[③]“国王若赐给你伊林哈(秘书官——引者注)的职位，你要保守秘密守口如瓶”。[④]该书还多次提到大臣应当“慎言”，与书中主张保密的观点一脉相承。[⑤]汉初的贾谊也曾提出“事君不敢有二心，居君旁不敢泄君之谋”的观点。[⑥]

但《汉书》通过这些故事，成功地将保密渲染为一种道德要求和做人准则，所谓“忠臣不显谏，大臣奏事不宜漏泄”，所谓“为尊者讳，为亲者讳，

---

① 《汉书》卷八十六《师丹传》；《资治通鉴》卷三十三《汉纪二十五》孝哀皇帝上，建平元年秋九月条；沈家本：《历代刑法考·汉律摭遗卷三(贼律一·大逆无道)》，中华书局1985年版，第1428页。

② 《汉书》卷八十一《孔光传》。

③ 尤素甫·哈斯·哈吉甫(约1019—1092年)：《福乐智慧》，耿世民、魏萃一译，新疆人民出版社1979年版，第94页。

④ 尤素甫·哈斯·哈吉甫(约1019—1092年)：《福乐智慧》，耿世民、魏萃一译，新疆人民出版社1979年版，第187页。英语秘书(secretary)的词根也是秘密(secret)。

⑤ 尤素甫·哈斯·哈吉甫(约1019—1092年)：《福乐智慧》，耿世民、魏萃一译，新疆人民出版社1979年版，第190页。

⑥ (西汉)贾谊：《新书校注》卷八《官人》，中华书局2000年版，第292页。

为贤者讳”,[①]所谓“有善归主,有恶自与”,[②]在这里融为一体。详言之,为什么要保密?根本上是维护君主权威的需要。大臣若泄露怎样为皇帝出谋划策,就有宣扬自己的功劳和智慧,甚至收买人心之嫌,不仅可能降低君主的威信,暴露君主的过错,还可能直接威胁君主统治。这当然不是一个忠臣应该有的行为。按照余英时先生的观点,这应定性为儒家的法家化,而不是儒家的本来观点,因为《韩非子·主道》中有云:“有功则君有其贤,有过则臣任其罪。”[③]但无论儒家还是法家,在这个问题上的立场和观点其实是一致的,即保密是臣子的一项义务和责任,是对皇帝忠诚的表现。臣子一旦泄密,不仅要受到道德谴责,还要接受法律惩罚。但这些观点,基本上是在《汉书》中才第一次获得比较正面的充分的表达和解释。

此外,还有几点补充:第一,《汉书》的保密观对后世影响深远。此后类似记载史不绝书。如三国时,魏国大臣陈群为人“弘博不伐”,“每上封事,辄削其草,时人及其子弟莫能知也。论者或讥群居位拱默;正始中,诏撰群臣上书以为《名臣奏议》,朝士乃见群谏事,皆叹息焉。”[④]吴国丞相顾雍,“时访逮民间及政职所宜,辄密以闻。若见纳用,则归之于上;不用,终不宣泄。(孙)权以此重之。”[⑤]西晋羊祜“历职二朝,任典枢要,政事损益,皆谘访焉”,但是“嘉谋谠议,皆焚其草,故世莫闻。凡所进达,人皆不知所由。”[⑥]西晋荀勖“久在中书,专管机事”,“性慎密,每有诏令大事,虽已宣布,然终不言,不欲使人知己豫闻也”。[⑦]唐太宗时,宰相房玄龄一度被罢官闲住,长孙皇后为其说情,一个重要理由是房玄龄“事陛下久,小心慎密,奇谋密计,未尝宣泄”。[⑧]与房玄龄同时的董晋,“在宰相位凡五年”,“退归,未尝言所言于上者于人”。[⑨]

第二,上述历史记载反复出现在官方认可或者纂修的史书中,甚至一些

---

① 《春秋·公羊传·闵公》。

② 《资治通鉴》卷十二《汉纪四》:相国何以长安地狭,上林中多空地,弃;愿令民得入田,毋收稿,为禽兽食。上大怒曰:“相国多受贾人财物,乃为请吾苑!”下相国廷尉,械系之。数日,王卫尉侍,前问曰:“相国何大罪,陛下系之暴也?”上曰:“吾闻李斯相秦皇帝,有善归主,有恶自与。今相国多受贾竖金,而为之请吾苑以自媚于民,故系治之。”

③ 余英时:《反智论与中国政治传统》,载余英时:《历史与思想》,台湾联经出版事业公司1995年版。

④ 《三国志》卷二十二《魏书二十二》陈群传,裴松之注。

⑤ 《三国志》卷五十二(吴书七)《顾雍传》。

⑥ 《晋书》卷三十四《羊祜传》。

⑦ 《晋书》卷三十九《荀勖传》。

⑧ 《资治通鉴》卷一百九十四,太宗贞观十年夏六月条。

⑨ 《韩昌黎文集校注》第八卷,上海古籍出版社2014年版,第646页。

用词都高度雷同，显示以儒家思想为核心的官方意识形态是充分肯定大臣应当保密这一观点的，大臣们也积极、自觉地按此规范要求自己，“焚草”是最典型的表现。这一传统对中国保密法制发展影响深远。中国历朝法制无不详细规定臣子的保密义务，严厉惩治臣子的泄密行为，而对君主来说，保密是一种统治之术，法律无法也没有必要对其进行规制，当然也无所谓保密义务和保密责任问题。这和西方普通法传统中的“国王不会犯错，也无须为其行为负责（the king could do no wrong and was not answerable for his conduct）”有相通之处。①

第三，从《汉书》以及此后史书看，皇帝选拔和任用官员，也将是否具备较强的保密意识和能力作为一个重要的考察条件，因不慎泄密丢官的比比皆是。如唐宪宗时期，张宿“自布衣授左拾遗……数召对，不能慎密，坐漏禁中语，贬郴丞十余年。”②唐代后期著名诗人元稹，因保密不慎，也在仕途上遭受严重挫折：“四五年前作拾遗，谏书不密丞相知。谪官诏下吏驱遣，身作囚拘妻在远。”③反之，许多良臣能吏大都有重视保密、善于保密的特点，在历史上地位较高，堪称政治家的文武大臣一般很少在保密问题上出现闪失。还有一种比较极端的情形是，个别官员之所以得到重用，主要就是性格慎密使然。唐太宗贞观十年，驸马杨师道接替魏征担任侍中一职，进入决策中枢，其后一路高升，历任中书令、吏部尚书等要职。但史书评价不高，说他出身“贵家子”，对四海人物“未能委练”，所用者多非其才，且为避嫌疑，刻意压制贵势及其亲党，“时论讥之”。从记载看，皇帝可能看中的就是其慎密的性格，这也是他最突出的优点。“性周慎谨密，未尝漏泄内事，亲友或问禁中之言，乃更对以他语。”尝曰：“吾少窥汉史，至孔光不言温室之树，每钦其余风，所庶几也。”④这都是我们在考察中国古代保密史和政治史应当注意的。

六、武则天的保密观

武则天（624—705年）是中国古代史上第一位临朝执政的女皇帝，其曲

① J. O'Reilly, *Federal Information Disclosure*, *§11.8*, Shepards/Mcgraw-Hill, 2000, p.521.

② 《新唐书》卷一百七十五《张宿传》。

③ （唐）元稹：《元稹集校注》卷九《听庾及之弹乌夜啼引》，周相录校注，上海古籍出版社2011年版，第253页。《旧唐书》卷一百一十六《元稹传》未载此事。

④ 《旧唐书》卷六十二《杨恭仁传》附。

折离奇的成长背景、波谲云诡的上位历程、功过缠夹的政治作为以及与唐太宗、唐高宗父子两代皇帝的感情纠葛，历来是专业史家和广大读者津津乐道的话题。[①]在保密史上，武则天也是一位颇显另类的政治家。

首先，在意识形态上，仿照唐太宗李世民《帝范》体例，起草并颁布《臣轨》一书，并将《慎密》专列一章。由此一事，可见武则天对保密的重视。据《通典》记载，长寿二年，太后自制《臣轨》，“令贡举习业”。[②]全书分为《同体》、《至忠》、《守道》、《公正》、《匡谏》、《诚信》、《慎密》、《廉洁》、《良将》、《利人》十章。其中，《慎密》章引述了许多关于保密的名言和案例，不啻一篇先秦到唐初保密理论的高度总结。其篇幅不算长，特全文援引如下（注解部分略）：

> 夫修身正行不可以不慎，谋虑机权不可以不密。忧患生于所忽，祸害兴于细微。人臣不慎密者，多有终身之悔。故言易泄者，召祸之媒也；事不慎者，取败之道也。明者视于无形，聪者听于无声，谋者谋于未兆；慎者慎于未成。不困在于早虑；不穷在于早豫。非所言勿言，以避其患；非所为勿为，以避其危。孔子曰：“终日言，不遗己之忧；终日行，不遗己之患，唯智者能之。”故恐惧战兢所以除患也，恭敬静密所以远难也。终身为善，一言败之，可不慎乎！夫口者，关也；舌者，机也。出言不当，驷马不能追也。口者，关也；舌者，兵也。出言不当，反自伤也。言出于己，不可止于人；行发于迩，不可止于远。夫言行者，君子之枢机。枢机之发，荣辱之主。夫君子戒慎乎其所不睹，恐惧乎其所不闻，莫见乎隐，莫显乎微，是故君子慎其独。在独犹慎，况于事君乎！况于处众乎！昔关尹谓列子曰：“言美则响美，言恶则响恶。身长则影长，身短则影短。”言者所以召响也，身者所以致影也。是故慎而言，将有和之；慎而身，将有随之。
>
> 昔贤臣之事君也，入则造膝而言，出则诡词而对。其进人也，唯畏人之知，不欲思从己出；其图事也，必推明于君，不欲谋自己造。畏权而

① 从司马光以来，史学家对武则天多持肯定态度。但也有一些反对意见，如岑仲勉：“近人对则天有恕词，然即使撇去私德不论，总观其在位廿一年（六八四—七零四），实无丝毫政绩可纪。”参见岑仲勉：《隋唐史》，商务印书馆 2015 年版，第 141 页。傅璇琮提出，武则天时期特殊的政治环境使得“人人自危”，要使文学有健康、正常的发展，做到慷慨任气、直抒怀抱，有可能吗？结果只能是造成一种极不正常的阿媚之风与矛盾心情。参见傅璇琮：《武则天与初唐文学》，载傅璇琮：《唐宋文史论丛及其他》，大象出版社 2004 年版，第 200 页。

② 《通典》卷第十五《选举三》，中华书局 1988 年版，第 354 页。

恶宠，晦智而韬名。不觉事之在身，不觉荣之在己。人闭其口，我闭其心；人密其外，我密其里。不慎而慎，不恭而恭，斯大慎之人也。故大慎者，心知不欲口知；其次慎者，口知不欲人知。故大慎者闭心，次慎者闭口，下慎者闭门。昔孔光禀性周密，凡典枢机十有余年，时有所言，辄削草稿。沐日归休，兄弟妻子燕语，终不及朝省政事。或问光："温室省中树皆何木也？"光默而不应，更答以他语。若孔光者，可谓至慎矣，故能终身无过，享其荣禄。

著名文史学家张舜徽对《臣轨》评价很高，称："每章文字不长，而取材极其广博。苟非熟悉历代史实，贯通百家理论，则亦不能轻易动笔也。"①这可能主要是从文史角度而言，在思想上《臣轨》并无多少创见，《慎密》一章的意思就很平常。其重要性主要是表现为一种政治宣示，主要作用是在借此树立起一套符合武则天统治需要的意识形态，但对实际政治有多大作用，值得怀疑。

其次，在中国古代保密史上，武则天得以留名，对后世影响较大的还是创立匦函制度。史载："太后欲周知人间事，（鱼）保家上书，请铸铜为匦以受天下密奏。"匦当时颇有精巧之名，"上各有窍，以受表疏，可入不可出"。②这在一定程度上可以视为清代奏折制度的先声，这里要注意的是匦函制度与告密制度的关系。有学者曾在梳理匦函制度相关记载之后指出：

"匦函主要是受纳臣民对朝政的批评、建议及对冤抑的申诉，又兼有招纳贤才的功能，并不是为鼓励告密而设。匦函制度与鼓励告密不是一回事。后者的目标在于打击仇人和政敌，前者的目标则是减少朝政失误，争取臣民支持，实现政通人知。对于期望永保政权巩固的唐代统治者来说，这两者同样重要。告密制度与匦函制度是相辅相成、平行并立的另一种制度，其内容在唐代法律中有明文规定。因此，决不可把二者等同而论。"③

本书基本赞同上述分析。匦函确实不等同于告密，而且在君臣沟通、科学决策方面也有其独特优势，史书上关于匦函怎么推动具体决策的例子较多，这里再举一个类似的密奏的例子。武则天时期，著名大臣狄仁杰曾以密

---

① 张舜徽：《爱晚庐随笔之一》"武则天自是人杰"条，华中师范大学 2005 年版，第 142 页。

② 《资治通鉴》卷二百零三，则天后垂拱二年三月戊申条；杨一凡、刘笃才：《中国古代匦函考略》，《法学研究》1998 年第 1 期。

③ 杨一凡、刘笃才：《中国古代匦函考略》，《法学研究》1998 年第 1 期；参见《资治通鉴》卷二百零三，则天后垂拱二年三月戊申条。

奏的形式，对越王党羽的处治问题提出不同意见，获得武则天首肯。这在当时是相当敏感的事项，如果公开提出异议，可能比较难办。

时治越王贞党与，当坐者六七百家，籍没者五千口，司刑（即大理寺）趣使行刑。（狄）仁杰密奏："彼皆诖误，臣欲显奏，似为逆人申理；知而不言，恐乖陛下仁恤之旨。"太后特原之，皆流丰州。①

但同时，我们也要看到，匦函制度的通报信息功能与告密二者之间固然有区别，但更是难舍难分、互相纠葛的，决不可低估和忽视匦函制度对于告密之风的推波助澜作用，更不宜以匦函制度还有其他功能，就以为可以忽略乃至掩盖当时告密之风因此盛行的事实。历史上多种文献均明确记载：武则天"盛开告密之门"，"有告密者，臣下不得问，皆给驿马，供五品食，使诣行在。虽农夫樵人，皆得召见，廪于客馆。所言或称旨，则不次除官，无实者不问。"②被告密者则因此遭受酷刑考讯，无数家庭因此破碎，"毒虐所被，自古未之有也"。晚年，在姚崇等谏言下，"太后颇悟"，曾对来俊臣、丘神绩等酷吏定的案子进行重审，平凡昭雪了一部分，但远未惬人意。而制造这些罪孽的来俊臣、丘神绩等人后来也遭到无情清算，并殃及无辜子孙。唐中宗时，来俊臣、丘神绩等人被追夺所有官爵。唐玄宗时，来俊臣、丘神绩等 23 人身在者长流岭南远处，身没者子孙不许仕宦。③但前此造成的人间惨剧已经无可挽回。可能基于上述史实，清末法学家沈家本明确指出，武则天设立匦函"意在开告密以行诛杀"。④可以说，对武则天时期的告密政策是怎么批评也不过分的，其影响相当恶劣和深远。直到开元初年，宋璟为相，才逐渐扭转这种风气，恢复贞观时期的做法。⑤

从根本上说，武则天是一位政治家，其考虑问题的主要着眼点都是是否有利于其掌权。面对李唐势力的反扑，她不会在告密是否道德、区分匦函与告密等细节问题上纠结太多。何况武则天一向以英明果敢，而不是仁义道德著称。在一些个案上，也可以看出武则天这个特点。如以下案例显示，武则天对告密的态度是有所保留的，并非不加区别的完全相信或者肯定，甚至

---

① 《资治通鉴》卷二百零四，则天后垂拱四年秋七月条；参见《旧唐书》卷八十九《狄仁杰传》；《新唐书》卷一百一十五《狄仁杰传》。

② 《资治通鉴》卷二百零三，则天后垂拱二年三月条；（明）张岱：《夜航船》卷十《兵刑部》，汕头大学出版社 2009 年版，第 337 页。

③ 《通典》卷第一百七十《刑法八》峻酷、开元格篇，中华书局 1988 年版，第 4430 页；沈家本：《历代刑法考・刑制总考四》，中华书局 1985 年版，第 51 页。

④ 沈家本：《历代刑法考・历代刑官考下》附录，中华书局 1985 年版，第 2013 页。

⑤ 《资治通鉴》卷二百十一，玄宗开元五年九月条。

还颇有人情味。

（武则天时）禁天下屠杀及捕鱼虾。右拾遗张德，生男三日，私杀羊会同僚，补阙杜肃怀一餤，上表告之。明日，太后对仗，谓德曰："闻卿生男，甚喜。"德拜谢。太后曰："何从得肉？"德叩头服罪。太后曰："朕禁屠宰，吉凶不预。然卿自今召客，亦须择人。"出肃表示之。肃大惭，举朝欲唾其面。①

但在另一则案例中，武则天不仅未对告密者表示反感，更对被告密者痛下杀手，毫不手软。

凤阁侍郎、同凤阁鸾台三品刘祎之窃谓凤阁舍人贾大隐曰："太后既废昏立明，安用临朝称制！不如返政，以安天下之心。"大隐密奏之，太后不悦，谓左右曰："祎之我所引，乃复叛我！"……庚午，赐死于家。②

而此案主角刘祎之此前一直是支持武则天的，且曾因"有善归主，有恶自与"的作风，得到武则天的赏识与提拔。

朝士有左迁诣宰相自诉者，内史骞味道曰："此太后处分。"同中书门下三品刘祎之曰："缘坐改官，由臣下奏请。"太后闻之，夏四月丙子，贬味道为青州刺史，加祎之太中大夫（从四品上，刘本为豫王府司马，从四品下）。谓侍臣曰："君臣同体，岂得归恶于君，引善自取乎！"③

两案处理为何有这样大的差别？原因很简单。前一个案例中告密的内容虽然也违背皇帝圣旨，但不过家常小事，后者则涉及忠诚，危及统治，故不可轻饶。同其他一流政治家一样，武则天在原则性、政治性问题上从来立场鲜明，绝不妥协苟且。至于她对"有善归主，有恶自与"精神的肯定，不过是继承秦汉以来的传统而已。

最后要说明的是，告密之风不自武则天始。早在秦国商鞅变法时期，就规定告奸者与斩敌首者同赏，不告奸者腰斩，匿奸者与降敌者同罚。此后无代无之。"凡易姓之际，新旧势力转移，则平日受压迫之人即思报复，故上变告密之事恒有。"④南宋初年秦桧执政时期即全面采用告密制，"大起告讦"，

---

① 《资治通鉴》卷二百零五，则天后长寿元年五月丙寅条。

② 《资治通鉴》卷二百零四，则天后垂拱三年四月壬戌条；参见《旧唐书》卷八十七《刘祎之传》；《新唐书》卷一百一十七《刘祎之传》。

③ 《资治通鉴》卷二百零三，则天后垂拱元年三月辛未条；参见《旧唐书》卷八十七《刘祎之传》；《新唐书》卷一百一十七《刘祎之传》。

④ 陈垣：《通鉴胡注表微·解释编第四》，商务印书馆 2011 年版，第 53 页。

史家认为这是秦桧时期政治专权腐败的一个重要标志。①但在主流传统上，一直是鄙视此类行径的，所谓“耻言人过”，告密盛行时期的政治和社会也多获“差评”。思想家们对告密的理性反思也一直在持续。②

七、陆贽的保密观

陆贽(754—805年)是唐代中后期的著名政治家。北宋苏轼称赞他“才本王佐，学为帝师”。史书记载：在李怀光叛乱期间，陆贽扈从唐德宗左右，出谋划策，颇著功勋，其后一度任中书侍郎、同平章事。③陆贽还具有远远超出同侪的政治敏锐性，他较早预见到朱泚可能叛乱等重大事变，并提出对策。陆贽在保密方面也有一些值得注意的论述。

一是关于谏官泄密问题。陆贽一直劝谏唐德宗广开言路，听取多方面意见。但唐德宗不是太认可这一建议，他也提出了自己的理由：一是“谏官论事，少能慎密，例自矜炫，归过于朕”；二是奏对论事者虽多，但大抵皆道听途说、内容雷同，没有什么可采，所以“近来不多取次对人，亦不是倦于接纳”。陆贽不同意这种观点，认为谏官泄密固然不对，但无损于皇帝的威望和形象，关键是谏言本身是否有道理，以及皇帝是否有纳谏的宽广胸怀。如果因担心泄密而倦于听谏，则堵塞直言之路，无异因噎废食。

> 不密自矜，信非忠厚，其于圣德，固亦无亏。陛下若纳谏不违，则传之适足增美；陛下若违谏不纳，又安能禁之勿传？伏愿以贞观故事为楷模，使太宗风烈重光于圣代，恐不可谓此为归过，而阻绝直言之路也。④

二是关于奖惩公开问题。这个话题是围绕当时的一位文官苗粲的任用

① 根据日本著名学者寺地遵的总结，秦桧时期的南宋政治有恐怖性、专制性、腐败性和狭隘性等特点。参见[日]寺地遵：《南宋初期政治史研究》，刘静贞、李今芸译，复旦大学出版社2016年版，第255页。

② 《通典》卷一百七十《刑法八》“宽恕”篇；郭莹：《中国古代的“告密文化”》，《江汉论坛》1998年第4期。

③ 陆贽政治上的作为和评价，参见傅璇琮：《唐德宗朝翰林学士考论》，载傅璇琮：《唐宋文史论丛及其他》，大象出版社2004年版，第35页。

④ (唐)陆贽：《奉天请数对群臣兼许令论事状》，载《陆贽集》卷十三《奏草》，浙江古籍出版社2013年版，第121页。

展开的。[①]陆贽曾多次公开推荐苗粲，德宗皇帝均未采纳，也不说明原因。后来，德宗派来一个宦官，单独给陆贽做了解释，原来苗粲的父亲曾有“不臣之言”，但皇帝不想公开处分，所以采取这种手法进行贬抑（“不欲明行斥逐，终是不合令在朝廷”），要求陆贽将苗粲兄弟“改与在外闲僻处官，仍不得令近兵马者”。德宗还要陆贽以后“若有要便事”，“自手疏密封进来”，不宜在其他人在场的时候进言。

陆贽上书感谢皇帝的信任，但认为皇帝的做法欠妥。首先，这不符合“人君”光明磊落的行为规则。“王者之道，坦然著名。”“其或有过，如日月之有蚀焉，过也人皆见之，更也人皆仰之。日月不疾于敝亏，人君不吝于过失。亏而能复，无损于明；过而能改，不累于德。”其次，不符合奖惩公开原则。“理化国人，在于奖一善，使天下之为善者劝；罚一恶，使天下之为恶者惩。是以爵人必于朝，刑人必于市，惟恐众之不觇，事之不彰。君上行之无愧心，兆庶听之无疑议，受赏安之无作色，当刑居之无怨言，此圣王所以宣明典章，与天下公共者也。”再次，实际效果不佳。“奖而不言其善，斯谓曲贷；罚而不书其恶，斯谓中伤。曲贷则授受不明，而恩幸之门启；中伤则枉直莫辨，而谗间之道行。此柄一亏，为害滋大。”实践中，凡是陷害他人的，“多非信实之言，利于中伤，惧于公辩。”所以，对于“称毁之言，不可不辨；赏罚之典，不可不明”。综合上述，陆贽建议，如果皇帝认为苗粲的父亲确实有罪，苗粲等“法应坐累”，“则当公议典宪，岂令阴受播迁?”若认为属于诬告，苗粲等无罪，“则合随才奖用，不宜降意猜防”。最后，陆贽还根据自己的了解，对苗粲一家的具体情况做了申说。[②]

以上针对的都是具体的政治问题，不是专门谈保密，但不难发现，第一，陆贽对保密的态度是比较克制的，对于泄密危害的估计比较理性。第二，陆贽所论表面是保密问题，实质是政治伦理。陆贽希望执政者多一些公开，少一些保密。对皇帝的一些有暗箱操作色彩的政治做法持反对态度。第三，陆贽并不反对保密（从文集里比比皆是的密奏可见，陆贽本人亦深谙保密之道），而是认为保密要服从更高的政治原则（所谓“王道”、“圣德”），不能因小失大、因噎废食。这和后来司马光的立场一脉相承。司马光作《资治通鉴》尤重陆贽议论，采其奏疏三十九篇，不为无因。瞿蜕园（1894—1973 年）编注的《通鉴选》20 篇，唐代选了 3 篇，其一即为“陆贽论政”，这应该是符合司马光原意的。[③]

---

① 苗粲的故事，可参见傅璇琮：《唐代科举与文学》，陕西人民出版社 2007 年版，第 439 页。

② （唐）陆贽：《谢密旨因论所宣事状》，载《陆贽集》卷十七《中书奏议》，浙江古籍出版社 2013 年版，第 121 页。

③ 瞿蜕园：《通鉴选》，重庆出版社 2015 年版，第 287 页。

八、韩愈的质疑

生活于唐代中期的韩愈(768—824年)既非先秦开创性的诸子百家,也非明清时期集大成的思想家,但在中国古代保密史上却占着重要位置,这主要因为韩愈较早注意到中国先秦典籍在保密问题上的矛盾之处。①在一次进士考试中,作为主考官的韩愈出了这样一道考题:不同儒家经典对保密有着截然相反的观点,《尚书》说施政应当公开讨论,但《周易》和《春秋》又说君主不重视保密会危及社稷,请考生们回答其原因何在。

> 问:《书》称:"汝则有大疑,谋及乃心,谋及卿士,谋及庶人,谋及龟筮。"考其从违,以审吉凶。则是圣人之举事兴为,无不与人共之者也。于《易》则又曰:"君不密则失臣,臣不密则失身,几事不密则害成。"而《春秋》亦有讥"漏言"之词。如是,则又似不与人共之而独运者。《书》与《易》、《春秋》,经也。圣人于是乎尽其心焉耳矣。今其文相戾悖如此,欲人之无疑,不可得已!是二说者,其信有是非乎?抑所指各殊,而学者不之能察也?谅非深考古训,读圣人之书者,其何能辨之?此固吾子之所宜无让者,愿承教焉!②

这里引用的《尚书》上的话出自《尚书·洪范》,后面还有几句是:"汝则从,龟从,筮从,卿士从,庶民从,是之谓大同。"按照古人的解释,这句话的意思是:"将举事,而汝则有大疑,先尽汝心以谋虑之,次及卿士众民,然后卜筮以决之。"③这实际说的是决策要广泛征求意见,形成共识。这种观点当然是反对保密的。"漏言"之词出自《春秋穀梁传》和《春秋公羊传》,具体指文公六年"晋杀其大夫阳处父"事件。④按照儒家的说法,这三本书都是"经"。"经"应该万古长青、亘古不变,更不能前后矛盾。"经,常也。凡道义法制之

---

① 《旧唐书》卷一百一十《韩愈列传》没有本书所论述的有关保密的内容。

② 《韩愈文集汇校笺注》第二册,中华书局2010年版,第453页;《韩昌黎文集校注》卷二《进士策问》,上海古籍出版社2014年版,第114页。

③ 《尚书正义》卷一二《洪范》,载《十三经注疏》(全二册),上海古籍出版社1997年版,第191页。

④ 杨伯峻:《春秋左传注》第二册,中华书局2009年版,第545、552页;《春秋公羊传注疏》卷一三《文公六年》,载《十三经注疏》(全二册),上海古籍出版社1997年版,第1268页;《春秋穀梁传注疏》卷十《文公六年》,载《十三经注疏》(全二册),上海古籍出版社1997年版,第2406页;(清)高士奇:《左传纪事本末》卷三十一《晋卿族废兴》,中华书局2015年版,第435页。

不可变易者皆谓之经。”但从字面上看，这三者之间（实际是二者）是有矛盾的。韩愈的考题就是如何理解和解释这一矛盾。

在韩愈文集中我们没有找到他对这个问题的具体论述，且此书也没有收录应试举子的答卷，无从了解其本人和唐人的观点。但以韩文公的声望，他提出的问题自然会引起广泛关注。在诸多意见中，宋代文学家和思想家苏洵撰写的《远虑》一文被视为对上述问题的经典回答，为多种韩愈作品注家所引用。①其主要观点是，对于君主来说，有些事情（“经”）天下人都应当知道并参与讨论，有些事情（“权”）仅限于群臣知道，还有些事情（“机”）仅限于腹心之臣知道。因此，上引儒家经典关于保密与公开的不同观点并不矛盾，因为它们是针对不同问题说的。应该说，苏洵的这个分析是比较科学的，只是没有进一步细化，指出“经”、“权”、“机”具体指的是什么，而且文章主要讨论“腹心之臣”（似可理解为宰相）的重要性，没有就如何合理界定“经”、“权”、“机”做出探讨，在总体上还是传统的从君主统御之术角度进行分析，当然更谈不上对保密与公开的主次关系进行探讨。苏洵文章论述范围不限于此，故不嫌累赘，摘录如下：

> 圣人之道，有经、有权、有机，是以有民、有群臣而又有腹心之臣。曰经者，天下之民举知之可也；曰权者，民不可得而知矣，群臣知之可也；曰机者，虽群臣亦不得而知之矣，腹心之臣知之可也。夫使圣人无权，则无以成天下之务，无机，则无以济万世之功，然皆非天下之民所宜知；而机者又群臣所不得闻，群臣不得闻，则谁与议？不议不济，然则所谓腹心之臣者，不可一日无也。后世见三代取天下以仁义，而守之以礼乐也，则曰“圣人无机”。夫取天下与守天下，无机不能。顾三代圣人之机，不若后世之诈，故后世不得见。
>
> 其有机也，是以有腹心之臣。禹有益，汤有伊尹，武王有太公望，是三臣者，闻天下之所不闻，知群臣之所不知。禹与汤武倡其机于上，而三臣者和之于下，以成万世之功。下而至于桓、文，有管仲、狐偃为之谋主，阖庐有伍员，勾践有范蠡、大夫种。高祖之起也，大将任韩信、黥布、彭越，裨将任曹参、樊哙、滕公、灌婴，游说诸侯任郦生、陆贾、枞公，至于奇机密谋，君臣所不与者，唯留侯、酂侯二人。唐太宗之臣多奇才，而委之深、任之密者，亦不过曰房、杜。

① 《韩愈文集汇校笺注》第二册，中华书局2010年版，第453页；《韩昌黎文集校注》卷二《进士策问》，上海古籍出版社2014年版，第114页。

夫君子为善之心与小人为恶之心一也，君子有机以成其善，小人有机以成其恶。有机也，虽恶亦或济，无机也，虽善亦不克，是故腹心之臣不可以一日无也。司马氏，魏之贼也，有贾充之徒为之腹心之臣以济，陈胜、吴广，秦民之汤、武也，无腹心之臣以不克。何则？无腹心之臣，无机也，有机而泄也。夫无机与有机而泄者，譬如虎豹食人而不知设陷阱，设陷阱而不知以物覆其上者也。

或曰："机者，创业之君所假以济耳，守成之世，其奚事机而安用夫腹心之臣？"呜呼！守成之世，能遂熙然如太古之世矣乎？未也，吾未见机之可去也。且夫天下之变，常伏于安，田文所谓"子少国危，大臣未附"，当是之时，而无腹心之臣，可为寒心哉！昔者高祖之末，天下既定矣，而又以周勃遗孝惠、孝文；武帝之末，天下既治矣，而又以霍光遗孝昭、孝宣。盖天下虽有泰山之势，而圣人常以累卵为心，故虽守成之世，而腹心之臣不可去也。

《传》曰："百官总己以听于冢宰。"彼冢宰者，非腹心之臣，天子安能举天下之事委之，三年不置疑于其间邪？又曰："五载一巡狩。"彼无腹心之臣，五载一出，捐千里之畿，而谁与守邪？今夫一家之中必有宗老，一介之士必有密友，以开心胸，以济缓急，奈何天子而无腹心之臣乎？近世之君抗然于上，而使宰相眇然于下，上下不接，而其志不通矣。臣视君如天之辽然而不可亲，而君亦如天之视人，泊然无爱之之心也。是以社稷之忧，彼不以为忧，君忧不辱，君辱不死。一人誉之则用之，一人毁之则舍之。宰相避嫌畏讥且不暇，何暇尽心以忧社稷？数迁数易，视相府如传舍。百官泛泛于下，而天子惸惸于上，一旦有卒然之忧，吾未见其不颠沛而殒越也。圣人之任腹心之臣也，尊之如父师，爱之如兄弟，执手入卧内，同起居寝食，知无不言，言无不尽。百人誉之不加密，百人毁之不加疏，尊其爵，厚其禄，重其权，而后可与议天下之机，虑天下之变。①

此外，还有几点要注意：其一，这个考题虽然简单，却可以证明韩愈对保密问题的重视。考题所提出的问题也颇有深度，显示韩愈对保密问题有过深入思考，而且这种问题不是仅仅阅读儒家经典就可以提出来，还应该有实际从政经验的刺激。韩愈是唐代著名思想家和文学家，在思想史和文学史上均有着承前启后的重要地位。自小锐意仕进的他也是一位经

① 《宋史》卷四百四十三《苏洵传》。

历坎坷、经验丰富的高级官僚。长期的官宦生涯使得韩愈对保密问题有着不同于一般文人学士的关注与思考。在给有“儿女子之感”的前辈华州李尚书上书中，韩愈建议后者“苟虑有所及，宜密以上闻，不宜以疏外自待；接过客俗子，绝口不提时事。务为崇深，以拒止嫉妬之口”。[①]对给自己写信的年轻人，韩愈也不忘提醒，“无以示(韩)愈者语于人，用息不知者之谤，生慎从之”。[②]这说明其保密意识是很强的，将保密问题作为科举考题不让人意外。

其二，保密是政治军事活动的必然产物，但在书本上(特别是儒家经典中)很少正面论述。韩愈的这道考题有助于引导举子们在精读儒家经典的同时，还能联系实际，关注和思考政治实践。从科举考试角度来说，这是一道不错的考题。对我们今天研究中国古代保密思想也有参考价值。

其三，韩愈提到的三部经典中，《尚书》和《周易》谈到保密问题的时候均非常简要，寥寥数语，虽然深刻，但没有太多可以挖掘的内容，唯《左传》相关记载较多，内容较丰富，对后世影响也较大，故本书重点对《左传》中的保密观进行梳理，其他从略。

九、《资治通鉴》与司马光的保密观

宋代先后与辽、金、元和西夏军事对峙，保密氛围浓厚。在宋初编纂的《册府元龟》卷三二一《宰辅部》中，专设“慎密”一门，收录西汉到唐代的 18 个保密故事，并在开篇简要说明保密的重要性，但要说到保密思想，则还是以当时的《资治通鉴》为代表。

《资治通鉴》是北宋著名政治家、史学家司马光(1019—1086 年)主持编纂的一部编年体史书，其选材侧重“资治”，一向被视为中国古代政治史经典文献，甚至有中国古代政治教科书之称，毛泽东曾多次批阅该书。保密事关忠诚和成败，与政治军事斗争关系密切，是该书记载的重点内容之一。从《资治通鉴》的选材和评论上，可以看出司马光在保密问题上有着守正和出奇的“两面性”，一方面主张保密要遵从政治伦理和朝廷纲纪，坚决反对不顾道德的玩弄权术，另一方面则高度肯定保密在政治和军事斗争的重要性，强

①② 《韩昌黎文集校注》第三卷《答胡生书》，上海古籍出版社 2014 年版，第 205 页。

调机变，反对书生气。下面，首先看几个司马光有明确评论的案例，这也是最能看出其保密观的地方。

其一，先秦智伯泄密事件。韩、赵、魏三家分晋是先秦史上重要事件，前奏就是韩赵魏三家与智伯的斗争。根据《战国策》卷十八《赵一》和《韩非子·十过》，起初，势力最强的是智伯家族，赵、魏、韩三家仰其鼻息而已，但智伯终究被三家所灭，何也？缺乏保密意识是一大原因。在智伯、韩、魏三家联军与赵军决战的关键时刻，智伯的谋臣絺疵看出韩、魏有临阵倒戈的迹象，就秘密进言，建议智伯加强防备。但第二天，智伯竟然拿这些心腹之言公开质问韩、魏二人。其兵败身亡也就不足为奇了。

明日，智伯以絺疵之言告二子，二子曰："此夫谗人欲为赵氏游说，使主疑于二家而懈于攻赵氏也。不然，夫二家岂不利朝夕分赵氏之田，而欲为危难不可成之事乎！"二子出，絺疵入曰："主何以臣之言告二子也？"智伯曰："子何以知之？"对曰："臣见其视臣端而趋疾，知臣得其情故也。"智伯不悛。絺疵请使于齐。

司马光在《资治通鉴》中详细记载这个故事，无疑也是看重其"资治"之意。在随后的评论中，司马光将智伯灭亡的原因归为"才胜德"。从整个斗争过程来说，这是有道理的。但单就保密而言，智伯难谓有"才"，反而是韩赵魏三家略胜一筹，韩、魏两家在与赵家谈判中明言"恐事未遂而谋泄，则祸立矣"。这也说明，司马光在评价人物和事件时，一方面从大局着眼，另一方面更看重其中的正义是非和道德伦常，具体到这一事件中，保密虽然有作用，但仅居于辅助性和技术性位置，不是决定性的。①

其二，西汉贾捐之泄密案。汉元帝永光元年（公元前43年），著名政治家贾谊的曾孙——待诏金马门贾捐之和长安令杨兴"漏泄省中语"，贾"弃市"，杨"减死罪一等，髡钳为城旦"。该案中，贾捐之、杨兴不仅涉及泄密，还有互相荐誉、欲图大位、罔上不道、企图排挤掌权的中书令石显等颇为严重和恶劣的情节。石显的政治作为颇多非议，贾、杨在道义上是有更多同情分的，但泄密则明显违规。司马光评论说："君子以正攻邪，犹惧不

① 朱熹曾专门评论过司马光《资治通鉴》中的才德观，认为稍嫌偏颇，因为才、德也有好坏之分（如"昏德"），但按司马光的观点，似乎"才"都是不好的，"德"都是好的，这是不科学的。而且"才德兼备"为圣人，岂不是说圣人也有一半是不好的？司马光对才德的定义也有问题（聪明强毅之谓才，正直中和之谓德）。参见《朱子语类》卷第一百三十四《历代一》，中华书局1984年版，第3205、3206页。

克；况（贾）捐之以邪攻邪，其能免乎！”[①]换言之，在司马光看来，即使面对暴力和不法，泄密仍然是不可取的。现代政治学家则对此种泄密持肯定态度。美国著名政治学家弗里德里希认为，特定情况下，泄密是人民希望自己直接管理自己的表现。[②]这个观点估计很难为司马光所接受。史载，司马光自少至老，语未尝妄，自言：“吾无过人者，但平生所为，未尝有不可对人言者耳。”[③]如此人品，司马光持上述观点也不足为奇。

其三，三国陈群焚稿。三国时，魏国大臣陈群为人“弘博不伐”，“每上封事，辄削其草，时人及其子弟莫能知也。论者或讥群居位拱默；正始中，诏撰群臣上书以为《名臣奏议》，朝士乃见群谏事，皆叹息焉。”裴松之在给《三国志》做注时，引用《袁子》中的一段评论，认为这才算得上忠臣：“今为人臣，见人主失道，直诋其非而播扬其恶，可谓直士，未为忠臣也。故司空陈群则不然，谈论终日，未尝言人主之非；书数十上，外人不知。君子谓群于是乎长者矣。”[④]司马光《资治通鉴》照抄上述评论，这和其思想是一贯的。[⑤]而同为宋人的曾巩（1019—1083年）则认为陈群的做法并非真正的爱君。[⑥]明末清初王夫之也认为陈群的行为难谓为忠臣。[⑦]相比之下，司马光似乎更为忠厚和保守一些。

其四是西晋刘晔谏密。刘晔是西晋重臣，深受皇帝信任，但为人骑墙。时皇帝决定伐蜀，但朝臣大多持反对意见。刘晔在皇帝面前表示支持，在朝臣面前则曰不可。有一次，皇帝为说服群臣，要求刘晔在其他大臣面前公开表态。刘晔不仅拒绝发表意见，还在事后单独觐见时批评皇帝保密不慎：“伐国，大谋也，臣得与闻大谋，常恐眯梦漏泄以益臣罪，焉敢向人言之！夫兵诡道也，军事未发，不厌其密。陛下显然露之，臣恐敌国已闻之矣。”帝谢之。但不久就有人发现刘晔为人“两面派”，向皇帝告密说：“（刘）晔不尽忠，善伺上意所趋而合之。陛下试与晔言，皆反意而问之，若皆与所问反者，是晔常与圣意合也。每问皆同者，晔之情必无所复逃矣。”帝如言以验之，果得其情，从此疏焉。司马光引用《傅子》的话，批评刘晔要弄权术，认为“巧诈不

---

① 《汉书》卷六十四下《贾捐之传》；《资治通鉴》卷二十八《汉纪二十》元帝永光元年。

② Carl J. Friedrich, *The pathology of politics; violence, betrayal, corruption, secrecy, and propaganda*, New York, Harper & Row, 1972, pp.176—177.

③ 《宋史》卷三百三十六《司马光传》。

④ 《三国志》卷二十二《魏书二十二》陈群传，裴松之注。

⑤ 《资治通鉴》卷第七十三，明帝青龙四年十二月癸巳条。

⑥ （宋）曾巩：《书魏郑公传后》，载《曾巩集》，中华书局1984年版，第702页。

⑦ （明）王夫之：《读通鉴论》卷十第二十一条，中华书局2013年版，第268页。

如拙诚”。①司马光对刘晔“两面派”的为人明显持反对和批评态度，但对他批评皇帝保密不慎的那段话则全文照录，似持肯定意见，估计司马光也认为，就事论事，皇帝的做法确实欠妥。

其五北周高遵泄密案。北周时期，出使北齐的使臣伊娄谦对背叛自己的部下宽大为怀，不予追究，并获得周主的支持。

> 初，(北周)邺伊娄谦聘于(北)齐，其参军高遵以情输于齐，齐人拘之于晋阳。周主既克晋阳，召谦，劳之。执遵付谦，任其报复。谦顿首，请赦之。周主曰：“卿可聚众唾面，使其知愧。”谦曰：“以谦之罪，又非唾面可责。”帝善其言而止。谦待遵如初。②

司马光认为北周君臣做法均有欠妥当，就此发表了颇为激烈的意见。

> 赏有功，诛有罪，此人君之任也。高遵奉使异国，漏泄大谋，斯叛臣也；周高祖不自行戮，乃以赐谦，使之复怨，失政刑矣！孔子谓以德报怨者何以报德。为谦者，宜辞而不受，归诸有司，以正典刑。乃请而赦之以成其私名，美则美矣，亦非公义也。

司马光强调对高遵泄密案依照朝廷纲纪办事，不仅是理性的结论，可能也有个人感情使然。他本人就是一个恪守保密纪律、做事严谨的人。据《司马光年谱》记载：他在 50 岁的时候，曾主动辞免皇帝任命他为使臣馆伴的命令，理由之一是“禀性昏聩”，担心接待来使的时候，言语差错，“或漏泄机事，或抵触使人，恐贻朝廷之忧”。③欧阳修也曾赞扬司马光“识虑深远，性尤慎密”。④

除了上述有明确个人议论的保密记载以外，《资治通鉴》中还有一些地方只是照抄前代史书。这些记载中更多技术性内容，显示司马光也有肯定

---

① 《资治通鉴》卷七十二《魏纪四》。类似的还有唐玄宗时期的大臣齐浣，曾就保密问题进言，受到玄宗的赏识和重用，但不久他自己竟然也不慎泄密，受到玄宗的严厉斥责，可谓善于谋人轻于谋身。《旧唐书》卷一百九十中《齐浣传》：时开府王毛仲宠幸用事，与龙武将军葛福顺为姻亲，故北门官见毛仲奏请，无不之允，皆受毛仲之惠，进退随其指使。浣恶之，乘间论之曰：“福顺典兵马，与毛仲婚姻，小人宠极则奸生，若不预图，恐后为患，惟陛下思之。况腹心之委，何必毛仲，而高力士小心谨慎，又是阉官，便于禁中驱使。臣虽过言，庶裨万一。臣闻君不密则失臣，臣不密则失身，惟圣虑密之。”玄宗嘉其诚，谕之曰：“卿且出。朕知卿忠义，徐俟其宜。”会大理丞麻察坐事出为兴州别驾，浣与察善，出城饯之，因语禁中谏语。察性譸諂，遽以浣语奏之。玄宗怒，令中书门下鞫问。又召浣于内殿，谓之曰：“卿向朕道‘君不密则失臣，臣不密则失身’，而疑朕不密，而翻告麻察，是何密耶？麻察轻险无行，常游太平之门，此日之事，卿岂不知耶？”浣免冠顿首谢罪，乃贬高州良德丞。

② 《资治通鉴》卷一百七十二，宣帝太建八年十一月壬戌条。

③ 《司马光年谱》，中华书局 2006 年版，第 121—122 页。

④ 《司马光年谱》，中华书局 2006 年版，第 341 页。

保密实用主义的一面。①如王轨是北周武帝宇文邕的心腹大臣。他出于对北周前途的考虑，多次提醒武帝说皇太子宇文赟品德低劣，没有仁孝，不堪继承皇位。但他不是私下进言，而是在公开场合表达这一观点，尽管后来在旁人提醒下，他也意识到这一做法欠妥，但为时已晚。宇文赟即位后，很快将其处死。

王轨尝与小内史贺若弼言："太子必不克负荷。"弼深以为然，劝轨陈之。轨后因侍坐，言于帝曰："皇太子仁孝无闻，恐不了陛下家事。愚臣短暗，不足可信。陛下恒以贺若弼有文武奇才，亦常以此为忧。"帝以问弼，对曰："皇太子养德春宫，未闻有过。"既退，轨让弼曰："平生言论，无所不道，今者对扬，何得乃尔反覆？"弼曰："此公之过也。太子，国之储副，岂易发言！事有蹉跌，便至灭族。本谓公密陈臧否。何得遂至昌言！"轨默然久之，乃曰："吾专心国家，遂不存私计。向者对众，良实非宜。"②

有意思的是，司马光本人为官期间也曾就建储这样的重大敏感问题多次向北宋皇帝进言，但采取的是密奏的形式，并请求皇帝"焚臣此奏，勿以示外"。这除了他自己说的以示"非敢徼冀毫厘之幸"以外，未尝不是吸取了上述历史上的惨痛教训。③

综合上述，在《资治通鉴》中，司马光的保密观既有继承前人的一面，也有独具匠心的一面，总体上看，司马光比较强调道德论，但也重视技术性、智慧性。这与司马光编纂《资治通鉴》的初衷是一致的。司马光认为，君主治理国家是有规律有技巧的。编纂《资治通鉴》，就是要把历史上一些为君之道、治国之术告诉后人，这就是所谓的政治智慧。但何谓政治智慧，司马光并未明言。笔者认为《资治通鉴》中的这样两条记载或许可以反映司马光的意见：其一是《资治通鉴》卷六十六《汉纪五十八》记载，孙权劝吕蒙读书，吕蒙辞以军中多务，孙权的回答是："孤岂欲卿治经为博士耶？但当涉猎，见往事耳。卿言多务，孰若孤？孤常读书，自以为大有所益。"这就是后世传诵的吕蒙读书，令鲁肃三日不见当刮目相看故事的起源。一般人只注意这里孙权强调读书的重要性，但更不应忽略的是，孙权还明确指出，要求吕蒙读书

① 邓广铭也认为，司马光是"一个偏重于务实的人"。参见邓广铭：《宋史十讲》第五讲"王安石变法的革新精神支柱——'三不足'精神"，中华书局2008年版，第127页。

② 《资治通鉴》卷一百七十二，宣帝太建八年八月乙卯条。

③ （宋）司马光：《请建储副或进用宗室第一状》，载《司马光集》卷一六《章奏一》，四川大学出版社2010年版，第506页。

的目的并不是让他去做学问，而是要“见往事”，为现实服务，这和博士读书“治经”是不一样的。其二是《资治通鉴》卷七十四《魏纪六》记载，蜀汉册立刘璿为皇太子。大司农孟光向秘书郎郤正了解太子读书及情性好尚。郤正回答说：“奉亲虔恭，夙夜匪解，有古世子之风；接待群僚，举动出于仁恕。”孟光对这一回答不满意，进一步追问：“如君所道，皆家户所有耳；吾今所问，欲知其权略智调何如也。”正曰：“世子之道，在于承志竭欢，既不得妄有施为，智调藏于胸怀，权略应时而发，此之有无，焉可豫知也！”光知正慎宜，不为放谈，乃曰：“吾好直言，无所回避。今天下未定，智意为先，智意自然，不可力强致也。储君读书，宁当效吾等竭力博识以待访问，如博士探策讲试以求爵位邪！当务其急者。”这里孟光明确区分储君与“家户”（普通人家）、“吾等”（普通人）读书的不同，与孙权的话异曲同工，强调的实际都是政治智慧，即“权略智调”、“智意”。[①]司马光还曾经写过一篇《机权论》的文章，明确提出圣人并非不用机权，只是要看轻重缓急。[②]这和上述观点是一致的。

按照这一精神，作为一位资深政治家，司马光固然可能看重保密的道德内涵，但也不会忽视保密的技术意义，甚至还比较推崇善于保密的君主，懂得保密在一定程度上也意味着政治上的成熟和智慧。他本人在保密问题上也是比较谨慎的（如前述关于建储和接待使臣的进言）。在这点上，他和此前的韩非子等人并无重大区别，但是根据他的政治观和道德观，保密的技术性智慧性仍然要服从和服务于道德伦理和正义是非的要求，不可滑入阴谋的深渊，不能为了目的而不择手段。这是他不同于韩非子的地方，也是其忠厚和受人尊敬的地方。

最后，补充一则司马光关于保密问题的上书。这份上书的背景是，宋代初年规定，官员上殿奏事时，皇帝侍从必须退避，但到司马光时期，这个规定几乎荡然无存。司马光力主恢复原有制度，并获得皇帝支持。

臣等窃闻：自先帝以来，应两府台谏官等上殿奏事，左右侍臣悉皆

---

① 唐人魏元忠说：“选将当以智略为本，勇力为末。”在此意义上，《三国演义》不应简单地看作一部争夺龙椅的相斫书，更是一部总结、宣扬传统智慧的古典名著，包括我们这里所说的保密在内的谋略，在三国纷争中的应用可谓出神入化、炉火纯青。后来清朝君臣好读三国，毛泽东对《三国演义》的肯定，与此不无关系。文学界（如郑振铎）也认为，广大人民对诸葛亮的崇拜，主要并非由于他是扶刘抗曹的忠臣，而是把他作为智慧的典型和结晶来看待的。当然，《三国演义》这部古典名著蕴含多层面的意义和价值，还可以从其他方面进行分析。这也涉及对传统文化的精神实质和其派生条件的区分和评价问题，详见王元化：《关于京剧与传统文化答问》，载《王元化文论选》，上海文艺出版社 2009 年版，第 233 页。

② （宋）司马光：《机权论》，载《司马光集》卷七十一《论二》，四川大学出版社 2010 年版，第 1442 页。

屏退，盖以“君不密则失臣，臣不密则失身”，重慎枢机不得不尔。窃见近日臣僚上殿奏事，左右侍臣不遵旧制，或有进至殿角板障门以里，与御坐相去不过数步，陛下德音及群臣敷奏之语皆可听闻。其间有机密大事，若致漏泄，大为不便。欲乞一依旧制，今后应遇两府、台谏官等上殿奏事，其左右侍臣并于殿角板障门外踏道下祗候，仍乞委都知押班于两边板障门外检校，如敢窃有觇听者，并具姓名闻奏，勘罪施行。取进止。①

这只是一份技术性的意见，对保密纪律废弛的分析也流于一般化，但从中可以看出，司马光对保密的重视，以及对保密纪律的强调。根据《司马光年谱》，该上书系于公元 1061 年，司马光时年 43 岁。②这和他在晚年完成的《资治通鉴》中表现出来的立场是一致的，显示其保密思想的一贯性。

十、朱熹的保密观

南宋朱熹（1130—1200 年）是程朱理学的集大成者，被誉为中国古代后期最杰出的思想家，号称“致广大，尽精微，综罗百代”，受到世界范围的重视和研究。③和其他许多思想家类似，朱熹并未专门探讨过保密，仅在讨论其他问题的时候，顺带涉及，但内容精彩，对认识、理解中国保密史颇有价值。

首先，朱熹是赞成保密的。朱熹认为，保密是一种美德，是事业成功、家庭幸福的重要保障。他在与门人的谈话中说：“古之名将能立功名者，皆是谨重周密，乃能有成。如吴汉朱然终日钦敬，常如对阵。须学这样底，方可。如刘琨恃才傲物，骄恣奢侈，卒至父母妻子皆为人所屠。今人率以才自负，自待以英雄，以至恃气傲物，不能谨严。以此临事，卒至于败而已。要做大功名底人，越要谨密，未闻粗鲁阔略而能有成者。”④这里强调做人低调、敬业、严谨、谨慎，和保密的价值倾向与要求一致，只是没有说出“保密”这个词。

这一思想倾向从朱熹自身做人上也可以获得印证。朱熹曾经编辑

① （宋）司马光：《论上殿屏人状》，载《司马光集》卷二十《章奏五》，四川大学出版社 2010 年版，第 565 页。

② 《司马光年谱》，中华书局 2006 年版，第 59 页。

③ 朱熹生平参见《宋史》卷四百二十九《朱熹列传》。

④ 《朱子语类》卷第一百三十五《历代二》，中华书局 1984 年版，第 3230 页。

《别录》十卷，主要内容是“炎、兴以来大事”，因为其中多是“省中语”，“未敢传”。[①]这主要就是保密的考虑，和沈括撰写《梦溪笔谈》时的谨慎如出一辙。朱熹有这样的认识，可能也与他在五十岁时一件公案有关。在知南康军任上，朱熹曾用札子请求减免星子县税钱，因不符合有关公文和保密规定（地方涉密事务方可用札子），遭言官弹劾，朱熹后来也上奏自劾。[②]这件事对朱熹多少有些影响。

朱熹对保密的态度，还表现在他对一些具体史事和人物的评述中。比如，朱熹对高丽王评价较高，一个理由是高丽作为女真的邻国，能不为强邻所灭，说明高丽王领导有方。“高丽与女真相接，不被女真所灭，多是有其术以制之。”[③]另外一个理由，就是高丽王的保密意识和能力。朱熹给门人讲过这样一个故事。徽宗时期，高丽王多次请求派遣御医过去帮忙看病。但两名老御医去了之后，高丽王每日只问“禁中事”，并不问医药。过了一段时间礼送二医回国，高丽王才说出真实意图，原来他不赞成北宋当时的联金灭辽政策，希望通过御医向宋帝转呈此意，还主动提供了一些女真军事机密（如拐子马之类）。“徽宗闻之，滋不乐，且惧其语泄。”两名老御医也未得善终。[④]这是一个真实故事，马端临《文献通考》也有记载，但具体细节有所不同。[⑤]《文献通考》对高丽王此举持肯定态度，称之为高丽王“求医而献忠谋”，但朱熹则不是这样，他虽然也认为高丽王此事做得睿智、策略，但站在国家民族立场，他认为徽宗在保密问题上出现失策。换言之，在朱熹看来，即使是与友好国家交往，国君也不应丧失保密意识，放松警惕。高丽王就是这样做的，而徽宗则没有这个意识，被人牵着鼻子走而不自知。

朱熹赞成保密，还表现在他对权谋的态度上。司马光《资治通鉴》是当时的一部大书，受到广泛赞誉。但朱熹在与门弟子谈话中提出批评，认为“温公不喜权谋，至修书时颇删之，奈当时有此事何？只得与他存在。若每处删去数行，只读着都无血脉意思，如何存之，却别做论说以断

---

① 《朱子语类》第一册，中华书局1986年版，第4页。

② （宋）朱熹：《自劾不合用札子奏事状》，参见束景南编：《朱熹年谱长编》淳熙六年（1179年）条，华东师范大学出版社2014年版，第633页。

③ 《朱子语类》卷第一百三十三《本朝七·夷狄》，中华书局1984年版，第3192页。

④ 《朱子语类》卷第一百三十三《本朝七·夷狄》，中华书局1984年版，第3191页。

⑤ （高丽王）楷求医于朝，使唤二医往，留二年而归，楷语之：“闻朝廷将用兵伐辽，辽兄弟治国，存之足为边扞。女真虎狼尔，不可交也。愿医生归报天子，宜早为备。”参见（宋）马端临：《文献通考》卷三百二十五《四裔考二》，中华书局2011版，第8957、8962页。

之?”[①]这段话主要是批评《资治通鉴》的编纂体例不当，认为修史不应以自己的价值评判为标准，刻意删减史事，而应把史事和自己的意见分开，修史当据事直书，评论可随己意。[②]这一主张是正确的，但似嫌偏颇，本书前文已经说明司马光也是重视政治权谋的。不过从这段话可以看出，朱熹对权谋并不反感，甚至还是肯定的，而权谋包括保密。联系朱熹在另外一处说的：“温公忠直，而于事不甚通晓。”[③]又泛论说：“会做事底人，必先度事势，有必可做之理，方去做。”“圣人固视天下无不可为之时，然势不到他做，亦做不得。”[④]可见，朱熹对于政治问题的思考比较实际，看法也较通达，在理论上应该不会漠视或者反感保密这样有助于成事的权谋，只是没有明确表达出来。

要注意的是，朱熹对保密持正面态度，但和韩非子等人是有本质差别的。这突出表现为朱熹反对君尊臣卑。他在回答弟子“自秦始皇变法之后，后世人君皆不能易之，何也?”的问题时说：“秦之法，尽是尊君卑臣之事，所以后世不肯变。”[⑤]在解说《论语》“君使臣以礼，臣事君以忠”时指出，这句话“亦有警君之意，亦不专主人臣而言也。”“自人臣言，固是不可不忠。但人君亦岂可不使臣以礼！若只以为臣下当忠，而不及人主，则无道之君闻之，将谓人臣自是当忠，我虽无礼亦得。如此，则在上者得肆其无礼。”[⑥]这些话鲜明表达朱熹反对君权独大的立场，和韩非子一味尊君抑臣明显不同，由此推断，朱熹不会赞成韩非子过分强调保密之术、维护君权的观点。

就根本上来说，朱熹似和司马光立场比较接近，即认为保密重要，但要符合道德原则，反对在政治上要阴谋、玩权术。比如，批评当时臣僚一以皇帝意指为尊的官场风气，“今日言事官欲论一事一人，皆先探上意如何，方进文字”。[⑦]揭露奸臣蔡京“作事都作两下”的两面派作风，在朝廷讨论是否派兵夺取燕州时，蔡反对出兵，但决定出兵之后又派自己的儿子参加。其用意

---

① 《朱子语类》卷第一百三十四《历代一》，中华书局 1984 年版，第 3204 页。

② 朱熹对程颐《易传》也有类似的评价，认为程颐实际是要借易经说自己的道理，并不符合易经的本意。参见钱穆：《朱子新学案》第一册《朱子学提纲》，九州出版社 2011 年版，第 189 页。钱穆对朱熹这一观点评价很高，但未提到这一批评是否正确。参见钱穆：《朱子新学案》第五册《附朱子通鉴纲目及八朝名臣言行录》，九州出版社 2011 年版，第 141 页。

③ 《朱子语类》卷第一百三十《本朝四·自熙宁至靖康用人》，中华书局 1984 年版，第 3103 页。

④ 钱穆：《朱子新学案》第一册《朱子学提纲》，九州出版社 2011 年版，第 218 页。

⑤ 《朱子语类》卷第一百三十四《历代一》，中华书局 1984 年版，第 3128 页。

⑥ 《朱子语类》卷第二十五《论语七》，中华书局 1984 年版，第 625、626 页。

⑦ 《朱子语类》卷第一百一十二《朱子九》，中华书局 1984 年版，第 2733 页。

是“取燕有功，则其子在；无功，则渠不曾主”。蔡京还曾出于同一目的，让另一儿子蔡絛上书皇帝批评自己的不是。[①]在君主专制下，臣民权利经常得不到保障，一人有罪株连九族是常态，臣下为避祸自保不得不采取一些策略性做法，但像蔡京这样首鼠两端的做法无论在什么社会，都是为人所鄙的。朱熹不过表达了士大夫的共同立场。

近代学者对朱熹这一点似乎有些误解。如著名思想家章太炎认为，朱熹的学说比较谨慎，也就对当地方官、做绅士有用。[②]著名宋史学家邓广铭以朱熹对辛弃疾的评论为例，认为朱熹论人过于看重身心修养，不重实际。[③]就本书上文考察的保密问题而论，章太炎、邓广铭两位前辈的观点似嫌武断。尽管朱熹在世时主要以学者身份出现，在仕途上也不如意，登第五十年，只做过九任地方官，在中央只做了一个多月的闲散官（所谓立朝四十日），但从他多次拒绝和辞去一些不利的职务任命看，朱熹绝非政治素人，而有着比较敏锐的政治判断力，对政治问题（包括保密）也有深入思考。南宋史学家李心传也认为朱熹“非素隐者也，欲行道而未得其方也”[④]。此外，朱熹在明清之际备受尊崇，他对保密的正面态度，对当时士大夫的保密观以及明清保密政策应该皆有影响，不过更多细节还有待进一步挖掘。

十一、左懋第的保密适度观

当今世界主流观点认为，保密与公开不是完全对立的，但也不是并驾齐驱，而是有主次之分，政府信息应当“最大限度的公开”，以保障人民的知情权。[⑤]这是经过现代法治洗礼和人权精神张扬的产物。在此之前，比较主流的观点是，应当从利益平衡的角度，理解与判断保密的必要性与限度。如果保密利大于弊，则应当保密；反之，则应当公开。这可称为保密适度思想。

做事适度或者说中庸，是中国古代思想的重要传统。《左传》里就有相

① 《朱子语类》卷第一百三十三《本朝七·夷狄》，中华书局1984年版，第3193页。

② 章太炎：《研究中国文学的途径（一九二〇年十月二十五日在长沙第一师范学校演说）》，载章念驰编订：《章太炎全集·演讲集》（上），上海人民出版社2014年版，第288页。

③ 邓广铭：《王安石变法的革新精神支柱——“三不足”精神》，载邓广铭：《宋史十讲》，中华书局2008年版，第126页。

④ 李心传：《建炎以来朝野杂记》乙集卷八《晦庵先生非素隐》，中华书局2000年版，第632页。

⑤ 托比·曼德尔：《信息自由：多国法律比较》，龚文庠等译，社会科学文献出版社2011年版。

关记载，如宣公十一年“蹊田夺牛”的故事：“牵牛以蹊人之田者，信有罪矣，而夺之牛，罚已重矣。”意思是说，牵牛践踏别人的田地，诚然有错，但夺走他的牛，惩罚就太重了。[①]《史记》卷四十《楚世家第十》做了改写，但意思相同：“鄙语曰：牵牛径人田，田主取其牛。径者则不直矣，取之牛，不亦甚乎？”明代著名哲学家王阳明曾经引用这个事例，并进一步引申：“昔人有蹊田而夺牛者，君子以为蹊田固有责，而夺牛则已甚。今人驱牛以耕我之田，既种且获矣，而追究其耕之未尽善也，复从而夺之牛，无乃太远于人情乎？”[②]但比较成熟的从利益衡量角度思考保密问题，并系统提出保密适度观点的是明代左懋第。国内较早发掘并引用左懋第言论的是新闻史学者，对其的评价很高，[③]本书尝试从保密角度再做些探讨。

据《明史》卷二百七十五《左懋第传》记载，左懋第（1601—1645 年），山东莱阳人，崇祯四年（1631 年）进士，曾任户科给事中、刑科左给事中等职，北京陷落后曾代表南明与清廷谈判，顺治二年（1645 年）不屈被诛。左懋第是明末一位遇事敢言、颇有声誉的官员，对兵饷、灾民等问题均有所建言，并多次得到崇祯帝的赞赏。但《明史》卷二百七十五没有记载他对保密的建言，他关于保密的奏章收录在明末清初孙承泽编著的《春明梦余录》中。[④]

左懋第谈保密问题的起因是朝廷将一名临阵脱逃的将领正法之后，还将有关文书保密。他反对这种做法，认为：“慎密，原为成事，事成便复昭然。”朝廷起初将案情保密，是为防止罪犯自杀，“不得行法”；现在其人已诛，则应该昭告天下，使国人知其罪恶，既彰显皇帝和刑罚的权威，又教育边关将士和大小臣民。

> 臣接锦衣卫所传红本，乃逃帅杨德政奉旨正法也。臣密缄同驾帖，还之矣。次又捧御笔缄函发科者，即此本也，臣又密缄藏之垣中矣。然自逃帅正法西市，道路之口皆素恨此帅妄议练总，以毒害天下，又知其骄横剥军，怯猾善逃，罪不容于死，人人快之。而明旨人皆未见也。凡系密封，皆不发抄，若不请明，谁敢宣布？而臣思此本之为密封者，原恐此机一泄，罪帅或引自裁，而不得行法。今其人已诛，自当明正其罪，使

① 沈玉成：《左传译文》，中华书局 1981 年版，第 182 页。

② 王阳明：《再辞封爵普恩赏以彰国典疏》，载《王阳明全集》，上海古籍出版社 2014 年版，第 507 页。

③ 方汉奇主编：《中国新闻事业通史》第一卷，中国人民大学出版社 1992 年版，第 176 页。

④ （明）左懋第：《详察密封疏》，载孙承泽：《春明梦余录》卷二十五《六科》，北京古籍出版社 1992 年版，第 402 页。

国人知之，以昭国人杀之之义，并使九边闻之，知朝廷有杀一人而三军震者，杀之之心也。语云：信赏必罚，必于耳目所闻见。则所不闻见者，莫不阴化。岂如此可闻可见之事，而反闭天下之耳目哉？伏乞敕下发抄，以便遵行。

左懋第进一步提出，对于密件，应当根据其具体内容和性质，采取不同的保密政策，并提出“有必当密者，有不可密者，有可密于事先而不必密于事后者，有当密于今日而不必密于明日者”四种情形。详言之，军事行动关系重大，必须秘密行事，故应当确保机密（“有必当密者”）；地方叛乱或者社会动乱情形，应当及时公开，以便朝野共谋对策，也有利于消除各种谣言（“有不可密者”）；有关战争和叛乱的对策，在采取行动之前应当保密，以防敌人知晓；但一旦战争结束，则应当公开，让公众知晓谁为国家立功，也为以后积累经验（“可密于事先而不必密于事后”）。逮捕罪犯，如不保密将使犯人逃遁，但一旦捕获或者正法，则应公之于众，使其罪行暴露于天下（“当密于今日而不必密于明日”）。

如事关兵机，方且动于九天，藏于九地，何可不密也？如警报何边寇扰、某地动静之情，胜败之事，廷臣知之，以便各献刍荛；各要害知之，以便共图备御，何可密也？况邸报之抄传有定，道路之讹言无端，疑揣转甚，张皇恐多，廷臣纵有所闻，未免因而箝口，何可密也？

如制边之策，诸臣有密奏，密之可也。边已安矣，仍当使廷臣共知其何策以安边。剿袭之谋，廷臣有密奏，密之可也。寇已平矣，仍当使廷臣共知其何策以剿寇。此可密于事先，而不必密于事后者也。

如逮有罪之人，不密恐其人将遁。人已获矣，则必昭布其所以逮之故。如诛有罪之人，不密，虑其人将自裁。人已正法矣，则必昭布其所以诛之实。此当密于今日，而不必密于明日者也。

这些观点都符合实际，也很有见识。现代保密学认为，国家秘密有一个产生、消亡的过程，世界上没有永远的秘密。从信息管理角度来说，不需要保密的信息应及时解密甚至公开，这也是提高效率、节约成本的需要。及时解密也有利于提高政府的公信力。尽管左懋第只是就一个很小的范围提出意见，但很有启发性，显示中国古人对保密规律的认识正在日渐升华，在以前简单的笼统的对保密的倡导之后，开始对保密本身的技术性和策略性进行思考。

需要说明的是，第一，左懋第的上述观点其实并非凭空产生，而是有思想史基础的，以前有多人提出，不过不系统。最早在先秦时期就已萌芽。

《韩非子·难三》提出，“法”越公开越好，而“术”不要表露出来。“法莫如显，而术不欲见。是以明主言法，则境内卑贱莫不闻知也，不独满于堂；用术，则亲爱近习莫之得闻也，不得满室。”[①]这个观点反映出的就是一种区分密与非密的思维，虽然主要是从政治权谋角度而言的。东汉以前，经籍公开，可以从师学习，但史籍则不公开，甚至连诸侯王都不准拥有和阅读。这主要是因为史书中记载着许多奇谋秘计，担心诸侯王从中取法，谋朝篡位。[②]唐太宗贞观时期，召见大臣，“事非的须秘密者，皆令对仗奏闻。”[③]唐宋律均规定，非密而妄言有密者，徒二年半，比奏事上书不实的处罚（徒二年）还重一等。[④]《庆元条法事类》规定，一般奏章应通封而辄实封者，杖一百。[⑤]宋代吴育提出，君主对军国大事或者涉及权臣的事项，“不可不密”；对秘密告发他人而无真凭实据的，则“不可不明”，否则就会让小人横行，忠良蒙冤：“盖人主事有不可不密者，不可不明者。语及军国几微，或干权要，不可不密者也。若指人姓名，阴言其罪而事状未见者，此不可不明者也。若不明，则馋邪得计，忠正难立，曲直莫辨，爱憎遂行。”[⑥]宋代侬智高寇岭南，有众万余人，所过如破竹。皇帝下诏“奏邸毋得辄报”。吕溱上书反对：“一方有警，使诸道闻之，共得为备。今欲人不知，此意何也？”[⑦]明代兵书《兵法百言》提出，作为军事统帅，应当根据具体对象，“秘其所当秘，而不可秘其所不当秘”。[⑧]左懋第的观点在系统性方面远远超过前人。

第二，因明朝很快灭亡，左懋第上述意见似没有得到充分讨论，遑论付

① 周勋初修订：《韩非子校注》，凤凰出版社2009年版，第455页。

② 章太炎：《论读史之利益（一九三五年六月）》，载章念驰编订：《章太炎全集·演讲集》（上），上海人民出版社2014年版，第600页。

③ 《资治通鉴》卷二百十一，玄宗开元五年九月条。

④ 岳纯之点校：《唐律疏议》卷二十五《诈伪》，上海古籍出版社2013年版，第393页；岳纯之点校：《宋刑统校证》卷二十五《诈伪律》，北京大学出版社2015年版，第332页。

⑤ 戴建国点校：《庆元条法事类》卷16，黑龙江人民出版社2002年版，第343页。

⑥ （宋）李焘：《续资治通鉴长编》卷一百八十，至和二年七月丁卯条。《资治通鉴》卷八十九记载，汉主刘聪命收陈休、卜崇及特进綦毋达、太中大夫公彧、尚书王琰、田歆、大司农朱谐并诛之，皆宦官所恶也。卜干泣谏曰：“陛下方侧席求贤，而一旦戮卿大夫七人，皆国之忠良，无乃不可乎！藉使休等有罪，陛下不下之有司，暴明其状，天下何从知之！诏尚在臣所，未敢宣露，愿陛下熟思之！”因叩头流血。王沈叱干曰：“卜侍中欲拒诏乎！”聪拂衣而入，免干为庶人。

⑦ 转引自（明）顾炎武：《日知录》卷二十八《邸报》条。侬智高叛乱情形，可参（宋）欧阳修：《集贤校理丁君墓表》，载《居士集》卷二十五；（宋）沈括：《梦溪笔谈》卷二十五《交趾叛服》，齐鲁书社2007年版，第166页。

⑧ 揭暄：《兵法百言·智篇·秘》，载《中国兵书集成》第41册，解放军出版社、辽沈出版社1995年版，第51页。

诸实施。至清代，这个问题再次得到重视。清代康熙十五年，吏科给事中李宗孔上书皇帝，批评当时密本启事范围过宽，以致将捐纳救灾等一些本应广为人知以便施行的仁政之举也不对外公开，不但没有必要，也影响政策的顺利实施，建议“密本应严行分晰，用昭令典，以肃法纪，以裕国用”。他还批评一些地方官“以密封避人指摘”的恶习。现摘录如下，可以看出当时普通官员对保密问题的意见。

密本启事，事关军务，或指参封疆大臣，恐机事不密则害成，外此而发政施仁，使天下共见共闻，有何讳焉？……

又迩来从军需起见，在内在外诸臣以及部题如驿递纳监、间架开科等事，亦多以密请，然既奉谕旨，不能不行督抚，督抚不能不行之道府州县，晓示通衢，以及乡愚无不周知，其所谓密者不过少发一科抄而已，何密之有乎？且以其密也，会议仓卒，止及可否准从，而条例遗漏颇多。

如开科取士，中外仰望，今以本年五月二十一日以后纳银者不许其入闱，而上粮者不在此例，同一纳也即分两途，上纳者不能尽知也，生员有纳岁贡字样，而廪生纳八十两、增广一百两、附学一百二十两，即照旧例，未经通行布政衙门，而新定十五名中式一名，在外诸生亦不能尽知也。

征收钱粮设立易知由单，犹恐作奸，今加纳一项，巡抚尚然一咨再咨以听部示，则布政司不能洞晓，而府州县奉行不无舛错可知也。

资郎粟监历代有之，非以为讳，现今降革官员户部上纳而吏部有驳回者，两部尚然抵牾，而输纳者头绪不清可知也。且有具呈户部而户部驳回者，在京官员尚在二三其说，而在外之以讹传讹、观望迟回可知也。

夫煌煌功令，曷若明白晓喻，使人共见共闻之为愉快乎？总缘计部以不敷总数，未便令人周知。臣窃以为不敷总数另为密陈，所开事例今当各为一本使人共晓，诸如此等新例，凡未一目了然遗漏不尽者，臣请敕部详晰，将未尽事宜何者应增，何者应除，应会同各部者，会同各部逐一题明，不必密封，俾输纳者洞晓，不致狐疑，争先恐后，未尝非裕国之一策也。至在外督抚，近者题补道府州县等官，所言公，公言之，多以密封避人指摘，殊为弊端，仰乞敕部统议严行禁止，庶令典昭然而纪纲肃矣。①

① 《清代档案史料选编》第一册，上海书店出版社2010年版，第643—644页。该资料由中国社会科学院法学研究所法制史研究室副研究员孙家红博士检示，谨此致谢。

此后，康熙、雍正、乾隆几位皇帝也发表过很多与左懋第接近的意见，并在制度上有所解决，显示中国古代保密观到明清时期，开始发生比较重大的变化和进步。具体内容详见下文。

十二、顾炎武对保密问题的反思

顾炎武(1613—1682年)是明末清初著名思想家，在中国思想史上有着相当崇高的地位。在其代表作《日知录》中有三处谈到保密问题：一是认为密奏不可信；二是批评科举考试保密(糊名誊录)制度妨碍人才选拔；三是批评明代"秘书"、"国史"保密政策。这三个问题，后文还要谈到，这里之所以特别提出，一是这是保密史上的重要观点，二是借此宣扬顾炎武的反思与求实精神。此前已有人(如左懋第)对保密制度提出批评，但都是在肯定的大前提下，对保密制度提出建设性和技术性的改进意见和建议，针对的问题比较具体，还没有从根本上批评一项主要制度，攻击性也没有这么强。

第一，关于密奏。顾炎武认为，一些人利用密奏制度，捏造事实，陷害忠良，欺上瞒下，或者为自己张目，未足为信，在撰写史书时尤其应当严格审查，甚至建议干脆不用密奏中的材料。这种观点并非顾炎武首创。唐武宗会昌元年十二月，中书门下奏修实录体例时，宰相李德裕就提出，"禁中之语"和"密疏"无法查证，多有虚假浮夸之言，不宜写入史书("实录")。

> 旧录有载禁中之言。伏以君上与宰臣、公卿言事，皆须众所闻见，方可书于史册。且禁中之语，在外何知？或得之传闻，多涉于浮妄，便形史笔，实累鸿猷。今后实录中如有此类，并请刊削。
>
> 又宰臣与公卿论事，行与不行，须有明据。或奏请允惬，必见褒称；或所论乖僻，因有惩责。在藩镇上表，必有批答；居要官启事者，自有记注。并须昭然，在人耳目。或取舍存于堂案，或与夺形于诏敕。前代史书所载奏议，罔不由此。
>
> 近见实录多载密疏，言不彰于朝听，事不显于当时，得自其家，未足为信。今后实录所载章奏，并须朝廷共知者，方得纪述，密疏并请不载。如此则理必可法，人皆向公，爱憎之志不行，褒贬之言必信。①

① 《旧唐书》卷十八上，本纪第十八上，武宗。《资治通鉴》卷二百四十六唐武宗会昌元年末载这一条。

顾炎武在《日知录》卷十八《密疏》中对上述观点深表赞同，并联系明末实际评论说："自万历末年，章疏一切留中，抄传但凭阁揭。天启以来，谗慝弘多，啧言弥甚。予尝亲见大臣之子追改其父之疏草而刻之以欺其人者，欲使盖棺之后，重为奋笔之文，追遗议于后人，侈先见于前事，其为诬罔甚于唐时。故志之于书，俾作史之君子详察而严斥之也。"此前的左懋第也曾提出类似观点："使朝廷一时慎密之事，因循沿为故例，甚至科录史馆皆不能启什袭之藏而笔之。而一时之疑信犹其小者，后世之信史何所取哉？"

上述观点实质是从功利主义和实用主义立场，道出了保密阻碍信息交流、方便伪证造假的弊端。现代保密学认为，保密不但方便作假，更会阻碍科学进步。因为保密，科研成果无法接受同行的公开检验，错误观点可能长期得不到纠正，先进成果也得不到及时推广应用。中国古人虽然主要是在修史范围内讨论，但注意到的问题则是与此相似的。密奏之所以不可靠，也是因为缺乏公开质证甚至无从质证。考虑到史学在中国古代政治和文化中的重要地位，其意义更不可小视。

第二，关于科举考试保密（糊名誊录）制度。该制度沿革详见后文，这里主要介绍顾炎武的批评意见。他在《日知录》卷十七《糊名》中批评说："国家设科之意，本以求才，今之立法，则专以防奸为主，如弥封、誊录一切之制是也。"其主要理由是："昔之取士，虽程其一日之文，亦参之以平生之行，而乡评士论，一皆达于朝廷。"实行糊名誊录之后，"其所取者不复选择文行，止较一日之艺，遂杜绝请托，然置甲等者或非人望"。换言之，因为不知道考生是谁，也就无法通过其他途径了解考生平时的道德表现和实际才干，考官只能依据一篇文章、一次考试评判，导致进士及第者也不一定众望所归。①

今天来看，糊名、誊录对考官全面认识和评价考生确有不便，但对维持考试秩序的必要性是比较明显的。顾炎武立论精审，绝非无的放矢。他也不是一个保密虚无主义者。在家信中说及对修史的观点时，特地叮嘱看信人，"此虽万世公论，却是家庭私语，不可告人以滋好事之腾口也"。②顾炎武更非一个两耳不闻窗外事、一心只读圣贤书的普通书生，而是有丰富阅历和

① 顾炎武还认为，宋代糊名制度的出台有很大的偶然性。据《宋史》卷二百八十七《陈彭年传》记载：陈彭年举进士，轻俊，喜谤主司，宋白知贡举，恶其为人，黜落之，彭年憾焉。后居近侍，为贡举条制，多所关防，盖为宋白设也。顾炎武认为这是"以（陈）彭年一人之私而遵之为数百年之成法，无怪乎繁文日密而人材日衰"。参见（明）顾炎武：《日知录》卷十七糊名条。这似未免求之过深。从考试制度本身来说，糊名誊录有其必要性。

② （明）顾炎武：《与公肃甥书》，载《亭林文集》卷三，中华书局 1983 年版，第 55 页。

经世之心、“感四国之多虞，耻经生之寡术”的伟大思想家，曾言：“有体国经野之心，而后可以登山临水；有济世安民之略，而后可以考古论今。”问题到底出在哪里呢？根据现代管理学理论，对人才选拔特别是公务员选拔来说，应当区别不同类型（如西方政务官和事务官分类），分别采取选举、考试和推荐等不同方式，对不同职位候选人的信息公开也有不同要求，如政务官一般通过选举产生，候选人须依法公开自己的政治主张、履历甚至一些隐私信息，接受民众的检验和监督，而事务官招聘过程一般不对外公开，除了一些涉及国家秘密的职位，招聘单位也无权要求候选人提供个人隐私等信息，更不能主动调查。中国古代科举选拔的主要都是类似现代政务官的职位，仅仅依靠考试确乎稍嫌狭隘，对候选人个人信息保密更不合适。从这个角度看，顾炎武的话是有道理的。

第三，关于明代“秘书”、“国史”保密政策。顾炎武对此提出严厉批评，认为流毒无穷。一方面，“自洪武平元，所收多南宋以来旧本，藏之秘府，垂三百年，无人得见”，“天下之士于是乎不知古”。另一方面，“实录之进，焚草于太液池，藏真于皇史宬，在朝之臣，非预纂修，皆不得见，而野史、家传，遂得以孤行于世，天下之士于是乎不知今”。但他也指出，这并非自古皆然。汉代时“天子所藏之书，皆令人臣得观之”，“晋、宋以下，此典不废”，“且求书之诏，无代不下，故民间之书得上之天子，而天子之书亦往往传之士大夫”；“司马迁之《史记》、班固之《汉书》、干宝之《晋书》、柳芳之《唐历》、吴兢之《唐春秋》、李焘之《宋长编》，并以当时流布；至于会要、日历之类，南渡以来，士大夫家亦多有之，未尝禁止。”明代以后情况才发生重大变化。[①]这样的历史分析比较有说服力，充分证明明代保密政策的荒谬。

综上所述，顾炎武关于保密问题的三个观点都是值得重视的，虽然在表面上，顾炎武只是就事论事，指出保密的弊端和局限性，但实质上是看出了保密所代表的价值，与保密所服务的终极目的和价值的冲突，甚至危及后一目的和价值。囿于时代局限，顾炎武没有能够明确予以区分并说出来，但对后人很有启发，而且现代制度也均提供了相应解决方案。

最后要指出的是，在顾炎武之前和同时，还有其他思想家对保密进行过比较激烈的反思和批判。除了前述唐代李德裕之外，北宋曾巩（1019—1083年）也对有关保密的多个传统教条和经典范例提出质疑。关于《春秋》中“造辟而言，诡辞而出”的说法，曾巩认为：“此非圣人之所曾言也。令万一有是

① （明）顾炎武：《日知录》卷十八《秘书国史》。

理，亦谓君臣之间，议论之际，不欲漏其言于一时之人耳，岂杜其告万世也?”关于西汉孔光焚草的范例，曾巩认为:“孔光之去其稿之所言，其在正邪，未可知也，其焚之而惑后世，庸讵知非谋己之奸计乎?”关于三国陈群焚稿的做法，曾巩认为:“以焚其稿为掩君之过，而使后世传之，则是使后世不见稿之是非，而必其过常在君，美常在己也，岂爱其君之谓欤?”[①]与顾炎武同时期的王夫之(1619—1692年)也认为，陈群的行为难谓为忠臣:“君之有过也，谏之而速改，改过之美莫大焉。称其前之过以表其后之改，固以扬其美之大者也。谏而不听，君过成矣;即不言，而臣民固已知矣。导谀之臣，方且为之饰非为是，弭在廷之口;而谏者更为之掩覆，于是而导谀之臣益无所忌，而唯其所欲为。”[②]以上批判很有意义，反映古人对于保密教条的反感，但所论限于某一事件，没有全局意义;重点都放在臣子身上，忽略皇帝的重要作用;主要从用心、动机分析，缺乏制度和历史层面的探讨，难以求证，也没有实践价值。比较起来，顾炎武的反思更为全面、深刻和让人信服。

十三、康熙、雍正和乾隆三帝的保密观

自先秦以来，历代最高统治者，如秦始皇、汉高祖、唐太宗、宋高宗、明太祖等都很重视保密，也提出过一些重要观点，但要论深谙保密之道，则以清代皇帝为翘楚。清朝统治集团将机密性(“密”)作为施政三大信条之一(另外两个为“勤”与“速”)，并以此自许。[③]康熙、雍正还首创对后世影响深远的秘密立储、奏折等重要保密制度。考察清代皇帝在保密方面的观点和实践是中国保密史的重要内容。关于秘密立储和奏折，后文将专门谈到，这里主要考察康熙(1654—1722年)、雍正(1678—1735年)和乾隆(1711—1799年)三帝在保密方面的思想和政策。在冯尔康、郭成康、白新良、高翔等学者撰写的相关作品中均曾涉及这三位皇帝的保密活动和思想，有关资料也大多出版，本书在前人基础上，从保密角度再做些梳理。

康熙、雍正、乾隆三帝保密观的第一个重要特点是政治性。这首先表现在保密要为政治服务。在一些重大敏感政策的出台与实施上，清代皇帝善于使用保密手段，灵活控制知悉范围，确保政策实效。例如清初民族矛盾相

① (宋)曾巩:《书魏郑公传后》，载《曾巩集》，中华书局1984年版，第702页。魏郑公指魏征。
② (明)王夫之:《读通鉴论》卷十第二十一条，中华书局2013年版，第268页。
③ 邓之诚:《谈军机处》，载王钟翰:《清史杂考》附录，人民出版社1957年版。

当突出，在表面上，满族统治者宣扬满汉一家，不分彼此，实际上则以家奴视汉人。努尔哈赤曾明确指示，在处理犯罪案件时，满人只要有一点点功劳，就应当从宽处理，汉人只要有一点点过错，就要从严惩治。但同时明确要求，此次训话仅限于内部人知道，“密阅此谕，勿使他人闻之”。

我国诸贝勒大臣，皆图个人畅快悠闲，我殊为尔等忧虑，当唾尔等之面耳。尔等不明审断之法也，何故将旁立授首之汉人，与我诸申等同看待？倘我诸申犯罪，当问其功、论其劳，稍有口实，即可宽宥之。汉人乃生还之人，若不忠言效力，复为盗贼，怎可不灭其族而杖释也？至于由费阿拉与我等同来之汉人，亦一体审断之。尔等之审断，无从迂回，竟似牛骡一般矣。著诸贝勒召集尔等各该旗之贝勒大臣等，密阅此谕，勿使他人闻之。耀州之人扬言，待我兵去后，欲杀我之子女，各处之人鸩杀我诸申，尔等犹不知耶？①

又如袁崇焕之死，根据《清太宗实录》，乃皇太极设反间计，“谓袁崇焕密有成约，令所获宦官杨姓者知之，阴纵使去。”杨监奔还大内，告于帝，帝深信不疑，即杀袁崇焕于市。被诛之时，明廷上下无不以卖国贼视之。清廷对此讳莫如深，直到乾隆朝修明史时，才在《明史・袁崇焕传》中直书其事。②深究起来，起初的绝对保密，主要是因为袁崇焕事件过去不久，其抗清业绩仍然广为流传，汉人还没有完全接受清廷统治，一旦公开实情极可能激起民愤，甚至鼓励反清复明运动。到乾隆时期，清朝统治基本稳固，公开不会再引起民众大的反弹，反而可以为袁崇焕洗白冤屈，树立大清皇帝英明神武、天命所归的形象，使民众俯首帖耳清廷统治，可谓一箭双雕。

康熙帝是最早尝试密奏的清代皇帝。他曾明言，对大臣们所上奏折，视其内容“可发出者朕即发出，不可发出者留中”。③这里面自然有相当多的政治考量。在对待清官问题上，更加充分显示出康熙帝的保密智慧。④对张伯行、汤斌、赵申乔、张鹏翮、施世纶、彭鹏等世所公认的清官，康熙帝的评价并

---

① 《满文老档》天命八年五月三十日《密谕诸贝勒审理汉人案应重于诸申人》，中华书局 1987 年版，第 492 页。当然这也并非努尔哈赤的首创。《资治通鉴》卷一百五十七梁纪十三记载，(高)欢每号令军士，常令丞相属代郡张华宣原旨，其语鲜卑则曰：“汉民是汝奴，夫为汝耕，妇为汝织，输汝粟帛，令汝温饱，汝何为陵之？”其语华人则曰：“鲜卑是汝作客，得汝一斛粟、一匹娟，为汝击贼，令汝安宁，如何为疾之？”

② (清)赵翼：《廿二史札记》卷三十一《袁崇焕之死》。

③ 《康熙起居注》，中华书局 1984 年版，第 2312 页。

④ 以下有关清官的资料和论述，主要参考郭成康：《宁用操守平常的能吏，不用因循误事的清官——雍正对用人之道的别一种见解》，《清史研究》2001 年第 4 期。

不高，在行政才干上评价更低。如对张伯行，其私下的评价是："张伯行操守虽清，为人糊涂，无办事之才。""（张）操守虽清，总因不能办事，衙门案件堆积，连年不结，以致拖累多人，经时羁候，民皆怨之。纵不爱钱，于地方何益?""张伯行向曾奏称，臣无以图报，惟期风移俗易，家给人足。乃抚吴数载，风俗未见移易，近闻苏州百姓生意渐至消耗，米价初只七钱，今长至一两六七钱，民食维艰，所云家给人足者何在? 巡抚乃封疆大吏，当诚心为朝廷效力，稗地方有益，不当无其实而出大言，以欺世盗名。"[①]对另一位清官汤斌也说过类似的刻薄话："大臣则自有大臣之体，当行有益于地方民生之事，非徒尚操守而已。即使操守平常，民犹谅之，未若自恃廉洁，贻累地方之为甚。譬如木偶泥人，纵勺水不入口，安所用之?"

但这些话都是康熙帝在御门听政与大学士商讨国家机密事务这一极小范围内讲的，在公开场合则不遗余力褒扬其操守清廉："清官不累民，朕为天下主，自幼学问研究性理等书，如此等清官，朕不为保全，则读书数十年何益，而凡为清官者，亦何所恃以自安乎?"在康熙五十一年（1712 年）两江总督噶礼与江苏巡抚张伯行互参案中，康熙也公开支持张伯行，而不是内心更加欣赏的能干的噶礼。这其实就是一种政治智慧。清官因循废事，但作为社会公正象征，有着不可低估的精神价值。作为君主，康熙期望通过扶植、保护、褒扬此类清官而倡导一种廉正的官场风气，尽管实际效果并不满意。

相比之下，雍正帝公开宣扬"宁用操守平常的能吏，不用因循误事的清官"，甚至发展为"舆论全不可信"，不但偏颇，亦嫌不智，但不能因此认为雍正是个不懂保密、没有政治智慧的君主。在一些敏感政策的阐述上，可以看出雍正对保密问题的把握是比较恰当的。比如鳏寡孤独政策，自古被视为仁政的内容，但在雍正看来，这既不是伟大的政治家应该从事的事业，也不是国家必须大力推进的重要课题。考虑到这和主流民意有较大距离，他只在最为机密的奏折中表露自己的真实想法："不过道婆之政，非急务也"。[②]又如社仓问题，雍正也不赞同，但因不便公开反对，于是，他便朱书密谕各督抚，告诫他们不宜公开强制推行，而要采取私下劝导的方法。

> 谕督抚：社仓一事，甚属美政，但可行之于私，不可行之于公，可起之于丰年，不可作于歉岁。此非上谕之事，亦不宜报部举行，即尔督抚

① 张伯行曾言："一丝一粒，我之名节；一厘一毫，民之脂膏。宽一分，民受赐不止一分；取一文，我为人不值一文。"

② 有关雍正的社会福利观，参见[日]夫马进：《中国善会善堂史研究》，商务印书馆 2005 年版，第 424 页。

亦不便勒令属员奉行，只可暗暗劝谕好府州县徐徐行之。若能行通，妙不可言……特谕。①

其次，是在泄密案件处理上，都从政治角度入手，手法纯熟、措施果断。这里举两个例子。一是康熙五十六年的起居注官员泄密事件。这个案子的前因是在康熙五十五年，两江总督赫寿奏请蠲免江南历年旧欠钱粮。康熙帝批示缮本具题。该年十二月二十二日，在由热河返京途中，康熙帝又口谕大学士九卿等"免江南旧欠钱粮处，着户部议奏"。②但不久，因为西北策妄阿拉布坦蠢蠢欲动，边事紧急，钱粮支用浩繁，康熙帝改变初衷，不准蠲免江南旧欠，而照部议改为分年带征。恰在此时，发生记注官员陈璋私抄起居注中康熙上年十二月间有关江南旧欠钱粮谕旨的事件。③显然，这是一起内外官员互相勾结盗取核心机密的严重事件。如果传出，将给广大官员和江南士绅留下一个康熙帝言而无信的坏印象，康熙帝十分愠怒。经过一年考虑，康熙于五十七年一月正式裁撤起居注衙门。④按照常理，起居注的泄密隐患并非不可解决，保密与记录之间也非水火不容，与泄密的危害比起来，起居注记录历史、"防过失而示后王"的作用更为突出和重要。康熙帝是中国古代一流的政治家，对这个道理还不明白吗？他为什么还要这样做？主要原因还是由于康熙末年，起居注官员也卷入储君之争，对康熙帝再也不是绝对忠诚，故康熙帝才痛下杀手，不惜废止起居注制度。

二是乾隆三十九年七月发生的奏事太监高云从泄密及交结外官、招摇滋事案件。此事不仅见诸实录和清史，《啸亭杂录》卷一《不用内监》、梁章钜《养吉斋丛录》卷二十五、邓之城《骨董琐记》卷三也有说及，是清代影响较大的一个泄密案。史载，案发后，乾隆帝大怒，当即下令将高云从斩首示众，与高云从有嘱托来往关系者各予严惩（包括聘任高云从弟弟为长随的三名高官），负责稽查奏事处的御前侍卫春宁革职治罪，同时颁布谕旨对有关官员痛加斥责：

在京部院各衙门陈奏事件及外省督抚等□奏差弁赴宫门具折，设有奏事处官员接递，转交奏事太监进呈，所以严内外之防，使宦寺人等概不得与外人交接，法至善也。乃近来奏事官员日久懈弛，至有山东随至天津之参将王普与高云从认识，听其嘱托。高云从不过写字处下贱

① 郭成康：《雍正密谕浅析——兼及军机处设立的时间》，《清史研究》1998 年第 1 期。

② 《康熙起居注》，康熙五十五年十二月二十二日。

③ 《清圣祖实录》卷二七一，康熙五十六年三月。

④ 白新良：《清代中枢决策研究》，辽宁人民出版社 2002 年版，第 185 页。

太监，何得与外省参将相识，则是太监等与外廷官员在宫门觌面交谈之处大致可知……大臣官员等并不得与太监交谈，如敢再有违犯，必将伊等从重治罪。[①]

涉及该案的最高级别官员军机大臣于敏中颇受乾隆帝信任，他不仅私托高云从探听朱批记名道府官员使用情况，在高云从在外面买地惹上官司时，他还帮忙给地方官打招呼（“云从言敏中尝向询问记载，及云从买地涉讼，尝乞敏中嘱托府尹蒋赐启”）。最后，于敏中“部议革职，诏从宽留任”，但政治生命也宣告结束。乾隆帝还下旨痛加斥责：“于敏中日蒙召对，朕何所不言？何至转向内监探询消息？自川省用兵以来，敏中承旨有劳。大功告竣，朕欲如张廷玉例，领以世职。今事垂成，敏中乃有此事，是其福泽有限，不能受朕深恩，宁不痛自愧悔？免其治罪，严加议处。”

与前后发生的其他几起泄密案（如乾隆三十二年军机处章京王昶、赵文哲、徐步云、黄骏昌等泄露两淮盐引案）相比，[②]该案的危害性和严重性主要表现在政治上。高云从因职务之便掌握大量核心敏感机密，随便透露一点都是官员们千金难买的信息。官员们愿意与其交往甚至变着法儿地巴结也是看中这一点。这对皇权的威胁是不言而喻的。乾隆帝正是看出这个案件在政治上的严重性，才痛下杀手，大做文章，以儆效尤。

但是，保密毕竟是一项具体工作，还有许多技术性问题。因此在政治性之外，清代皇帝也高度重视和改进保密制度，以确保其功能的全面发挥。其典型表现就是在奏折制度实施过程中，强调区分密和非密，反对过度保密，颇具务实精神。当时，一些官员频繁将一些不应密奏事件以奏折形式上报，以示忠心和勤政。清代皇帝对此均严厉批评。川陕总督博济使用密奏报告商州之贼平定情况，遭到康熙帝的斥责：“此亦何密之有？是不过小寇，发兵前去，即可尽擒，朕早已有旨。”[③]雍正元年，四川提督岳钟琪以“钦奉密旨”，所有料理兵马起程日期及支用钱粮数目“俱不敢缮疏题报”为由，具密折奏闻。雍正帝不以为然，批示说：

此事原你在京时密行的事，总未经部，又未动本，如今出二千兵，用钱粮，钱粮还可，出兵之事，不是暗事，尔可着量借何辞、指何名，或折或本来奏，发于或议政或该部，过一过明路方好。[④]

---

① 《清高宗实录》卷九六三，乾隆三十九年七月。
② （清）梁章钜：《枢垣记略》卷十六《题名二》。
③ 《康熙起居注》，中华书局 1984 年版，第 2062 页。
④ 《雍正朝汉文朱批奏折汇编》一册，江苏古籍出版社 1989 年版，第 290—291 页。

乾隆十五年，山东巡抚准泰用奏折弹劾滋阳县知县方琢。乾隆帝在批示有关部门办理的同时，申饬准泰说，此等事件“并非应密之件”，使用公开的题本即可，“乃竟以折奏了事，既与体制未协，而于办理地方事务，亦失慎重之意”。[①]在另外一份发给各省督抚的谕旨中，乾隆帝再次从不合体制角度提出批评。

谕：各省督抚参劾不职属员，或请革职休致，或请降补改教，皆地方公务，并非应行密办之事，理当缮本具题，方合体制。近来督抚有先具折奏闻，声明另疏题参者，尚属可行，而亦竟有折奏代具题者，究于体制未协。着通行各省督抚，凡遇此等参奏，概用题本，以昭慎重。

在乾隆五十五年和五十八年，乾隆帝又专门发出诏谕，批评将不应密奏事件以奏折形式上报，“不知轻重缓急”，“甚属不晓事体”，也增加递送成本与皇帝的工作量，“徒烦案牍，实属无谓”。

向来各省督抚陈奏各折，如遇紧要事件急于上达，或地方公务关系重大，即须请旨办理，或有特旨令其由驿速奏者，始准其由驿驰递。近日该督抚等奏事，往往擅用五六百里驰递。及披阅奏函，不过寻常照例之件。事非紧要，只益惊异，甚属不晓事体。至由三百里及马上飞递者，该督抚尤为视为泛常，率行驰奏，殊非慎重驿站之道。嗣后各省督抚等如非紧要事务，俱不准滥用驿递。倘不知轻重缓急，仍沿故习，必治以应得之罪，不能稍为宽宥也。[②]

各省督抚往往因无事可奏，将地方例应具题之件复行折奏，以见其留心办事，而总不计及勋劳驿马。朕日理万机，于臣工章奏，披览从不惮烦。但此等重复之案，徒烦案牍，实属无谓。嗣后应用折奏者，不必复行具题；其应具题者，即不得再用折奏，以归简要。[③]

乾隆六十年，为了让各地督抚有所遵循，乾隆帝就应当密奏事项作出原则性规定，并就一些具体情况作出个别规定：

各省督抚办理地方事务，凡事关奉旨或命盗邪教重案及更定旧章、关系民瘼一切紧要事宜，自应随时具奏。若寻常照例事件，俱有例案册档可查，毋庸专奏滋扰。乃各省办理，未能画一。有循例具题而仍复具折陈奏者，有各省俱系题达而一二省独用折奏者，亦有命盗案件已结，

① 《清高宗实录》卷三六四，乾隆十五年五月上，转引自白新良：《清代中枢决策研究》，辽宁人民出版社2002年版，第285页。

② 《清高宗实录》卷一三六一，乾隆五十五年八月。

③ 《清高宗实录》卷一四三七，乾隆五十八年九月。

其案内续参人员即可一律题参仍复有具折劾奏者。又如丞牧令题升调补，如有实系要缺，原准专折奏请，其余寻常之缺，自应循例具题。即间有人地相需历俸未满者，不妨于疏内声明，而督抚等因有专保之例，率行纷纷折恳，亦应饬止。再地方照例办理事件，各省有只奏不题者，亦应于年底汇奏咨部，用备查核，均无庸专折具奏。①

乾隆还曾对财政保密提出批评："以前海望在户部时，不肯明言银库实数，其意似恐外人闻之。朕彼时即不以为是。国家惟正之供，出入岁有常经，原属大公至正，又何必掩人耳目乎？"②

虽然当时并无所谓定密制度，而且这些谕旨和措施主要是从当时公文运作、信息输送角度考虑的，但实质上，均可视为纠正定密不当、正确区分密与非密的案例。美国保密专家研究发现，在保密工作中，一直存在这样一个偏向，即口头上说定密是源头性基础性的，但在实际工作中保密管理常常更受重视，国家更愿意对物理安全保密措施投入经费与人力，如美国 2000 财政年度保密预算 52 亿美元，定密费用 2.13 亿美元，仅占总成本的 5%。这在一定程度上造成国家秘密的膨胀以及管理成本的浪费。此外，在如何处理过度保密问题上，当代各国几乎均倾向网开一面或者从宽处理。美国在很长的一段时期里，从未对过度定密行为采取任何处罚措施。③在这个意义上，清代几位皇帝对于定密与保密关系的把握还是比较中庸与稳妥的。相比左懋第等一般臣僚，皇帝的意见对保密实践更有决定性意义，对于保密史研究更有指标性意义，应予重视和深入研究。

最后要指出的是，在清代保密史上，雍正有着承前启后、举足轻重的地位，应予以高度重视。其一，大张旗鼓整顿泄密问题。雍正帝即位之初，督抚和在京衙门不重视保密，"关涉紧要之案与缉拿人犯"的本章和文书还没有呈报给皇帝，"已先传播于众口"，雍正帝为此专门给内阁下旨，提出严厉批评，要求"密封投递"。

谕内阁：向来督抚提镇陈奏本章，例有副本，投递通政司衙门，又有揭帖知会关涉之各部院，往往紧要之事，未达朕前，而已先传播于众口；又如内外咨呈文书往来，该衙门尤易疏忽，以致匪类探听，多生弊端，间有缉拿之犯，闻风远扬，遂致漏网，此皆不慎之故，贻误匪轻。

---

① 《清高宗实录》卷一四八一，乾隆六十年六月下，转引自白新良：《清代中枢决策研究》，辽宁人民出版社 2002 年版，第 286 页。

② 《清高宗实录》卷一一四一，乾隆四十六年九月丁卯条。

③ Government Secrecy: Classic and Contemporary Readings, 2009, p.161.

嗣后一切本章，以及咨呈文书，除平常通行事件外，其有关涉紧要之案，与缉拿人犯之处，内外各衙门，应密封投递；各该管官，应谨慎办理，以防漏泄。倘有疏忽，将来事发之日，究问根由，必将漏泄之人及该管官员，从重治罪。①

其二，大力推行奏折（密奏）制度，使密奏的功能发生重大改变，从单纯的告密成为君臣讨论政事的重要手段，耗羡归公、摊丁入亩、改土归流、西北用兵等重大决策，都是君臣在来往密奏中反复讨论决定的。雍正还曾阐述奏折用意说："国家庶务殷繁，亦有不便宣露于众者，亦有本章谕旨所不能尽者，亦有一时不能即定者，故于密奏内往来斟酌。"②这与现代法学家对行政决策过程应当保密的解释几无二致，且可互相补充、印证。

其三，雍正帝还就奏折制度对现有官僚体系和政治权力分配的冲击问题，提出明确意见，要求地方督抚通过密折上奏并获准的事项，仍须通过正常程序上报中央有关部门，不得以有皇帝批示径自实施。这对防止督抚借奏折侵夺六部职权，打破官僚体系平衡，引起政局动荡有重要作用。

凡为督抚者，奉到朱批之后，若欲见诸施行，自应另行具本，或咨部定夺；为藩臬者，则应详明督抚，俟督抚具题，或咨部之后，而后见诸实行。若但以曾经折奏，遂借口已经得旨而毅然行之，则凡钱粮之开销，官员之举劾，以及苗疆之军务，地方之工程，诸如此类，督抚皆得侵六部之权，藩臬皆得掣督抚之肘矣。行之日久，滋弊必多，为害甚矩。③

其四，雍正帝并未全然反对和禁止告密，他推行奏折制的一个重要目的，就是让官员汇报下属、同僚甚至上级的情况，实际上就是要求官员互相监视、告密，使得官员如履薄冰。但在具体告密事件处理上，头脑还比较清醒。比如，清代贵州巡抚石礼哈向雍正帝密奏李卫诸多不法情形的奏折，内容即相当敏感，但并未影响雍正帝对李卫的信任。这显示他在政治上是比较老练的。

臣闻李卫之在云南，骄奢放纵，威福自态，不顾公论，专任私情。凡文武官员有附其门者，即竭力庇护之；有与己不合者，辄多方谋去之。每言于人口："永顺楚姚等镇总兵是我所折奏也。"又如云南按察司张谦，臣阅邸抄，经督臣高其淖奏其衰病，奉旨调回，而李卫又言于人曰："老高如何肯参他？是我具折启去三五日，告诉他，他才奏的。"诸如此

---

① 《世宗宪皇帝实录》卷五十四，雍正五年三月丁未条。

② 《雍正朝汉文朱批奏折汇编》第八册，江苏古籍出版社 1989 年版，第 944 页。

③ 《清世宗实录》卷九六，雍正八年七月甲戌。

类，竟似官员进退之柄，操于李卫之手。臣在威宁时，与近至贵阳，众日一词，所闻无异。①

十四、结　语

综上所述，中国古代保密观有一个逐渐深化、发展的过程。虽然早在先秦时期思想家们已经认识到保密对军事、政治斗争的重要性，强调保密与忠诚的密切关系，但直到秦汉时期才获得比较充分的正面表达，并成为官员们的行为规范和士子们的道德要求。到唐宋时期，随着保密传统的巩固，又逐渐暴露出一些弊端。一些有识之士开始对密奏、告密等进行反思，认为保密固然重要，但也应遵循政治道德和伦理要求，不宜片面强调保密，甚至玩弄权术。至明清时期，在进一步反思保密弊端的同时，还对保密制度本身进行许多改进，创立奏折制度，并提出保密适度理论。清代之前，皇帝大多只是对臣下提出一些保密要求；至清代，皇帝不仅极为重视保密，还亲自主导保密制度改革，对保密弊端也有深刻认识。这不仅是中国古代保密观的重大进步，更是政治发展和国家治理水平提升的重要表现，而不宜简单理解为专制政治的强化。

① 《雍正朝汉文朱批奏折汇编》第五册，第237—238页；又如《两江总督傅拉塔密陈于成龙等劣迹满文奏折》，《历史档案》1996年第3期。

第三章　中国古代的保密法制

一、引　　言

根据霍存福等学者研究，中国古代的保密法制经历了一个漫长的发展过程。早期的一个标志性制度是汉律“漏泄禁中语”罪，其次是唐律的“漏泄大事”条，中国古代保密法制至此基本成型。宋代是中国古代保密法制发展的又一个重要时期。其时文风很盛，谏官地位很高，在科举考试和风闻言事保密方面有较多创新；又因与辽、夏、蒙古（元）长期对峙，对信息流动控制较严，在涉外保密管理方面创获亦多。明代以后特别是清代雍正时期，形成秘密建储、奏折等一系列重要保密制度，影响深远，堪称中国古代保密制度发展的巅峰。纵观中国古代保密制度史，其中蕴含着相当丰富、十分宝贵的经验和智慧，值得认真总结和学习，但也有一些制度和做法存在明显的专制和愚民成分，应予深刻批判。以下按照先后顺序，略考其要，期窥全豹。

二、漏泄禁中语

法谚云：“无救济则无权利”。相应的，无责任则无义务。对违反保密规定行为，如果没有适当的责任追究制度，将使保密制度形同虚设。在现代保密法制框架中，重在事后惩治的泄密责任追究制度与重在事先防范的保密管理制度，二者犹如一币之两面，不可或缺。在中国古代，前者的法制化要更早一些，其中又以“漏泄禁中语”（又称“漏泄省中语”）形成较早、记载较多。①

① 朱熹说，“省”即“禁”也。旧谓之“禁”，避汉元后父讳，遂改为“省”。参见《朱子语类》卷第一百一十二《朱子九》，中华书局1984年版，第2727页。

陈玺《唐律"漏泄禁中语"源流考》一文对该罪源流、法律规定和案例考证甚详，堪称集大成之作，可以参看。[①]本书主要从保密角度再做一点引申。

清末著名法学家沈家本曾批评"漏泄禁中语"罪说，认为"所漏泄者如关于军事国政自当重论，否则寻常燕私之语，乌可遂以杀人哉?"[②]这句话一针见血地道出"漏泄禁中语"罪饱受攻击的主要原因，就是"禁中语"涵义过于宽泛，定罪量刑常流于偏颇。从历史记载来看，"漏泄禁中语"案例大多语焉不详。据陈玺文章统计，唐代 24 个案例中，无法辨明内情和是非的达 11 例。[③]这个罪名本身的模糊也容易沦为诬告，甚至成为皇帝肆意打压群臣的武器，如唐代贞观五年八月，张蕴古因漏泄帝语被斩于东市。唐太宗自己也承认这是"盛怒"之下所做的草率决定，悔之。[④]类似案例应该不在少数。在这个意义上，沈家本的批评是有道理的。

但历史上也有一些记载明确的案例，显示该罪的处置亦并非完全随意。一是"禁中语"的内容还是大致有所指的，并非完全不着边际。汉律中"漏泄禁中语"主要指泄露皇帝所说的话，以及臣僚向皇帝所提的建议或意见的行为。《唐律疏议》明确规定有"漏泄大事"罪，但对"大事"的解释里没有包含"禁中语"之义，"泄露禁中语"似仍可单独入罪。从历史记载来看，主要还是指泄露有关皇帝的信息。二是有些泄密案处理很重，主要是因为牵涉到其他更加严重的犯罪，甚至和政治斗争交织在一起，处罚针对的主要是政治问题，泄密只是一个由头，本不宜以平常刑事案目之。如汉代御史中丞陈咸"漏泄省中语"给好友朱云，减死，髡为城旦。[⑤]事件的真正原因是，陈咸对中书令石显专权不满，"年少抗节，不附(石)显等，而与(朱)云相结"，石显一直想除之而后快。恰好陈咸的好友朱云被指控"暴虐亡状"，在接受调查期间，陈咸利用自己御前的身份，把查处信息透露给朱；朱上书自讼，陈又为其修改奏章；朱逃亡到京城后，陈又帮忙商议对策，如此等等，均被石显等侦知并报告皇帝。其悲惨下场可以想见。[⑥]沈家本感叹："陈咸以御史中丞而亦掠

---

①③ 陈玺:《唐律"漏泄禁中语"源流考》,《华东政法大学学报》2012 年第 1 期。

② (清)沈家本:《历代刑法考·汉律摭遗》卷十六《越宫律》,中华书局 1985 年版,第 1673 页。

④ 《历代名臣奏议》卷二百一十五《慎刑》,台湾学生书局 1985 年版,第 2844 页。《资治通鉴》卷一百九十三(唐纪九)太宗贞观五年八月甲辰条,张蕴古被杀是因在审理李好德妖言案中"情在阿纵,按事不实"。本书采前说。

⑤ 《汉书》卷六十六《陈咸传》。

⑥ 《汉书》卷六十七《朱云传》。

治亦髡，汉法之严如此，因于秦也。"[①]这里他似乎只是看到表象，其实政治斗争之残酷有远过于此者。又如宋太宗病危时，李皇后和宣政使王继恩泄漏禁中信息于参知政事李昌龄，谋立宋太宗的长子赵元佐为皇帝。但宰相吕端稳住局势，太子赵恒得以即位。事后，李昌龄等"坐交通请托，漏泄禁中语"，遭到降级，李昌龄贬为忠武军行军司马，王继恩贬为右监门卫将军"均州安置"，"仍籍没其家资"，知制诰胡旦"削籍流浔州"。[②]这都有浓厚的政治清算的成分，泄密只是表面理由之一。

此外，还有一些案情记载模糊的案例，但处分较轻，则是因为有情可原。如唐太宗贞观七年，侍中王珪"坐漏泄禁中语，左迁同州刺史"。明年，召拜礼部尚书。[③]武则天时，秋官尚书杜景俭"坐漏泄禁中语，左授司刑少卿，出为并州长史"，寻卒。[④]玄宗开元时，黄门侍郎张廷珪"坐漏泄禁中语，出为沔州刺史"，最后调回京城，在太子詹事任上致仕。[⑤]这几个案子，《旧唐书》、《新唐书》以及《资治通鉴》均未载明泄密具体情节，[⑥]不易判断其是非曲直，但在史书上，这三个人除了泄密以外，几乎没有其他负面记载，而且还都属于面对皇帝威权，敢讲真话且很有见地的大臣。王珪"幼孤，性雅淡，少嗜欲，志量沉深，能安于贫贱，体道履正，交不苟合"。[⑦]杜景俭为司刑丞时，与徐有功以"平恕"齐名，被告者皆曰"遇来、侯必死，遇徐、杜必生"。[⑧]张廷珪"少以文学知名，性慷慨，有志尚"。[⑨]因此，他们泄密很可能都是一时疏忽，并非有意为之，和政治斗争也无瓜葛，这是他们与汉代贾捐之、陈咸大不同的地方，因此处分不重。这说明，在漏泄禁中语的处理上，固然有从重倾向，但并非"一刀切"，也会考虑人品、政绩等因素，当然最核心的还是忠诚。

总之，不能简单说每个"泄露禁中语"案的处理都是错的，都是君主专制的表现，还是具体情况具体分析更为妥当一些。

---

① (清)沈家本:《历代刑法考·刑法分考十七》，中华书局1985年版，第503页。

② 陈均编:《皇朝编年纲目备要》卷五，许沛藻等点校，中华书局2006年版，第109页。

③⑦ 《旧唐书》卷七十《王珪传》。

④ 《旧唐书》卷九十《杜景俭传》。

⑤⑨ 《旧唐书》卷一百零一《张廷珪传》。

⑥ 《旧唐书》卷七十《王珪传》;《新唐书》卷九十八《王珪传》;《资治通鉴》卷一百九十四(唐纪十)，太宗贞观七年三月戊子条。

⑧ 《旧唐书》卷九十《杜景俭传》;《资治通鉴》卷二百零四(唐纪二十)则天后天授元年四月丁巳条。

三、起 居 注

中国古代有“普天之下莫非王土，率土之滨莫非王臣”的说法。其实，中国古代皇帝统辖范围要远大于此，臣下几乎所有事务都要请示报告，不得隐瞒，否则便是欺君之罪。但在制度安排上，有一项事务却是名正言顺可以对皇帝保密，皇帝也无权过问的，这就是起居注。[①]当然实际上没有这么美妙，而保密也没有想象的那么重要。

起居注是中国古代记录帝王言行的书面日志，也是修史的主要参考资料。起居注起源较早，顾炎武说：“古之人君，左史记事，右史记言，所以防过失而示后王。记注之职，其来尚矣。”[②]从西汉武帝以来，历代都有这一官职。二十四史中，《隋书·经籍志》在史部中首辟“起居注”一门，记载当时有文字记录或者实物的起居注文献 50 种。[③]但由于动乱等原因，起居注文献保存下来的很少，现存最早的是《大唐创业起居注》，其余大部分都是明清时期的起居注。[④]

自南北朝开始，起居注即密为记注、不许皇帝查看。至唐代这一做法得到有力坚持和弘扬，史书记载的典型事例有三：一是贞观九年十月，唐太宗要求亲观起居注，“用知得失”。谏议大夫朱子奢上表反对，主要理由是，如果君主随时可以观览起居注，一旦发现涉及自己的负面记载，势必强权干预，而史官地位卑微，无法抗拒，只有曲笔阿贵，起居注制度也就失去设立的意义。最终，唐太宗同意朱子奢的意见。

> 中主庸君，饰非护短，见时史直辞，极陈善恶，必不省躬罪己，唯当致怨史官。但君上尊崇，臣下卑贱，有一于此，何地逃刑？既不能效朱

---

① 除另有说明，资料来源主要参考(宋)王应麟：《困学纪闻》卷十五《考史》，上海古籍出版社 2008 年版，第 1720 页；(明)顾炎武：《日知录》卷之十八《记注》，上海古籍出版社 2012 年版，第 712 页；(清)赵翼：《廿二史札记》卷十九《时政记》、《天子不观起居注》、卷二十八《金记注官最得职》，凤凰出版社 2008 年版，第 265、417 页；乔治忠、刘文英：《中国古代“起居注”记史体制的形成》，《史学史研究》2010 年第 2 期。

② (明)顾炎武：《日知录》卷之十八《记注》，上海古籍出版社 2012 年版，第 712 页。

③ (清)章宗源：《隋书经籍志考证》卷五，清华大学出版社 2012 年版，第 91 页。

④ 参见谢贵安：《明代起居注制度的兴废及其对〈明实录〉的影响——兼论儒家意识与君主专制的冲突和摩擦》，《史学月刊》2002 年第 4 期；翟意安：《康熙朝起居注官制度研究》，《宁夏大学学报》2005 年第 3 期；南炳文、吴彦玲：《辑校万历起居注》，天津古籍出版社 2006 年版。

云廷折，董狐无隐，排霜触电，无顾死亡，唯应希风顺旨，全身远害，悠悠千载，何所闻乎！所以前代不观，盖为此也。①

二是贞观十六年四月，唐太宗第二次要求看起居注，被褚遂良阻止，事后宰相房玄龄等“遂删略国史，表上”。②

三是唐文宗要求亲观起居注，被起居舍人魏谟阻止，理由是“记注兼书善恶，所以儆戒人君。陛下但力为善，不必观史！”上曰：“朕曩尝观之。”对曰：“此曩日史官之罪也。若陛下自观史，则史官必有所讳避，何以取信于后！”上乃止。③

上面三则记载中，第一个事例记载较为详细，经常被学者们作为起居注保密制度的权威解释。朱子奢的话比较直率，但确是对起居注实行保密制度的最好说明。修史基本原则是“据事直书，则是非互见”。④但在君主淫威之下，“据事直书”有着巨大风险，韩愈所谓“夫为史者，不有人祸，则有天刑”，固然有点骇人之论，但确是历史的血泪教训。⑤如前秦苻坚的母亲早寡，引将军李威为男宠，“史官载之”。苻坚在起居注中看到，既惭且怒，“乃焚其书而大检史官，将加其罪”。由于执笔的著作郎赵泉、车敬等已死而作罢。⑥北魏崔浩奉旨撰《国记》，“务从实录”，于“魏之先世，事皆翔实”（后世有“秽书”之称），并“刊石列于郊坛东，方百步，用功三百万”，“往来见者咸以为言”，魏人“以为暴扬国恶”，帝怒，诛清河崔氏与崔浩同宗者无远近，及浩姻亲范阳卢氏、太原郭氏、河东柳氏，并夷其族，余皆止诛其身，崔浩之死且备受凌辱（“使卫士数十人溲其上，呼声嗷嗷，闻于道路”）。⑦

史官们身在政治中枢，处在政治斗争的漩涡，想做到客观公正有许多困难。宋代范仲淹直言：人君修史，“而宰相监修，欲其直笔，不亦难乎？”⑧即

---

① （唐）朱子奢：《谏欲观起居纪录表》，《全唐文》卷一三五。

② 《唐会要》卷六十三《史馆杂录上》。

③ 《资治通鉴》卷二百四十六，文宗开成四年十月乙卯条。

④ 明代崇祯皇帝语，转引自（明）顾炎武：《日知录》卷之十八《三朝要典》，上海古籍出版社2012年版，第710页。（唐）韩愈《答刘秀才论史书》：“后之作者，在据事迹实录，则善恶自见。”载《韩昌黎文集校注》，上海古籍出版社2014年版，第744页。

⑤ （唐）韩愈：《答刘秀才论史书》，载《韩昌黎文集校注》，上海古籍出版社2014年版，第744页。

⑥ 《晋书》卷一百十三《苻坚载记上》；《魏书》卷九十五《符坚传》。

⑦ 《通典》卷第一百七十《刑法八》峻酷篇，中华书局1988年版，第4421页；《资治通鉴》卷一百二十五《宋纪七》；周一良：《魏晋南北朝史札记》补订本《崔浩国史之狱》，中华书局2015年版，第349页。但吕思勉认为崔浩被诛乃因其图谋反叛，而非因史事。参见《吕思勉读书札记》丙帙《魏晋南北朝》崔浩论条，上海古籍出版社2005年版，第905页。

⑧ （宋）王应麟：《困学纪闻》卷十五《考史》，上海古籍出版社2008年版，第1720页。

使完全排除皇权干预，来自其他方面的人为干扰仍然很多。因此，必须在制度上为其创造一个良好环境，给予适当保护，而保密就是一个重要手段。试想连皇帝都无法看到，何况其他人呢？

除了确保信史之外，起居注保密还有一个用意是借此推动皇帝勤政爱民，主动约束自己的言行，这在根本上是符合统治者利益的，也是皇帝愿意委曲求全建立并遵守这一制度的根本原因。像前述的唐太宗，多次"违规"要求看起居注，但也是最重视起居注的皇帝之一。史载："唐太宗通晓古典，尤重其事。贞观中，每日退朝后，太宗与宰臣参议政事时，即令起居郎一人执简记录。由是贞观记注政事，称为毕备。"①

事实上，起居注的确让皇帝们多少有所忌讳，至少要把不合理的动机隐藏起来。所谓"史不书恶，人君何所畏忌？"②明末清初孙承泽《春明梦余录·皇史宬》记载了这样一个例子："一日，神宗顾见史官，还宫偶有戏言，虑外闻，自失曰：莫使起居闻知，闻则书矣。起居之有益主德如此。"可见这一制度确实对君主构成一定的监督。起居注对专权的宰相也是一种制约。唐高宗时期，"许敬宗、李义府用权，多妄论奏，恐史官直书其短，遂奏令随仗便出，不得备闻机务"，借此废止太宗时期一直实行的起居郎参加御前会议并负责记录的制度。后来（长寿二年），鉴于"帝王谟训，不可暂无记述"，规定仗下（御前会议）讨论军国政要时，"宰相一人专知撰录，号为《时政记》，每月封送史馆"。③如果起居注没有一定的制约作用，想弄权的宰相们也就不必如此大费周章。

但是，起居注在制度设计上又是存在重大缺陷的。首先，是保密与真实之间的矛盾。著名文史学家黄永年曾就唐代起居注制度指出："既要记得完备无遗，又要保密，这个矛盾在当时条件下很难解决。"④由于皇帝本人也无权进行检查和审核，记录中存在的错误与疏漏之处可能永远无法得到纠正。对极少数本就居心不良、"谬加笔削"的"偏心之辈"来说，⑤保密制度更给他们违背事实、掩盖真相进行虚假记录提供便利条件。如清代康熙起居注二

① （明）顾炎武：《日知录》卷之十八《记注》，上海古籍出版社2012年版，第712页。

② （清）钱大昕：《十驾斋养新录》卷十八《通鉴多采善言》，上海书店2011年版，第361页。

③ （明）顾炎武：《日知录》卷十八《记注》，上海古籍出版社2012年版，第712页；（清）赵翼：《廿二史劄记》卷十九《时政记》，凤凰出版社2008年版，第265页。明代也采取类似做法，"大臣秘殿独对者，恐有机密，不必用史官侍班，但令人对大臣自纪圣谕及奏对始末，封送史馆。"

④ 黄永年：《〈旧唐书〉与〈新唐书〉》，载黄永年：《物换星移话唐朝》，中华书局2013年版，第143页。

⑤ （明）顾炎武：《日知录》卷之十八《三朝要典》，上海古籍出版社2012年版，第710页。

十六年六月初九日条记载："时盛夏初伏，溽暑炎蒸，皇太子凝神端穆，冠服严整，仪度从容，伏案作书，持笔甚敬。而汤斌、耿介常常昏倦，几至颠仆。"据历史学者考证，这样落笔的真实原因是记注官员考虑到皇太子作为储君，将有权看到起居注，故不惜笔墨吹捧，为以后升迁积累政治资本；而汤斌、耿介，都是当时直臣，受命侍讲东宫，但他们不是大学士明珠一党，记注官员就利用这个机会加以贬抑。①

其次，存在泄密隐患。起居注官员长期呆在皇帝身边，有机会接触大量核心机密，一旦发生泄密事件，其后果远比寻常泄密事件严重。一个典型案例是前述康熙五十六年(1717 年)的起居注官员泄密事件。②

再次，起居注不及时公开，也无法起到资政裨治的作用。在西魏时期，史官柳虬就意识到这个问题，认为"史官密书善恶，未足惩劝"，"密为记注，徒闻后世，无益当时，非所谓将顺其美，匡救其恶者也"。柳虬还认为对史官声誉也有损害。因为"著述之人，密书其事，纵能直笔，人莫之知。何止物生横议，亦自异端互起。故班固致受金之名，陈寿有求米之论。"柳虬建议先公开后存档，"诸史官记事者，请皆当朝显言其状，然后付之史阁。庶令是非明著，得失无隐，使闻善者日修，有过者知惧"。③

最后，和皇权存在不可调和的矛盾。在当时的政治制度下，官员都不过是皇帝的臣子，是依附于皇权的，指望其承担制约和监督皇帝的责任，有缘木求鱼之嫌。在君主专制条件下，口含天宪的皇帝又怎么可能还容忍一个机构，时刻呆在自己身边，为自己留下负面记录呢？事实上，许多皇帝均任命心腹之人担任起居注官员(如金帝完颜亮)，④自宋代之后，起居注更是要经皇帝看过才送史馆存档。⑤南宋秦桧专权时，凡涉及其个人的不利记载一概删去，导致这段史事暧昧不明。⑥朱熹曾批评说：当代史书"大抵史皆不

---

① 白新良：《清代中枢决策研究》，辽宁人民出版社 2002 年版，第 184 页。

② 《康熙起居注》，康熙五十五年十二月二十二日。

③ 《周书》卷三十八《柳虬传》。

④ 参见罗继祖：《枫窗三录》五九《完颜亮言志》，大连出版社 2000 年版，第 63 页。

⑤ 宋太宗时起起居注首先呈皇帝审阅，"每月先进御，后降付史馆"。参见李焘：《续资治通鉴长编》卷 35，太宗淳化五年四月丙戌，上海古籍出版社 1986 年版；《宋史》卷四百三十九《梁周翰传》(邓之诚：《骨董续记》卷三《宋起居注进御》也说及此事，并以此为证认为《宋史》比野史笔记记载可靠详细)。清代雍正之后，起居注除简略记述皇帝行止动静外，不再直接记录朝堂议政实况，而是抄录成文的谕旨、诏令、章奏等公文，以摘录公文档案为主要内容。

⑥ [日]寺地遵：《南宋初期政治史研究》，刘静贞、李今芸译，复旦大学出版社 2016 年版，第 240 页。

实，紧要处不敢上史，亦不关报，”[①]指的就包括这一情况。如果个别官员还天真地“在其位谋其政”，一心想“有为才能有位”，切实做起监督皇权的大梦，其被废是指日可待的事。

那么，如何解释起居注制度在相当长的时间内存续甚至运行良好呢？这可能有如下原因：一是个别皇帝比较开明和自信（如唐太宗时期），容忍在自己权威下存在这样一个“小骂大帮忙”的机构，也自信不会对自己的统治构成威胁。这样的先例是极其偶然的低概率事件，但由于其表现出来的“吾皇圣明”，对后来的皇帝无形中产生极强的示范效应，不得不为，以博取美名。二是起居注虽然也有监督作用，但主要意图还是要为后世修史积累材料，监督功能始终是次要的。清代赵翼评价金朝记注官“最得职”，就是因为其所记“详且密”。[②]这反映当时人对起居注作用的普遍认知。三是起居注官员在恪行“春秋为尊者讳，为亲者讳，为贤者讳”的儒家教条方面比较自觉和坚决（泄密是极其个别的情况），所谓“虚美隐恶”，没有让统治者感到威胁或者不快。大概也因为这个原因，古人对起居注评价也有分歧，甚至有“记注兴而史道诬”之说。[③]至于保密因素，说无足轻重可能稍嫌偏颇，但对起居注制度本身的功能发挥与历史评价，不起决定性作用则是显然的，甚至还有一定的负面作用。

最后要说明的是，尽管起居注制度有着这样那样的不足，但因其记载最为原始，相比后出实录等书，粉饰较少，真话较多，史料价值要更高一些。著名清史学家冯尔康曾发现，《起居注》雍正元年（1723年）四月二十四日记载雍正帝赞扬隆科多不结党营私的话：“今大臣内惟舅舅隆科多孤立无援，深邀皇考知遇。”但后来隆科多出事，这样的记载不足道人君“圣明”，在《上谕内阁》中就抹掉了。又如敦郡王是廉亲王的党人，都是雍正夺嫡的政敌，前者出事后，雍正叫后者发表意见。《起居注》雍正二年（1724年）四月十二日记载雍正帝的话说，这样做的用意是“特以难之，并无他意”。《上谕内阁》修改为“特以观其如何处置，并无他意”。前一记载表明雍正帝心机太重，后一措词对他的搞权术就有所遮掩，不是那么赤裸裸了。[④]像这样出于政治需要而篡改历史原始记录的例子是很多的。

---

① 《朱子语类》卷第一百二十八《本朝二 · 法制》，中华书局1984年版，第3078页。

② 参见（清）赵翼：《廿二史札记》卷二十八《金记注官最得职》，凤凰出版社2008年版，第417页。

③ （宋）王应麟：《困学纪闻》卷十《诸子》，上海古籍出版社2008年版，第1205页。

④ 冯尔康：《清史史料学》，故宫出版社2013年版，第34—37页。

四、风闻言事

在中国古代，还有一种信息也是可以对皇帝保密的，即“风闻言事”。这其实是一种对信息来源的保密制度，与现代检举人保密制度和新闻来源保密制度有一些相似之处，但又不尽相同，故有必要专门探讨。①

所谓“风闻言事”，又称“风闻奏事”、“风闻论事”，是中国古代一种监察举报的工作方式。依照字面理解，是指谏官和御史可以根据道听途说的传闻进行举报，而不必拿出真凭实据。即使证明有误，对谏官也不加罪，以保证言路畅通。据南宋学者洪迈在《容斋四笔》卷十一《御史风闻》中的考证，风闻奏事大约起源于南北朝时期：“御史许风闻论事，相承有此言，而不究所从来。以予考之，盖自晋宋以下如此。”但第一次大规模公开推行是在武则天时期。“武后以法制群下，谏官、御史得以风闻言事，自御史大夫至监察得互相弹奏，率以险诐相倾覆。”②至宋代则进一步制度化和常态化，形成不必提供消息来源、不要求内容真实、不追究失实责任的所谓“三不”原则，其中引用最为广泛的是王安石的总结：“许风闻言事者，不问其言所从来，又不责言之必实。若他人言不实，即得诬告及上书诈不实之罪。谏官、御史则虽失实，亦不加罪，此是许风闻言事。”③

但是，从历史记载来看，“三不”原则并未得到全面落实，特别是奏事不实部分，“不责言之必实”、“虽失实，亦不加罪”的说法似稍嫌夸张。例如，唐代明确要求御史在奏事之后必须核查事实。④对奏事不实的，唐律有“上书奏事误”的治罪专条，“诸上书若奏事而误，杖六十；口误，减二等（口误不失事者，勿论）。”⑤唐武宗时，曾经规定：“自今臣下论人罪恶，并应请付御史台案问，勿得乞留中，以杜谗邪。”⑥宋代规定：“诸对制及奏事、上书，不以实

① 除另有注释，主要参考赵映诚：《中国古代谏官制度研究》，《北京大学学报》2000 年第 3 期；祝总斌：《略论中国封建政权的机制运行》，载马克垚：《中西封建社会比较研究》，学林出版社 1997 年版；周一良：《魏晋南北朝史札记・风闻奏事》，中华书局 1985 年版，第 273 页。

② 《资治通鉴》卷二百一十一，唐玄宗开元五年九月条。

③ 《续资治通鉴长编》卷三百一十，神宗熙宁三年四月条。

④ 胡宝华：《唐代监察制度研究》，商务印书馆 2005 年版，第 30 页。

⑤ 《唐律疏议》卷十《职制》“上书奏事误”。

⑥ 《资治通鉴》卷二百四十六，唐武宗会昌元年夏六月乙巳条。

者，徒二年。”[①]宋仁宗曾下诏：“自今言事者，非朝廷得失，民间利病，毋得以风闻弹奏，违者坐之。”[②]御史本人出于慎重以及维护自身权威的考虑，主动进行核实的情况应该更多。吴育提出，对秘密告发他人而无真凭实据的，“不可不明”，否则就会让小人横行，忠良蒙冤：“若指人姓名，阴言其罪而事状未见者，此不可不明者也。若不明，则馋邪得计，忠正难立，曲直莫辨，爱憎遂行。”[③]史书记载中，确有御史因为奏事不实受到处罚的，[④]如宋代御史何郯以论事不得实，被中书责问。尽管杨察以上述三不原则为其辩护：“御史，故事许风闻；纵所言不当，自系朝廷采择。今以疑似之间，遽被诘问，臣恐台谏官畏罪缄默，非所以广言路也。”[⑤]但是，如果此次奏事不实的后果严重，估计仍难免责。

与之相映成趣的是，“不问其言所从来”的原则却得到较好贯彻。宋史记载多个案例。如宋仁宗庆历年间，谏官王素听朝内外有人说，武将王德用向皇帝进献美女。王素立即在朝会上批评宋仁宗耽于美色。仁宗问他：“此宫禁事，卿何从知?”王素回答说：“臣职在风闻，有之则陛下当改，无之则为妄传，何至诘其从来也?”最终，仁宗按照王素的意见，将美女遣送出宫了事。[⑥]御史陈次升上密奏，就如何处理宣仁太后封号问题提出意见建议，皇帝问他：“卿安所闻?”对曰：“臣职许风闻，陛下毋诘其所从来可也。”[⑦]宋神宗时，大臣俞充谄媚宦官王中正，以致让妻子给王中正下拜，监察御史彭汝砺密奏检举，神宗追问彭从哪里得到的消息，彭拒绝提供：“如此，非所广聪明也。”[⑧]宋代以后，风闻言事时开时禁，始终没有稳定下来，到清代，由于密折言事制度的兴起，“风闻言事”更趋式微，[⑨]但其中对信息来源保密的做法则保留下来。清代皇帝对内容敏感的机密奏折，均留中处理，不对外公开。如果将奏折发交部议，则将上奏人姓名删去。

---

① 《宋刑统》卷二十五《诈伪律》。

② 《续资治通鉴长编》卷 166，皇祐元年正月辛酉。

③ (宋)李焘：《续资治通鉴长编》卷一百八十，至和二年七月丁卯条。

④ 贾玉英：《宋代监察制度》，河南大学出版社 1996 年版，第 111 页。

⑤ 《宋史》卷二百九十五《杨察传》。

⑥ (宋)王巩：《闻见近录》。

⑦ 《宋史》卷三百四十六《陈次升传》：宣仁有追废之议，次升密言：“先太后保佑圣躬，始终无间，愿勿听小人销骨之谤。”

⑧ (明)顾炎武：《日知录之余》卷四《风闻言事》，上海古籍出版社 2012 年版，第 1408 页。

⑨ 参见刘长江：《略论明代科道官的“风闻言事”》，《黑龙江社会科学》1999 年第 5 期；刘文鹏：《清代科道“风闻奏事”权力的弱化及其政治影响》，《中州学刊》2011 年第 4 期；《清五朝监察御史给事中等条陈密折》，全国图书馆缩微文献复制中心 2010 年版。

从思想史上来看，先贤们对“风闻言事”的批评很多，但也主要集中在奏事不实部分，对消息来源保密部分则几乎没有人提出质疑或者反对。如北宋胡寅批评“风闻言事”捏造事实，冤枉无辜，有碍公道。

> 武后使谏官、御史以风闻言事，其兴奸慝、来谗谮、害忠良、伤公道之符契乎？朝廷者，众正之原，是非所仰以决，谮诉所望以明，毁誉所赖以公，人心服与不服一在是焉。彼风闻者，得于道听途说或两怒溢恶，岂皆真实？遽然按之以施刑罚，其差失多矣。既以风闻多不审谛，被言者又泯默被罪，不得申理而冤结无告，伤平明之政亦甚矣。

明代丘濬在《大学衍义补》卷八中引用胡寅的话，做了进一步的批判和分析，并对明代御史奏事要求“明着年月、指陈实迹”的做法予以肯定。

> 后世台谏风闻言事始此，前此未有也，有之始自武氏。宋人因按以为故事，而说者遂以此为委任台谏之专。嗟乎，此岂治朝盛德之事哉！夫泛论事情风闻可也，若乃讦人阴私，不究其实而辄加以恶声，是岂忠厚诚实之道哉？夫有是实而后可加以是名，有是罪而后可施以是刑，苟不察其有无虚实，一闻人言即形之奏牍、置于宪典，呜呼，莫须有何以服天下哉？我祖宗著为宪纲，许御史纠劾百司不公不法事，须要明着年月、指陈实迹，不许虚文泛言、搜求细事，盖恐言事者假此以报复私仇、中伤善类、污蔑正人，深合圣人至诚治天下之旨。

风闻奏事“三不”原则的不同命运，其实并非偶然。据唐代《通典》卷二四《职官六·御史台》，所谓风闻的初衷是指御史听取揭发人陈诉后，在奏弹文书中略去揭发人的姓名，以保护揭发人免遭打击报复，所谓“风闻访知”只是遁词(“略其姓名，皆云风闻访知”)。但一些人就借此捏造诬告，以售其奸。因而，后来从内容和追责两个方面又先后规定一些限制条件，但对检举人身份保密这一原则没有变化。

现代各国也实行类似的保密制度，其中的典型代表就是检举人身份保密与新闻来源保密，用意均在鼓励民众主动提供信息，从而扩大消息来源。美国学者曾指出：政府如果不能使告发者确信其身份和谈话内容将对外保密的话，则会不太容易吸引到告发者。政府如果披露告发者信息，即使时过境迁，仍会滋生同样的不信任，还可能使得其他人更不愿意提供机密信息，这对联邦调查局等执法部门来说尤其如此。①新闻来源保密制度也是希望借此吸引和鼓励线人提供新闻线索，避免新闻来源枯竭，从而保护表达自由

① [美]凯斯·森斯坦：《政府对信息的控制》，李志强译，《比较法研究》2007年第2期。

权，法院除非有充分理由，一般不强制新闻记者披露消息来源。[①]但同时，如果告发失实、新闻线索有误，造成严重后果，仍将追究相关人员的责任。这和“风闻言事”制度后来的变迁，几乎一致。

最后还有几点说明。一是对谏官本身来说，保密上奏内容也是固有要求，所谓“密陈其奏”、“谏言不露”、“谏书人莫窥”。唐代白居易《初授拾遗献书》中说：谏官言事要“密陈所见，潜献所闻”，“密缄于疏，潜吐血诚”。唐代岑参有诗曰：“幸得趋紫殿，却忆侍丹墀。史笔众推直，谏书人莫窥。”[②]这和“风闻言事”保密的用意是一致的，都是要保护检举人，免受被检举人的打击报复，也确保不法行为得到及时查处。

二是对于普通官员上奏，若内容敏感，在公开时也会根据情况做一些技术处理，以免招怨。如宋代官书《宋会要》及后来的《宋史》、《文献通考》等书，屡以“臣僚言”三字冠于所上章疏之首，而不明确写出具体官员姓名，就是为了保护言事官员。中书舍人曾巩在哲宗元符三年四月的上书中专门做过解释：“窃见祖宗以来，臣僚所上章疏未尝置局编写，盖缘人臣指斥朝政，弹劾臣下，皆是忘身为国，不复顾祸。朝廷若有施行，往往刊去姓名，只作臣僚上言出行文字，所以爱惜言事之人，不欲暴露使招怨吝。若一一编录传之无穷，万一其人子孙见之，必结深隙。祖宗未尝编录，意恐在此。”[③]到后代这一做法基本制度化。

三是到一定时期或者条件成熟（主要是在修史时），为某些更加重大的理由，也会公开此类内容敏感的上奏。如清代康熙年间，王鸿绪、高士奇、明珠、徐乾学等人，互为党援，交通营纳，为左都御史郭琇密疏弹劾。乾隆年间，史官纂修这几个人的列传，未载原疏。乾隆帝认为“无以彰示百世也，命将原疏载入王、明诸传中”。[④]雍正年间，御史黎志远密劾年羹尧专擅贪污，雍正帝纳其疏不下，羹尧败，乃出以示群臣，嘉其刚正，进大理寺卿。[⑤]这也是应该注意的一个方面，显示中国古代并非一概保密，也有主动公开的一面。

---

① 牛静：《新闻记者保护消息来源的法律困境——对美国“布莱兹伯格案”的回顾与分析》，《新闻界》2007 年第 5 期。

② 以上资料转引自赵映诚：《中国古代谏官制度研究》，《北京大学学报》2000 年第 3 期。

③ 《通鉴长编纪事本末》卷一百零二，转引自金毓黼：《静晤室日记》第一百四十九卷，民国三十八年一月二日，辽沈出版社 1993 年版，第 6746 页。

④ 《养吉斋余录》卷四。

⑤ 《养吉斋余录》卷八。

五、漏泄大事罪

"漏泄大事"罪首见于唐律，其后历代规定有一些不同，但大体不变。该律文最突出的特点是对泄密罪做出比较明确、系统的规定，为依法定罪提供重要依据，而且律文本身也较有科学性和逻辑性，体现出较高的立法水平。目前有关著作中介绍的中国古代保密法制，主要都是这部分内容。这当然是比较合适的，也是有必要的，但因为这部分内容早已为现代刑法所涵盖，几乎很难挖掘出什么新意。如果只是为了解关于中国古代泄密罪的更多细节，又有何意义呢？事实上，中国古代除了关于泄密罪的刑事规范，还有相当发达的其他方面的保密制度，如科举考试中的糊名誊录、清代奏折中的保密制度等，在长期保密实践中也形成较为丰富的保密思想，其中许多内容对现代保密管理有着较强的借鉴意义。而这在现有相关作品中几乎都有意无意被忽略，颇为遗憾。本书在这里仅简要介绍该罪名的制度沿革，主要是为后文相关讨论提供背景知识，不作过多引证和规范分析。

唐律将秘密事项分为"大事应密"、"非大事应密"两种，将泄密者分为"初传者"、"传至者"或"转传者"，综合考虑，处以不同刑罚。以"初传者为首"，"大事应密"，首犯处绞刑；"非大事应密"，徒一年半。以"传至者为从"，按《名例律》"随从者减一等"的规定，"大事应密"的"传至者"应处流三千里，"非大事应密"的"传至者"应处徒刑一年。"转传者"仅在"大事应密"的场合负责，应处杖八十的刑罚；转传"非大事应密"者，"勿论"，即不予处罚。

明清律规定类似，根据所泄露信息的秘密等级（机密重事、军情重事、事情）处以不同刑罚。《大明律·吏律》"公式"门"漏泄军情大事"条规定："凡闻知""机密大事"与"军情重事""而辄漏泄于敌人者，斩。""若边将报到军情重事，而漏泄者，杖一百，徒三年。"同时，"以先传说者为首，传至者为从，减一等"。[①]另外，还有一些加重情节。如果"近侍官员""漏泄机密重事于人者，斩。"若漏泄非机密的"常事"，"杖一百，罢职不叙"。其他衙门官员"交接近侍官员"，"漏泄事情"，"皆斩，妻、子流二千里安置"。其他一些违法行为

① 《大明律》"漏泄军情大事"条原文如下："凡闻知朝廷，及总兵将军，调兵讨袭外番，及收捕反逆贼徒，机密大事，而辄漏泄于敌人者，斩。若边将报到军情重事而漏泄者，杖一百，徒二年。仍以先传说者为首。传至者为从，减一等。若私开官司文书印封看视者，杖六十。事干军情重事者，以漏泄论。若近侍官员漏泄机密重事于人者，斩。常事杖一百，罢职不叙。"

造成泄密的，也视为漏泄罪处理。唐律上主要指的是公文泄密。《唐律疏议·杂律》“私发制书官文书印封”条规定：“诸私发官文书印封视书者，杖六十；制书，杖八十；若密事，各依漏泄坐减二等。即误发视者，各减二等，不视者不坐。”明清律规定：若私开官司文书印封看视者，杖六十；事干军情重事者，以漏泄论。

清代在这一律文后还增加两则条例。雍正三年条例规定：如提塘与各衙门书办将本章钞写刊刻图利者，将买钞之报房、卖钞之书办亦俱照漏泄密封事件例治罪。雍正五年条例规定：如将应密之事并不密封，及收受承办衙门不行谨慎，以致漏泄者，将封发收受承办官查参。事理重者，照红本不谨慎收存例，事理轻者，照不应轻律，各议处。如收贮之处及投递之前，提塘及衙役人等将密封事件私开窃视，以致漏泄者，杖六十。事重者，为首，杖一百，徒三年。为从，减一等治罪。仍令科道不时稽查，如不行查出纠参，别经发觉者，将该管科道一并交部，照奉旨事情未到部先钞传例议处。

还有一些犯罪行为，虽然造成泄密后果，但其侵害法益和泄密罪不同，故不宜以泄密罪惩处，另有罪名处罚。大体包括以下三类情形：

一是间谍和奸细罪。如间谍罪，《唐律疏议·擅兴》“征讨告贼消息”条规定：“诸密有征讨而告贼消息者，斩；妻、子流二千里。其非征讨，而作间谍，若化外人来为间谍，或传书信与化内人，并受，及知情容止者，并绞。”《大明律·兵律》“关律”门“盘诘奸细”条仿《唐律》，包括“境内奸细”与“境外奸细”两类：“凡缘边关塞及腹里地面，但有境内奸细走透消息于外人，以及境外奸细入境内探听事情者，盘获到官，须要鞫问引接、起谋之人，得实，皆斩。”①明律还要求关塞官员担负起盘诘来往奸细的责任，如果失察，无论故意或过失，官员均须负责。

二是私自出境或者与外人交往泄密。如擅自出境泄密的，《大明律·兵律》“关律”门“私出外境及违禁下海”条还规定，凡私自带领“人口、军器”出境及下海，“因而走泄事情者，斩。”②又如擅自与外人交往因而泄密的，明清律均规定，在京在外军民人等，与朝贡外国人私通往来，因而“透漏事情”者，俱发近边充军，通事并伴送人，系官革职。③对此条例，清代法学家薛允升有

① “引接”即境内人“知情容止停藏”，“起谋”即首谋。

② 范金民：《明代万历后期通番案述论》，《南京大学学报》2002年第2期。

③ 古代越南也有类似规定，“诸奉使外方，及人使入国，而私通言语，及受财而漏泄本国事情者，并斩。”参见潘辉注《历朝宪政类志》卷三十四，影印东洋文库本。感谢南开大学历史学院李小林教授复印惠赠。

如下看法:“漏泄重事,律系满徒,例则加拟充军,然止曰事情而不曰重事,则似凡有透漏,即应充军矣。”

三是泄露司法秘密。如《唐律疏议·捕亡》“捕罪人漏露其事”条还规定:“诸捕罪人,有漏露其事,令得逃亡者,减罪人罪一等。”宋代规定:大理寺官吏中,如有刺探、漏泄狱情者,“杖一百”。狱子、行人、座婆、医人等胥吏,“三人为一保,如通言语漏泄者,情重者杖罪,五百里编管;徒罪配千里牢城,同保人失觉察,各杖八十勒停,永不收叙。即经停而别投名者,许人告条法。仍有告获似此之人,赏钱五十贯。”①《大清律例》雍正五年条例规定:如有缉拏之犯闻风远扬等事,查究根由,分别议处。

六、糊 名 誊 录

起源于隋唐的科举考试,是封建王朝选拔人才的重要途径。但因为其背后的巨大利益,“朝为田舍郎,暮登天子堂”,为此徇私舞弊、铤而走险者从来不乏其人。唐宋以来,为保障科举考试公平起见,主要采取两方面的保密措施:一是对试题保密。如宋代将试题分作几个部分,由不同工匠雕刻、印刷,所谓“命工锯板分雕,防漏泄也”。二是对答卷保密。实行糊名、誊录,防止考生和主考官在试卷上做手脚,徇私舞弊。对于前者,未闻后世有谁提出批评,对后者则有一些不同意见。②本书在顾炎武的保密观部分对此已有所分析,这里再做一些补充。

所谓糊名,就是把试卷名字盖起来改卷,使试官不知某卷为某人所作,后又称为“封弥”或“弥封”。糊名法创立于武则天即位初年,但似并没有在科举考试中普遍推行。杜佑《通典》卷十五《选举三》:“武太后又以吏部选人多不实,乃令试日自糊其名,暗考以定其等第。糊名自此始也。”宋代高承《事物纪原·学校·贡举部·封弥》照抄上述资料,并补充宋代情况:“武后以吏部选人多不实,乃令试日自糊其名,暗考以定其等第,盖糊名考校,自唐始也。今贡举发解,皆用其事,曰封弥。”北宋太宗淳化三年(公元

---

① (清)徐松:《宋会要辑稿职官》24之18,第2901页。

② 除另有说明外,资料部分主要参考顾炎武:《日知录》卷十七《糊名》、《搜检》,上海古籍出版社2012年版;(清)赵翼:《陔余丛考》卷二十九《殿试弥封另誊》,河北人民出版社2007年版,第567页;王道成:《科举史话》,中华书局1983年版,第18页;韩策:《科举改革与最后的进士》,北京大学2015年博士论文,第46、125页。

992年），开始在科举考试中使用糊名办法。十六年后的真宗大中祥符元年（公元1008年），糊名法在省试中开始实行。陆游《老学庵笔记》卷五曾记载："本朝进士，初亦如后制，兼采时望。真宗时，周安惠公起，始建糊名法，一切以程文为去留。"后来发现，糊名之后，考官还可以"认识字画"，遂将考生试卷另行誊录，考官阅卷时，不仅不知道考生的姓名，连考生笔迹也认不出来。

从历史记载看，大部分人都认为糊名、誊录等保密制度有利于客观评卷、公正选拔人才。宋真宗曾对宰臣王旦等说："今岁举人颇以糊名考校为惧，然有艺者皆喜于尽公。"王安石《送陈谔》诗云："有司昔者患不公，糊名誊书今故密。"沈括《梦溪笔谈》卷九记有多个这方面的案例。其中，较知名的是北宋国子监学生郑獬，与主考官有过节，但依托糊名制度，主考官无法报复，得以高中。

> 郑毅夫自负时名，国子监以第五人选，意甚不平。谢主司启词，有"李广事业，自谓无双；杜牧文章，止得第五"之句。又云："骐骥已老，甘驽马以先之；臣鳌不灵，因顽石之在上。"主司深衔之。他日廷策，主司复为考官，必欲黜落，以报其不逊。有试业似獬者，枉遭斥逐；既而发考卷，则獬乃第一人及第。①

糊名誊录还有一个积极作用是，考生可以不必太在意书法，而将主要精力放在读书和写作上。这对国家选拔有真才实学的人才来说也是有利的。②

但也偶有废除之议，③还出现过一些强烈的批评意见。其中较有代表性的是顾炎武。他在《日知录》卷十七《糊名》中批评说：实行糊名誊录之后，"其所取者不复选择文行，止较一日之艺，遂杜绝请托，然置甲等者或非人望。"换言之，因为不知道考生是谁，考官无法通过其他途径了解考生的道德表现和实际才干，只能依据一篇文章、一次考试评判，导致进士及第者也不一定众望所归。此外，每次乡试，小省则两三千考生，大省则上万，这么多份答卷均须誊录，仅是抄写和校对（所谓"对读"）就要耗费大量人力财力，对政

---

① （北宋）沈括：《梦溪笔谈》，齐鲁书社2007年版，第58页。

② 著名思想家龚自珍在道光九年的殿上三试中均不及格，不入翰林，考军机处不入直，重要原因就是书法较劣。参见王元化：《读樊著龚自珍考》，载王元化：《清园文存》第二卷，江西教育出版社2001年版，第200页。古人在这方面有时候是很偏执的，清末还有御史参奏朝考某一试卷的书法拙劣，叶昌炽因此长叹："京朝士大夫酣梦几时醒乎？"参见叶昌炽：《缘督庐日记抄》光绪二十一年五月四日，转引自苏精：《近代藏书三十家》，中华书局2009年版，第10页。

③ 《宋史》卷二百九十五《杨察传》。

府来说也是一笔巨大开支。

但在实践上，从宋代以来，几乎没有一个当政者敢于否定和抛弃这一制度。直到清末壬寅年（1902 年）秋天的乡试中，根据刘坤一、张之洞的建议，第一次也是唯一一次废除此制，但社会效果和考试效果都不好。按照刘坤一、张之洞的本来设想，废除糊名誊录"无害于取材而有益于防弊"，且誊录过程中"讹脱毁失，作弊改窜，大省尤甚"，"万卷笔迹"，考官无法一一辨识，"若欲舞弊，仍可藏关节于字句之中"，故防弊实不在此。但事实说明，并非如此。一是新制度便于作弊，再无公道。刑部司官吉同钧批评说："至易书糊名，实防弊要法。今日殿试考课，尽徇人情。惟乡、会二试，较为公道。寒士真才尚可出头者，惟赖此易书糊名之一法。然以此严防，尚有关节、暗号等弊，若并此而亦废之，从此更无公道矣。"[①]清末癸卯科进士、著名学者尚秉和批评说："自糊名誊录之法兴，于是主试虽门生故吏，无能为力。……自此以后，凡平民进取者，只致力于文学，不患不达。故历元明清，行之千年而不改。及清末春、秋两闱，竟废誊录而不用，不知此为防弊之唯一良法。"二是徒重形式，看字取人。《新民丛报》说："壬寅举行庚子乡试，试卷不易书，于是考官辨认字迹取中，又有专重小楷者。"[②]《鹭江报》说："今誊录既废，为主司者，自知才学浅薄，不足以较妍媸、别优劣，但取其小楷工者，列之中额。……夫以楷法求人，而复责有根柢之学，是南辕而之燕赵，北辙而之吴越，此必不可得之数也。"[③]

其后不久，清朝正式废止科举制度，有关改革和争论也随之而去，没有人再关注。但糊名誊录中反映出来的保密与选拔人才之间的矛盾则并未消失。当代公务员招录考试中仍然推行类似糊名誊录的保密制度。在中国大陆和台湾地区，均有考生因对考试成绩有疑问要求查阅试卷，被政府以涉密为由拒绝而起诉的案例。[④]

今天看来，糊名誊录对维持考试秩序的必要性是比较明显的。历史学者也已证明，清末张之洞等提出废誊录的建议，是一个比较仓促和草率的决策，实践证明也是失败的。顾炎武的反对，应根据现代管理学理论进行分析，即对人才选拔特别是公务员选拔来说，应当区别不同类型（如西方政

---

① 杜春和、耿来金整理：《吉同钧东行日记》，《近代史资料》1996 年 5 月，第 84 页。

② 《又用誊录》，载《新民丛报》第 25 期，"近事纪要"，1903 年 2 月 11 日。

③ 吴孝忱：《乡会试不用誊录议》，载《鹭江报》第 55 册，1904 年 1 月 8 日。

④ 参见汤德宗：《资讯公开及资讯隐私法案例研究》，中国政法大学法治政府网，http://law.china.cn/features/2010-12/15/content_3901006.htm。

务官和事务官分类),分别采取选举、考试和推荐等不同方式,对不同职位候选人的信息公开也有不同要求。中国古代科举选拔的主要都是类似现代政务官的职位,仅仅依靠考试确乎稍嫌狭隘,对候选人个人信息保密自然更不合适。事实上,清代在乡试中普遍推行糊名誊录,而在最高层级的殿试、朝考中则不用誊录,读卷、阅卷大臣直接评阅考生原卷,对考生各方面情况都有所了解,其原因可能也就在此,尽管其公正性也因此一直为人诟病。

还有学者指出,中国古代科举制的意义并不仅仅在于网罗最优秀的"士"参加政府,更深一层的用意是在制度上保障全国各地区的"士"可以平均而不断地加入统一帝国的权力系统,从而在一定程度上发挥所谓代议功能。来自各地的读书人进入中央政府可以使朝廷在重大决策上不致过于偏向某些地区的利益,每一地区的特殊困难和要求也可以通过这些官员直接反映于朝廷之上(如清末时期,杨乃武小白菜案最终能够翻案,浙江籍京官的推动是一大因素)。①因此,在制度上,无论是东汉举"孝廉"还是宋明清考"进士",都不采取单纯的"唯才是择"政策,而是"逐路取人",明代分南、北、中三张试卷考试。②按照这样的功能设计,仅凭考试定取舍,而且还厉行保密,当然就更应该摒弃了。

七、秘密建储

秘密建储制是清代政治制度中最为重要的一项,直接关系皇位继承和国家稳定。表面上看来,该制度最大特色是保密,但其实保密的作用并不像想象的那样大。前人对此说得不多,③本书尝试做些探讨。

要理解秘密建储,首先还是要从皇位继承制度说起。在"家天下"的

① 余英时:《试说科举在中国史上的功能与意义》(2005年),载余英时:《中国情怀——余英时散文集》,北京大学出版社2012年版,第139页。

② 司马光:"古之取士,以郡国户口多少为率。今或数路中全无一人及第,请贡院逐路取人。"欧阳修:"东南州、军进士取解,二三千人处只解二三十人,是百人取一。……西北州、军取解,至多处不过百人,而所解至十余人,人取一;比之东南,十倍假借之矣。……国家取士,唯才是择。"参见(宋)马端临:《文献通考》卷三十一《选举考四》,中华书局1984年版,第903页;(清)赵翼:《陔余丛考》卷二十九《科举分南北》,河北人民出版2007年版,第560页。

③ 除另有说明外,本部分资料,主要参考杨珍:《清朝皇位继承制度》(修订版),学苑出版社2009年版;《历程、制度、人——清朝皇权略探》,学苑出版社2013年版。

中国古代，很早就发明了由皇帝指定继承人的建储制度。英国蒙哥马利元帅对此评价甚高，认为这是中国人的一大贡献，英国历史上一再发生为争夺王位而流血斗争的惨剧，就是因为没有建立类似的比较稳定的王位继承制度。[①]这一说法似并未获得学界普遍认可，但可见中国古代建储制度的重要性。

起初，中国古代建储制度是公开的。按照“建储非以私亲，盖明万世之统；主器莫若长子，兹本百王之谋”的原则，[②]皇帝建储之后即昭告天下，以示国家传承有序，此之谓公开建储制。但这个做法到清代发生重大变化。康熙末年，康熙帝决定“建储而不宣制”，[③]即所谓秘密建储制，此后的雍正、乾隆、嘉庆、道光、咸丰实行此制，前后达128年之久，予清代政治重大影响。秘密建储制的核心内容有四点：一是皇帝全权决定人选；二是择贤而立；三是对储君人选严格保密，除去皇帝本人以外，包括储君在内的一切人均不知情；四是对储君暗中进行考察和培养。这种建储方法，我国此前历史上没有实施过，但从世界范围来看，却不是创举。《旧唐书》卷一百九十八记载：波斯国“其王初嗣位，便密选子才堪承统者，书其名字，封而藏之。王死后，大臣与王之群子共发封而视之，奉所书名者为主焉。”清代皇帝可能从中得到启发。

与公开建储相比，秘密建储的基本特点和关键要素就是保密。雍正元年(1723年)八月，清世宗秘立弘历，将亲书圣旨密封之后，当着诸王大臣之面，藏于乾清宫最高处的“正大光明”匾之后。乾隆三十八年(1773年)，清高宗秘立嘉庆，为确保机密，甚至都没有召集王公大臣公开宣示，只是在一切办妥之后才将此事谕知军机大臣，同时还“另书同样密旨一道”藏于小匣内随身携带，以备“异日勘对”之用。储君在接受教育、参与政务及生活待遇等各个方面，与其他皇子也没有明显的特殊性。如雍正十一年(1733年)二月，弘历与弘昼一起封为亲王；雍正十三年(1735年)正月，两人又一起办理苗疆事务。最极端的例子是乾隆四十三年(1778)九月，乾隆帝赴盛京谒陵途中，锦县生员金从善上言批评乾隆帝迟迟不建储君，是“以不正之运自待”，当即论斩。这除了金从善的上书语多敏感、触犯龙鳞之外，也有为建储

① 王元化：《九十年代日记选录》，载王元化：《清园文存》第三卷，江西教育出版社2001年版，第162页。

② (宋)邓润甫：《草东宫制》，转引自(宋)王应麟：《困学纪闻》卷十九《评文》，上海古籍出版社2008年版，第2024页。

③ (清)吴振棫：《养吉斋从录·余录》卷二，中华书局2005年版，第364页。

保密的考虑。当时乾隆帝已经密立嘉庆为太子。①

但从实际来看，秘密建储的意义更多的是在政治上，保密反而不占主导地位。一是变相废除嫡长子继承制，确立了择贤而立原则，有利于国家发展和皇权巩固。嫡长子继承制度是中原王朝一贯传统，这一制度规则明确、程序完善，但将出身作为主要标准，就把太子的人选局限在极小的范围之内。皇帝的嫡妻只有一个，即被册为皇后者，皇后所生之子为嫡子，嫡子中再选取长者，实际是固定在人所共知的某人身上。这样狭窄的选择范围，极可能导致所托非人，历史上一再出现儿皇帝的极端例子，就是明证。这对国家发展和皇权稳固当然是不利的。乾隆帝曾从历史和理论两个角度批判嫡长子继承制的罔顾才德、徒重形式、以小失大的弊端。

> 汉之文帝最贤，并非嫡子，使汉高祖令其嗣位，何至有吕氏之祸？又如唐太宗为群雄所附，明永乐亦勇略著闻，使唐高祖不立建成而立太宗，明太祖不立建文而立永乐，则玄武门之变、金川门之难，皆无自而起，何至骨肉伤残，忠良惨戮。此立嫡立长之贻害，不大彰明较著乎？
>
> 必拘于以长以贵之小节，而不为天下万民择贤君而立之，是直以祖宗社稷为轻，而以己妻媵娣为重。千金之家，有所不可，而况天下万民之大乎？②

反之，在秘密建储制下，是否嫡长不再重要，这就无形中扩大选择范围，同时将德和才放在首要位置，确保最优者胜出。如乾隆帝弘历在雍正元年(1723年)建储时年龄排序第二，生母钮祜禄氏只是雍邸的一般庶妾(格格)；嘉庆皇帝在乾隆三十八年(1773年)建储时年龄排行第三，生母初入宫时仅是个低等的贵人，后来才逐步晋封为皇贵妃；他们主要都是靠德才优长被选中的。乾隆帝天资聪颖，才思敏捷，年幼之时就受到乃祖康熙帝的喜爱；嘉庆帝在诸皇子之中口碑最佳，当时来华朝鲜使臣报告："皇子见存者四

---

① 有史学家以此批评乾隆帝"凉薄"。参见邓之城：《骨董琐记》卷三《纯帝凉薄》，人民出版社2012年版，第119页。《啸亭杂录》还记载：上(乾隆帝——引者注)既诛讷亲，知大权之不可旁落。然国无重臣，势无所倚，以傅文忠恒为椒房懿亲，人实勤谨，故特命晚间独对，复赏给黄带、四团龙补服、宝石顶、双眼花翎以示尊宠。每遇事必独揽大纲，文忠承志行旨，毫不敢有所专擅。上尚时加训迪。一日御门，文忠后至，踉跄而入。侍卫某笑曰："相公身肥，故尔喘吁。"上曰："岂惟身肥，心亦肥也。"文忠免冠叩首，神气不宁者数日。两淮盐政高恒，以侵贪匣费故，拟大辟。勾到日，上恶其贪暴，秉笔欲下，傅文忠代为之请，曰："愿皇上念慧哲皇贵妃之情，姑免其死。"上曰："若皇后弟兄犯法，当如之何？"傅战栗失色，上即命诛恒。

② 清官修《国朝宫史续编》上册，北京古籍出版社1994年版，第86页。

人，八王、十一王、十七王俱无令名，唯十五王饬躬读书，刚明有戒，长在禁中，声誉颇多。”嘉庆皇帝只有两个皇子，道光居长，在年龄上有优势，但他的才干品性也胜过乃弟。嘉庆十八年(1813 年)林清教徒攻打紫禁城时，嘉庆帝尚在由热河回銮途中，先期回京的道光当时正在书房读书，闻讯后处乱不惊，沉着指挥，先于“养心殿阶下以鸟枪击毙二贼”，随即又与赶入大内的贝勒绵志一起“捕贼”，表现出较强的应变能力，受到嘉庆帝嘉奖，获封和硕智亲王。道光也受过严格的尚书房教育，皇子时已有不少文论、诗作，后编成 40 卷的《养正书屋全集定本》。道光帝建储时，曾经在咸丰和其弟恭亲王之间，长时间拿不定主意，直到道光二十六年(1846 年)才定下来，但仍然是按照贤的标准，道光帝认为咸丰“长且贤”。

二是进一步扩大皇权，限制储权，有利于政权统一和政局稳定。这表现在两个方面，其一，在公开建储制下，建储虽然说是皇帝家事，但还是要听取皇族和大臣的意见，有时后者的意见甚至还是决定性的，因而在不同程度上为朝中各个利益集团所左右。建储之后，皇帝要想废储或者易储，牵涉大量人事变动，甚至遭遇太子反叛，政治成本极高，被认为是国家的不幸，康熙帝晚年两废太子，严重影响政局稳定。在秘密建储制下，皇帝始终掌握大权，他人几乎完全被排除在外。皇帝一旦发现储君人选不符合要求或者对自己不忠，可以及时易储，不用担心影响政局或者引起动荡。

其二，在公开建储制下，储君册立之后，就产生公开而且合法的储权，其核心内容就是“继承皇位的权力”，这一权力衍生出其他各种权力，包括太子可以建立自己的官署(《唐六典》中称之为东宫)，组建自己的“执政团队”，还可以奉旨参与一些政务，在皇帝出巡期间奉旨监国等，从而在皇帝之外形成第二个权力中心，“如一小朝廷”。①同时，一些反对太子的人仍旧可能阴谋废立，建储纷争、皇储矛盾与储位之争多有发生，轻则影响政局稳定，重则酿成皇权与储权之争，甚至兵刃相见、血溅宫门。乾隆帝对此曾有一番沉痛的评论：“盖一立太子，众见神器有属，幻起百端，弟兄既多所猜疑，宵小且从而揣测，其懦者献媚逢迎以陷于非，其强者设机媒孽以诬其过，往往酿成祸变，遂至父子之间慈孝两方，家国大计转滋罅隙。”②

在秘密建储制下，册立太子而又不让太子本人及朝臣知道，一方面可以避免太子身份暴露，避免被其他皇子谋害或者打击(特别是在太子年幼时)，

---

① 《朱子语类》卷第一百一十二《朱子九》，中华书局 1984 年版，第 2728 页。

② 《清高宗实录》卷一〇〇七。

确保建储计划的顺利实施;另一方面通过限制乃至剥夺储权,让继承皇位的权力处于永远的不确定性之中,不仅可以防止太子与皇帝抢夺权力而发生尖锐矛盾,也防止太子与朝臣及其他皇子结党,从而诱导、迫使所有潜在皇位继承人(包括太子本人)和广大臣子紧密团结在皇帝周围。

但是,秘密建储制也暴露出来一些弊端,而且大多和保密有关。第一,未必能够择贤而立。美国社会学家西塞拉·博克(Sissela Bok)在其《秘密:论隐瞒与披露之伦理》(Secrets: On the Ethics of Concealment and Revelation)一书中认为,"如果没有能力进行保密和决定何时解密,人们将失去身份感和自主权,但保密可能会损害他们的判断力和人格,也隐藏了各种错误做法。"这在秘密建储问题上也有表现。在公开建储制下,太子除需要赢得皇帝的认可和支持,还需要听取皇族和大臣的意见。这其实也是一种民意测验,所谓兼听则明,对选择可靠人选是有利的。太子册立之后有机会参与政务,如果时间比较长的话,可能还要处理与皇帝之间的误会、其他皇子的陷害以及太子本身的过失等问题,这对太子及其集团本身也是必要的锻炼。如果太子经过这些考验并顺利即位,那说明他是合格的。如唐玄宗李隆基在兄弟中并不居长,但他在当皇子时积极参加反对武氏集团的政治活动,并协助其父唐睿宗登上皇位,得到大部分李氏贵族和朝臣的拥护,比较顺利地被立为太子并即位。

在秘密建储制下,建储大权完全操于皇帝一人之手,实际上是由皇帝一人决定王朝的前途与命运,因而潜伏着更大的危险性与冒险性。在挑选储君时,皇帝无论多么英明神武,但主要还是只能从个人好恶与巩固权位出发,将皇子对自己的忠诚视为最重要的"德",将平庸视作"仁孝",而视才干为不安分,被选中者往往可能只是二三流的平庸之辈。皇子们成为储君的首要条件,就是要获得在位皇帝的承认与好感,因而心思都放在怎样取悦皇帝上,而不大注重个人才能、品德的修养与锻炼。有时为防止被父皇和其他人看出觊觎之心,皇子们还必须循规蹈矩,不敢作为,即使有企图心也得千方百计掩饰,采取谦抑立场。[①]我国台湾地区宪法学家荆知仁曾说:在传统

① 这方面的一个典型案例是唐宣宗。《资治通鉴》卷二百四十八记载:唐宣宗"幼时,宫中皆以为不慧,太和以后,益自韬匿,群居游处,未尝发言。文宗幸十六宅宴集,好诱其言以为戏笑,号曰光叔。上(唐武宗)性豪迈,尤所不礼。"正是这样一个庸愚的表象,欺骗了掌握废立大权的宦官们,以为其好控制。结果宣宗上台之后,才发现他"性明察深断,用法无私,从谏如流,重惜官赏,恭谨节俭,惠爱民物,故大中之政,讫于唐亡,人思咏之,谓之小太宗。"

社会，最高领袖的造就，“主要着重在受知于当道后的奖掖提携，与本身戒慎唯谨的中节表现。唯有能获得领袖赏识的际遇，才有进一步历练为更上层楼的机会。”①

此外，为了保密储君身份，在接受教育、参与政务及生活待遇等各个方面，太子与其他皇子相比，不能有明显的特殊性。这使得皇帝对于皇储的培养与考察，受到较大限制，也不利于提高储君的综合素质。乾隆以后，皇子们为国事向皇帝进谏之举基本不再发生，入关前后皇族子弟奋发有为、建功立业的场景不再出现，几乎所有皇族之辈都成愚忠愚孝之徒，在政治上毫无作为。可见，秘密建储制度尽管对最高统治集团的平稳过渡与政治、社会稳定起了积极作用，但不可否认，乾隆以后政治败坏与此也有一定关系。

第二，未必有利于皇位顺利传承。清朝道光咸丰年间，儒生邵懿辰对秘密建储公开提出批评意见，以“市兔”与“野兔”两种情形比较公开建储与秘密建储，认为秘密建储是一种“危道”。

> 立子以适长而不以贤，古之恒法也。今有法焉，阴察于众子，惟其贤，先时而籍之，临时而出之。先籍之而秘，皆可以为，皆可以不为也，则不敢以怠。出之临时，则事已决而不及争，是其法创古所未有也，然而终不如古法之可守而少失也。积兔满市而行者莫之顾，先分定也；一兔在野，而众逐之矣……危道也。②

这是有道理的。在公开建储制下，皇太子的身份被诏告天下，这为其行使继承皇位的权力，提供了可靠保证。违背旨意者均为篡位，不为天下臣民所认可。如明成祖朱棣英明神武，事实证明他堪称一代雄主，但因系发动武装叛乱，从侄子朱允炆手里夺权，终究还是欠缺一些正当性，执政也就没有那些由太子即位的皇帝来得平稳。

在秘密建储制下，只有皇帝正式写下传位密旨，并采取周密的配合措施，确保暗定储君能够通过这一密旨，证明其皇位继承人的合法身份，众臣也认可这一密旨作为法定依据，拥戴其储君身份，才能实现皇位的顺利传承。但宫廷斗争波谲云诡，不能排除的一种极端情况是，皇帝还没有来得及册立自己中意的人选，或者虽然册立但没有来得及公布就突生不测辞世，那么其他皇子就可能通过宫廷阴谋，篡改先皇旨意，借机上位，因死无对证，亦无从追究。即使是属意人选即位，也可能因为没有权威证据而面临合法性

---

① 荆知仁：《宪法论衡》四三《领袖传承与宪政成长》，台湾东大书局1991年版，第317页。

② 邵懿辰：《半岩庐遗集》卷上《遗文·论立子》，载《续修四库全书》第1536册，上海古籍出版社2003年版，第592—593页。

质疑。有史学家就认为，康熙帝晚年属意的皇位继承人是十四皇子，但因系秘密建储，没有来得及宣布。同时，雍正帝也因缺乏康熙帝明确传位的密旨，其程序瑕疵导致的公信力欠缺（皇位来路不正），给后来的执政带来很大困扰。这在公开建储制下是不大可能发生的，也是保密不利于赢得公众信赖的一个典型案例。后来雍正帝和乾隆帝鉴于这一教训，对康熙帝做法进行微调，通过撰写密旨并密藏"正大光明"匾额、在极核心范围内明示储君人选等措施，以防不测。乾隆帝鉴于其父没有经过储君阶段确立自己的政治地位以获得有利的舆论空间，造成继位后不利的政治局面，还采内禅方式，让嘉庆帝提前即皇帝位，自己则以太上皇名义训政，比较顺利地实现新老交替和政权交接。①

第三，未必能够保密。在一些特殊情况下，如皇子人数有限，被立者很有可能会被揣测到，对于"国本"问题异常敏感的大臣们，很容易根据有关迹象，揣摩出皇帝所属意之人。事实上，除乾隆朝略有不同外，雍、嘉、道各帝密定的储嗣人选，建储后期都已在不同程度上为当朝众臣所觉察，成为公开的秘密，"秘立"也失去保密意义，其作用更多是政治上的，即强化君权，限制储权，确保政权稳定。

因此，一些历史学家对清代秘密建储制度评价较高，但有些观点稍显一厢情愿。与此前公开建储 1 900 多年历史相比，秘密建储实施时间 128 年并不长，其弊端还没有足够显现，以为秘密建储就是皇位继承制度历史发展的唯一必然，评价稍显过头。其中一个隐患就是，实施秘密建储的雍、乾、嘉、道诸帝，皆为勤政之君，雍正、乾隆、嘉庆诸帝所选储君，大体差强人意。可是，如果是耽于安逸的倦勤之君（如咸丰帝），他们于诸子中选择的结果，未必有利于皇权的传承和稳固。清朝秘密建储制度实施过程中，未出现上述情况，但这一可能性的客观存在，即秘密建储对于王朝稳固的潜在不利因素，无法排除。慈禧太后当政之时即明目张胆破坏清朝秘密建储的"家法"，公开宣布要光绪皇帝的儿子继承皇位，充分说明所谓建储秘密还是公开，最高统治者从来都是持实用主义态度，一切以便利统治为原则。

本书认为，秘密建储制的最大进步是废除嫡长制，扩大太子的选择范围，是在当时政治制度和社会环境下一次"扩大民主"的尝试，体现清代皇帝

① 乾隆帝秘密建储也非一帆风顺，前此两次秘密建储均因皇子不幸早逝而未果。参见吕思勉：《吕思勉读书札记》丁帙《隋唐以下》清建储之法条，上海古籍出版社 2005 年版，第 1085 页。

从实际出发，敢于改变历史传统的政治勇气与政治智慧，这是怎么评价都不为过的。但保密部分则有利有弊，一方面保密发挥了保护储君安全、确保君权完整和主动、维护政局稳定等积极作用，但另一方面也导致欠缺公众参与和检验、不利于储君成长等问题，给帝国繁荣稳定埋下隐患。在选拔人才问题上，保密主义似乎总是难免因噎废食，得不偿失（科举考试中的保密制度也有类似问题），故不可全然肯定。

八、奏　折

奏折大概是中国古代最为典型也最为大众熟知的保密制度。著名作家金庸曾撰写《康熙朝的机密奏折》一文，对康熙时期奏折情况有生动描述。① 其实，奏折是清代才有的说法，以前称“封事”、“揭帖”、“实封”、“密封”等。作为一种直接呈报给皇帝，报告秘密事项的上行文书，密奏在清代以前并没有取得正式法律地位，直到康雍年间才成为正式公文。1911 年 12 月 20 日，根据内阁总理大臣袁世凯的建议，清廷废止密奏：“所有嗣后例应奏事人员，于奏事章程未定以前，关于国务有所陈述者，均暂呈由内阁核办，勿庸再递封奏，以明责任而符宪政。”②前后有 200 多年的历史。奏折有大量遗存，自民国以来受到中外学术界的广泛关注，研究成果也相当丰硕。③本书主要从保密角度进行探讨。

清代之所以要创立奏折制度，主要是想解决此前长期存在的信息搜集和呈报中的“非壅则泄”问题，实现充分的下情上达、上意下逮。④康熙帝曾

① 金庸：《康熙朝的机密奏折》，载金庸：《鹿鼎记》附录，广州出版社 2008 年版。

② 参见《清实录》第 60 册，第 1235 页。

③ 参见王剑：《明代密疏研究》，中国社会科学出版社 2005 年版；庄吉发：《清代奏折制度》，台湾“故宫博物院”1979 年版；杨启樵：《雍正帝及其密折制度研究》，广东人民出版社 1983 年版；冯尔康：《雍正传》，人民出版社 1985 年版；白新良：《清代中枢决策研究》，辽宁人民出版社 2002 年版；张群：《上奏与召对：中国古代决策规则和程序研究》，上海人民出版社 2011 年版。

④ 明太祖朱元璋：“人主之聪明，不可使有壅蔽。一有壅蔽，则耳目聋瞽，天下之事，俱无所达矣。”“人主以天下之耳目为视听，则是非无所隐，而贤否自见。昔唐玄宗内惑于声色，外蔽于权奸，以养成安史之乱。及京师失守，仓皇出幸，虽田夫野老皆能为言其必有今日者。玄宗虽恍然悔悟，亦已晚矣。夫以田夫野老皆知，而玄宗不知，其蔽于聪明甚矣。使其能广视听，任用贤能，不为邪佞所惑，则乱何从生矣。”清代方苞：“管子曰：堂上远于万里，堂下远于千里，门下远于万里。此言壅蔽之伤国也。凡事皆然。况行师万里之外，使士出入死地，而军情不得上达，可乎？壅蔽者凡事之大患，而军情尤甚。”

明确解释过这一用意:"天下大矣,朕一人闻见,岂能周知?若不密奏,何由洞悉?"①至雍正年间全面推行。②从后来的情况看,这个目的基本实现。清人昭梿《啸亭杂录》卷一记载雍正年间情况说:"上(雍正帝——引者注)于即位后,虑本章或有所漏泄,故一切紧要政典俱改命折奏,皆可封达上前,无能知者。上于几暇,亲加批览,或秉烛至丙夜未罢。所批皆动辄万言,无不洞彻要,万里之外有如觌面,奖善服奸,无不感浃肌髓。后付刻者,只十之三四,其未发者,贮藏保和殿东西庑中,积若山岳焉。"清末光绪时期著名法学家薛允升也认为:"从前,题本由通政司送阁,且均有副本,是以漏泄最易,后紧要事件俱用奏折,本日即有廷寄谕旨,漏泄之事颇少矣。"③后来的历史学家对此也多持肯定评价。

这一成就的取得,从保密角度来说,主要有如下原因:第一,保密制度比较完备。举凡奏折的书写、制作、传递、办理和存档,清代都有相应的保密规定。对此清史论著多有罗列,本书仅做扼要介绍。在制作上,清代要求上奏者亲自书写。雍正帝曾在李秉忠的奏折上批示:"若不能密,不如不奏也。"④在鄂昌的奏折上也朱批说:"密之一字,最为紧要。"⑤军事机密公文要求以密码撰写,以防窃密。清代三藩之乱时,耿精忠在福建起兵响应吴三桂,省亲归里的李光地(1642—1718年)通过蜡丸密疏,向康熙帝报告军情,并提出平叛策略,为清兵平定耿精忠立下大功。⑥在封装上,清代给每名奏折官员配备折匣并附锁钥(钥匙备有两把,一给奏折人,一执于皇帝之手),专门用来呈递密折。皇帝朱批之后原匣发回。盒外均有专用印记,不敢仿制。雍正时期,广东巡抚常赉的奏匣被贼偷去,只得借用广东将军石礼哈的奏匣,不敢仿制。⑦

---

① 中国第一历史档案馆整理:《康熙起居注》康熙五十六年丁酉十一月二十六日丙子,中华书局1984年版,第2464页。史载:清圣祖康熙皇帝鉴于传统的本章制度积习相沿,臣工进言,非壅则泄,下情不能上达,为欲周知施政得失、地方利弊及民情风俗等,于是命文武大员于露章题本之外,另准缮折具奏,直达御前,机密简便。

② "世宗居藩邸时,一切外间人情物理无不通彻。凡藩屏外任者,上皆命将其省封域、产殖、丰庶、贫啬等情,具载一小册呈览,是以天下利弊如指诸掌。"

③ (清)薛允升:《读例存疑》卷二十一《兵律》之二《军政》"漏泄军情大事"。

④ 《朱批谕旨·鄂昌奏折》,雍正七年三月初十日折朱批。

⑤ 《朱批谕旨·鄂昌奏折》,雍正七年六月十八日折朱批。

⑥ 章太炎:《章太炎全集·訄书重订本·别录乙第六十二》,上海人民出版社2014年版,第349页。

⑦ 《养吉斋丛录》卷二十三记载:"外省文员至道府,武员至镇协,往往赏折匣,许奏事,并颁锁匙,与今折匣异。"邓之诚认为,清代封奏始于顺治十年四月己亥。该日皇帝谕都察院副都御史宜巴汉等曰:"自今以后,凡系机密及参劾本章,俱著实封进奏。"参见邓之诚:《骨董三记》卷六《清代封奏之始》,人民出版社2012年版,第659页。

在呈递上，清代规定，军务奏折以及事务紧急者准予使用驿递，寻常事务则只准具折人差员派送。如果事情紧要而不使用驿递，或者奏报内容不紧要而使用驿递，都会受到申斥，情节严重者甚至还要给予处分。在接收上，清代在皇宫设立隶于御前大臣的奏事处，专门负责收受奏折。后来，奏事处一分为二，内收奏处由太监负责，外收奏处由内务府负责，内收奏处不得越过外收奏处与外廷交接，还派遣御前侍卫一名前往稽查，以防泄密与勾结。①乾隆三十九年发生奏事处太监高云从泄密案后，规定"惟军机奏事，交奏事太监进呈。其余各部院衙门奏折，皆由奏事处官接收。即内务府奏家事，亦由奏事处官转交，概不由奏事太监接奏。"②乾隆晚年和珅弄权，命令所有奏折另抄一份呈送军机处。嘉庆亲政后立即废除："中外陈奏直达朕前，不许副封关会军机处。"③

除了奏折，对于部院和地方之间的普通公文，清代也有一些类似保密规定。一是地方给中央部院的公文。凡督抚、提镇关涉紧要陈奏本章，及移咨部院紧要事件，并缉拿人犯之案，将封面用"密封"字样封固投递。通政司收到密封副本，堂官亲拆，另存档案，仍封固收贮。各部院收到密封揭帖、文移，该堂官亲拆，面交司官密行收贮，谨慎办理。二是中央部院给地方的公文。大清律规定：在京各部院文移咨呈及知照各省文书，有紧要事件，亦必密封递发。督抚提镇接到部院密封文书，务须亲拆收贮。三是地方之间来往公文。各省督抚、提镇以至州县来往公文，也必须将紧要事件密封投递，本官亲拆收贮，不得令吏胥经手。④四是非密公文。大清律规定：平常事件，虽非密封，但未经御览批发之本章刊刻传播，概行严禁。这些规定从另外一个层面呼应、配合奏折保密制度，使得整个清代文书保密制度体系进一步完善，作用发挥更加充分。

第二，保密制度设计比较科学。历史一再证明，制度仅仅完备还不够，还必须管用。所谓管用，就是要符合实际、遵循规律，针对性强。现代保密理论的一个重要观点是，保密的信息必须限制在具体而狭窄的范围内，即所谓最小化原则。美国保密专家认为："要使保密受到尊重，并对最重要的秘

---

① 单士元：《清宫奏事处职掌及其档案内容》，载单士元：《我在故宫七十年》，北京师范大学1997年版，第167页。

② 《养吉斋丛录》卷二十五。

③ 《养吉斋丛录》卷二十三。

④ 陈毅回忆其外祖父黄福钦在重庆万县当地方官时，"私自把官府过境的公文拆开，偷取情报，还告诉我不要对外面讲。"参见《陈毅口述自传》，大象出版社2010年版，第29页。

密进行保密，最好的方法是让保密维持在一种有限且必要的限度。如果保密的数量从总体上减少了，它将受到更有效的保护。”①如果有关信息已经为公众知晓，那么，作为国家秘密的基础也就不存在，自然也就无法再作为国家秘密进行保护。当知悉某一国家秘密的人员达到一定数量后，从理论上说，该秘密已经不再具备可保性，也就不宜再确定为国家秘密。新中国保密工作的一条重要经验也是“最小化”，不过换了一个说法，叫“突出重点”。如 1983 年 5 月提出的新时期保密工作指导思想，将“突出重点、积极防范”作为保密方针。1988 年全国人大常委会通过的《中华人民共和国保守国家秘密法》也规定：保密工作实行“积极防范、突出重点，既确保国家秘密又便利各项工作”的方针。

清代奏折保密制度在许多方面都是遵循或者说符合“最小化”这一要求的。这也是清代奏折保密制度取得较好实效的重要原因。其一，在起草上，要求官员亲自书写，不得请人代书，更不得与他人商量。康熙帝曾说过：“所谓密奏者，惟有所奏之人知之，朕独知之，方可谓之密奏。”②乾隆帝曾专颁谕旨，规定“凡密奏事件，未经发出之前，即上司、属员，概不得互相计议参酌，如有漏泄通同，一经发觉，按其情事轻重，分别治罪。”③其二，在批阅上，均由皇帝亲自阅看处理。雍正时期“内外大臣言官奏折，则直达御前，天子亲笔批答，阁臣不得与闻。”④军机大臣参与奏折的处理，但始终不过奉皇帝口谕、起草圣旨而已。其三，在知悉范围上，奏章非发抄，外人无由闻。密折仅限皇帝与上奏人知悉，内容特别敏感的（如康熙晚年关于太子废立的奏折）则既不批示办理，也不发还上奏人，直接保存在皇帝处，称之为留中。奏折发交部议的，则删去皇帝朱批，有时连上奏人姓名都删去。臣僚之间不得互相打听奏折和朱批内容，不得在公开性的题本中直接引用，更不得擅自刊刻或者公开宣扬。雍正帝曾在给李秉忠的奏折上说：“朕有旨，一切密谕，非奉旨通知，不许转告一人。”这和现代保密法上“有必要知悉”（need to know）、根据工作需要知悉的原则一致。知悉范围的最小化还体现在奏折的存档上。需要抄录存档的奏折和朱批，“若系密行陈奏及用寄信传谕之原

---

① http://www.fas.org/sgp/library/moynihan/index.html, Secrecy: Report of the Commission on Protecting and Reducing Government Secrecy, Washington D.C, 1997.

② 中国第一历史档案馆整理：《康熙起居注》康熙五十六年丁酉十一月二十六日丙子，中华书局 1984 年版，第 2464 页；另参见《清圣祖皇帝实录》卷二七五。

③ 《清高宗实录》卷一九七，乾隆八年七月。

④ 《内阁小记　自序》。

摺，或有朱批应慎密者，皆章京自抄”。①官员个人不得私自留存和抄录朱批奏折，必须缴回军机处集中存放和管理。②乾隆帝即位之初，还谕令直省督抚提镇学政司道等官：“所有折奏，蒙有皇考朱批者，俱著恭缴”，如果违犯，“照隐匿制诏例从重治罪”。③

第三，清代奏折保密制度充分汲取历史的经验教训，将此前一些行之有效的习惯做法均作为制度规定下来，并大范围推行，故虽然首创不多，但在系统性上超越前代，效果也比较显著，堪称集大成者。这里对清代以前相关保密制度做一简要梳理，可以看出保密制度的源远流长，也可以看出清代的青出于蓝之处。

禁止代书。这一要求并非始自清代。东汉皇甫嵩前后上奏五百余事，皆手自书。④唐宣宗时，翰林学士韦澳奉皇帝“密令”，撰写“诸州境土风物及诸利害”，“自写而上之，虽子弟不知也”。⑤宋孝宗时，太上皇赵构病危，太医上奏治疗药方，为防泄漏，“不敢令人缮写，只以稿本缴进”。⑥明孝宗弘治十二年，有阁臣找人代书密疏，事发，孝宗特谕内阁：“今后凡有拟票文书，卿等自行书封密进，不许令人代写。”⑦弘治十七年，又出现内阁密揭由他人代书之事，孝宗皇帝严厉诘责内阁大臣刘健等人：“张天祥事秘密未行，先生辈昨所进揭帖，只合亲书密进，如何令书办官代写？”刘健等叩头认罪才罢。⑧嘉靖六年十月，内阁首辅杨一清患眼疾，所上密疏皆由其侄代书，世宗特谕杨一清：“凡有密疏，稍轻之事可着侄代书，其至重者，还劳卿自写……必保无泄事情。”⑨

密封。汉代规定，密奏采取“实封”，故谓之“封事”。《资治通鉴》卷25胡三省注云：“言事而不欲宣泄，重封上之，故曰封事。汉官曰：凡章表皆启封；其言密事，得用皂囊。”梁制，“凡诸尚书文书，诣中书省者，密事皆以挈囊盛之，封以左丞印”。⑩晚唐时期，昭宗敕令宰相崔胤，“凡有密奏，当进囊封，

① 参见清代梁章钜：《枢垣记略》一书以及著名历史学家邓之诚所撰《谈军机处》，载王钟翰：《清史杂考》附录，人民出版社1957年版。

② 《养吉斋丛录》卷二十三。

③ 《清高宗实录》卷一，雍正十三年八月。

④ （清）赵翼：《陔余丛考》卷四十《自书奏牍》，河北人民出版社2007年版，第823页。

⑤ 《资治通鉴》卷二百四十九，宣宗大中八年五月丙寅条。

⑥ （宋）周必大：《文忠集》卷一百二十一。

⑦ （明）余继登：《典故纪闻》卷十六。

⑧ （明）陈洪谟：《治世余闻》卷四。

⑨ 杨一清：《再论东阁诰敕奏对》（二），载《杨一清集》卷五《密谕录》，中华书局2001年版。

⑩ 《隋书》卷二十六《百官志上》。

勿于便殿启奏”。宋代规定，重大军情或重大事变则必须实封，注明“系机密”或“急速”字样。①

递送。机密公文可以使用驿递。唐代规定，事涉机密应用驿递，违者要受到处罚。《唐律疏议》卷十《职制律》：“诸文书应遣驿而不遣驿，及不应遣驿而遣驿者，杖一百。若依式应须遣使诣阙而不遣者，罪亦如之。”宋代著名诗人梅尧臣的叔父梅询为荆湖北路转运使时，因为擅自提供驿马给人奔丧而马死，被夺一官，通判襄州。②而违规递送机密文件的处罚更严厉。明代规定，机密重事有实迹者，方许实封奏闻，其余事应告理者，必须自下而上，以次陈告，违者及主使教唆、捏写本状者，不分虚实，俱杖一百，并家属悉发辽东充军。

接收。京城（多是在内廷）设有专门接收机构。《唐六典》记载：“初，秦变周法，天下事皆决于丞相府，置尚书于禁中，有令、丞，掌通奏章而已。”③汉承秦制，仍由尚书主管收发文书。唐代起初由门下省侍中接收奏章。④明代“惟机密重务，许诸司径入内府陈奏，其余皆由通政司及鸿胪寺封进”。

批阅。皇帝亲自批阅密奏是秦汉以来的政治惯例。在这个问题上皇帝们的态度一向坚决，毫不含糊。如元英宗时，大臣铁木迭儿、拜住要求拆阅封事：“比者诏内外言得失，今上封事者，或直进御前。乞令臣等开视，乃入奏闻。”英宗皇帝严词拒绝：“言事者直至朕前可也，如细民辄诉讼者则禁之。”⑤朱元璋钦定的《诸司职掌》规定：“凡天下臣民实封入递，或人赍到（通政使）司，须于公厅眼同开拆，仔细检看。事干军情机密，调拨军马，及外国来降、进贡方物、急缺官员、提问军职有司官员，并请旨定夺事务，即于底簿内誊写略节缘由，当将原来实封御前呈奏毕，就与奏本后批写旨意，送该科给事中收转，另该衙门抄出施行。”⑥明代宦官刘若愚曾亲身参与内廷司礼监文书房事务，据他回忆，天启皇帝“凡奏文书之时，管事牌子皆屏息远侍，不敢近前”，只有首席太监王体干和魏忠贤二人可以参加。⑦至清代，这一原

---

① 一般奏章通封（封皮贴黄），“诸奏事应通封而辄实封者，杖一百”。参见戴建国点校：《庆元条法事类》卷一六，黑龙江人民出版社2002年版，第343页。

② （宋）欧阳修：《翰林侍读学士给事中梅公墓志铭》，载《欧阳修诗文集校笺》居士集卷二十七，上海古籍出版社2009年版，第731页。

③ 《唐六典》卷一《尚书都省》。

④ 这是和门下在三省中的枢纽地位密切相关的。参见刘后滨：《唐代中书门下体制研究——公文形态政务运行与制度变迁》，齐鲁书社2004年。

⑤ 《元史》卷二十七英宗本纪，延右七年十二月丁卯条。

⑥ 《诸司职掌》之通政司“开拆实封”。

⑦ 《酌中志》卷十六《内府衙门职掌》。

则贯彻得更加坚决彻底。

这个原则也适用于口头奏报。史载:唐代“每宰臣延英奏事,唤上阶后,左右前后无一人立,才处分”。[①]唐太宗时,与宰臣参议政事,都有起居郎在旁做记录。后来为保密,改由一名宰相“专知撰录”,“每月封送史馆”。[②]开宝八年(公元 915 年),宋太祖与侯陟商议攻取江南策略,“屏左右,召升殿问状”。[③]宋神宗和王安石讨论保甲改革时,再三提醒王安石要小心处置,不得泄露,“此事宜缓而密”。王安石表示:“此事自不敢不密。”[④]宋代曾有大臣上书皇帝(宋仁宗),建议臣僚的奏章要秘密收藏,大臣上殿奏事时屏退左右,以促使臣僚上奏直言。[⑤]元世祖忽必烈时,“大臣有密奏,辄屏左右。”[⑥]明孝宗召对大臣,“宦侍必退去百余武,非惟不使之预,亦且不使之闻”[⑦]。

第四,徒法不足以自行。清代保密制度执行比较严格,保密要求大都能落到实处。许多高官大员均曾因泄密或者违反保密规定受到处分,这对一般官员是有力的震慑。雍正时期,闽浙总督觉罗满保、山西巡抚诺敏、江苏布政使鄂尔泰、云南巡抚杨名时,均因擅自披露皇帝在奏折上的批示,被雍正帝暂停奏折权。[⑧]乾隆十四年十一月,军机大臣汪由敦将乾隆斥责张廷玉之语泄露给张廷玉,被逐出军机处。[⑨]乾隆三十年二月,乾隆帝南巡期间,内奏事处违反不得与外臣交接的规定,将福建巡抚苏昌的奏折及口传谕旨直付苏昌本人,乾隆帝下令:“所有接交此折之奏事官员著交内务府大臣察议”。[⑩]乾隆三十二年七月,两淮盐引案事发,军机处章京王昶、赵文哲、徐步云、黄骏昌等将消息透露给两淮盐政卢见曾等人,乾隆帝将此数人分别发遣。[⑪]乾隆三十九年七月,军机大臣于敏中私托奏事太监高云从探听朱批记名道府官员使用情况,事发,高云从被斩首示众,于敏中部议革职,后诏从宽

---

① 转引自杜文玉:《论大明宫延英殿的功能与地位——以中枢决策及国家政治为中心》,《山西大学学报》2012 年第 3 期。

② (明)顾炎武:《日知录》卷十八《记注》,上海古籍出版社 2012 年版,第 712 页。

③ (宋)李焘:《续资治通鉴长编》卷十六,开宝八年七月己亥。

④ 《宋史》卷一百九十二《保甲》。

⑤ (宋)刘随:《上仁宗缴进天禧诏书乞防漏泄》,载赵汝愚:《宋朝诸臣奏议》卷五一,上海古籍出版社 1999 年版,第 557 页。

⑥ 《元史》卷一百七十九《贺胜传》。

⑦ 《明史》卷二百十五《周弘祖传》。

⑧ 冯尔康:《雍正传》,人民出版社 1985 年版,第 263—264 页。

⑨ (清)梁章钜:《枢垣记略》卷一《训谕》。

⑩ 《清高宗实录》卷七二九,乾隆三十年二月。

⑪ (清)梁章钜:《枢垣记略》卷十六《题名二》。

留任,但政治生命也告结束。①乾隆四十四年二月,福建巡抚黄检刊刻其祖已故大学士黄廷桂奏疏,并将雍乾两帝朱批刻入,乾隆帝闻知,立即下令撤其巡抚之职,交部严议,已刻书籍收缴,板片销毁。②嘉庆九年十二月,广西巡抚衙门收到军机处廷寄给巡抚百龄的谕旨,恰逢百龄本人应召赴京,护理巡抚恩长代为开拆、遵照办理并奏报办理情形。这一做法情有可原,但还是遭到嘉庆帝申斥:"嗣后护理印篆之员,凡遇军机处递到印封,其封面书写何人姓氏者,应交本人拆阅。其寻常印封,无本员姓氏,交该衙门开拆,方准署理之员拆看。"③

第五,也是最主要的,是清代统治者对保密的高度重视。这表现在多个方面,一是以身作则、率先垂范。如雍正帝始终坚持亲自阅看奏折,"各省文武官员之折,一日之间,尝至二三十件,多或至五六十件不等,皆朕亲自览阅批发,从无留滞,无一人赞襄于左右,不但宫中无档可查,亦并无专司其事之人"。乾隆帝一如父祖,凡有奏折,"皆详细鉴阅,不遗一字"。④二是积极改进保密制度,如康熙帝时,许多大臣在接受召见之后经常把皇帝的问话传出去,但追究起来,却无法查证。如果是两个人同时接受召见的,就彼此推诿;一人独见的,则谓近侍内监窃闻。雍正帝鉴于这一教训,召见臣工时只"令一人独进,不许三尺之童在侧"。⑤召见军机大臣时,太监等一律不得在屋内停留,例由军机大臣一人挑帘,称为"挑帘军机"。⑥三是细致深入,及时指导。如清代规定,军务奏折以及事务紧急者准予使用驿递,寻常事务则只准具折人差员派送。但何谓紧急、何为寻常,官员们时常把握不准。乾隆帝多次批示典型案例,晓示群臣。如乾隆十二年四月,山西安邑、万泉两县发生民变,巡抚爱必达以家人赍折入京奏报,乾隆帝即加批评:"即因此事驰驿奏闻,亦何不可?"⑦乾隆三十二年十二月,肃州总兵俞金鳌奉旨派赴伊犁,具折奏报起程日期,擅动驿递,遭申斥并就此通行传谕:"嗣后非遇紧要公务,概不准由驿驰奏。倘有不谙轻重,复蹈此辙者,定行照例议处。"⑧乾隆三十三年八月,湖广永州镇总兵顾某相以八百里飞递进上其父顾国泰诗集。乾

① 《清高宗实录》卷九六三,乾隆三十九年七月。
② 《清高宗实录》卷一〇七七,乾隆四十四年二月。
③ 《清仁宗实录》卷一三八,嘉庆九年十二月。
④ 《清高宗实录》卷一四三,乾隆六年五月。
⑤ 《清世宗皇帝实录》卷二六,雍正三年正月乙丑(二十六日)谕大学士等。
⑥ 邓之诚:《谈军机处》,载王钟翰:《清史杂考》附录,人民出版社 1957 年版。
⑦ 《清高宗实录》卷二八九,乾隆十二年四月。
⑧ 《清高宗实录》卷八〇一,乾隆三十二年十二月。

隆帝大怒，即刻下令将其革职锁拿来京，交军机处严加审讯。[①]乾隆五十九年八月，陕西巡抚秦承恩奏报邪教情形，“差人赍送，以致二十余日方始奏到”，乾隆帝即予指责：“于此等要务而不由驿具奏，国家安设驿马何用?”“秦承恩何不晓事体缓急若此?！著交部严加议处。”[②]

第六，简要探讨过分保密问题。这是现代保密学上的一个难题。本书第二章已经从言论和思想角度做过一些探讨。这里结合清代奏折的实际情况，再做一些讨论。首先，清代奏折的保密范围有一个逐步发展的过程。清末龚自珍曾经做了很好的总结：“昔雍正朝以军务宜密，故用专折奏，后非军事亦折奏，后常事亦折奏，后细事亦折奏。”[③]而落实到具体皇帝身上，又有一个类似的从少到多、从窄到宽的发展过程。一般来说，皇帝登基之初，对国情民意不大了解，迫切希望知道各方面情况，均要求臣下多上奏折，对内容也谈不上什么倾向性，如康熙帝：“大臣乃朕之股肱耳目，应将所见所闻所见即行奏闻。尔等皆有密奏之任，若不可明言，应当密奏。”[④]在南巡途中密谕工部尚书王鸿绪：“京中有可闻之事，卿密书奏折与请安封内奏闻，不可令人知道，倘有泻漏，甚有关系。小心！小心!”[⑤]雍正帝在李秉忠奏折上批示：“地方上事件，从未见尔陈奏一次，此后亦当留心访询。”[⑥]具体到官员个人也有一个从少到多、从陌生到熟悉的过程。乾隆二十六年六月，皇帝批评各省藩臬“于地方政务，陈奏寥寥”。[⑦]陕西布政使方世俊、山东按察使沈廷芳履任一载，奏事仅一次；陕西按察使杨缵曾受事二年，奏事仅二次，均被乾隆帝交部察议。[⑧]这可能也和两衙门可奏事务不多有关。

后来，皇帝随着对政情的日益熟悉，以及施政的需要，就开始明确要求地方官报告某一类信息或者某一方面情况，内容也越来越多。康熙时期，要求督抚上折子报告地方“四季民生，雨旸如何，米价贵贱，盗案多少等事”，还不是很规范。[⑨]雍正时期，除了比较重要的军机事务商酌政策、方针大计及

---

① 《清高宗实录》卷八一七，乾隆三十三年八月。

② 《清高宗实录》卷一四五九，乾隆五十九年八月。

③ (明)龚自珍:《上大学士书》(1829 年 12 月 26 日)，载《中国近代思想家文库・龚自珍卷》，中国人民大学出版社 2015 年版，第 190 页。

④ 中国第一历史档案馆整理:《康熙起居注》康熙五十六年丁酉十一月二十六日丙子，中华书局 1984 年版，第 2464 页。

⑤ 《康熙朝汉文朱批奏折汇编》，第一册，第 277 页。

⑥ 《朱批谕旨・鄂昌奏折》，雍正七年三月初十日折朱批。

⑦ 《清高宗实录》卷六三九，乾隆二十六年六月。

⑧ 《清高宗实录》卷五八八，乾隆二十四年六月。

⑨ 《康熙朝汉文朱批奏折汇编》第二册，档案出版社 1989 年版，第 724 页。

一些紧急事务外，奏折内容大致限于循例奏报保举、参劾官员、奏报收成分数、雨、灾害、官吏贤否等地方情形。到乾隆时期，在这些内容的基础上，又增加大量新的应奏事项。根据白新良《清代中枢决策研究》一书的梳理，主要有：乾隆五年十一月，下令各地督抚岁奏民数谷数；①二十四年二月，下令各省督抚三年汇奏一次属员贤否情况，“以重官方”；②二十六年正月，规定京官在京察前一年十月将属员贤否具折密奏；③二十八年七月，命各省督抚年终折奏各省发遣新疆人犯有无脱离及是否拿获情形；同月，又命各省督抚岁奏各处城垣是否完固；④三十一年七月，再谕各省督抚按月奏报粮价；⑤四十六年十一月，专折奏报内容又增加了黑龙江逃犯就获；⑥五十二年五月，又谕直隶总督调查太监家属为非情形，十年一奏；⑦同年十二月，又谕各省布政使于年终将银号有无侵挪情弊，具奏一次。同时，折奏内容还扩大到“诸如甄别教职、千总、查办鸟枪、估修船只及官员并无换帖宴会、制造万民衣伞”等；⑧五十四年六月，谕福建等省督抚于岁终具折奏闻洋盗事；⑨五十七年十一月，通谕各省督抚凡有杀死一家二命之案，专折具奏；⑩五十九年正月，谕各省将汇奏遣犯脱逃由年终提前至十月；⑪同年十月，又下令将专折具奏的杀死一家二人命案，改为杀死一家三人命案，⑫等等。

按理说，奏折范围是有明确要求的，不应出现滥奏渎奏的问题。但由于奏折本身就是保密的，折奏事项范围也不大为人所知，朝廷又是零星发布折奏要求，没有及时汇总出台统一规定，同时，皇帝对了解下情的迫切，对奏折不积极官员的申斥，最终造成这样一个尴尬的局面：官员们为了表示忠心与勤政，纷纷上报一些不应密奏或者无需密奏的事件。这在初期奏折总量还不多的时候，还说不上什么困扰，随着折奏官员和折奏事项范围的不断扩大，奏折数量越来越多，各种信息如海量一般集中到皇帝这里（其中包括大

① 《清高宗实录》卷一三〇，乾隆五年十一月。
② 《清高宗实录》卷五八〇，乾隆二十四年二月。
③ 《清高宗实录》卷六二九，乾隆二十六年正月。
④ 《清高宗实录》卷六九〇，乾隆二十八年七月。
⑤ 《清高宗实录》卷七六四，乾隆三十一年七月。
⑥ 《清高宗实录》卷一一四六，乾隆四十六年十一月。
⑦ 《清高宗实录》卷一二八〇，乾隆五十二年五月。
⑧ 《清高宗实录》卷一二九四，乾隆五十二年十二月。
⑨ 《清高宗实录》卷一三三三，乾隆五十四年六月。
⑩ 《清高宗实录》卷一四一七，乾隆五十七年十一月。
⑪ 《清高宗实录》卷一四四四，乾隆五十九年正月。
⑫ 《清高宗实录》卷一四六二，乾隆五十九年十月。

量无需密奏的寻常事件），其结果就是不仅让皇帝不堪重负，更严重冲击那些最重要机密事件的及时报告与安全保密。

康熙、雍正和乾隆前期均曾对官员滥上奏折行为予以纠正，如申斥、处罚违规官员、将违规案例通报全国等，但主要还是个别行为，到乾隆后期，形成制度性规定，将应当奏折事项范围限定在"事关奉旨或命盗邪教重案及更定旧章、关系民瘼一切紧要事宜"，对于其他"俱有例案册档可查"的"寻常照例事件"，"毋庸专奏滋扰。"①不过，由于这个规定还是比较原则，操作性不强，而且主要是皇帝为便利自己统治所采取的措施，受皇帝个人意志和注意力变化的影响很大，因而始终未能很好地解决奏折过滥问题。

这也从一个方面说明，保密有自己的规律，无论在什么社会，服务于什么目的，均必须适度，否则只会适得其反。在这个意义上，清代奏折保密制度的教训和经验是值得重视的，清代皇帝主动控制保密范围、减少不必要保密事项的态度和做法也应肯定。至于奏折的盛行，使得原来处于主流地位公开性较强的题本遭受强烈冲击，到后来则干脆取消题本这个文种。

九、涉密人员管理

现代保密学的一个重要观点是，限制接触机密信息的人员是最为有效的保密手段，但涉密人员都是活生生的有着独立思想和灵魂的具体个体（在保密理论上称为"活的涉密载体"），存在诸多不可控因素，稍有不慎，后果可能就不堪设想，如近年的美国斯诺登泄密事件。如何做好涉密人员管理可谓世界难题。

中国古代涉密人员大致包括两个群体：一是参与重大机密决策的宰相、将军、六部尚书等文武高级官员，如汉魏时期，"尚书、中书皆管机密，出纳王命，其职皆要而官则微。"②唐代中后期，翰林学士"进退大臣，常参密议"，当时号为"内相"。明代内阁"掌制诰机密重务"。史官负责记录和撰写国史，

---

① 《清高宗实录》卷一四八一，乾隆六十年六月下，转引自白新良：《清代中枢决策研究》，辽宁人民出版社 2002 年版，第 286 页。

② （清）王鸣盛：《十七史商榷》卷三十七《台阁》，上海书店 2005 年版，第 260 页。参见《朱子语类》卷第一百一二十《朱子九》，中华书局 1984 年版，第 2726—2727 页。

唐人所谓“古者,右史记言,今起居舍人是;左史记事,今起居郎是”,①阅读掌握大量涉密资料,自也属涉密人员。二是承担传递、经管、办理日常机密公文和事务的宦官、侍卫、驿递和胥吏等底层官吏,如唐代中书舍人负责“侍奉进奏,参议表章”等机密事务。②明代锦衣卫“职在侍卫,祖宗朝非机密重情不遣”。这两个群体的层级不同、社会地位不同、承担的责任不同,在管理的具体方式上也有一些差别,比如,对高级涉密官员,更加强调软的一面,对底层涉密官员,则更强调硬的一面,但在严守机密、忠诚可靠等要求上则是基本一致的,其中一些具体做法还颇有特色,但也暴露出许多值得反思的问题。

第一,严守机密。唐代中书舍人履职的第一要求就是保密:“其禁有四:一曰漏泄,二曰稽缓,三曰违失,四曰忘误;所以重王命也。”③宋真宗曾对宰相毕士安、寇准明确提出保密要求:“枢密之地,尤须谨密,漏禁中语,古人深戒。若与同列及枢密彰不协之迹,则中外得以伺其间隙,实非所便,卿等志之。”④清代雍正年间,用兵西北两路,以内阁在太和门外,暴值者多虑漏泄事机,始设军需房于隆宗门内,选内阁中书之谨密者入值缮写,后名军机处。《唐诗三百首》卷八里选录朱庆余《宫中词》,叙说两个宫女见面,本想说说心事,一看鹦鹉在前,怕它学舌泄露给别人听,只好闭口不言:“含情欲说宫中事,鹦鹉前头不敢言”。

第二,重品行。中国古代用人原则上强调“德才兼优、有为有守”,⑤但在涉密岗位用人上似乎更强调德,如忠诚皇室、身家清白、性格谨慎、品行良好等。唐代在选拔中书舍人时,优先录用“靖默专敏之士”。⑥有些人品行有缺,在拟任机密职务时就遇到麻烦,如唐肃宗“欲以李辅国为常侍”,遭到为人“宽厚廉谨”的苗晋卿的反对,理由是“常侍近密,非贤不可居,岂宜任等辈?”⑦唐代段文昌出身寒素,但发达之后奢侈过度,“服饰玩好、歌童妓女,苟悦于心,无所爱惜”。唐宪宗一度欲用为翰林学士,遭到宰相韦贯之的反

① 《旧唐书》卷一百四十八《李吉甫传》。

②③ 《旧唐书》卷四十七《职官二》。

④ (宋)李焘:《续资治通鉴长编》卷五十七,景德元年八月丁酉。

⑤ 这里借用毛泽东的总结。参见《毛泽东年谱(一九四九——一九七六)》1953年7月17日条,中央文献出版社2014年版,第134页。

⑥ 《全唐文》卷八百三十一《授秘书少监赐紫卢光启守中书舍人制》,中华书局1983年版,第8761页。

⑦ 《新唐书》卷一百四十《苗晋卿传》。《旧唐书》卷一百一十三《苗晋卿传》没有该记载。

对，理由是“文昌志尚不修，不可擢居近密”①。清代提塘官负责递送中央与各省来往公文，他们除了必须具备武进士、武举人及守备的资格以外，还必须“家道殷实、小心谨慎”。

对于有些底层涉密官吏，甚至将不识字作为一个任用条件，如明太祖朱元璋时，规定“内臣不许读书识字”。②清代军机处所用“苏拉”（即听差），拣选十五岁以下不识字之幼童。③这就是“德重于才”的表现，虽然未免因噎废食。清末总理衙门挑选司员时，只录用平民子弟，高官大员家庭的子弟一律不要，以防近亲繁殖、串通消息，给亲友泄密甚至窃密。④

第三，任用程序慎重。高级涉密官员一般均由皇帝亲自任用，对人选要求较高。如明代“内阁票拟，事关机密”。明英宗时期，巡按直隶监察御史刘孜推荐南京大理寺卿薛瑄进入内阁任职，说薛瑄“学有源委，行饬诸躬，进无所求，退无所累，实君子之儒，不宜置之闲远，乞召回京，供馆阁之职，俾之讲学辅德，必有裨益”。但皇帝不同意，理由是：“内阁乃朝廷机密之地，其职非常人可保，素未简在，遽难任用，姑已之。”⑤

底层涉密官吏的任用，也有相应的程序性规定。清代内廷专门负责接收奏折的外奏事处，起初主要拣选内务府官员充任，乾隆时期发生奏事太监高云从泄密案后，挑选范围扩大到各部院司官，奏事处六缺，“部院司官二缺，内务府官员四缺”，以八年为期，期满更换，期间发现不合格的，随时调换。⑥清代提塘官采取保举制。他们一旦犯错受罚，作为保人的本省督抚和有关地方官也会受到牵连：“如将应密事件豫通信息，及设词恐吓诈骗，一经发觉，即交刑部治罪。其出结之该地方官及督抚失察者，分别议处。”⑦这实际是一种变相的背景审查。

第四，社会交往限制严格。汉代“藩王不宜私通宾客”。⑧唐代规定：“驸

---

① 《旧唐书》卷一百六十七《段文昌传》。

② 《明史》卷三百零四《宦官一》。

③ 邓之诚：《谈军机处》，载王钟翰：《清史杂考》附录，人民出版社1957年版。

④ 吴福环：《清季总理衙门工作制度和运转上的几个特点》，《新疆大学学报》1991年第3期。

⑤ 《明史》卷二百八十二《薛瑄传》记载：英宗复辟，拜瑄为礼部右侍郎兼翰林院大学士，入阁预机务，没有上述记载。

⑥ 《清高宗实录》卷一一一五，乾隆四十五年九月。宋高宗绍兴十三年（1143年）规定：“狱吏但以诸州吏充”，“逐时更易漏泄狱情非便宜，令吏久于其职不可替也”。参见熊克：《中兴小纪》卷三十一，丛书集成初编，中华书局1985年版，第366页。

⑦ 刘文鹏：《清代提塘考》，《清史研究》2007年第4期。

⑧ 《后汉书》卷三十六《郑众传》；沈家本：《历代刑法考·汉律摭遗》卷四《贼律二》“踰封”条，中华书局1985年版，第1447页。

马，国之亲密，不合与朝廷要官往来。”唐玄宗“禁约诸王，不使与群臣交结”，光禄少卿驸马都尉裴虚己与岐王游宴，万年尉刘庭琦、太祝张谔与岐王饮酒赋诗，均被贬出京。[①]唐德宗时“朝政多僻，朝官或相过从，多令金吾伺察密奏，宰相不敢于私第见宾客。”[②]唐穆宗时下令，驸马等“今后有事任至中书见宰臣，此外不得至宰臣及台省官私第。”[③]唐代中期以后，翰林学士开始参与机要，“以献替为职业，至于进退大臣，常参密议，故当时号为内相。又谓之天子私人，其职在禁近，故唐制学士不与外人交通。”[④]宋代在三省、枢密院等机密部门推行禁谒制度，“在京司属非假日不得看谒及接见宾客，非廨宇所在者，虽亲戚不得入谒。违者并接见之人各徒二年，职事相干者勿拘”，“枢密都、副承旨系所掌朝廷机要文字，不许出谒及接见宾客”。[⑤]“审刑院、大理寺、刑部毋通宾客”，[⑥]并令官员“常切觉察，仍令尚书省出榜于本寺门晓示”。[⑦]淳熙末，“严（大理）寺官出谒之禁，以防请托、漏泄之弊”。[⑧]明代“文渊阁宥密之地，外臣非公事不能至，廷陛机宜，无收泄者”。宣德时，薛瑄任监察御史，内阁大臣杨士奇等要求见他，薛推辞说：“职司弹事，岂敢私谒公卿？”[⑨]清代“禁抑宗藩，不许交通外吏，除岁时朝见外，不许私谒邸第”。奏事处太监严禁与外臣交往，大臣官员等甚至不得与太监交谈，如敢违犯，从重治罪。[⑩]司员不准至军机处启事；军机章京办事处，不许闲人窥视；王以下及文武大臣，不许至军机处与军机大臣谈论。[⑪]

第五，在物质待遇上有一些照顾。这主要是指底层官员而言的。如北宋神宗时，专门为尚书省胥吏营建宿舍。[⑫]南宋绍兴二十年（1150 年），为大

---

① 《资治通鉴》卷二百一十二，唐玄宗开元八年十月辛巳条。

② 《旧唐书》卷一百七十《裴度传》。

③ 《旧唐书》卷十六《穆宗纪》。

④ 欧阳修：《跋学士院御诗》，载《欧阳修诗文集校笺》外集卷二十三，上海古籍出版社 2009 年版，第 1939 页。

⑤ （清）徐松：《宋会要辑稿　职官》6 之 7。

⑥ （清）徐松：《宋会要辑稿　职官》15 之 4。

⑦ （清）徐松：《宋会要辑稿　刑法》2 之 113。

⑧ 《宋史》卷一百六十五《大理寺》。

⑨ （明）黄宗羲：《明儒学案》卷七《河东学案上》，中华书局 2008 年版，第 111 页。

⑩ 《清高宗实录》卷九六三，乾隆三十九年七月。

⑪ 《养吉斋丛录》卷四。

⑫ （宋）魏了翁：《鹤山先生大全文集》卷十八《应诏封事》，四部丛刊初编。“京师职事官旧皆无公廨，虽宰相执政官亦僦舍而居，每遇出省或有中批外奏、急速文字则省吏遍持于私第呈押，既稽缓又多漏泄。”转引自祝穆：《古今事文类聚续集》卷五《皆无公廨》，文渊阁四库全书本，第 927 册，第 101 页。

理寺官员及其家属“量行盖造吏院”,“并令就院内居住,严其出入之禁”,①这固然有保密考虑,也有优待、安抚涉密官员的用意。

第六,在处罚上更严厉一些。《大明律·吏律》“公式”门“漏泄军情大事”条规定:近侍官员漏泄机密重事于人者,斩。漏泄非机密“常事”,“杖一百,罢职不叙”。其他衙门官员“交接近侍官员”、“漏泄事情”,“皆斩,妻、子流二千里安置。”这些都较一般人要重。

以上是一些基本情况,这里再做几点探讨:第一,中国古代并无涉密人员的概念,也没有系统的保密管理制度,上述这些制度,有的客观上有保密的作用,但初衷和本意却是出于其他目的,如禁止请谒制度,主要是从政治上考虑的,防止这些官员贵族结党营私威胁皇权。还有一些制度是为了保密,也有较好的效果,但违背人性,如不许内官识字、连坐,则应予批判,后来的历史发展也证明这一做法是不可持续的(明宣宗时期就开始安排内阁大学士教小宦官们读书识字,以帮助办理政务)。还有一些制度、要求和做法,并未因为时代变化而被遗弃,当代社会也还在采用,如品行端正、定期轮换、改善生活条件等。对这些具体制度的得失利弊,要放在当时的历史条件下,具体情况具体分析,不能完全以今天的立场和观点,简单地肯定或者否定。

第二,保密说到底是对行为的一种约束,而且主要是外在的约束。按照康德的说法,“再没有任何事情会比人的行为要服从他人的意志更可怕了”。②因此,要让保密管理真正有效,不仅要诉诸理性,更要从感情和道德上下功夫,增进认同感,使保密内化为涉密人员的自觉行为。中国古代保密管理至少在局部达到这个境界。比如,皇帝提出禁止请谒的要求之后,一些自爱的官员主动净化交际圈。唐初温大雅、温彦博、温大有兄弟三人一度共掌机务,二弟温彦博性格开朗,“善于谈吐”,“有口辩”,但“自掌知机务,即杜绝宾客”。幼弟温大有“意不自安,固请他职”。未果后,“每退让,远避机权,僚列以此多之”。③唐昭宗时,朝廷权威摇摇欲坠,但翰林学士韩偓侍宴,与京兆郑元规、威远使陈班并席,辞曰:“学士不与外班接。”主席者固请,乃坐。既而元规、陈班至,终绝席。④明太祖朱元璋时,御用监杜安道“以镊工侍帝数十年,帷幄计议皆与知,性缜密不泄,过诸大臣前一揖不启口而退。太祖

① (清)徐松:《宋会要辑稿·职官》24 之 22。

② [英]罗素:《西方哲学史》下卷,何兆武、李约瑟译,商务印书馆 1976 年版,第 270 页。

③ 《旧唐书》卷六十一《温彦博传》。与李商隐齐名的著名词人温庭筠即是温彦博裔孙。

④ 《新唐书》卷一百八十三《韩偓传》。

爱之”。[1]清代康熙时期的大臣王掞为官五十年,自称“凡圣子神孙,臣皆未尝一通姓氏”。[2]

又如焚毁奏稿,自汉代时就成为一个根深蒂固的仕宦传统。除前文已经提及的西汉孔光、[3]三国魏国陈群、[4]吴国顾雍、[5]西晋羊祜等以外,[6]较著者还有唐太宗时马周,“有机辩,能敷奏,深识事端,动无不中”,曾多次上书,深受太宗和群臣敬重,临终前“索所陈事表草一帙,手自焚之,慨然曰:‘管、晏彰君之过,求身后名,吾弗为也。”[7]武则天时陆元方,“则天将有迁除,每行以访之,必密封以进,未尝露其私恩”。临终,取前后草奏悉命焚之。[8]宋真宗时晏殊,“凡所对,必以其稿进,示不泄。其后悉阅真宗阁中遗书,得公所进稿,类为八十卷,藏之禁中,人莫之见也”。[9]元初,许衡获元世祖忽必烈重用,“多奏陈,及退,皆削其草,故其言多秘,世罕得闻”,“奏对亦秘”。[10]甚至在一些诗歌中都有表现,如杜甫任左拾遗时写的诗《晚出左掖》:“避人焚谏草,骑马欲鸡栖。”[11]古人评论说:“明朝有封事,谏臣之心。避人焚谏草,大臣之体。”[12]这可谓中国古代官员保密管理的一大亮点,也给现代涉密人员管理许多启发。

第三,中国古代在涉密人员管理上也有一些教训,最突出的就是不关心、不重视下层涉密人员。一些人在生活上没有出路后,被迫流落异邦,泄露国家机密。如宋仁宗宝元二年(1039)四月,“放宫女二百七人。”[13]这在当

① 《明史》卷三百十四《宦官一》。

② 中国第一历史档案馆编:《康熙朝汉文朱批奏折汇编》第5册,档案出版社1985年版,第1182页。

③ 《汉书》卷八十一《孔光传》。

④ 《资治通鉴》卷七十三《魏纪五》。

⑤ 《资治通鉴》卷七十《魏纪二》。

⑥ 《晋书》卷三十五《羊祜传》。

⑦ 《旧唐书》卷七十四《马周传》。

⑧ 《旧唐书》卷八十八《陆元方传》。

⑨ (宋)欧阳修:《观文殿大学士行兵部尚书西京留守赠司空兼侍中晏公神道碑》,载《欧阳修诗文集校笺》(上册)《居士集》卷二十二,上海古籍出版社2015年版,第638页。有学者认为,晏殊在政治上的理性与自制也反映在文学上,是一位“理性的诗人”。参见叶嘉莹:《大晏词的欣赏》,载叶嘉莹:《迦陵论词丛稿》,北京大学出版社2014年版,第100页。

⑩ 《元史》卷一百五十八《许衡传》。

⑪ 全诗如下:“昼刻传呼浅,春旗簇仗齐。退朝花底散,归院柳边迷。楼雪融城湿,宫云去殿低。避人焚禁草,骑马欲鸡栖。”杜甫差不多同时还写有《春宿左省》一诗,说的也是和进言相关的事。参见杨伦:《杜诗镜铨》卷四,上海古籍出版社1981年版,第177页。

⑫ (清)杨伦:《杜诗镜铨》卷四,上海古籍出版社1981年版,第177页。

⑬ (宋)李焘:《续资治通鉴长编》卷一百二十三,仁宗宝元二年四月己丑。

时本为德政，[1]但西夏元昊遣使“重币市之，内之左右，不惟朝廷之事为其背详，至于宫禁之私亦所窥测”。[2]还有一些有才干的人，在仕途上不得志之后，或者被异族收买，或者主动投靠，为患甚烈。其中比较著名的几个人，宋代洪迈曾在《容斋随笔》中做了一个总结：“贾季在狄，晋六卿以为难日至；桓温不留王猛，使为苻坚用；唐庄宗不能知韩延徽，使为阿保机用，皆是也。”[3]此外，还有《史记》中记载的汉廷宦官中行说，被逼送公主和亲到匈奴之后，心怀怨恨，“日夜教单于候汉朝利害处”，给汉朝造成大麻烦。宋代则有张元、吴昊二人，颇有才华，但几次参加科举不第，郁闷之下投奔西夏。“夏人倚为谋主，以抗朝廷，连兵十余年，西方至为疲弊，职此二人为之。”[4]明朝末年，努尔哈赤、皇太极有意识地大量征聘、收留明朝不得志的文人士子和文臣武将，借机了解明朝政情，学习汉人文化。这些人也积极为伐明提供“智力支持”。其中部分人给皇太极的上书在民国年间被编辑出版，题为《天聪朝臣工奏议录》。从中不难发现，这些人确实没有辜负异族主子的豢养，肝脑涂地为其出谋划策，其阴毒甚至过于后金君臣，陈寅恪先生曾有一针见血的评论。[5]这些人在道德上当然应予谴责，但保密管理上也有应当反思的地方。

第四，中国历史上还有一种现象是，皇帝出于各种考虑，有时会特意选择出身低贱的人执掌机密。如南朝时期，就出现“多以寒人掌机要”的情况。据清代著名史学家赵翼的分析，这主要是因为“宋齐梁陈诸君，则无论贤否，皆威服自己，不肯假权于大臣。而其时高门大族门户已成，令仆三司可安流平进，不屑竭智尽心以邀恩宠，且风流相尚，罕以物务关怀，人主遂不能借以集事，于是不得不用寒人。”公孙瓒所谓“衣冠之人皆自谓职当富贵，不谢人惠，故所宠皆商贩庸儿。”其说的也是这个情况。但寒人掌权之后，又容易出现“不知大体”等问题。“盖出身寒贱，则小器易盈，不知大体，虽一时得其利用，而招权纳贿，不复顾惜名检。”[6]这里面当然也有一些旧史家的偏见（“六

---

① （宋）司马光：《放宫人劄子》，载《司马集》卷二七《章奏二》，四川大学出版社 2010 年版，第 680 页。

② （宋）赵汝愚编：《宋朝名臣奏议》下册《上仁宗论西夏八事》。

③ （宋）洪迈：《容斋三笔》卷一一《记张元事》。

④ （宋）洪迈：《容斋三笔》卷一一《记张元事》；顾炎武：《日知录》卷十七《御试黜落》。

⑤ 陈寅恪：《高鸿中明清和议条陈残本跋》（原载《清华周刊》1932 年 4 月第三十七卷第八期），载《陈寅恪史学论文选集》，上海古籍出版社 1992 年版，第 478 页。

⑥ （清）赵翼：《廿二史札记》卷八《南朝多以寒人掌机要》。对赵翼这一说法也有不同意见，参见王铿：《论南朝宋齐时期的“寒人典掌机要”》，《北京大学学报》1995 年第 1 期。

朝人重门第，故寒族而登要路者，率以恩幸目之。”[①])因为无论是寒族还是世家，都有其缺点，“礼法为儒家大族之优点，奢侈为其劣点。节俭为法家寒族之优点，放荡为其劣点。”[②]但涉密人员因个人修养不够而腐化堕落的，则是历史上比较普遍的现象，教训也是深刻的。

十、涉外保密管理

中国古代在涉外保密管理方面也有较为丰富的经验教训，前人关注较多，但也有一些误读，本书尝试做些梳理和辨析。古时对少数民族地方政权和外国政权并无严格区分，本书也尊重这一传统，除必要外不再说明，读者慎勿误会。[③]

一是加强来华外人管控。宋哲宗元祐五年(1090 年)，高丽使臣来华外出游览期间，“大则察采虚实，图写宫阙、仓库、营房、衢道所在曲折”，“小则收买违禁物货、机密文书”，御史中丞苏辙为此建议禁止高丽使臣外出游玩。[④]随后，宋政府就高丽来华人员管理做出专门规定，重点就在限制其交往范围和行动自由。

> 自今同文馆高丽人出外置到物，并检察有违碍者，即婉顺留纳，以杂文钱给还价直。若系时政论议及言边机等文字，即问元买处，开封府检奉敕条晓示。进奉人到阙，关司录司晓示行人，情愿将物入馆交易，仍具姓名关本馆，照会监门不得阻节。日听十人番次出馆游看买卖，仍各差亲事官一人随。愿乘马者，于诸司人马内各借一匹并牧马兵士一人，至申时还。[⑤]

为防止外国使臣沿途收集机密信息，宋政府还禁止随行人员擅自外出：“所有敌使随行三节人从，乞严行约束，勿放出馆。”[⑥]有意思的是，韩国对出使清国的使者也有“毋得与彼人亲昵往来，笔谈唱和，书札问讯”的

① (清)钱大昕:《廿二史考异》卷三十七《南史三·恩幸传》，凤凰出版社 2008 年版，第 485 页。

② 陈寅恪:《崔浩与寇谦之》，载《金明馆丛稿初编》，三联书店 2015 年版，第 146 页。

③ 对中国历史上同时存在的许多国家、地区和民族，应该如何区别中外，本书赞成谭其骧先生的意见。参见谭其骧:《历史上的中国和中国历代疆域》，载谭其骧:《长水粹编》，复旦大学出版社 2015 年版，第 1 页。

④⑤ (宋)李焘:《续资治通鉴长编》卷四百四十九，元祐五年十月癸丑。

⑥ (宋)李心传:《建炎以来系年要录》卷一百二十三，绍兴八年十一月戊申。

要求。[①]可见这一政策是有其普遍性和必要性。

二是妥善处理归化夷人。唐以后几乎都认为，西晋改变“戎夏不杂”、“斥居塞外，不迁中国”的传统政策，推行“徙戎”，使得匈奴等少数民族徙居内地，“纵其习史、汉等书”，“广其纵横之智”，是五胡乱华的根源。唐人反对就近安插，认为“虽有慕化之美，苟悦于当时；而狼子野心，旋生于异日。”武则天执政时期，外国人多遣子入侍，其中论钦陵、阿史德元珍、孙万荣等人“皆因充侍子，得遍观中国形势，其后竟为边害”。[②]明代永乐、宣德间，鞑靼来降，“多乞留居京师，授以指挥、千百户之职，赐之俸禄及银钞、衣服、房屋、什器，安插居住，名曰降人”。后来土木之变，“达官、达军之编置近畿者，一时蠢动，肆掠村庄，至有驱迫汉人以归寇者”。“国初安置土达于宁夏、甘、凉等处，承平日久，种类蕃息，至成化四年，遂有满四之变。”[③]这些观点有其局限性，也从根本上违背民族融合、文化交流的大趋势，但在当时历史条件下，也不能一概否定，至少就保密和社会稳定角度来说是有其意义的。

这方面也有成功案例，如北宋庆历二年（1042 年）对归化的唃厮啰人。最初，宋仁宗下令，将永宁寨官屋赏赐给归化的唃厮啰人收贮财物。宰相韩琦上奏反对，认为让蕃部居住在宋朝边城不利保密，“未敢奉诏”。宋仁宗则认为，通过严密监视可以防止蕃部的不轨行为：“唃氏已有谢表，不可失信生事，自应与屋宇，亦不绝秦州往来。可于闲慢处修盖，常关防觉察之。”但韩琦认为，监视仍旧难以做到万无一失，而且宋朝使臣进入外国“亦禁出入”：“秦州居常盖暂往来，今既许置屋贮财，必留人主守，岂能旦夕伺察，使朝廷举动皆知？况契丹、元昊亦未曾缘边给屋。昨杨勤至龟兹一行皆锁之于馆，我使至唃氏，在驿亦禁出入。远蕃于中国尚备虑如此，防微杜渐，不可忽也。臣以为勿给便。”最终，宋仁宗同意了韩琦的意见。[④]这个故事中表现出来的北宋大臣坚持原则、君主从善如流的政治风气相当值得肯定，韩琦作为宰相，能从国家安全和保密角度考虑唃厮啰人的安置问题，表现出较强的政治敏锐性和政治鉴别力，也

① 转引自张伯伟：《韩国历代诗学文献总论》，载张伯伟：《域外汉籍研究论集》，北京大学出版社 2011 年版，第 206 页。

② 《通典》卷二百《边防十六》，中华书局 1988 年版，第 5496 页；《文献通考》卷三百四十八《四裔考二十五》，中华书局 2011 年版，第 9662 页。

③ （明）顾炎武：《日知录》卷二十九《徙戎》，上海古籍出版社 2012 年版，第 1123 页。

④ （宋）李焘：《续资治通鉴长编》卷一百三十五，庆历二年三月庚辰。

应肯定。①

三是禁止图书出境。早在西汉时期，东平王刘宇请皇帝赐《太史公书》，大将军王凤以为《太史公书》有战国纵横权谲之谋，汉兴之初谋臣奇策，不可以与诸侯。②唐代薛登将此意推而广之，“本朝诸王尚不可与，况外国乎！”③在吐蕃日益强大，弄得唐帝国寝不安席的时候，于修烈曾经上书《请不赐吐蕃书疏》，但似没有什么效果。到宋代，外患日亟，情况发生较大变化。至和二年（1055 年），欧阳修在《论雕印文字札子》中，郑重请求朝廷下令，禁止雕印有关文字，担心“传入虏中，大于朝廷不便”。元祐四年（1089 年），苏辙也上书《北使还论北边事札子五道》，说大宋的民间印刷品，“北界无所不有”，“上则泄漏机密，下则取笑夷狄，皆极不便”。似乎是根据苏辙的建议，第二年的元祐五年（1090 年），礼部下令，凡议时政得失、边事军机文字，以及内国史、实录，不得传写。本朝会要、实录不得雕印，违者徒二年，告者赏缗钱十万。擅自卖书给外国人的，处以两年徒刑。④禁止公开和输出的还包括地图。益州驿馆曾以天下州府地图为壁画。宋仁宗认为这可能被外敌利用，

① 唃厮啰是 11 世纪崛起于青海甘肃一带的一个藏族地方政权，得名于其创始人唃厮啰（藏语意思为佛的儿子，沈括认为“犹中国之称天子也”。参见沈括：《梦溪笔谈》卷二十五《唃厮啰》，齐鲁书社 2007 年版，第 166 页。），又称青唐政权，12 世纪初在宋朝军事打击下解体，但族群没有受到影响，仍然聚居活动于西北地区，并被宋朝赐国姓赵。元朝和明朝时期，归顺中央政府，成为西北地区维护稳定的一支重要力量，明代英宗时期曾赐免死铁券（现藏甘肃省博物馆）。清代改土归流以后，保留 5 个土司，其中为首的称赵土司。据清末民初统计，赵土司拥有私人武装 100 多人，管辖人口 2 000 多人（俱已汉化），辖区 16 族，大致分布在今天甘肃省临洮、渭源、康乐三县。赵土司所拥有的土地称为“衙地”，以区别于临洮县的“州地”和渭源县的“县地”。民国初年，废除土司制，赵土司所辖地区成立会川县（1958 年并入渭源县），赵土司后人赵天乙担任县参议长。赵天乙积极参与社会活动，曾创建会川中学（现渭源二中），接待著名学者顾颉刚、森藜等人，还为中共陇右地下党人、著名藏族问题专家牙含章等人提供过保护。参见满如天：《会川赵土司》，载《定西文史资料》第 1 辑，第 161 页；齐德舜：《唃厮啰家族世系史》，兰州大学 2010 年博士论文。赵土司驻地官堡（现渭源县会川镇），有寨子一所，今日尚存。笔者 2014 年在渭源县挂职期间曾登临其地，虽多处倾颓，规模仍旧，可以想见当初盛况。

② 《汉书》卷八十《宣元六王传》。

③ 《通典》卷二百《边防十六》，中华书局 1988 年版，第 5496 页；《新唐书》卷一百一十二《薛登传》。

④ 马泓波点校：《宋会要辑稿・刑法》（刑法二之三八），河南大学出版社 2011 年版，第 294 页；（宋）李焘：《续资治通鉴长编》卷四百八十一，元祐八年二月辛亥。参见葛兆光：《以“国家”的名义》，《明报》2003 年 6 月 15 日，载葛兆光：《看澜集》，复旦大学出版社 2010 年版，第 189、190 页；周宝荣：《宋代的书稿审查》，《社会科学》1995 年第 5 期；郎国华：《宋代的新闻控制现象浅析》，《华南师范大学学报》2000 年第 2 期；林平：《略论宋代禁事涉边机政事图书流入异族政权》，《四川师范大学学报》2006 年第 6 期。

立即下诏禁止:"自今毋得以天下州府图供张都亭驿。"①

这一政策是很严厉的,对友好国家也不例外。大观初年,交趾贡使来京乞市书籍,有司言法不许,诏除禁书、卜筮、阴阳、历算、术数、兵书、敕令、时务、边机、地理外,余书许买。②高丽几乎每次入贡都请赐图书,但考虑到高丽与女真为邻、臣事契丹和女真的特殊关系,这一要求多被否决,或者打折扣。宋哲宗初年,请市刑法之书、《太平御览》、《文苑英华》,最后仅同意赐予《文苑英华》一种。③其中《太平御览》多次请赐,均以"禁书难为传示外国"拒绝。④元祐七年,"请市书甚众",苏轼建议"皆宜勿许",最后仅买了一套《册府元龟》回国。⑤地方官在这件事上也高度警觉。沈括《梦溪笔谈》卷十三记载:高丽使者曾利用入贡机会,沿路搜集各地地图,某地方官借口看其式样,集中焚毁,让高丽人功亏一篑。

> 熙宁中,高丽入贡,所经州县,悉要地图,所至皆造送,山川道路,形势险易,无不备载。至扬州,牒州取地图,是时丞相陈秀公守扬,给使者:"欲尽见两浙所供图,仿其规模供造。"及图至,都聚而焚之,具以事闻。

著名学者葛兆光曾在 2003 年撰文批评宋代的上述政策,认为辽和金从两宋的印刷品中,未必能刺探到多少军情政事,但在这种小心、不安、紧张和焦虑中,宋人不仅在文化气象和生活世界中丧失唐人的大气、自由,变得拘谨、专制,而且新闻、出版和言论自由也被政府以"国家"的名义,合法取消一大半。⑥其实,一项保密政策,就文化发展来说,可能阻碍科学文明的进步,但就政治方面来说,则似不宜简单否定,特别是不可想当然地将其与宋朝的积贫积弱联系起来,以此指责宋代没有大国气象,甚至根本怀疑这些制度和措施的意义。因为这里还有一个信息流动与国家安全问题——当然是在那个时代背景下不宜丧失应有警惕。

四是保密核心技术。老子有言:"国之利器,不可以示人。"最初主要指的是兵器。早在西汉和匈奴对峙时期,中原兵器制作技术较为发达,刀箭精良,在战场上以少胜多。当时的名将陈汤说过这样的话:"夫胡兵五而当汉

---

① (宋)李焘:《续资治通鉴长编》卷一百七十四,皇祐五年二月癸巳。

② 《文献通考》卷三百三十《四裔考七》,中华书局 2011 年版,第 9098 页。

③ 《文献通考》卷三百二十五《四裔考二》,中华书局 2011 年版,第 8956 页。

④ (宋)李焘:《续资治通鉴长编》卷四百八十,元祐八年正月辛丑。

⑤ 《文献通考》卷三百二十五《四裔考二》,中华书局 2011 年版,第 8957 页。

⑥ 葛兆光《以"国家"的名义》,《明报》2003 年 6 月 15 日,载葛兆光:《看澜集》,复旦大学出版社 2010 年版,第 189 页。

兵一,何者?兵刃朴钝,弓弩不利。今闻颇得汉巧,然犹三而当一。”①这里所谓“汉巧”指的就是汉朝的兵器制作技术,在当时都是保密的。唐代薛登(本命谦光)曾引用这段话劝谏皇帝,不要让胡人到内地生活和居住。“由是言之,利兵尚不可使胡人得法,况处中国而使习见哉?”②

但在这方面,也有一些影响很大但实际则是以讹传讹的说法。比如,西方广泛流传中国古代保密养蚕技术、不许蚕种出口的故事。这种说法的主要根据是《大唐西域记》和《新唐书》中记载:于阗国“未知桑蚕,闻东国有也,命使以求”。但“东国”不许蚕种外传,御史一位公主将蚕子藏在帽子里,挟带出关。在拜占庭文献中,有波斯人用空心手杖将蚕卵带到那里的记载,前提也是说中国不许蚕种出口,一些西方著作,如吉本的《罗马帝国衰亡史》因此厚诬中国人是“富有嫉妒心的民族”。直到现代,还有人,如法国学者布尔努瓦在其《丝绸之路》一书中认为:“中国古代的养蚕术和蚕茧处理技术都是严格保密的,甚至禁止把蚕卵和蚕茧带到中国之外的地方,违者则要以死刑处治。”还说:“中国人最心惊胆战的事莫过于别人窥视他们的这一奥秘了,他们认为只有保守养蚕的秘诀,才能使他们在这一生意中居于遥遥领先的地位。”③中国历史学家也早已注意到西方的这些说法。著名史学家郑天挺曾撰文称:拜占庭在552年从中国取得蚕种后,立即定为国家秘密,禁止外传,以便垄断。但没有提及中国保密养蚕技术、禁止蚕种出口,不知是出于隐讳还是别有原因。④但中国国家博物馆著名科技史专家孙机先生明确指出上述说法并不可靠。首先,在中国历代的律令中,没有保密养蚕技术和惩治泄密的条款。其次,致力农桑是古代中国平民最基本的生产活动,技术家喻户晓,无密可保。当时地方官员的职责之一就是“教民农桑”。对西域的态度也不例外。《后汉书·西域传》说:“伊吾(今哈密)地宜五谷、桑麻。”《北史·西域传》说高昌“宜蚕。”《魏书·西域传》说疏勒产“绵绵”。这些地方养蚕技术无疑都是由内地传去,而中国古代政府正是普及蚕桑的积极推动者,何曾严格保密?⑤

---

① 《汉书》卷七十《陈汤传》。

② 《通典》卷二百《边防十六》,中华书局1988年版,第5496页;《新唐书》卷一百一十二《薛登传》。而《旧唐书》卷一百零一《薛登传》没有该记载。

③ 以上引文均转引自孙机:《“丝绸之路展”感言》,载孙机:《仰观集:古文物的欣赏与鉴别》,文物出版社2015年版,第119—120页。

④ 郑天挺:《关于丝绸之路》,载郑天挺:《探微集》,中华书局2009年版,第295页。

⑤ 孙机:《“丝绸之路展”感言》,载孙机:《仰观集:古文物的欣赏与鉴别》,文物出版社2015年版,第119—120页。

此外，还有一些关于中国保密制作陶器、种茶做茶技术，以及外商如何费尽心思窃取的说法。如说18世纪初来华的法国耶稣会会士殷弘绪在瓷业中心景德镇居住长达二十余年，曾细致调查、记录制瓷工艺的方方面面，并前后两次以书信形式寄回法国，直接促成欧洲制瓷业的更新换代和中国陶瓷时代的终结。19世纪中期，受东印度公司资助和派遣，英国植物学家罗伯特·福钧来到上海，改装衣服，混入茶区。经过3年的学习和刺探，带回大量茶苗和茶种，以及8名掌握制茶技术的中国人。英国因此由完全进口中国茶叶到完全自给，并最终占领全球红茶市场。中国则从唯一茶叶出口国变为只占全球茶叶贸易量的1/10。这些说法大多源于西方，其中不乏西方人夸大自己学习中国传统工艺难度的因素，但更大可能还是如上述养蚕故事一样，其实，中国政府并未刻意保密，作为一项民间技术，也无密可保。在未有严格考证之前，这些说法还是不信为好。

十一、结　　语

根据上述制度考察，可以讨论一下本书开篇提出的中国古代是否保密国家问题。著名史学家钱穆《国史新论》认为，真正的专制政治是在清代才形成的，标志之一就是密旨密奏获得公文的法律地位。

> 在明代以前，皇帝正式命令不公布，亦算是违法的，而且也不可能。皇帝的秘密信件，绝不算是政府的正式公文，绝不能取得政治上法理的地位。但在清代是取得了。因此我们可以说，清代政治才真是一种君主专制的政治。但中国传统的政治观念以及政治习惯，还是在当时庞大的政治组织中存在，而发生绝大的力量，即使满清政权，也不能把以往传统全都推翻了。因此满清政治，也还有许多不能由皇帝专制来推动行使的。①

清史专家郭成康观点与此类似，认为清代以前是公开政治，清代以后是秘密政治。其主要理由就是，清代以前，谕旨、本章需要经过内阁部院起草处理意见（票拟）、皇帝批准、六科审查，“按如此程序运作，国家政治实无秘密可言”；清代实行奏折、密谕和军机处制度后，“清帝彻底摆脱了阁臣执奏、

---

① 王元化读钱穆《师友杂忆》后评论钱穆：“至于因历代有好皇帝遂断言中国无君主专制，则近陋见。”这似有误解之处。参见王元化：《九十年代日记选录》，载王元化：《清园文存》第三卷，江西教育出版社2001年版，第117页。

六科封驳从制度上对皇权的牵制，天子意志通过秘密政治渠道可以顺畅无阻地得到贯彻”。①

这种观点实质是以政治过程中保密制度的完善与否，作为判断公开政治还是秘密政治的标准，似未免流于形式主义。秘密政治需要保密，也依赖于保密，但仅仅保密还不够。秘密政治是与公开政治相对的概念，其表面特征是通过秘密协商和操控，进行政治运作，包括国家领导人的更替、重大决策的出台等，而不是通过选举、辩论等公开方式进行。秘密政治的实质是专制政治，最高权力掌握在一个人（皇帝）或者一个小集团手里，没有反对党制衡，也无需通过公开政见等方式争取民众同意。正如顾准在评价资产阶级议会制度时候所指出的：“唯有一个有立法权的议会，才使政治和政策，成为公开讨论的对象。否则的话，政治和政策，永远是由时代的智慧和良心躲在警卫森严的宫廷里做决定。”②

按此标准，漫长的中国古代史虽然不乏极其个别的例外，但总体上属于秘密政治，无所谓公开政治与秘密政治之分，清代不过是秘密政治发展的较高水平而已。事实上，郭成康在另一处无意之中作了比较科学的区分。他说，康熙帝“对秘密政治的认识还处于探索之中的朦胧状态”，雍正帝则“明确认定国家政治自应有秘密的一面”，并举了雍正帝一段批示为证：“国家庶务殷繁，亦有不便宣露于众者，亦有本章谕旨所不能尽者，亦有一时不能即定者，故于密奏内往来斟酌”。他还指出，雍正帝有意识地将所有军政事务分为不过“明路”的“密奏密谕”与必须过“明路”的本章明谕。③在保密理论上，这属于正确区分密与非密的技术性问题，对中国古代是否属于秘密政治没有指标性意义。但是，从先秦到明清保密观念的变化，保密制度的变迁，也显示出中国古代的国家治理水平在不断进步，尽管还是在秘密政治的大框架下。

①③ 郭成康：《雍正密谕浅析——兼及军机处设立的时间》，《清史研究》1998 年第 1 期。

② 顾准：《直接民主与“议会清谈馆”》（1973 年 4 月 20 日），载《顾准文集》，福建教育出版社 2010 年版，第 313 页。

第四章　中国古代保密史的反思

一、引　言

以上两章以文献、人物和制度为中心，梳理了中国古代的保密思想和保密制度，这里再换一个角度，以整个中国古代为背景，对几个普遍性的问题进行探讨，希望可以更全面地了解中国古人对保密的思考、探索与实践。其主要问题包括，中国古代对国家秘密的认识，是否如一些论著所说国家秘密、商业秘密与个人秘密没有区分？如果有所区别，又是如何界定的？制度规定与实际认定是否一致？密奏是中国古代重要保密制度，为什么历史上对密奏的评价有这么大的分歧？涉密人员管理号称世界难题，中国古代有哪些经验教训？保密制度一直在不断进步完善，为何又不断废弛乃至遭到严重破坏？中国古代为何对泄密罪很少依法判决，而是更多倾向于宁枉勿纵、从严从重？一些重大泄密案是如何推动保密制度和政治制度的改革？这些改革是否一定属于进步？最后，也是最重要的，保密制度与皇权政治的关系如何？保密到底是权术阴谋还是政治智慧？保密对文化发展、社会风气有着怎样的形塑作用？如此等等。

二、何　为　密

既曰保密法制，自然需要回答何为"密"的问题。现有论著几乎都认为，中国古代的保密是不区分国家秘密、商业秘密和个人秘密（隐私）的，所谓国家秘密、商业秘密和个人秘密（隐私）的区分，是中国法制近代化之后的事情。这种观点其实并不完全正确。本书下文在广泛搜集有关保密事项记载的基础上试做归纳，最后对有关法律规定进行分析，对中国古代的秘密概念作出界定。

（一）阴私与家丑

如果把个人隐私理解为不愿公开的个人信息，那么中国古代个人保密观念的产生是很早的。孔子弟子子贡曾说："无报人之志而令人疑之，拙也；有报人之意而使人知之，殆也；事未发而先闻，危也。三者举事之大患。"先秦古籍《战国策·魏策》之《唐雎说信陵君》中也有"人之憎我也，不可不知也；吾憎人也，不可得而知也"的说法。①这符合现代心理学关于保密的原始动机是为自我保护的解释。

大略说来，中国古代个人保密内容主要有两点：一是阴私。阴私主要指男女关系，特别是涉及性关系的部分。②中国古代讲究男女授受不亲，男女公开交往尚且禁止，何况私下来往甚至非法来往？清代纪晓岚《阅微草堂笔记》卷十记载了一个狐仙尊重男女隐私的故事。狐仙长篇累牍说了一番为何要保护个人隐私的大道理，虽稍嫌说教，但也不无道理。

沧州瞽者蔡某，每过南山楼下，即有一叟邀之弹唱……久而觉其为狐……会有以闺阃蜚语涉讼者，众议不一，偶与言及曰："君既通灵，必知其审。"狐艴然曰："我辈修道人，岂干预人家琐事？夫房帏秘地，男女幽期，暧昧难明，嫌疑易起，一犬吠影，每至于百犬吠声，即使果真，何关外人之事？乃快一时之口，为人子孙数世之羞，斯已伤天地之和，召鬼神之忌矣。况杯弓蛇影，恍惚无凭，而点缀铺张，宛如目睹，使人忍之不可，辨之不能，往往致抑郁难言，含冤毕命。其怨毒之气，尤历劫难消。苟有幽灵，岂无业报？恐刀山剑树之上，不能不为是人设一座也。汝素朴诚，闻此事亦当掩耳，乃考求真伪，意欲何为？岂以失明不足，尚欲犁舌乎？"投杯径去，从此遂绝。蔡愧悔，自批其颊，恒述以戒人，不自隐匿也。

演变至后来，凡涉及女性的个人信息几乎都被列入保密范围。《红楼梦》第六十四回，贾宝玉说："闺阁中诗词字迹，是轻易往外传诵不得的"。当时在场的薛宝钗对此还有一番解说："自古道女子无才便是德，总以贞静为主，女工还是第二件。其余诗词，不过是闺中游戏，原可以会可以不会。咱

① 《战国策笺证》卷二十五，上海古籍出版社 2006 年版，第 1452 页。

② 百度百科"阴私"词条收录多为古代资料，但不尽符合本书界定，现摘录如下，以供参考。《汉书·江充传》："太子疑齐以己阴私告王，与齐忤，使吏逐捕齐，不得。"《新五代史·朱守殷传》："然好言人阴私长短以自结，庄宗以为忠，迁蕃汉马步军都虞候，使守德胜。"清代昭连《啸亭杂录·杂传十四·广赓虞之死》："遇事诋人阴私，锋铓凛然，人多隐恨。"

们这样人家的姑娘，倒不要这些才华的名誉。倘或传扬开了，反为不美。”现代著名女作家张爱玲说得更全面：“关于女人的一切，都带点秘密性质，因此女人的乳名也不肯轻易告诉人。在香奁诗词里我们可以看到，新婚的夫婿当着人唤出妻的小名，是被认为很唐突的，必定要引起她的娇嗔。”[①]这里面当然也有社会封闭、女性地位低下的因素。

二是家丑。中国古代是一个宗族社会，个人隐私很大程度上表现为家庭隐私，“家丑不可外扬”观念根深蒂固，“亲亲相隐”制度更是源远流长。[②]后者与西方诉讼法上的亲属证言特免权(priviledge)颇为相似，其宗旨都在于以牺牲个案真实性为代价，从而保护、促进更为重要的亲属之间自由倾诉的信任关系，维护社会和谐稳定，体现法律的价值整合。

此外，还有对人物的臧否，即关于个人才能、性格、品德等的私下评价(大多是负面的)，因为可能影响人际关系的稳定与和谐，一般也都忌讳口耳相传，不过没有阴私和家丑那么敏感与重要。《世说新语》就记载了这样一个故事：有人问谢安石、王坦之优劣于桓温。桓温准备回答的时候又停住，说：“卿喜传人语，不能复语卿。”[③]可见在当时的道德观念里，将保守别人的秘密视为做人的起码要求，不能保守秘密则被视为人品的污点，难以获得信任。佛教上也将“漏口”列为六十四种“恶口之业”之一。[④]

西方学术著作在引用涉及个人隐私的材料时，通常都隐去姓名、家庭住址等可能暴露当事人身份的信息。著名社会学家陈达对此大为称道，并感叹中国学者保密意识之差。[⑤]其实，宋代学者就有此意识。沈括自称写作《梦溪笔谈》的一个原则就是“不系人之利害”，凡是关系国家大事和士大夫声誉的，均不涉及(“圣谟国政，及事近宫省，皆不敢私纪。至于系当日士大夫毁誉者，虽善亦不欲书，非止不言人恶而已。所录惟山间木荫，率意谈噱，不系人之利害者”)。这当然就不限于尊重和保护个人隐私了。[⑥]

---

① 张爱玲：《必也正名乎》，《杂志》1944年第12卷第4期。

② 《通典》卷一百六十四《刑法二》，中华书局1988年版，第4220页；范忠信：《中西法律传统中的“亲亲相隐”》，《中国社会科学》1997年第3期。

③ 《世说新语笺疏》卷中之下《品藻第九》，中华书局2011年版，第462页。

④ (宋)洪迈：《容斋随笔》卷一《六十四种恶口》，凤凰出版社2009年版，第3页。

⑤ 陈达：《浪迹十年之联大琐记》，商务印书馆2013年版，第106页。当时一些社会学家抱怨，在社会调查时，受访者多不肯说实话。陈达认为，主要原因是调查者没有做好保密工作，被调查者担心他说的话被公开，影响其个人利益。

⑥ 这也有个过程，唐代还是比较宽松的。南宋洪迈《容斋随笔》卷二“唐诗无避讳”条：“唐人歌诗，其于先世及当时事，直辞咏寄，略无避隐，至宫禁嬖昵，非外间所应知者，皆反覆极言，而上之人亦不以为罪，……今之诗人不敢尔。”

但是，在中国古代社会，无论是男女阴私、家庭丑闻还是偶尔的臧否人物，都有无法保密的问题。张爱玲对此做过精辟的分析。她认为，由于中国生活的“拥挤”(似乎主要指的大家族聚居)，人民无法拥有私生活，反映到社会风气上，就是好人应当“事无不可对人言”，说不得的便是为非作歹。

拥挤是中国戏剧与中国生活里的要素之一。中国人是在一大群人之间呱呱堕地的，也在一大群人之间死去——有如十七八世纪的法国君王。(《绝代艳后》玛丽安东尼便在一间广厅中生孩子，床旁只围着一架屏风，屏风外挤满了等候好消息的大臣与贵族。)中国人在哪里也躲不了旁观者。上层阶级的女人，若是旧式的，住虽住在深闺里，早上一起身便没有关房门的权利。冬天，棉制的门帘挡住了风，但是门还是大开的，欢迎着阖家大小的调查。青天白日关着门，那是非常不名誉的事。即使在夜晚，门闩上了，只消将窗纸一舐，屋里的情形也就一目了然。婚姻与死亡更是公众的事了。闹房的甚至有藏在床底下的。病人“回光返照”的时候，黑压压聚了一屋子人听取临终的遗言……。就因为缺少私生活，中国人的个性里有一点粗俗。“事无不可对人言”，说不得的便是为非作歹。中国人老是诧异，外国人喜欢守那么些不必要的秘密……①

在另一篇关于现代城市生活的文章中，张爱玲也谈到中国古代社会保密之难，但所指对象比上面说的还要宽泛一些。“殊不知在乡下多买半斤腊肉便要引起许多闲言闲语，而在公寓房子的最上层你就是站在窗前换衣服也不妨事。”②

(二) 秘方与密押

如果把商业秘密简单理解为不为人知、独自占有而且可以带来经济利益的技术诀窍或者知识，那么中国古代的商业秘密观念也是很早的，其中最典型的就是中医药上的各种秘方，又称禁方。③早在春秋战国时期，就有转

① 张爱玲:《洋人看京戏及其他》(1943年)，载张爱玲:《流言》，北京十月文艺出版社2009年版，第12页。

② 张爱玲:《公寓生活记趣》(1943年)，载张爱玲:《流言》，北京十月文艺出版社2009年版，第27页。

③ 从严格意义上讲，秘方不属于医药学上的名词和概念。在中医药史上，有古方和验方两种概念，前者指清朝以前的药方，主要指以古籍医药书籍记载的处方和药方开发出来的制药和诊断疾病的方法，在中成制药上有丸剂、撒剂；后者指清朝以后的药方，主要是指从事中医药学者，在临床实践中总结出的制药药方、诊断疾病的方法和处方，在中成制药上不但有丸剂和撒剂，还有胶囊。大众比较熟悉的有云南白药的秘方。北京同仁堂据说还收藏有许多秘方，出于保密考虑迄今尚未公开。

让防治冻疮秘方的记载。《庄子》卷一《逍遥游》：

> 宋人有善为不龟手之药者，世世以洴澼絖为事。客闻之，请买其方百金。聚族而谋曰："我世世为洴澼絖，不过数金。今一朝而鬻技百金，请与之。"客得之，以说吴王。越有难，吴王使之将。冬，与越人水战，大败越人，烈地而封之。①

唐玄奘《大唐西域记·驮那羯磔迦国》："神乃授秘方而谓之曰：'此岩石内有阿素洛宫，如法行诸，石壁当开。'"北宋梅尧臣《和韩五持国乞分道损山药》："人事固已然，秘方看系肘。"北宋苏轼《答富道人》："承录示秘方及寄遗药，具感厚意。"南宋陆游《食荠》诗："采撷无阙日，烹饪有秘方。"另据清代蒲松龄《聊斋志异》，长山某人以卖"解信药"为生，对配方秘不示人，后被妻弟设计中毒，危在旦夕，才不得已说出秘方，可见中国古代商业秘密保护意识之强烈。

> 长山某，卖解信药，即垂危，灌之无不活。然秘其方，即戚好不传也。一日，以株累被逮，妻弟饷食狱中，隐置信焉。坐待食已而后告焉，甲不信。少顷，腹中溃动，始大惊，骂曰："畜生速行！家中虽有药末，恐道远难俟，急于城中物色薜荔为末，清水一盏，速将来！"妻弟如其教。迨觅至，某已呕泻欲死，急投之，立刻而安。其方自此遂传。②

此外，还有一些所谓家藏秘籍、③烹饪秘方、酿酒秘方以及"只传男不传女"、"宁传媳不传婿"等保密习俗，大多和经济利益挂钩，从中不难窥见中国古代商业秘密观念之普遍。

中国古代商业秘密的另外一个典型代表就是明清山西票号的密押制度，其保密技术被美国洛杉矶加州州立大学金融系主任 William 教授誉为最早的"现代货币防伪技术"。密押制度主要是以汉字约定的暗号来传递汇款信息，包括汇款人、收款人、具体金额等。暗号定期改变，而且只有内行人才认识其书写字迹和书写方式。如著名票号日升昌太原分号五月十八日给清徐分号汇银 5 000 两，其暗号代码为"冒害看宝通"。这些密押外人是根本看不懂的。据说日升昌太原分号从清道光五年（1825 年）设立，至民国年间歇业，从未发生款项被人冒领之事。④其历史之悠久与成效之卓越，堪与

---

① 参见杨志玖：《中国最早的技术转让》，载杨志玖：《陋室文存》，中华书局 2002 年版，第 442 页。

② （清）蒲松龄：《聊斋志异》卷十《真生》，中华书局 2009 年版，第 422 页。

③ 苏精：《近代藏书三十家》，中华书局 2009 年版，第 88 页。

④ 王森：《山西票号的密押与现代货币的防伪——渊源、发展与比较》，《金融研究》2002 年第 8 期。

瑞士银行保密制度媲美。[①]

（三）密旨与密奏

以上说的是民间保密情形。在中国古代军政活动中，哪些事项应当保密，主要体现为皇帝的密旨与大臣的密奏。综合史籍记载和现有论著，主要内容大体包括以下几种：

第一，建储立嗣。在实践中，此类事项均以密奏或者密旨行之，一向属于最高机密。如唐太宗废掉太子承乾之后，储位空虚，崔仁师密奏请立魏王李泰为太子。后来唐太宗秘密征求长孙无忌的意见，决定立李治为太子，即后来的唐高宗。宋代规定：学士撰写建储诏书期间实行“锁院”制度。[②]宋太祖建隆二年（961 年），皇太后杜氏崩。死前，皇太后对宋太祖交代后事，令其传位于赵光义，并让赵普起草传位誓书，“藏其书金匮，命谨密宫人掌之”。[③]宋太宗至道元年（995 年），参知政事寇准被宋太宗从青州召还，商议册立之事，其间宋太宗“屏左右”，不令他人闻见。[④]宋孝宗令翰林学士洪迈进奏皇太子参决政务的相关事宜，嘱其“进入文字须是密”，并要求他通过内侍、而不是通政司递进，洪迈感叹“乃知禁廷机事，深畏漏泄如此”。[⑤]南宋高宗曾拟传位太子，自己做太上皇，朱倬密奏说：“靖康之事正以传位太遽，盍姑徐之？”[⑥]明成祖永乐十年，太子朱高炽被指留守京师期间“擅赦罪人”等。明成祖派胡濙秘密调查，胡“密疏太子诚敬孝谨七事以闻，成祖意乃释”。[⑦]清代康熙帝开始实行秘密建储制度，除了皇帝，甚至连储君本人都长期不知情。

第二，官员任免。中国古代用人政策是比较明确的，皇帝和大臣经常公开讨论，[⑧]但涉及具体用人则颇为敏感，决策过程更是封闭的。所谓“大除

---

① 孔祥毅：《山西票号的汇票与密押》，《中国金融》2003 年第 15 期。

② 参见孙慧东：《宋代锁院制度研究》，河南大学 2010 年硕士毕业论文。

③ （宋）李焘：《续资治通鉴长编》卷二，建隆二年六月甲午。

④ （宋）李焘：《续资治通鉴长编》卷三十八，至道元年八月壬辰。

⑤ （宋）洪迈：《容斋随笔》卷十《禁中文书》，凤凰出版社 2009 年版，第 341 页。

⑥ 《宋史》卷一百七十二《朱倬传》。

⑦ 《明史》卷八仁宗本纪。

⑧ 元代郑介夫曾提出：“吏、儒应当互补，内外应当相通。儒不通吏，则为腐儒；吏不通儒，则为俗吏。必儒吏兼通，而后可以莅政临民。《汉书》称以儒术饰吏治，正此谓也。今吟一篇诗，习半行字，即名为儒；检举式例，会计出入，即名为吏。吏则指儒为不识时务之书生，儒则诋吏为不通古今之俗子。儒、吏本出一途，析而为二，遂致人物之冗，莫甚此时。久任于内者，但求速化，未知民瘼之艰难；久任于外者，惟务苟禄，不谙中朝之体统。今朝廷既未定取人之科，当思所以救弊之策。在朝宜少加裁抑，在外宜量与优迁，可也。百官自三品以下，九品以上，并内外互相注授。历外一任，则升之朝；随朝一任，则补之外，凡任于外者，必由内发；任于内者，必从外取。庶使儒通于吏，吏出于儒，儒吏不致扞格，内外无分重轻矣。”

拜,理当至密,外人何由得知?"①有"小太宗"之称的唐宣宗,"每命相,左右无知者"。②宋代"凡拜宰相及事重者,晚漏上,天子御内东门小殿,宣召而谕,给笔札书所得旨。禀奏归院,内侍锁院门,禁止出入"。③乾道八年(1172年),宋孝宗拟任命虞允文为左丞相,梁克家为右丞相。事前虞允文和梁克家均不知晓,以至"闻班列中但谓改易相名,及双制出,愕然"。④

臣下对用人问题发表意见,一般也是密封上奏。晋代山涛主管吏部时,每有官缺,"辄启拟数人,诏旨有所向,然后显奏"。⑤宋代王旦"每有差除,先密疏四三人姓名以请。"⑥清代雍正皇帝曾下旨:"内而大臣以及闲曹,外而督抚以及知县,有适当人选,便具摺密奏。"⑦清末林则徐、曾国藩、李鸿章文集里均收录有很多荐人密折。⑧

皇帝对官员的评价及任用意见一般也属于保密范围。如清代实行新任官员引见制度,每次引见,皇帝都会在官员履历片上随手写下对这一官员的评语、才干以及今后任用的安排。这些都不对外公开。

> 雍正对提督岳锺琪推荐担任嘉峪关游击的侯攀桂的朱批是:"人着实去得。好相貌,亦有福……可升用。亦似好汉子,不识字。上中。"雍正对行伍出身的马国栋的评语是:"麻子,胡子,俗人,不识字。中中。"对另一个行伍出身武官郭公汉的评语是:"像小汉军,小白黄脸,胖子。人明白,将来或有出息,只可听题用。识字。中中。"对广东巡抚孔毓询准备题补为水师守备的刘进功,雍正在引见时写下的朱批是:"糊涂,平常人,识字。不似好水师,本人亦不敢居。中下。"对于总督王士俊准备题补为河南襄城守备的韩官,雍正的朱批是:"糊涂人。中上"。当岳钟琪准备题补李玉为陕西凉州标右营千总时,雍正在引见时写下的批语是:"似糊涂汉子……不识字。中中。"雍正在引见吏部考功司主事宋华金时写下的朱批是:"人黑,胖子。人到明白,似有痰气,只可至此。中中"。

---

① (宋)富弼:《上神宗论除拜大臣当密》,载赵汝愚:《宋朝诸臣奏议》卷十四,上海古籍出版社1999年版,第127页。

② 《资治通鉴》卷第二百四十九,宣宗大中十年十一月壬辰条。

③ 《宋史》卷一百六十二《翰林学士院》。

④ (宋)周必大:《文忠集》卷175,第1149册,第9页。

⑤ 《晋书》卷四十三《山涛传》。

⑥ 《宋史》卷二百八十二《王旦传》。

⑦ 杨启樵:《雍正帝及其密折制度研究》,广东人民出版社1983年版,第163页。

⑧ (清)林则徐:《密保永昌府张亮基片》(1849年6月25日),载杨国桢编:《中国近代思想家文库:林则徐卷》,中国人民大学出版社2012年版,第379页。

对于捐贡出身担任知县并“解饷进藏”的梁拱辰，雍正在引见时写下的朱批是：“人着实有骨气。明白。胡子像胡赢、朱一凤，将来可以好道府。才：上下。”有的批语还很有感情色彩，如雍正年间对高逿年考核评语是“上中”，但朱批颇具感情色彩：“不是浙江生长，总在陕西、河南成人的人，甚去得，着实明白。白红脸，少像石柱。只恐太聪明。若诚实，是一大材料，好府道。”①

第三，检举违法犯罪。如隋代大臣杨毗见杨素专权，“恐为国患，乃上封事”，请抑其权。②明代嘉靖时，仇鸾颇受皇帝宠信，阁臣徐阶密疏检举仇鸾“通虏误国状”，“上因惊收其兵权，鸾因悸死。”③为了保护检举人，皇帝对此类密奏也多做留中处理，不对外公开。

此外，还有皇帝起居注、科举考试试题等事项，也在保密范围之内，前文已专门考察，不赘。

（四）大事应密者

现代保密法认为，所谓国家秘密指涉及国家安全和利益，经过法定程序确定并采取相应保密措施，如果公开将会造成严重后果的信息。在中国古代，“国家”这个概念不是那么明确，国家和朝廷、君主的关系比较复杂，无法直接找出明确指称或者包含“国家秘密”的史料，为方便考察起见，本书将史料记载中涉及国家安全、政局稳定、军事斗争等内容并采取保密措施的事项，均作为国家秘密，进行概括和分析。

从历史上看，先秦文献中多次出现“密”字，但都以动词形式出现，如《周易·系辞上第七》：“君不密则失臣，臣不密则失身，几事不密则害成，是以君子慎密而不出也。”《韩非子·说难》：“夫事以密成，语以泄败。”东汉时期的字书《释名》也是从动词角度对“密”字作出解释：“密，蜜也，如蜜所涂无不满也。”④概言之，都没有回答保密的对象即国家秘密的概念问题。大概其时对哪些事项属于国家秘密，在认识上还比较模糊。汉律关于“漏泄禁中语”的规定，说

---

① 中国第一历史档案馆整理出版了从康熙晚年到宣统三年的官员引见履历 55 883 件，其中康、雍、乾时期的就有 31 899 件。在引见制度形成的过程中，雍正帝起了关键的作用，康熙年间的官员履历片仅 7 件，雍正年间就增至 3 611 件。在这三千多份官员履历片中都抄录了皇帝的朱批，这些朱批都是皇帝在引见过程中边看官员履历及其他相关资料，边对官员进行询问，随手写下的对这一官员的评语、才干等级以及今后任用的安排，是我们研究当时官员群体和人事决策程序的重要资料。参见冯尔康：《清史史料学》第四章第三节《清代引见履历档案的史料价值——以雍正朝为例》，沈阳出版社 2004 年版。

② 《资治通鉴》卷一百七十九，文帝仁寿二年十月壬寅条。

③ 根据《万历野获编》卷十七《仇鸾谈兵之舛》，徐阶的告密并没有实据。

④ 《释名疏证补》，中华书局 2008 年版，第 128 页。

明对保密事项有了一个初步认识，但所谓“禁中语”仍是一个相对形象化的流于事物表面的表述，难以视为严格的法律术语。直到《唐律疏议》首次提出“事应密”的概念，才抽象出国家秘密的本质特征，使保密法制向前迈进一大步。

诸漏泄大事应密者，绞（大事，谓潜谋讨袭及收捕谋叛之类）。

疏议曰：依斗讼律，“知谋反及大逆者，密告随近官司。”其知谋反、大逆、谋叛，皆合密告，或掩袭寇贼，此等是“大事应密”，不合人知，辄漏泄者，绞。注云“大事，谓潜谋讨袭”者，“讨”谓命将誓师，潜谋征讨；“袭”谓不声锺鼓，掩其不备者。既有潜谋讨袭之事及收捕反、逆之徒，故云“谋叛之类”。

非大事应密者，徒一年半。漏泄于蕃国使者，加一等。仍以初传者为首，传至者为从。即转传大事者，杖八十；非大事，勿论。

疏议曰：非大事应密，谓依令，仰观见风云气色有异，密封奏闻之类，有漏泄者，是非大事应密，合徒一年半。国家之事，不欲蕃国闻知，若漏泄于蕃国使者，加一等，合徒二年。其大事纵漏泄于蕃国使，亦不加至斩。漏泄之事，以初传者为首，首谓初漏泄者。传至者为从，谓传至罪人及蕃使者。其间展转相传大事者，杖八十。非大事者，勿论，非大事虽应密，而转传之人并不坐。①

根据上述规定，“事应密”包含“大事应密”和“非大事应密”两种情况。“大事应密”指“潜谋讨袭及收捕谋叛之类”。“讨，谓命将誓师，潜谋征讨；袭，谓不声钟鼓，掩其不备者”，即军事行动，包括明征、暗袭两方面。“收捕谋叛之类”，疏议说是“收捕反逆之徒”，即对谋反、谋大逆、谋叛罪犯进行搜捕的行动。这两类事项均属于“大事应密”。“非大事应密”是指“仰观见风云气色有异，密封奏闻”之类，俗语所谓“天机不可泄漏”。古代人依据“天人感应”思想，以为“日月星辰之变，风云气色之异”与人事得失有关，关系国运。②在中国古代笔记小说中，记载着许多此类故事，③故唐律规定，此类事虽“非大

① 刘俊文点校：《唐律疏议》卷九《职制门》“漏泄大事”条，中华书局 1983 年版，第 195 页；岳纯之点校：《唐律疏议》，上海古籍出版社 2013 年版，第 160 页；岳纯之点校：《宋刑统校证》，北京大学出版社 2015 年版，第 135 页。

② 《唐六典》卷十太史令条。

③ 清代翟灏《通俗编》卷一《天文》“泄天机”条记载，中华书局 2013 年版，第 3 页；《神仙感遇事》载姚御史三子事，一硕儒言：“星降人间，将福三子，今泄天机，三子免祸幸矣。”《五灯会元》：“普月曰：杜口毗耶，已是天机泄漏。祖心曰：华亭叟，泄天机，夜深空载月明归。”陆游诗：“稚子问翁新悟处，欲言直恐泄天机。”清代蒲松龄《聊斋志异》卷四《柳秀才》中，柳（树）神为帮助山东沂县避免蝗灾，泄露了蝗（虫）神行踪（“可恨柳秀才饶舌，泄吾密机”），遭到后者惩罚，“柳叶都尽”。

事”，也属“应密”范畴。

唐代著名《龙筋凤髓判》一书中记载了一个如何适用上述条文定罪的虚拟案例。该案中，中书舍人王秀“漏泄机密”，断绞。王秀不伏，辩称自己是从掌事张会处“传得是语”，按律应为从犯，不当绞。张会承认“所传是实”，但“非大事”，也不伏。法官认为，朝廷对中书舍人保密有明确要求（“其禁有四：一曰漏泄，二曰稽缓，三曰违失，四曰忘误；所以重王命也”）[①]。张会、王秀行为显属不当：“张会过言出口，驷马无追；王秀转泄于人，三章莫舍。”按唐律规定：“若潜谋讨袭，理实不容；漏彼诸藩，情更难恕”，但如泄露事项并非“大事”，则“非密即非大事，法许准法勿论；待得指归，方可裁决”。这个案例显示当时对哪些属于“大事应密”、“非大事应密”以及主犯（“初传者”）、从犯（“传至者”）似都有着清晰的认知和判断标准，同时也表明，中国古人在认定泄密罪的时候，不仅看泄露行为，还看秘密本身，这和现代泄密罪的认定是很相似的。

从法理上说，唐律关于“大事应密”的规定与现代法学理论对国家秘密的认识比较契合。日本法学家认为，国家秘密不仅要有作为秘密看待的意思表示（形式要素），还要有作为秘密看待的利益（实质要素）。[②]中国台湾地区法学家认为，国家秘密除具备关系国家安全和利益的实质要素外，还应具备依照法定程序核定、采取保密措施等形式要素，二者缺一不可。

“大事应密”的条文比较简约，但暗含实质和形式两方面要求。一方面，保密事项的内容应当属于所谓“大事”，即涉及“收捕谋叛”之类威胁皇权安全的事项；另一方面，保密事项应当采取一定保密措施，如“掩其不备”以及“密封奏闻”之类，这实际就是对形式的要求。当然，与现代法制要求相比，这些规定比较粗疏，没有所谓定密制度，但对当时的保密工作来说，这已经足够。我们不能以今天的标准要求前人。

此外，唐律关于“大事应密”、“非大事应密”的区分，与美国法上定密信息（Classified Information）、“受控非密信息”（Controlled Unclassified Information）或者“敏感非密信息（Sensitive But Unclassified Information）”的区分，以及当代中国法律关于国家秘密、工作秘密（内部事项）的区分，也有异曲同工之处。

元明清基本沿袭这一概念，但明确性似逊于唐律。例如，《大元通志·

① 《旧唐书》卷四十七《志第二十三》职官二。

② ［日］西田典之：《日本刑法各论》，刘明祥、王昭武译，中国人民大学出版社 2013 年版，第 106、107 页。

职制》:"诸中书机务有泄共议者,见所泄事闻奏论罪。"《大明律·吏律》"公式"门"漏泄军情大事"条,采用"机密大事"与"军情重事"概念。"机密大事"是指"朝廷及统兵将军调兵讨袭外蕃及收捕反逆贼徒","军情重事"特指重要的军事情报,其实可以包含在"机密大事"里。《大明律·吏律》"职制"门"交结近侍官员"条、"关津"门"盘诘奸细"条中采用"事情"这个概念,范围比较模糊。从有关案例和记载看,指与政治、军事有关的秘密事项。唐律中所指的风云有异的"非大事应密"概念,属于密奏的内容,自然也应保密。《大清律例》卷十四《漏泄军情大事》大略同此。

三、密奏与告密

现代保密学认为,保密是"双刃剑",在保护国家安全的同时也会造成一些负面影响。美国情报专家贝茨就指出:保密在某种程度上会妨碍情报的横向流动与共享,影响最高决策。美国第二次世界大战期间的珍珠港事件和2001年的"9·11"事件,一个共同教训就是保密制度不合理,阻碍了有关情报信息的及时上报和共享。[①]现代保密理论认为,基于自利和其他原因,一些政府官员利用保密权掩盖渎职或者违法行为,从而躲避民众监督。保密本身属于高成本活动,保密范围过宽,解密不及时,都会增加管理成本。保密还会腐蚀国民开放、自信、积极的心态,容易形成冷漠、保守的社会氛围。保密还妨碍科学知识传播,影响人类文明进步和科技发展。

中国古代有识之士(包括一些君主)对保密的弊端也有较为深入的认识和思考。这主要体现在对密奏的态度上。前文已经介绍韩非子、顾炎武和清代皇帝对密奏的一些观点,以及起居注、奏折保密制度实施中暴露出来的一些问题,这里再从思想史角度做些探讨。告密是中国古代社会史上的一个重要现象,告密的一个重要形式就是密奏,二者界限有时难以区分,故本书一并讨论。

(一)密奏失德

第一种观点认为,密奏"非谗即佞",非君子所为,应当严禁。如唐太宗曾说:"朕开直言之路,以利国也,而比来上封事者多讦人细事,自今复有为

---

① 高庆德等:《美国情报组织揭秘》,时事出版社2011年版,第243页。

是者，朕当以谗人罪之。”[①]唐武宗时规定：“自今臣下论人罪恶，并应请付御史台案问，勿得乞留中，以杜馋邪。”[②]北宋时，宋真宗询问宰相李沆说：“人皆有密启，卿独无，何也？”李沆回答：“臣待罪宰相，公事则公言之，何用密启？夫人臣有密启者，非谗即佞，臣常恶之，岂可效尤？”[③]明孝宗要求兵部尚书刘大夏有事上密奏：“临事辄思召卿，虑越职而止。后有当行罢者，具揭帖以进。”但被刘大夏婉言拒绝：“事之可否，外付府部、内咨阁臣可矣。揭帖滋弊，不可为后世法。”[④]清代雍正帝推行奏折制度最力，但其驾崩以后，即有大臣公开批评，认为“欲收开言路之利，且先除开言路之弊”。所谓言路之弊就是奏折告密，“告密之例，小人多以此谗害君子，首告者不知主名，被告者无由申诉，上下相忌，君臣相疑”，建议“自今除军机外，皆用露章，不许密奏”。[⑤]

从表面上看，第一种观点主要从道德角度立论，将密奏等同告密，似稍嫌迂阔。因为在实际政治活动特别是军事行动中，密奏和保密的必要性与重要性显而易见。如明代通政司保密制度废弛之后，下情不能上达，造成壅蔽之病，严重影响政治清明。清代密奏制度化后，原来的题本奏本用于一般性事务，机密事务则用奏折，所谓“详陈速达，不似本章之拘于成式”，[⑥]大大提高信息传播与政务处理的效率和机密性。因此，如果仅仅因为奏折中有些告密内容，就把密奏制度等同告密制度，似乎有失公允，至于因此轻视甚至否定保密的作用那更不妥当。有学者就武则天时期匦函制度也发表了类似观点。[⑦]

但第一种观点的表达者们大多是朝廷重臣，有着丰富的政治经验，难道他们对上述道理还不明白吗？这显然是有意为之。历史记载显示，在传统中国政治活动中，密奏常常成为政治斗争、攻击异己的工具，如唐初李建成、李世民争夺太子之位时，建成“密令数人上封事”，使得唐高祖中止派遣李世民赴洛阳的计划。[⑧]唐代卢从愿任吏部侍郎时，“精心条理，大称平允”，“有

① 《资治通鉴》卷一百九十四，贞观十年秋八月丙子条。

② 《资治通鉴》卷二百四十六，武宗会昌元年夏六月乙巳条。

③ 《宋史》卷二百八十二《李沆传》。

④ 《明史》卷一百八十二《刘大夏传》。

⑤ 《谢梅庄先生遗集》卷一。

⑥ 《养吉斋丛录》卷二十三。

⑦ 杨一凡、刘笃才：《中国古代匦函考略》，《法学研究》1998年第1期；参见《资治通鉴》卷二百零三，则天后垂拱二年三月戊申条。

⑧ 《旧唐书》六十四《隐太子传略》；《资治通鉴》卷一百九十一，高祖武德元年六月丁巳条。

美誉”,但也因此得罪了一些人。御史中丞宇文融就是其中之一,为了报复,他就找了一个机会,向皇帝检举卢从愿“广占良田,至有百余顷”。其后有人推荐卢当宰相,皇帝认为卢为人“不廉”,遂不用。①清代雍正帝推广奏折制,也有要求官员互相监视、告密的用意。因此,这些古人对密奏说不,实质是对告密政治的反感与对政治清明的向往。在此意义上,我们自然应当高度重视和肯定第一种观点。

(二)密奏失真

第二种观点的理论根据可以归纳为实用主义和功利主义,即认为密奏还是必要的,但一些人利用密奏制度,捏造事实,陷害忠良,欺上瞒下,或者为自己张目,未足为信,应予反对和禁止。这种观点主要见于李德裕和顾炎武,本书前文已经介绍,在此不赘。

(三)密奏失声

清代中后期,奏折制度一度出现比较严重的“失声”问题。如乾隆年间的甘肃冒赈案,亏解钱粮 50 余万两,总督勒尔谨赐自尽,升任藩司王亶望、知府蒋全迪处斩,藩司王廷赞处绞,其余侵蚀两万两以上者斩,共斩 56 员,发遣 46 员,革职降职数百人,波及直隶、盛京、江苏、浙江、云南等数省,震动全国,被后人称为“清朝第一大贪污案”。该案从乾隆三十九年(1774 年)到乾隆四十六年(1781 年)案发,前后达 7 年之久。其间,上至总督,下至道府,无人检举布政使的贪渎,而按照奏折制度,他们本都可以直接向乾隆帝举报。这也难怪乾隆帝本人也要惊叹此案“为从来未有之奇贪异事”。②

嘉庆皇帝在剪除和珅之后,也从信息渠道上找原因,他认为,如果臣工都能够不畏权贵无私进言,那么早在乾隆时和珅就应被惩治,何至于拖到后来:“即如和珅从前专擅贪黩各款,若诸大臣及有言责者,能早为参奏,皇考必立将和珅惩治,和珅亦不敢恣意妄行,是转可保全末路,何至酿成巨案耶?”③嘉庆帝此言未免求之过苛。他对和珅的恶行何尝不知?但以亲王之尊,他尚且不敢在乾隆面前仗义执言,何况普通群臣?更极端的例子

① 《旧唐书》卷一百《卢从愿传》;《新唐书》卷一百二十九《卢从愿传》。

② 参见岳维宗:《乾隆间甘肃“监粮冒赈”贪污案》,《兰州学刊》1981 年第 4 期;葛莎莎:《乾隆年间的甘肃监粮冒赈贪污案述论》,兰州大学 2012 年硕士论文。主审该案的就是后来的大贪官和珅。

③ 《清仁宗实录》卷七三,嘉庆五年八月戊寅。参见邓之城:《骨董琐记》卷三《乾隆赈案》,人民出版社 2012 年版,第 123 页。

是在嘉庆时期，发生林清之乱，事后查明某亲王事前获知消息，但没有奏报朝廷，被革爵。①

这些“集体失语”现象可能还是要从制度上找原因。有学者认为，这主要是因为清代皇帝过于倚重奏折制度，过于信赖地方督抚和中央六部的尚书、侍郎等行政官员，忽视甚至压制科道系统的监察作用，使督抚和六部失去有效制衡，所以，上报信息的数量虽然日益增加，但来源渠道却越来越单一，信息的完整性、准确性和可靠性越来越没有保证，一些重大隐患和问题只能依靠案件甚至偶然事件驱动。②这不失为洞见。

另据西方学者研究，告密（whistle blowing，更为准确的翻译似乎应为检举、举报，但考虑行文习惯，暂用告密）本身的功能也是有限的。一方面，告密是一种正面力量，通过揭发或者披露行政机关不当或者不法行为，可以有效整肃行政机关的风气和纠正违法行为，还可以在一定程度上促进政府信息公开。因此，一些西方国家对公益告密行为均予以法律保护，如美国1978年、1989年《联邦告密者保护法》、英国1998年《公共利益披露法》。但另一方面，告密作为一种正义行为，很大程度上取决于个别公务员人员的胆识和公益精神。而且实践证明，即使立法保护，告密者仍然面临被免职乃至被指控的危险。“严酷的事实是，告密对于任何人来说都不是什么有利可图的行为”，“告发者会将其生活来源置于重大危险之中”。因此，敢于告密者只能是少数。③这也许可以部分解释为什么清代奏折制度仍然不能帮助皇帝及时发现“塌方式”腐败等严重问题。至于政治清明，更非密奏和告密可以承受之重，还必须建立科学民主的制度，形成健康文明开放的社会文化氛围。因此，在任何社会，告密与密奏都不宜作为长久之计，只能作为正常信息搜集、整理和公开制度的补充。

总之，上述观点都表明，中国古人已经认识到保密可能产生的弊端及局限性，并坚决反对滥用保密制度。这是应当肯定的，也表现出中国古代保密观的进步。

---

① 《养吉斋余录》卷四。

② 刘文鹏：《清代科道“风闻奏事”权力的弱化及其政治影响》，《中州学刊》2011年第4期。

③ [美]肯尼斯・F.沃伦：《政治体制中的行政法》，中国人民大学出版社2005年版，第423页；Kenneth F.Warren, Administrative Law in the Political System(5th Edition), Westview Press, 2011, p.350。参见杨伟东：《政府信息公开主要问题研究》，法律出版社2013年版，第56页。

四、保密的困境

信息天然具有流动性和扩散性，所谓“若想人不知，除非己莫为”，“好事不出门，坏事传千里”。保密人为干预其自然流动，必然遭遇反抗，其突出表现就是泄密。保密管理的关键就是要有效管控这种反抗，防止泄密事件的发生。但在保密管理中，一个经常出现的情形就是一方面保密制度不断完善、保密管理不断加强、保密技术不断进步，另一方面保密纪律一再废弛，泄密案多发频发。如宋代规定：官员上殿奏事时，皇帝侍从必须退避，但到司马光时期，这个规定几乎荡然无存。①明代通政司负责收发文书，“于政体关系最重也”，但到中后期，保密制度废弛，“本未进而机已泄”。明代陆容《菽园杂记》卷九对此有一番沉痛论述：

> 通政司所以出纳王命，为朝廷之喉舌，宣达下情，广朝廷之总明，于政体关系最重也。洪武、永乐间，实封皆自御前开拆，故奸臣有事即露，无幸免者。自天顺间，有投匿名奏本言朝廷事者，于是始有关防。然其时但拘留进本人在官候旨意，出即纵之，未尝窥见其所奏事也。后不知始于何年，乃有拆封类进及副本备照之说。一有讦奏左右内臣及勋戚大臣者，本未进而机已泄，被奏者往往经营幸免，原奏者多以虚言受祸。祖宗关防奸党、通达下情之意，至是无复存矣。可胜叹哉！②

清代雍正皇帝即位之初，“关涉紧要之案与缉拿人犯”的本章和文书还没有呈报给皇帝，“已先传播于众口”。③乾隆末年，此前森严的军机处办公场所，“每有部院官以启事画稿为名，侦探消息，传播街市，目为新闻。”④

为什么保密制度会一再废弛呢？上述宋代司马光的上书、明代陆容的议论以及清代雍正帝的谕旨均流于表面现象的批判，如不守旧制、不够慎密之类，没有深入分析主客观原因。目前所见一个典型的例子是南宋绍兴四

---

① （宋）司马光：《论上殿屏人状》，载《司马光奏议》卷五，山西人民出版社1986年版，第52页。

② 参见朱阿宝：《明代通政司研究》，西北师范大学2011年硕士论文。

③ 《世宗宪皇帝实录》卷五十四，雍正五年三月丁未条。

④ 《养吉斋丛录》卷四。

年(1134年),京城杭州泄密案件频发,宋高宗赵构和大臣们曾专门开会分析泄密原因。[①]一是宋高宗的观点,认为是主事者管理不严:“由吕颐浩不知大体,虽鬻食物人亦纵之入,故事每漏泄。”二是尚书左仆射同中书门下平章事赵鼎的观点,认为是涉密场所不够严密:“旧置中书枢密于皇城内,如在天上,人何由知?自渡江屋浅而人杂,自然不密。”三是监察御史田如鳌的观点,认为是承办人员不能保守机密所致:“机事不密则害成,比来未行一事,中外已传,皆由省吏不密所致。”[②]这大概是中国古代最为深入的一次保密工作会议。所提意见也均有一定的道理。保密制度废弛首先需要从保密管理本身去找原因,如涉密场所是否安全妥当、涉密人员是否遵守纪律、保密制度是否科学合理、管理措施是否严格到位等,但所论稍嫌就事论事。

从一般管理学意义上,保密纪律的废弛还是应当从激励与约束机制上找原因。[③]中国古代保密管理讲究赏罚并用,对违规和泄密行为,除严惩凶犯以外,还重赏举报者。宋高宗时,泄漏边机者“并行军法”,举报泄漏边机者“赏钱千缗”。[④]许多重大泄密案件的曝光,很大程度上归功于检举揭发,但检举揭发更多取决于具体人员的胆识和公益精神,且敢于告密者始终只能是少数。从社会风气来说,也不宜大张旗鼓提倡。[⑤]因此,在实践中,保密管理不得不更多地依靠严刑峻法推动,对泄密行为从严从重处置,这难免有个边际效益递减问题。前述中国古代官员在保密问题上严于律己的例子,说明严刑峻罚只是权宜之计或者说最后防线,从长期来看,思想教育、物质补偿等软性约束才是治本之策。其次应当注意的是保密管理的外在环境,包括制度、技术、经费等各方面,其中政治生态又是第一位的。

这里先说政治原因。顾炎武曾经说:“自古国家中叶,多有妖人阑入宫禁之事,固气运之疵,亦是法纪废弛所致。”[⑥]这一论断也适用于保密问题。保密纪律的严明是与政治清明、法治权威密切联系在一起的。首要的是皇帝是否以身作则。比如本书前文谈到的明代保密纪律废弛问题,根本原因

---

①④ (宋)李心传:《建炎以来系年要录》卷八十二,绍兴四年十一月庚戌。

② 《宋会要辑稿》原文为:“朝廷近来未行之事,中外已自喧传,及号令之出,往往悉如众人所料。尝推求其故,皆缘人吏不能谨所致。”

③ 钱颖一:《激励与约束》,《经济社会体制比较》1999年第5期。

⑤ 杨伟东:《政府信息公开主要问题研究》,法律出版社2013年版,第56页;李飞《法律如何面对公益告发——法理与制度的框架性分析》,《清华法学》2012年第1期。

⑥ (明)顾炎武:《日知录》卷之三十《妖人阑入宫禁》,上海古籍出版社2012年版,第1139页。

就在皇帝的怠政(美其名曰“倦勤”),“天子不见群臣”成为新常态,①整个朝廷纲纪全无,保密纪律当然也就不在话下。明代中期内阁大臣刘健《论票拟疏》专门说到这个问题。

在祖宗朝,凡有谘访论议,或亲临幸,或召见便殿,或奉天门,或左顺门,屏开左右,造膝面谕,以为常制,臣等不暇远引,且如宣宗章皇帝屡幸内阁,御座所在,至今臣等不敢中坐;英宗睿皇帝视朝将罢,不时面召李贤;宪宗纯皇帝亦尝召李贤陈文彭时,或遣司礼监太监,如牛玉、怀恩一二人到阁计议。机密如此,下人安可不慎?上有密旨,则用御前之宝封示。下有章疏,则用文渊阁印封进,直至御前开拆。此臣等耳闻目见者也。

因循至今,事体渐异。朝参讲读之外,不得复奉天颜。虽司礼监太监,亦少至内阁。朝廷有命令,必传之太监,太监传之管文书官,管文书官方传至臣。内阁有陈说,必达之管文书官,管文书官达知太监,太监乃达至御前。至于誊写之职,例委制敕房中书一二人。臣等虽时常戒饬,而经历太多耳目太广,岂能保无漏泄?

政治方面的第二个原因是权臣专擅。例如西汉时期,诸上书者皆为二封,署其一曰“副”,“领尚书者先发副封,所言不善,屏去不奏”。②王莽专政时甚至“令宦官左右发其封,自省之。”③唐肃宗时期,元载专权,恐奏事者攻讦其私,乃请:“百官凡论事,皆先白长官,长官白宰相,然后奏闻。”并以上旨谕百官曰:“比日诸司奏事烦多,所言多谗毁,故委长官、宰相先定其可否。”这遭到刑部尚书颜真卿的强烈反对。从后来颜真卿被贬官峡州别驾看,斗争是相当激烈的。④后世权臣都曾使用这一伎俩欺上瞒下、瞒天过海,如明

① (清)赵翼:《陔余丛考》卷十八《有明中叶天子不见群臣》,河北人民出版社2007年版,第339页。

② 《汉书》卷七十四。

③ 《汉书》卷九十九《王莽传》。

④ 《资治通鉴》卷二百二十四《唐纪四十》代宗大历元年二月辛卯条记载,颜真卿上疏以为:“郎官、御史,陛下之耳目。今使论事者先白宰相,是自掩其耳目也。陛下患群臣之为谗,何不察其言之虚实!若所言果虚宜诛之,果实宜赏之。不务为此,而使天下谓陛下厌听览之烦,托此为辞以塞谏争之路,臣窃为陛下惜之。太宗著《门司式》云:其无门籍人,有急奏者,皆令门司与仗家引奏,无得关碍。所以防壅蔽也。天宝以后,李林甫为相,深疾言者,道路以目。上意不下逮,下情不上达,蒙蔽喑呜,卒成幸蜀之祸。陵夷至于今日,其所从来者渐矣。夫人主大开不讳之路,群臣犹莫敢尽言,况令宰相大臣裁而抑之,则陛下所闻见者不过三数人耳。天下之士从此钳口结舌,陛下见无复言者,以为天下无事可论,是林甫复起于今日也!昔林甫虽擅权,群臣有不咨宰相辄奏事者,则托以它事阴中伤之,犹不敢明令百司奏事皆先白宰相也。陛下倘不早寤,渐成孤立,后虽悔之,亦无及矣!”元载闻而恨之,奏真卿诽谤;乙未,贬峡州别驾。

代的严嵩、清代的和珅等。相比一般官员，大官僚专擅对政治清明和保密纪律的危害，实在不可以道理计。这种情况下保密秩序和纪律的恢复也要困难得多。

其次是经费问题。保密管理属于高成本活动。中国古代没有保密经费一说，也缺乏相关费用记载，但可以推断出一个大致情况。比如，宋朝政府给书吏盖造房舍、明清科举考试中雇人誊录考生答卷、清代奏折专人递送等的费用，均可算做保密管理支出，尽管只是间接意义上的。清代奏折递送费用记载相对具体一些，可以做进一步分析。按照当时的交通条件，内地省份往返京师一趟少则十数日，多则一个月。云贵、浙闽、川陕、新疆等边陲地方，至少需时数月。①按照清代规定，军务奏折以及事务紧急者，准予使用驿递，也就是说动用国家经费；寻常奏折则只能由上奏人自己出钱，雇用家人或者专差递送。这一趟下来所需食宿及其他相关费用委实不是一笔小数目。乾隆三十四年十二月，台湾镇总兵章绅分遣三人于本月十四、十五、十六等日连进三折，每人给路费银八十两。乾隆帝知后，也认为："如此糜贵，于事何益？"②乾隆三十三年，总兵明达拒不支付奏折路费，守备甘廷亮无法交代，竟然被迫自缢身死。③因此，一些廉俸较薄的中级官员或者很少使用奏折奏事，或者为省费而于数篇奏折上填注不同拜发日期，雇人送至京师，分日投递（如台湾镇总兵柴大纪）。④窥一斑而见全豹，这些说明，在中国古代社会，受制于经费和人力，许多保密要求和措施恐均难以落实到位，并影响下情上达和政治进步。

最后是技术因素。武则天时期，之所以成功推行密奏（匦函）制度，很大程度上是凭借鱼保家的技术发明（"请铸铜为匦以受天下密奏"）。⑤元世祖

---

① 魏明帝遣司马懿征辽东。其时自洛阳出军不过三千余里，而帝问往还几日，司马懿对曰："往百日，攻百日，还百日，以六十日为休息，如此一年足矣。"顾炎武认为这是"师行日三十里"之遗意。参见（明）顾炎武：《日知录》卷二十九《军行迟速》。胡适在1934年的文章中曾介绍说："我们从徽州山里出来的人，从徽州到杭州从前要走六七天，现在只消六点钟了，这就是二十四倍的进步。前十年，一个甘肃朋友来到北京，走了一百零四天；上星期有个人从甘肃来，只消走十四天了；今年年底，陇海路通到了西安，时间更可以缩短了。"参见胡适：《悲观声浪里的乐观》，载《胡适文集·胡适文存四集》(5)，北京大学出版社1998年版，第406页。

② 《清高宗实录》卷八四九，乾隆三十四年十二月。

③ 《清高宗实录》卷八二四，乾隆三十三年十二月。

④ 《清高宗实录》卷一二四〇，乾隆五十年十月。

⑤ 《资治通鉴》卷二百零三，则天后垂拱二年三月戊申条；杨一凡、刘笃才：《中国古代匦函考略》，《法学研究》1998年第1期。

时期，特意设置回回国子学，教公卿大夫和富民的子弟学习一种特殊的亦思替非文字，“以其文字便于关防取会数目。”①这种文字是波斯人传来的，有特定的写法和规则，非经教习难以精通，便于保密。②明代著名将领戚继光抗倭成功，除了军队英勇善战之外，还和他独创一套密码传递讯息有关。这套密码使用汉字“反切”注音方法进行编码，其原理与现代密码几乎一致。③此外，还有密码报送军情、实封密奏、蜡丸密书等保密技术措施。

但总的来说，保密技术和装备均比较落后与简陋。清代奏折保密制度号称完备，也不过给官员配备一个折匣并附锁钥而已。在交通闭塞、通讯落后的古代社会，这样的保密技术也许还勉强可以维护国家秘密安全，但一旦遭遇现代科技，则只有听天由命，任人宰割。清末甲午战争惨败，一个重要原因就是清廷电报密码被日本破译而茫然不知。④而中国共产党之所以能领导革命胜利，一个重要原因就是拥有强大的保密能力，密码几乎从未遭到破译。国民党在 1946 年曾破译过一次陕甘宁边区的贸易密电，但始终未能破译最核心的军政电报。日军 1941 年首度破解八路军密码，但此前的 1940 年底八路军已经开始采用乱码。⑤近年中外保密经验也证明，密码电报通过技术创新已经基本实现即使窃取也无法破译的目标，计算机化考试更是杜绝纸质化考试普遍存在的泄密隐患，但同时，网络环境下的窃密泄密风险更大，维基解密和斯诺登事件的发生，传统的保密制度和技术措施面临严峻挑战。这可能也是保密技术法规分量越来越大、地位越来越重要的原因。

---

① 这句话后面还说“令依旧制，笃意领教”，似乎原先即有此类教授。参见《元史》卷八十一《选举志一》。

② [伊朗]穆扎洁尔·巴赫蒂亚尔：《亦思替非考》，载《伊朗学在中国论文集》，北京大学出版社 1993 年版。

③ 戚继光专门编写两首诗：“柳边求气低，波他争日时。莺蒙语出喜，打掌与君知。”“春花香，秋山开，嘉宾欢歌须金杯，孤灯光辉烧银缸。之东郊，过西桥，鸡声催初天，奇梅歪遮沟。”前一首诗歌的前 15 个字作为声母，依次编号为 1-15；后一首诗歌的 36 字为韵母，按顺序编号为 1-36；然后再将当时字音的八种声调，也按顺序编号为 1-8，就编写出了完整的“反切码”体系。根据东汉时期发明的反切注音法，如果密码的编码是“5-25-2”，5 是声母“低”字，25 是韵母“西”字，2 是声调的二声。据此，“5-25-2”就可以读为“敌”字。参见倪方六：《古代间谍史上的“四大发明”》，《羊城晚报》2011 年 12 月 21 日，第 B05 版。笔者未能在正史中找到记载，备考。

④ 李文海、康沛竹：《甲午战争与日本间谍》，《清史研究》1994 年第 4 期。

⑤ 张瑞德：《山河动：抗战时期国民政府的军队战力》，社会科学文献出版社 2015 年版，第 285 页。

五、泄密案的背后

泄密案不仅事关保密,是保密制度完善与否的试金石,也是政治风气的风向标,昭示许多重大政治斗争的动向。泄密案发生后,统治者都汲取教训,进行一些相应制度改革。所以,泄密案不仅是研究中国古代保密史和法律史的一个标本,也是考察中国古代政治史和社会史的一个窗口。

从前引律文可以看出,中国古代对泄密行为的定罪量刑,不仅要看所泄露秘密内容的敏感程度、后果的危害程度,还要看泄密者是否故意、是否原始泄密等主观因素。那么,实际惩治情况如何呢?前文已经提及一些案例,这里再结合其他一些重大案例,着重探讨是依法裁判还是法外用刑?是从重从严还是从轻从宽?是教育为先还是严刑峻罚?

《左传·襄公十四年》记载的"驹支不屈与晋"案,①以及西汉末年师丹泄密案,②具体情况前文已经介绍,在此不赘。可以肯定的一点是,在先秦和秦汉时期,泄密已经属于政治上的"高压线",一旦触及就意味着政治生命的终结,而且一般都从重处理。

魏晋南北朝期间,多个泄密案例从轻甚至免于处罚。最著名的是曹操战胜袁绍之后,缴获许多部下暗中与袁绍来往的书信,付之一炬,未予追究。但这属于非常时期的特别措施,正如曹操自己所言:"当绍之强,孤犹不能自保,况众人乎?"③联系南北朝时期"漏泄禁中语"记载的不绝如缕,④曹操之举似只能作为战争环境下的例外,属于政治权谋的范畴,不足为据。

唐代以后,泄密罪有较明确的法律规定。前文援引的唐代判牍集《龙筋凤髓判》卷一记载的中书舍人王秀"漏泄机密"案,堪称"以事实为根据、以法律为准绳"的典型。但这是比较理想化的状态(这个案例本就是虚拟的),实践中还是从严从重处理的情况更多一些。如唐代贞观五年(公元631年)八月,张蕴古因漏泄帝语被斩于东市。史载,唐太宗事后很后悔,但他的一段夫子自道,却可以看出对泄密罪从重处罚的背后,就是认为保密代表忠诚,

① 杨伯峻:《春秋左传注》第三册,中华书局2009年版,第1005页。

② 《汉书》卷八十六《师丹传》;《资治通鉴》卷三十三《汉纪二十五》孝哀皇帝上,建平元年秋九月条。

③ 《资治通鉴》卷六十三《汉纪五十五》。

④ 程树德:《九朝律考》,中华书局2006年版,第236、375、405、435页。

泄密意味着背叛，故不可轻饶："蕴古身为法官，与囚博戏漏泄朕言，此亦罪状甚重，若据常律未至极刑，朕当时盛怒，即令处置。"①

宋高宗时，惠迪因"泄漏狱情一事"受到处罚，"开封府条令罪至流徒，而大理法止于笞杖。"②宋时沿用隋唐五刑但采用折杖法，笞杖折臀杖 7—10 下，徒刑折脊杖 13—20 下，流刑除折脊杖 17—18 下之外，还附加配役一年至三年的刑罚。开封府的处罚力度明显要重于大理寺。

蒙古成吉思汗时期，有一件与"驹支不屈与晋"类似的泄密案例。1202 年，打败塔塔儿人之后，铁木真召集亲族会议，商量怎样处理俘虏。此前成吉思汗父亲是被塔塔儿人用毒酒害死的，遗言要将凡是比车轮高的塔塔儿男子全部杀死，妇幼分给各家做奴婢。亲族会议最后决定，要按照遗嘱处置塔塔尔人。成吉思汗的弟弟别里古台出帐后，③不慎将此谋泄露给塔塔儿人也客・扯连（不久前，他的两个女儿也速正、也速干刚嫁给成吉思汗），于是塔塔儿人都在自己的袖子里藏了刀子，据寨拼死反抗，蒙古军队伤亡惨重。铁木真严责别里古台，不再让他参与亲族机密会议："由于别勒古台泄露了我们亲族进行大议所议定的事，造成我军很大伤亡；今后举行大议时，不准别勒古台参加。会议时，别勒古台在外面整治，审判斗殴、盗窃、欺骗等案件。会议完毕、喝盏之后，别里古台和答里台两人才可以进来。"④按照蒙古的传统（"故事"），"论奏兵政机密，非国族大臣无得与闻者"。⑤别里古台作为大汗弟弟，被剥夺这个权力，处罚是很重的。

明成祖时，礼部尚书李至刚的岳父坐事被逮，当伏重法。李向成祖求情。明成祖问他：法司判狱轻重，"外人何以知之?"李回答说是右副都御史黄信告诉他的。明成祖认为黄信泄漏机密，事关朝廷纲纪，此风断不可长，立命将黄信处死。这次泄密并未造成严重后果，处以死刑似过于严厉。且相比起来，李至刚请托行为更为恶劣（解缙说他"诞而附势，虽才不端"），⑥应予以严惩，但李竟逃脱罪责。明成祖坚持重处，主要是从政治上

① 《历代名臣奏议》卷二百一十五《慎刑》，台湾学生书局 1985 年版，第 2844 页。

② （宋）孙觌：《鸿庆居士集》卷三十九《宋故国子博士惠公墓志》，文渊阁四库全书本，第 1135 册，第 427 页。

③ 别勒古台（一作别里古台）与合撒儿同为铁木真最得力的弟弟和伴当，蒙古创业史上常将他们三人并提，铁木真称帝后曾说："有别里古台之力，哈撒儿之射，此朕之所以取天下也。"

④ 余大钧译注：《蒙古秘史》第 154 节，内蒙古大学出版社 2014 年版，第 243 页。

⑤ 《道园学古录》卷十八《贺胜墓志铭》。

⑥ 《明史》卷一百五十一《李至刚传》。

考虑的。①

明末崇祯年间，有著名的陈新甲泄密案。当时，明思宗朱由检迫于内外交困，密令兵部尚书陈新甲与皇太极议和，因事关重大，“戒以勿泄”。不料关键时刻，陈新甲泄露谈判文书：“一日，所遣职方郎马绍愉以密语报，新甲视之置几上。其家僮误以为塘报也，付之抄传，于是言路哗然。”帝怒，“恶其泄机事，且彰主过”，“弃新甲于市”。陈新甲泄密是无心之失，但直接造成明清议和大局破产，后果极其严重，处以死刑并不冤枉。②

清代泄密案前文多有提及，不赘。这里介绍清代《刑案汇览》中两则对于丢失机密公文的马夫也比照常律，从重治罪的案例。

> 顺尹奏送良乡县马夫史玉于兵部递到公文，既经兵书申自添告知件数，乃急忙未及检点，致遗漏一件，未经递送。嗣查获原封，并未损动，讯明实系无心遗漏，惟系军机处紧要公文，未便仅照平常公文问拟，应比照沉匿军情机密文书马夫杖六十、徒一年例，量减一等，拟杖一百。(嘉庆二十五年四川司现审案)
>
> 陕督奏，外委宋炳喜递送折奏要件，在途遗失，非寻常官文书可比，应将宋炳喜于临水驿站枷号三个月。(道光元年案)③

综上所述，自秦汉以来的政治传统，均认为泄密关系人品与忠诚，故宁枉勿纵，从严从重。沈家本曾在考证汉律“盗乘舆服御物”条后评论说：“自尊君之义重，臣下之修律，凡涉于君者，多以加重为主义。”④这个论断也适用于泄密罪。

此外，还有几个问题需要探讨：第一，应当如何评价中国古代泄密案从重处置的做法？按照现代观点，这种法外用刑的做法是不正确的。尽管泄密危害极大，关系忠诚，属于所谓政治性质的犯罪，应当严厉打击，但仍然应当依法办事，否则容易造成对法律的轻慢，对秩序的践踏，从整个国家治理来说，是不好的苗头。

其实中国古人也是持这种立场和观点的。首先，中国古人在宏观上是倡导依法裁判、反对皇权干预司法的，依法审案的官员总是受到赞扬。此类

① 这种轻重失宜在明成祖处理的另外一起泄密案例中也有表现。明实录记载，礼部右侍郎戚存心“先坐泄漏机密，上姑宥之”。后来，有一天暮夜，“上御右顺门，急召礼部官。召命及庭，存心灭烛趋避暗室中。上久待不至，召者还奏之，廉问得实，遂诛之。”

② 《明史》卷二百五十七《陈新甲传》。

③ 《刑案汇览》第一册，北京古籍出版社 2004 年版，第 433 页。

④ (清)沈家本：《历代刑法考·汗律摭遗卷二》，中华书局 1985 年版，第 1396 页。

记载可谓比比皆是。唐人杜佑《通典》中专门胪列从周朝到唐朝有关"守正"的史事。①南宋朱熹也曾专门评述前人为官清正,"赏不避仇雠,诛不择骨肉"的事迹。②这里举几个典型例子(不限于《通典》和朱熹所举)。如先秦时期,晋悼公之弟扬干,乱行于曲梁,魏绛戮其仆。晋侯认为魏绛能"以刑佐民",与之礼食,使佐新军。③汉文帝时期的张释之,为公正执法,敢于向皇帝提出不同意见,号称"天下之平"。④三国时期诸葛亮在《出师表》中向蜀帝刘禅进言:"若有作奸犯科及为忠善者,宜付有司,论其刑赏……不宜偏私,使内外异法也。"武则天时期,大理寺少卿胡元礼欲杀一囚,司刑丞李日知以为不可,往复数日,元礼怒曰:"元礼不离刑曹,此囚终无生理!"日知曰:"日知不离刑曹,此囚终无死法!"竟以两状列上,日知果直。⑤最受后人赞誉的是秋官郎中徐有功。面对血雨腥风,徐有功仍能做到"独存平恕","尝廷争狱事,太后厉色诘之,左右为之战栗,有功神色不挠,争之弥切",前后所活数十百家,受到朝野广泛赞誉。不久徐有功擢拜左台殿中侍御史,远近闻者无不相贺。⑥沈括《梦溪笔谈》卷十记载:庆历中,有近侍犯法,罪不至死,执政以其情重,请杀之。范希文(范仲淹)独无言,退而谓同列曰:"诸公劝人主法外杀近臣,一时虽快意,不宜教手滑。"诸公默然。⑦吕公著处理一个案子,当事人曾经对其无礼。吕为避嫌疑("恐人以为私报之雠"),特意从宽处理,"当时人以是美之"。朱熹认为,这是不对的,当得这般罪,就该依法处置,不应以个人声誉曲法。⑧明末御史詹尔选批评皇帝干扰司法,崇祯怒问:"刑官拟罪不合,朕不当驳乎?"答曰:"刑官不职,但当易其人,不当侵其事。"⑨清代

---

① 《通典》卷一百六十九《刑法七》"守正"篇,中华书局 1988 年版,第 4366 页。

② 《朱子语类》卷一百一十二《朱子九》,中华书局 1984 年版,第 2736 页。

③ 《通典》卷一百六十九《刑法七》"守正"篇,中华书局 1988 年版,第 4366 页。《文献通考》卷一百七十《刑考九》(中华书局 2011 年版,第 5085 页)也有相关记载,但较简略。

④ 《史记》卷一百零二《张释之传》;《通典》卷一百六十九《刑法七》"守正"篇,中华书局 1988 年版,第 4367 页;(宋)洪迈:《容斋五笔》卷一《张释之　柳恽》。

⑤⑥ 《资治通鉴》卷二百零四唐纪二十,则天后天授元年四月丁巳条。

⑦ (宋)沈括:《梦溪笔谈》卷十,齐鲁书社 2007 年版,第 70 页。唐玄宗开元十年十一月,前广州都督裴伷先下狱,中书令张嘉贞奏请决杖。兵部尚书张说强烈反对,认为士可杀、不可辱。上然其言。嘉贞不悦,退而谓说曰:"何言事之深也?"说曰:"宰相者,时来则为,岂能长据?若贵臣尽可杖,但恐吾等行当及之。此言非为伷先,乃为天下士君子也。"转引自杜佑:《通典》卷一百六十七《刑法五》,中华书局 1988 年版,第 4320 页。这不应理解为老官僚的滑头之言,而是当时历史条件下,有识之士对君主专权的约束和对法治精神的尊崇,应予肯定。

⑧ 《朱子语类》卷一百三十《本朝四・自熙宁至靖康用人》,中华书局 1984 年版,第 3105 页。处理此类案件最好的办法当然是回避。

⑨ 《明史》卷二百五十八《詹尔选传》。

也有很多类似的言论和案例，包括政治败坏的慈禧时期。①具体到泄密案件上，也不乏其例，如前述北周时期，出使北齐的使臣伊娄谦对部下参军高遵泄密案宽大为怀，不予追究，并获得支持。对此，司马光强烈反对，认为北周君臣做法均有欠妥当，应照朝廷纲纪依法办事。②这和现代人的观点是接近的。

但是，按照历史学理论，古今社会迥异，我们不宜以现代人的意见强加于古人。考虑到中国古代君主专制、司法不发达的实际情况，对于司法公正问题，似不宜苛求，具体到泄密罪的处罚上，不宜简单以是否依法裁判作为判断标准，主要还是看处罚的严厉程度与泄密的危害程度是否有一定相关性。如果罪刑大致相当，也就可以给予肯定评价，反之则否。从总体情况看，中国古代似乎还是以权乱法的记载更多一些。

第二，从历史记载看，中国古代官员泄密有多种原因，但大体以利己型、示好型、疏忽型居多，被迫泄密或者窃密的还是少数。③因此，中国古人对于泄密案件的处理，并非简单地以严刑峻法了事，也注意做"思想政治工作"，从道德上斥责泄密行为的不忠，力图达到"明刑弼教"的双重效果。如前文提及的乾隆年间的奏事太监高云从泄密及交结外官、招摇滋事案，乾隆帝不仅对主犯高云从当即处决，对相关官员严加惩处，还对涉案军机大臣于敏中痛加斥责，目的都是为了从思想上筑牢保密防线，强化保密观念，杜绝泄密行为。

第三，一般来说，泄密案都会给国家安全和政局稳定造成重大损害，但一些重大泄密案件中暴露的问题，有时也会成为统治者进行制度改革的动力。如唐代贞观五年(公元631年)八月的张蕴古泄密案。唐太宗认为，这是他在震怒状态下做出的草率决定，与臣下没有及时进谏、坚决劝阻(当然这在制度上是可以理解的)有关。为免重蹈覆辙，乃下诏："自今有死罪，虽令即决，仍三覆奏乃行刑。"④这也是中国古代法制史上比较少见的泄密推动司法制度改革的案例。

---

① 严迎春：《当司法与慈禧相遇》，《读书》2012年第3期。参见黄濬：《花随人圣庵摭忆》一一五《西太后骫法滥刑》，中华书局2013年版，第204页；王元化：《沈荩之死》、《司官护法》(主要根据王照《方家园杂咏记事》)，载王元化：《清园文存》第二卷《掌故篇》，江西教育出版社2001年版，第497、521页。

② 《资治通鉴》卷一百七十二，宣帝太建八年十一月壬戌条。

③ 该总结借鉴美国学者的观点，参见[美]盖里·罗斯：《谁来监管泄密者？国家安全与新闻自由的冲突》，巩丽娟译，金城出版社2013年版，第90页。

④ 《历代名臣奏议》卷二百一十五《慎刑》，台湾学生书局1985年版，第2844页。

又如清代实行奏折制度、设立军机处等重大改革，目的之一就是为解决传统中枢决策制度和公文运转制度保密效果不佳的问题，而且也确实有效提升清政府保密管理水平。这已是史学界的共识，毋庸赘言。雍正五年（1727 年）发生的程如丝案，也直接推动邸报发抄制度的改进。雍正五年十月，刑部奉旨将在押的原四川按察使程如丝"就地正法"，可就在刑部公文到川前五六日，程如丝突然自杀，显然是预先得到消息。经四川巡抚宪德查核，原来是邸报小抄泄密。

> 程如丝著即处斩之部文到，在十月二十九日，而京报小抄到在前五日（十月之二十四日）。部文单行臣署，臣得而密之。若小抄则川省之文武大小各衙门皆有，一赍俱到，一看皆知。是通知程如丝之斩决，不在部文到之后，而在小报甫到之际，已五六日矣。

此次事件后，清廷除按律处置有关人员之外，还特地下令，各省提塘抄发本章，有应密之事，必俟科抄到部十日之后，方许抄发。如有邸报先于部文者，该督抚将提塘参处。[①]乾隆三十九年七月，奏事处太监高云从泄密案后，乾隆帝对内外奏事处的人员结构、来源、工作制度也做了若干调整。但是，泄密案推动的制度改革大多从消除泄密隐患、加强信息安全角度着力，有些属于亡羊补牢甚至是釜底抽薪的重大进步之举，有些则难免因噎废食甚至因小失大（特别是对信息利用来说），故不宜一概而论。如康熙帝鉴于起居注官员泄密事件，裁撤存在半个多世纪的起居注衙门，就不是一项可以完全肯定的改革。此类例子也有很多，不赘。

第四，由于许多泄密案都涉及重大政治问题，在进行案例分析时，不宜限于简单的案情梳理和法律条文比对，还要从当时的政治和社会背景出发，多做一些考证工作，否则，就会陷入就事论事的窠臼，难以获得全面认识。前文在"漏泄禁中语"中已经涉及一些，这里再以明末陈新甲泄密案为例做些探讨。陈新甲被处以极刑，在法律上是没有什么问题的。但如果认真分析当时明朝的对清政策，则不免为陈氏喊冤。在风云变幻、民族危亡的 20 世纪 30 年代，著名历史学家陈寅恪先生有感时局，曾撰文评议此案，其意见颇有参考价值。陈先生认为，陈新甲被诛，"泄露事机，且彰主过"只是原因之一，更重要的还是明末社会舆论对和议的偏激态度。崇祯皇帝"劫于外廷之论，不敢毅然自任"，坚持和议政策，反而将支持自己、主张和议且奉旨行

① 《清会典事例》卷七百零三，《邮政・塘务》，中华书局 1990 年影印本，转引自刘文鹏：《清代提塘考》，《清史研究》2007 年第 4 期。

事的陈新甲处以极刑。表面上看是皇帝的残暴与昏庸，实质上则是政治上软弱的表现。“夫明之季年，外见迫于辽东，内受困于张李。养百万之兵，糜亿兆之费，财尽而兵转增，兵多而民愈困。观其与清人先后应对之方，则既不能力战，又不敢言和。成一不战不和，亦战亦和之局，卒坐是以亡其国。”①清代史学家赵翼也发表过类似意见。②这也证明，所谓泄密，许多时候都只是表象，根子还在政治。

六、保密与皇权政治

虽然中国古代法律制度上对哪些事项应当保密有一些原则性规定，但实践中哪些事项应当保密，保密到何种程度，何时可以解密与公开，则主要取决于皇帝与有关官员的意志。因为牵涉权力大小和运行，大臣与大臣之间，甚至皇帝与大臣之间，经常会就某一事项是否应当保密、对哪些人保密产生冲突。保密权的大小和变化也就成为观察中国古代皇权政治特别是君臣关系的一个重要视角。

（一）皇权没有边界

清代史学家王鸣盛曾说：“官不论贵贱，惟视其职之闲要，而闲要惟视时主之意向。”③这话也适用于保密权。作为中国古代社会最高统治者，皇帝可以决定任何保密事项，授予或者剥夺任何官员的密折权，还可以根据形势需要，决定是否将密折内容公开，正所谓：“奏章非发抄，外人无由闻；非奉旨，邸报不许抄传。”④可以说，中国古代的定密和解密权几乎完全操于皇帝之手。这种情形很容易让人联想起现代西方的总统保密特权制度，但二者之间其实存在重大差别。中国古代保密制度以维护皇权为核心，体现出较为浓厚的秘密政治文化色彩。当君主需要的时候，他可以“盛开告密之门”，如武则天时，“有告密者，臣下不得问，皆给驿马，供五品食，使诣行在。虽农

---

① 陈寅恪：《高鸿中明清和议条陈残本跋》（原载 1932 年 4 月《清华周刊》第三十七卷第八期），载《陈寅恪集 · 金明馆丛稿二编》，三联书店 2015 年版，第 146 页；稿本载《陈寅恪先生遗墨》，岭南美术出版社 2006 年版，第 1 页。

② （清）赵翼：《廿二史札记》卷三十五《明史》“明末书生误国”条。

③ （清）王鸣盛：《十七史商榷》卷三十七《台阁》，上海书店 2005 年版，第 260 页。

④ 《明史》卷二百五十三《王应熊传》。并参见周桂林：《论明代之邸报》，《中州学刊》1994 年第 4 期；廖基添：《邸报是古代报纸吗？——中国古代报纸发展线索再梳理》，《新闻与传播研究》2010 年第 1 期。

夫樵人，皆得召见，廪于客馆。所言或称旨，则不次除官，无实者不问。”①反之，则可以任意公开臣子的密折，罔顾臣子的利益与政局的安定。如明代万历时，首辅申时行就立太子一事上密疏，认为“册立之事，圣意已定”，“勿因小臣妨大典”，实际就是支持皇帝暂缓建储的决定。不想神宗将此疏批答后交由礼科发抄公开。舆论哗然，指责申时行“阳附群臣之议以请立，阴缓其事以内交”，导致申时行被迫辞职。②在泄密行为惩治上，如果涉及皇帝，也可以法外用刑。沈家本批评的“漏泄禁中语”罪就是一个典型例子。与皇权至高无上、不可挑战不同，现代总统是民选的首脑，而不是隐藏于神秘权力面纱之下的全知的领导人，其保密特权也并非是“绝对的、不受司法程序限制的”权力。当“记录模糊，或行政机构的证词过于笼统或有用心不良的迹象”时，法院就有权进行审查。如果我们仅仅通过形式比较，很容易将二者混同。

（二）脆弱的臣子

臣子的保密权主要体现为密奏权，根据其权力来源，可以区分为法定保密权与皇帝个别授予保密权，但根本上都来源于君权，后者随时可以削减甚至剥夺，因而相当脆弱。

一是法定密奏。在唐宋时期，宰相、各部尚书等高级行政官员，以及御史大夫等监察系统官员，均拥有法定密折资格。唐令还规定：“诸有事陈意见，非为诉讼身事，欲封进者，并任封上。舍人受得即奏，不许开看。其上表诉者，每日令御史一人共给事中、中书舍人对受。若先言官人害政及有抑屈者，奏闻。此外依常法。”③宋代五品以上或者其他执掌重要事务的官员（如漕臣、将帅），可以使用“札子”秘密折事。明代监察御史上奏“若系机密重事，实封御前开拆，并不许虚文泛言”④。

二是指定密奏，类似皇帝个别授权，主要见于明清。自朱元璋废除丞相之制后，内阁大学士在一定程度上行使着前朝宰相的权力，但在密奏问题上，却需要皇帝通过御赐银印的方式个别授权，以示其来有自，如夏言、杨一清、张居正等，都是如此。⑤清代康熙帝时，开始允许王鸿绪、曹寅、李煦等极

---

① 《资治通鉴》卷二百零三则天后垂拱二年（686年）三月；（明）张岱：《夜航船》卷十《兵刑部》，汕头大学出版社2009年版，第337页。

② 《明史》卷二百一十八《申时行传》。

③ 《唐令拾遗》，长春出版社1989年版，第533页。

④ 《宪纲事类·宪纲》“纠劾百司”。

⑤ （明）沈德符：《万历野获编》卷九《亲书章奏》、《王文肃密揭之发》；《万历野获编补遗》卷二《内阁密封之体》。参见王剑：《密疏的非常制参与与明代的皇权决策》，《吉林大学学报》2007年第3期；赵现海：《银章密折与洪熙中枢政治》，《故宫博物院院刊》2010年第6期。

少数亲信有密折权。[①]雍正帝即位后大力推行奏折，到其后期，上奏权官员人数逐渐扩大并相对稳定，大致京官自翰林、科道、郎中以上，外官自知府、道员、学政以上，武官自副将以上，旗员自参领以上，加上其他皇帝特批的低级官员和钦差大臣，共计大致有数百人。[②]没有密折权的官员，遇有机密重大事项，可以通过"代奏"制度，请有上奏权的长官、御史或者皇帝指定的人转呈。怡亲王允祥、军机大臣张廷玉、蒋廷锡等都曾奉雍正帝之命代收一些外省官员的奏折。[③]

(三)不断的博弈与平衡

现代法学理论认为，保密主要属于行政权，其权力大小，涉及政治权力的分配和政治架构的设计。中国古代保密问题当然不能简单类比，但从保密权上也可以看出君臣权力关系的变化。如关于内廷事务，宰相一般不得过问，但碰到刚正的大臣，则会要求知情甚至干预。如曹魏明帝时，少府杨阜就主动过问后宫人数。

(杨)阜又上疏欲省宫人诸不见幸者，乃召御府吏问后宫人数。吏守旧令，对曰："禁密，不得宣露！"阜怒，杖吏一百，数之曰："国家不与九卿为密，反与小吏为密乎！"帝愈严惮之。[④]

唐太宗时，魏征也明确提出，内廷事务应当对宰相公开，不得保密。

房玄龄、高士廉遇少府少监窦德素于路，问："北门近何营缮？"德素奏之。帝怒，让玄龄等曰："君但知南牙政事，北门小营缮，何预君事？"玄龄等拜谢。魏征进曰："臣不知陛下何以责玄龄等，而玄龄等亦何所谢！玄龄等为陛下股肱耳目，于中外事岂有不应知者！使所营为是，当助陛下成之；为非，当请陛下罢之。问于有司，理则宜然。不知何罪而责，亦何罪而谢也！"上甚愧之。[⑤]

到宋代，局面发生较大改变，宋太宗甚至连对外出兵都对宰相保密，[⑥]

---

① 1924年在故宫懋勤殿中发现了康熙给这三个宠臣的密旨以及三人所上的密折。参见单士元：《清宫奏事处职掌及其档案内容》，载单士元：《我在故宫七十年》，北京师范大学出版社1997年版，第179页。

② 据学者统计，康熙朝密折者约百余人，雍正朝有一千一百余名之多。参见杨启樵：《雍正帝及其密折制度研究》，广东人民出版社1983年版，第164页。

③ 《养吉斋丛录》卷二十三。

④ 《三国志》卷二十五《杨阜传》；《资治通鉴》卷七十三《魏纪五》。

⑤ 《资治通鉴》卷一百九十六《唐纪十二》。

⑥ 这一做法似源于金代。(清)赵翼《廿二史札记》卷二十八《金史》"金中叶以后宰相不与兵"条："……明昌以后，则兵事惟枢密院主之，而尚书省初不与闻。盖是时蒙古勃兴，北鄙骚动，惟恐漏泄传播，故惟令枢密主之。其后遂为枢密院之专职，而宰相皆不得预。"

且厉行“将从中御”方式，皇帝或颁阵图，或发手令，其他人不得与闻。沈括《梦溪笔谈》卷十一记载：“有军前机速处分则自御前发下，三省、枢密院莫得与也。”①但仍有大臣（如田锡）敢于提出批评。

> 臣闻前年出师，命曹彬取幽州，是侯莫陈利用、贺令图之辈荧惑圣聪，而李昉等不知；去年招置义军，札配军分，赵普等亦不知。夫宰相非才，则罢之可也。宰相可任，岂有议边陲，发师旅，而不使与闻者哉！语云：“偏信生奸，独任成乱。”利用、令图等既误陛下机宜于前，无令似此二人者复误陛下机宜于后。②

这些故事表面上说的是保密中的知悉范围问题，但实质涉及皇帝和宰相权力划分，且都倾向于扩张相权，限制皇权。上述曹魏时期杨阜的故事，司马光在《资治通鉴》中照录《三国志》原文，也表明了宋人对皇权与相权的一种态度。明末清初顾炎武在《日知录》卷五《阉人寺人》中引用这个故事，用意也是政治上的。他说，有些皇帝认为阉人寺人是“吾家事”，严禁大臣干预，大臣也以为是“天子之家事”，“不敢执而问”。顾炎武认为这种态度和做法都是不正确的，因为“家之不正，而何国之能理乎”？主张将阉人寺人的管理权放到以宰相为代表的外廷，“阉人寺人，属于冢宰，则内廷无乱政之人”。后来清代将宦官管理放在内务府，虽然主要是承袭满洲包衣制度的旧有做法，③但与顾炎武代表的这股思潮似也不无关系。

官员保密权和“政治待遇”直接挂钩，不但影响君臣关系，也影响部门和官员之间权力分配，因此，部门和官员之间有所纷争也就是常事。比如，外交事务，皇帝一般不让其他官员插手，因此就引起许多争议。如宋仁宗时，著名大臣、庆历四谏官之一的余靖上奏，批评朝廷搞秘密外交：“臣窃见朝廷每有契丹遣使到阙，元昊差人来朝，大臣商量，唯欲秘密，两制、两省、御史中丞已下虽名侍从供奉之官，当时并不闻知。”④

历史上还有个别大臣为把持朝政，刻意保密，这自然更要引起其他大臣

---

① 据不少民国时期的将领回忆，蒋介石喜欢用手令或者打电话越级指挥军队作战。参见张瑞德：《详解蒋介石如何靠手令越级指挥前线部队》，《近代史研究》2005年第5期。而在中国共产党军事决策中，非常注意这一问题。在红军中，普遍设立政治委员制度，但明确规定政治委员不干涉具体的军事行动，军事指挥由军事长官负责。聂荣臻回忆说：在他和林彪共事期间，对于军事问题，基本尊重林彪意见，对于政治问题则绝对不让步。这应该是红军队伍中的共通原则。参见《聂荣臻回忆录》，解放军出版社2007年版。

② 《续资治通鉴长编》卷三十。

③ 郑天挺：《清代包衣制度与宦官》，载郑天挺：《清史探微》，商务印书馆2014年版，第62页。

④ 余靖：《上仁宗乞令侍从与闻边事》，载赵汝愚：《宋朝诸臣奏议》卷四十九，上海古籍出版社1999年版，第527页。

的不满甚至抗议。如宋仁宗病危时，内侍都知严密控制皇宫消息，两府虽住宿禁中，几日都不知皇帝起居。为此，宰相文彦博果断采取措施，令“引都知等至中书令供状，今后禁中事，如不令两府知，甘伏军令”。由此内侍大惧，宋仁宗的起居也不再对两府保密。①

作为最高统治者，皇帝自然不会允许和放任此种情绪蔓延。如宋高宗时，秦桧专权，高宗即借机提醒他：“余尧弼（另外一位宰相）既参大政，朝廷事亦宜使之与闻。”②清代雍正帝大力推行奏折，但同时要求，地方督抚在密折中请示获准的事项，仍须通过正式程序上报中央有关部门，不得以有皇帝批示径自实施。为的就是防止督抚借奏折侵夺六部职权，打破官僚体系平衡，引起政局动荡。③

马克斯·韦伯认为，在支配关系中，支配者总是倾向于维持其少数地位，因为成员少，才有利于成员间迅速达成谅解，较易保持其意图、决议和知识的秘密性；一旦人数多，想保持秘密就更困难，或者根本不可能，因此，支配天然具有秘密性。④这个理论在一定程度上可以解释中国古代皇帝对保密的青睐以及对权力的控制。

七、保密是政治智慧

子曰：“我欲载之空言，不如见之于行事之深切著明也。”综上所述不难发现，保密不是一个单纯的技术或法制问题，对君主来说，更表现为一种政治智慧，在保密问题上糊涂者均难成大事。那种将保密仅仅看作权谋的观点是狭隘的，也是不符合事实的。保密是“术”，也是“道”。关于君主部分，上文在武则天和康熙、雍正、乾隆三帝的保密观中已经介绍，此处从略。这里主要从臣子的角度，就上文没有用过的一些材料，再做一些探讨。

对臣子来说，保密也是一种政治智慧，是其政治意识和水平的直接体现。官员保密意识和保密水平的高低，直接影响国家安全、政局稳定以及军

---

① （宋）司马光：《涑水记闻》卷十，中华书局1989年版，第180—181页。

② （宋）洪迈：《容斋续笔》卷十五《李林甫　秦桧》，孔凡礼点校，中华书局2015年版，第311页。

③ 《清世宗实录》卷九十六，雍正八年七月甲戌。

④ ［德］马克斯·韦伯：《支配社会学》，康乐、简惠美译，广西师范大学出版社2010年版，第17页。

事斗争胜败。如在诸葛亮和司马懿对峙的最后关头，“亮遣使者至懿军，懿问其寝食及事之烦简，不问戎事”。使者对曰：“诸葛公夙兴夜寐，罚二十以上，皆亲览焉；所啖食不至数升。”司马懿听后告人曰：“诸葛孔明食少事烦，其能久乎！”不久，诸葛亮卒于军中。元代胡三省在此处注云：“（司马）懿所惮者亮也，问其寝食及事之烦简，以觇其寿命之久近耳，戎事何必问耶！”① 可惜诸葛亮的使者未能看破司马懿的这一阴险用心。又如元世祖忽必烈在领军攻宋途中，获悉其兄蒙哥汗在重庆钓鱼台战役中猝死，遂单身回上都争夺汗位。当时在外地的谋臣商挺特地托人带信给他：“殿下班师，师屯江北，脱有一介持诈发之，军中留何符契？”忽必烈一听，大骂身边的谋士：“无一人为吾言此！非商孟卿，几败大计。”立刻派遣使者到军中订立调兵的暗号。后来，与忽必烈争夺汗位的阿里不哥果然派遣使者到江北军中，马上被留守将领杀死。

但对臣子来说，保密的意义更多表现为一种政治品德，一种明哲保身之道，“一种功利主义的实用技巧”。实践中，相对于国家安全，保密对官员个人前途、人身安全和家族幸福影响也更大一些，而这些因素恰恰是官员恪守保密纪律的主要动力。如西晋大臣羊祜，其岳父为曹魏大将夏侯霸，在政治上，与曹魏关系先天要亲密一些。魏晋禅代之后，羊祜仍身居高位，参与机密，并为晋帝筹划灭吴大计，除羊祜才干突出之外，和他“慎密太过”的性格有很大关系。史载：羊祜“历职二朝，任典枢要，政事损益，皆谘访焉”，但是“嘉谋谠议，皆焚其草，故世莫闻。凡所进达，人皆不知所由”。史书还专门记载羊祜对此的解释，可以看出西晋时期“大臣奏事不宜漏泄”观念的强化程度。

> 或谓祜慎密太过者，祜曰：“是何言欤！夫入则造膝，出则诡辞，君臣不密之诫，吾惟惧其不及。不能举贤取异，岂得不愧知人之难哉！且拜爵公朝，谢恩私门，吾所不取。”②

著名历史学家陈寅恪先生的高足徐高阮在其名作《山涛论》中曾专门论及羊祜这一特点，并与“淳深渊默”的山涛进行比较，认为这是二者在禀赋上

---

① 《资治通鉴》卷七十二，明帝青龙二年八月辛巳条。

② 《晋书》卷三十四《羊祜传》。该传还记载，羊祜女夫尝劝祜“有所营置，令有归戴者，可不美乎？”祜默然不应，退告诸子曰：“此可谓知其一不知其二。人臣树私则背公，是大惑也。汝宜识吾此意。”《晋书》卷三十九《荀勖传》记载了一个类似故事：荀勖位居高位，女婿劝他“宜有所营置，令有归戴者”，荀勖默然不应，退而语其子女说：“人臣不密则失身，树私则背公，是大戒也。汝等亦当宦达人间，宜识吾此意。”

的相似之处，也是促成二者政治联盟的原因之一。[1]这是正确的。

反之，明代名臣于谦功绩卓著，但最后竟然冤死，则和他在政治上和性格上的这一弱点不无关系。明代陆容《菽园杂记》卷六记载了这样一个故事。

兵部侍郎王伟先任职方郎中，用少保于公（于谦——引者注）荐升是职，未几，伺于公过误，密奏之。景皇帝信任于公方专，召入，以伟奏授之。公叩头谢罪，上曰："吾自知卿，卿勿憾也。"公既出，伟下堂迎问曰："今日圣论为何？"公曰："姑入语之。"既入，复请，乃笑曰："老夫有不是处，贤弟当面言之，未敢不从也，何忍至此。"乃出奏示之，伟局促无地。

这个故事中，于谦的作为堪称光明磊落，但在政治活动中，却难为明智，可见其政治上并不阴鸷深沉。于谦后来遭难，与他这样疏略的性格似不无关系。史载：景泰帝时用人多决于于谦。徐有贞找到于谦，希望得到国子祭酒的职位。于谦为言于帝，帝曰："此议南迁徐理邪？为人倾危，将坏诸生心术。"徐理不知谦之荐之也，以为沮己，深怨谦。"夺门之变"后，徐掌握大权，借机诬杀于谦。[2]而徐有贞本人，也是因为在保密问题上被政敌石亨、曹吉祥陷害，使明英宗怀疑其忠诚，终结政治生命。

帝方眷有贞，时屏人密语。吉祥令小竖窃听得之，故泄之帝。帝惊问曰："安所受此语？"对曰："受之有贞，某日语某事，外间无弗闻。"帝自是疏有贞……。[3]

从这个意义上说，保密更符合社会学家齐美尔所说的"是一方对另一方的积极防守，是个人抵御与日俱增的社会流动性的冲击的保护手段"。反映到社会风气上，中国人反对"交浅言深"，[4]倡导"逢人只说三分话，未可全抛一片心"。[5]一是在官场上，强调谨言慎行。明代陆容在《菽园杂记》中以亲

---

① 徐高阮：《山涛论》，中华书局2013年版，第240页。
② 《明史》卷一百七十一《徐有贞传》。
③ 《明史》卷一百七十一《徐有贞传》记载：徐有贞（原名徐理）"为人短小精悍，多智数，喜功名。凡天官、地理、兵法、水利、阴阳方术之书，无不谙究。""土木堡之变"时，徐以天象为由，倡议南迁。景帝即位后，不受重用。为东山再起，改名徐有贞。后治水有功，进左副都御史。景泰帝病危时，与石亨、曹吉祥发动政变，迎英宗复位，史称夺门之变或者南宫之变，入内阁，参预机务，加兵部尚书，掌文渊阁事。明末著名书法家祝枝山是徐有贞的外孙。
④ （清）翟灏：《通俗编》卷十七《言笑》"交浅言深"条，中华书局2013年版，第227页。
⑤ （清）翟灏：《通俗编》卷十七《言笑》"逢人只可三分话，未可全抛一片心"条，中华书局2013年版，第241页。

身经历证明仕途凶险，不可随意论人长短，甚至连论文谈诗都要少说为妙。

予登进士，观政工部。父执徐翁孟章谓予曰："仕路乃毒蛇聚会之地，君平昔心肠条直，全不使乖，今却不宜如此。坐中非但不可谈论人长短得失，虽论文谈诗，亦须慎之。不然，恐谤议交作矣。"予初不以为然，后为职方主事考满，同年与予有隙者适在河南道，遂以考语中之。吏部询之舆论而寝，且一岁得连迁。予于是始信徐翁之言为不妄，而又喜人自有命，非作恶者所能害也。

清代举人出身的高廷瑶，辗转安徽、广东两省官场，最后被破格提拔任广州知府。自述为官之道，第一条就是"谨言慎行"。"夫居官之要，莫要于谨言慎行。举止戒浮动，说话戒夸张。上官及朋友有事相商，不可漏泄，所谓几事不密则害成也。……(他人)或有所短，断不可宣之于口，使人抱终身之恨，其雠必深。更不可攻发人之阴私，其祸更烈。""同侪欢聚，多言不如少言，说要事不如说闲事。触人忌讳者不可暴扬，有关公事者不可訾议，此中关系匪轻，恂恂自守，藏聪明于浑厚，载福之器也。"①

二是在一般社会交往上，倡导慎言避祸。《周易》中有"潜龙以不见成德"的说法。宋末元初著名学者王应麟在其名作《困学纪闻》中，引用多个历史故事进行阐释。其中之一就是三国时期，管宁的朋友邴原"性刚直，清议格物"，管宁规劝他说："潜龙以不见成德。言非其时，皆招祸之道也。"邴原不听，最后果以言贾祸。②《韩非子·外储说左下》记载：范文子"喜直言"，他的父亲范武子"击之以杖"，理由是"夫直议者不为人所容，无所容则危身。非徒危身，又将危父。"③东汉伏波将军马援给子侄写信说："吾欲汝曹闻人过失如闻父母之名，耳可得闻，口不得言也。"④明末著名科学家徐光启在京为官期间，获悉倭寇来犯，写信通知家人避难，开篇第一句话就是"此书万分秘之，不可与人看一字。"⑤清末名臣左宗棠给其子家书，袒露自己的西征决心，颇为高调("虽同事之牵制，异己之阻挠，朝廷之训饬，皆所不敢屈。")，但同时告诫子弟注意保密，这些话不可对外人言及，以免为人所忌："尔等除至

---

① 网络材料，来源待考。

② (宋)王应麟：《困学纪闻》卷一《易》，上海古籍出版社 2008 年版，第 3 页。

③ 周勋初修订：《韩非子校注》，凤凰出版社 2009 年版，第 353 页。

④ 《后汉书》卷二十四《马援传》。又见《古文观止》卷六《马援诫兄子严敦书》。类似"慎言"的记载广泛见于中国古代家训和诫子书，参见(宋)刘清之：《戒子通录》，台湾商务印书馆影印文渊阁四库全书本，转引自张伯伟：《从中韩诫子传统看宋尤庵的诫示子孙诗》，载张伯伟：《域外汉籍研究论集》，北京大学出版社 2011 年版，第 130 页。

⑤ 王重民辑校：《徐光启集》卷十一《书牍二·家书五》，中华书局 2014 年版，第 484 页。

亲好友外，对外人断不宜将此段尽情说出。盖名者，造物之所忌，亦人世之所忌也。”[①]西方谚语所谓“直”而不“尽”（the truth but not the whole truth），说真话，但不说所有真话，[②]大概也是此意。这也是难得的人生经验吧，虽然并不是那么让人开心。[③]

八、并非都是保密的错

一般都认为，浓厚的保密观念与严厉的保密制度造成了中国古代的信息闭塞、文化落后、社会保守、人情虚伪冷漠，这是有一定道理的。比如1708年，清朝政府组织传教士们绘制中国地图，后用10年时间绘制了科学水平空前的《皇舆全览图》，走在世界前列。但是，这样一个重要成果长期被作为密件收藏内府，社会上根本看不见，没有对经济社会发展起到什么作用。反倒是参加测绘的西方传教士把资料带回西方整理发表，使西方在相当长一个时期内对我国地理的了解要超过中国人。[④]2014年，习近平在给院士们的讲话中专门引用这个故事，并评论说：“这说明了一个什么问题呢？就是科学技术必须同社会发展相结合，学得再多，束之高阁，只是一种猎奇，只是一种雅兴，甚至当作奇技淫巧，那就不可能对现实社会产生作用。”[⑤]又如明初皇室秘阁所收图书是宋金元三朝旧藏，大多是宋元刻本和抄本，颇有价值，明英宗时期统计共有7 297种，但到清初检阅时已经“散失殆尽”，到乾隆修四库全书时“散失无余”。[⑥]这充分证明保护文化遗产的最好方式就是流传，保密则可能造成无法挽回的损失甚至毁灭性的灾难。又如《大明

① （清）左宗棠：《与孝威孝宽》（1871年），载杨东梁编：《中国近代思想家文库：左宗棠卷》，中国人民大学出版社2012年版，第520页。

② 钱钟书：《管锥编》第一册，三联书店2001年版，第269页。

③ 著名学者程千帆1977年给学生杨翊强写信，嘱咐要多做事、少说话、不吵架，最后注明“看后烧毁”。参见程千帆、陶芸：《闲堂书简》（增订本），上海古籍出版社2013年版，第35页。杨绛百岁生日接受《文汇报》采访，总结人生经验，其中之一就是“忍”。“含忍和自由是辩证的统一。含忍是为了自由，要求自由得要学会含忍。”“我这也忍，那也忍，无非为了保持内心的自由、内心的平静。”参见杨绛：《代前言·写在人生边上》，载杨绛：《杂忆与杂写（一九九二—二〇一三）》，三联书店2015年版，第19页。

④ 葛剑雄：《清朝全国地图的测绘》，载《后而立集》，复旦大学出版社2010年版，第13页。

⑤ 习近平：《加快从要素驱动、投资规模驱动发展为主向以创新驱动发展为主的转变》（2014年），载《习近平谈治国理政》，外文出版社2014年版，第125页。

⑥ 来新夏：《古典目录学》（修订本），中华书局2012年版，第208页。

律》禁止民间私习天文，也严重阻碍中国古代天文学的发展。更应该批评的是，这条禁令对大臣们却不适用，明仁宗曾以《天元玉历祥异赋》赐群臣，并对杨士奇说："此律自为民间设耳，卿等安得有禁？"[①]这明显有愚昧百姓的用意，实不足为训。

保密对社会风气的塑造更有着不可忽视的消极作用。[②]在"忠臣奏事不得漏泄"的风气下，一些官员常常有自我要求过苛乃至奴性的地方。晋朝竹林七贤之一的山涛主管吏部时，每有官缺，总是先"密启"数人，皇帝肯定后，再公开奏举。[③]这被视为秘密荐举的滥觞，"选曹补拟，皆密奏于上，盖自晋山涛启事始也。"[④]南北朝时期，北周左光禄大夫猗氏乐逊曾上书批评这种做法，认为"选曹补拟，宜与众共之；今州郡选置，犹集乡闾，况天下权衡，不取物望。既非机事，何足可密！其选置之日，宜令众心明白，然后呈奏。"[⑤]中国近代著名史学家吕思勉也曾指出：山涛奏举"足见与众共之利，而秘密之终成壅蔽矣。"[⑥]

但在随后，这种做法几成铁律，无人敢违。北宋王旦为相，"每有差除，先密疏四三人姓名以请，所用者帝以笔点之。同列不知，争有所用，惟旦所用，奏入无不可。""旦凡所荐，皆人未尝知。旦没后，史官修真宗实录，得内出奏章，始知朝士多旦所荐云。"[⑦]如果说在司马氏政权高压下，山涛为求自保，如此顺从帝意还可理解，[⑧]宋代号称最重士大夫，陈寅恪先生甚至坦言对天水一朝文化最为推崇，[⑨]王旦又是宋史上难得的贤相，更有知人之名，

---

① (明)顾炎武：《日知录》卷三十《天文》。

② "只有在真正自由发表意见的气氛之下才能有人性的解放，才能言行一致；而专制统治只能造就虚伪。"邓艾民：《传习录注疏》，上海古籍出版社 2012 年版，第 295 页。"压制人的欲望，将造成一种对世事不关心的冷漠态度。"王元化：《简论尚同》，载王元化：《清园文存》第二卷，江西教育出版社 2001 年版，第 207 页。

③ 山涛的奏举颇有特色，时称"山公启事"，参见(宋)洪迈：《容斋四笔》卷十《山公启事》。

④⑤ 《资治通鉴》卷一百六十七，武帝永定三年六月戊子条。

⑥ 《吕思勉读书札记》丙帙《魏晋南北朝》(四九四)山涛条，上海古籍出版社 2005 年版，第 933 页。

⑦ 《宋史》卷二百八十二《王旦传》。《宋史》本传记载：王旦为相，宾客满堂，无敢以私请。察可与言及素知名者，数月后，召与语，询访四方利病，或使疏其言而献之。观才之所长，密籍其名，其人复来，不见也。

⑧ 山涛所处政治环境具体情形，参见徐高阮：《山涛论》，中华书局 2013 年版，第 240 页。

⑨ 北宋时期有苏轼的"乌台诗案"，但范仲淹《岳阳楼记》公开为政治难友滕子京施政唱赞歌，当时言论自由的尺度还是较大的。关于范仲淹和滕子京的关系，朱熹曾有解说："如滕子京孙元规之徒，素无行节，范公皆罗致之幕下。后犯法，又极力解救之。"参见《朱子语类》卷一百三十三《本朝七・夷狄》，中华书局 1984 年版，第 3189 页。

对皇权如此做小伏低,似乎更多乃个性和风气使然,而非单纯制度要求。[①]清人钱大昕批评那些“终身不荐一人,而转得公正之誉”的“近世大臣”是“身家之念重,而忠爱之意薄”。[②]鲁迅也曾说:“暴君治下的臣民,大抵比暴君更暴;暴君的暴政,时常还不能餍足暴君治下的臣民的欲望。”[③]这也可以适用于那些对保密问题过于谦卑的人士。但在类似问题上,今人又往往只注重批判所谓制度因素,而忽视个人品格的力量。

同时,还要注意以下几个方面:第一,保密作为一种管理手段,也是要蓄意隐瞒、篡改甚至销毁一些信息,在某些时候也表现出非常权谋甚至阴险的一面(如毁尸灭迹、杀人灭口等),但不宜将保密与焚书坑儒、文字狱、禁书等活动相提并论。后者是大规模的有着明确政治目的,企图永久性地摧毁某种历史记忆或者意识形态的政治行为,是不折不扣的愚民举措,是对文化和思想的摧残与破坏,所谓“民可使由之,不可使知之”;[④]但保密只是一时一地的权宜之计,所谓“慎密,原为成事,事成便复昭然”。[⑤]虽然实际上未必做得到。故对保密是总结经验教训的问题,对焚书坑儒、文字狱等则是全盘否定、彻底清算的问题。

第二,一项保密政策、保密制度也有个发展过程,评价时要有历史观点。著名史学家吴于廑曾指出,中国古代的皇权并非起初就是庞大无比的,也有一个发展的过程。[⑥]保密活动也是如此,信息管制并非一开始就如明清时期那样严厉,也是有起伏反复的。著名思想家顾准曾经指出,商王室在文化和工艺上,多少采取了一些“保密”、“独占”的态度,而周王室则采取广为传播的政策,不着重于保密和独占。这也是其能够维系八百年统治的重要原因。[⑦]又如前面提及的官员任用问题,其人选在公开之前必须严格保密,其内部决策过程甚至在任命公布后也不得泄露。但按照顾炎武《日知录》卷二《建官惟百》的说法,唐虞之时“天子不亲其黜陟”,亲自任命的官员不过100

① 这在宋时似已成为风气。朱熹有云:“今日言事官欲论一事一人,皆先探上意如何,方进文字。”《朱子语类》卷第一百一十二《朱子九》,中华书局1984年版,第2733页。

② (清)钱大昕:《十驾斋养新录》卷十八《荐贤》,上海书店2011年版,第358页。

③ 鲁迅:《暴君的臣民》(1919),载《鲁迅全集》(编年版)第1卷,人民文学出版社2014年版,第756页。

④ 《论语·泰伯第八》。

⑤ (明)左懋第:《详察密封疏》,载孙承泽:《春明梦余录》卷二十五《六科》,北京古籍出版社1992年版,第402页。

⑥ 吴于廑:《自传》,载《吴于廑文选》,武汉大学出版社2007年版,第452页。

⑦ 顾准:《要建立科学与民主,必须彻底批判中国的传统思想》(1973年3月27日),载《顾准文集》,福建教育出版社2010年版,第306页。

人左右，其他人选都由这100个官员决定。皇帝连任命大权都不要，还有什么需要保密的呢？后来，“人主之职日侵于下，其命于天子者多”，“有敕用州主簿、郡功曹者也”。保密范围自然也就随之扩大。这实际上都是由皇权和政治制度的变化决定的。“国史”撰修也有类似的演变过程。国史不同于前代史，涉及当代人事，敏感内容较多，为保机密，一般均将史馆设在禁中，“所以秘严之也”。但在唐时，一度允许主事者“随任修撰”，或者随着职务调整到外地，或者在家修撰。后来认为，“国史听人携带，究非慎重之道”，规定“赴馆撰录”，不得携带出馆，更不要说外地。① 又如顾炎武曾批评明代“秘书”、“国史”保密政策流毒无穷，使“天下之士于是乎不知古”、“天下之士于是乎不知今”，但他同时也明确指出，这并非自古皆然。② 应该说，这样历史地看问题才是比较可取的。

第三，不宜将当时一切知识落后都归咎于保密，还有一个信息技术落后、信息化水平低下的问题。比如，清代康熙二十一年(1682年)，西藏五世达赖罗桑嘉措在布达拉宫逝世，掌权的桑结嘉措“欲专国事，秘不发丧，伪言达赖入定，居高阁不见人，凡事传达赖之命以行”。由于西藏与内地路途遥远，通讯不便，直到14年之后的康熙三十五年(1696年)，康熙帝亲征打败准噶尔，才从被俘的西藏人中获悉这一消息。③

由于档案管理利用制度落后，实践中一些重要法规文件常常查找不到，只能听凭口耳相传，难免以讹传讹甚至难以查证。一个典型例子是西汉时，窦婴为营救好友灌夫，以持有先帝(汉景帝)遗诏(“事有不便，以便宜论上”)为由，要求面见汉武帝。但汉武帝事先不知道窦婴藏有这么一份先帝遗诏，在尚书(管理档案的机构)中也没有查到副本或者记录。最后，窦婴以矫诏罪(假传遗诏)被处死。《史记》卷一百七《魏其武安侯列传第四十七》：

> 孝景时，魏其常受遗诏，曰“事有不便，以便宜论上”。及系，灌夫罪至族，事日急，诸公莫敢复明言於上。魏其乃使昆弟子上书言之，幸得复召见。书奏上，而案尚书大行无遗诏。诏书独藏魏其家，家丞封。乃劾魏其矫先帝诏，罪当弃市。……以十二月晦论弃市渭城。

这个故事涉及政争，有许多未解之谜，但悲剧之所以发生，先皇遗诏保密到查无对证也是一个重要原因。该案以极端的形式证明，保密可能造成

① (清)赵翼：《陔余丛考》卷十七《唐时国史听随任修撰》，河北人民出版社2007年版，第319页。

② (明)顾炎武：《日知录》卷之十八《秘书国史》。

③ 牙含章：《达赖喇嘛传》，华文出版社2001年版，第36页。

连政府内部都无法实现信息共享，乃至信息彻底消亡的严重后果。宋代沈括《梦溪笔谈》卷十一也记载，宋太祖关于禁止河北地区食盐官卖的圣旨也曾陷入查无实据的困境。

河北盐法，太祖皇帝尝降墨敕，听民间贾贩，唯收税钱，不许官榷。其后有司屡请闭固，仁宗皇帝又有批诏云："朕终不使河北百姓常食贵盐。"献议者悉罢遣之。河北父老，皆掌中掬灰，藉火焚香，望阙欢呼称谢。熙宁中，复有献谋者。余时在三司，求访两朝墨敕不获，然人人能诵其言，议亦竟寝。

明代陆容《菽园杂记》记载，一位新进官员因为不熟悉《皇明祖训》而差点闯下杀头大祸。

尝记初登第后，闻数同年谈论都御史李公侃禁约娼妇事，或问："何以使之改业不犯？"同年李钊云："必黥刺其面，使无可欲，则自不为此也。"众皆称善，予亦窃识之久矣。近得《皇明祖训》观之，《首章》有云："子孙做皇帝时，止守《律》与《大诰》，并不用黥刺剕劓阉割之刑。臣下敢有奏用此刑者，文武群臣即时劾奏，将犯人凌迟，全家处死。"为之毛骨竦然。此议事以制，圣人不能不为学古入官者告，而本朝法制诸书，不可不遍观而博识也。

这位官员对开国皇帝的祖训都不认真学习掌握，确属业务不精，但"事故"的发生和当时文献整理水平较低、检索不便等也有很大关系，不宜苛责。

从历史上看，信息技术的落后为封锁消息和保密创造有利条件。反之，现代报纸、广播、电视、网络等传播媒介的兴起，从根本上改变信息存储和传输的途径和方式，许多原来应当或者可以保密的信息纷纷丧失可保性，保密范围、保密技术和保密制度不得不随之改弦更张，但此前思想、制度和实践中蕴涵的一些基本原理仍然是适用的，其中一些经验教训也可以提供借鉴。章太炎在清末谈到学历史的重要性时曾经说过这样一段话："我们中国政治，总是君权专制，本没有什么可贵，但是官制为什么要这样建制？州郡为什么要这样分割？军队为什么要这样编制？赋税为什么要这样征调？都有一定的理由，不好将专制政府所行的事，一概抹杀。"①这也可以适用于保密史研究。

① 章太炎：《在东京留学生欢迎会上之演讲（一九〇六年七月十五日）》，载章念驰编订：《章太炎全集·演讲集（上）》，上海人民出版社2014年版，第10页。

第五章 中国近代的保密观

一、引 言

本章和以下两章为中国近代保密思想和法制。写作思路还是按照思想和制度展开，首先以人物为中心，考察近代人士对保密问题的认识和思考，其次以立法为线索，重点考察国家安全危机对清末至民国保密法律制度的影响，最后对争议较多的新闻自由和保密冲突问题进行考察。对这段历史，一些近代史和法制史著作均有所涉及，对清末总理衙门保密制度、[①]电报保密制度、[②]郑观应保密思想、[③]甲午战争中的泄密问题、[④]全面抗战初期的黄濬泄密案，[⑤]以及清末至民国刑事立法（泄密罪部分），[⑥]且有专文论及，但不够均衡和全面，对军事机密保护、新闻保密审查等制度，多谈得比较简略。本书尝试做一系统梳理，其中有些资料尚属首次利用，如《军机保密办法》、《抗日战争时期国民党军作战机密日记》、《“外交部”南海诸岛档案汇编》、《陈克文日记》等。本章首先考察中国近代的保密观，其中有关保密和公开、新闻自由的言论和思想，本书第七章将专门考察，从略。

二、林 则 徐

林则徐（1785—1850 年）被誉为中国近代开眼看世界的第一人，也是较

① 吴福环：《清季总理衙门工作制度和运转上的几个特点》，《新疆大学学报》1991 年第 3 期。

② 夏维奇：《晚清电报保密制度初探》，《社会科学辑刊》2009 年第 4 期。

③ 赖晨：《郑观应与清末电报保密》，《重庆邮电大学学报》2010 年第 5 期。

④ 李文海、康沛竹：《甲午战争与日本间谍》，《清史研究》1994 年第 4 期。

⑤ 钟高玉：《我参与侦破“黄浚案”》，《纵横》1995 年第 4 期。

⑥ 谢振民：《中华民国立法史》，中国政法大学出版社 1999 年版。

早与“夷人”打交道的清廷重臣。这迫使他对来自西方的侵略威胁和国家安全问题有较多思考与实践。在禁烟期间，林则徐就密派“精干稳实之人”到“华夷杂处”的澳门打探“夷情”，还辗转购得澳门“夷人刊印之新闻纸”，雇人“密为译出”，“其中所得夷情，实为不少”。①例如，林则徐在缴获英商烟土账本（“夷票”）后才知道，“竟有一月之内装至一万二千数百箱（鸦片）者”。②林则徐这一做法甚至引起外国人的注意，他自己也作为一条重要经验向继任者推荐。③在保密问题上，林则徐提出“一切机谋，密之又密”的主张。④但总体来看，其重点似乎放在对英商情报的刺探上，保密方面没有提出新的重要建议，也未采取特别措施，故对后世影响较小。

三、奕䜣

洋务运动期间，清政府成立总理各国事务衙门，对外交往制度化经常化，保密工作获得高度重视。主管总理衙门的恭亲王奕䜣（1833—1898 年）自述说：“自办理洋务以来，凡有应行事件，均由臣等督率章京慎密将事，从不敢稍涉疏忽。其最密者，或由臣等手自缮写具奏，并经奏明公牍而外，准令函商，无非严防泄漏之意。”⑤“凡有陈奏事件以及与各省大吏往来文移书札，悉令该章京等亲自缮写，不假胥吏之手”，“凡非经手办理之人，概不得预闻窥探”。⑥挑选司员时，也主要从国史馆、方略馆供事中挑选，因为他们“均系由京官出结考取有来历之人”。对于苏拉、马差役、听差等人也严格挑选，以防其为他人传递消息。对泄密者，即使是位高权重的地方督抚，也严词斥责，绝不宽贷。⑦同治十三年（1874 年），沈葆桢关于台湾番社问

① （清）林则徐：《答奕将军防御粤省六条》（1841 年 3 月），载杨国桢编：《中国近代思想家文库：林则徐卷》，中国人民大学出版社 2012 年版，第 326 页。

② （清）林则徐：《会奏细察夷情务绝鸦片来源片》（1839 年 9 月 1 日），载杨国桢编：《中国近代思想家文库：林则徐卷》，中国人民大学出版社 2012 年版，第 231 页。

③ 《澳门月报》（1840 年），载杨国桢编：《中国近代思想家文库：林则徐卷》，中国人民大学出版社 2012 年版，第 309 页。

④ （清）林则徐：《焚剿夷船办艇擒获借机函件情形折》（1840 年 6 月 14 日），载杨国桢编：《中国近代思想家文库：林则徐卷》，中国人民大学出版社 2012 年版，第 272 页。

⑤ 《筹办夷务始末》（同治朝）卷六十一，参见吴福环：《清季总理衙门工作制度和运转上的几个特点》，《新疆大学学报》1991 年第 3 期。

⑥ 《筹办夷务始末》（同治朝）卷七十八。

⑦ 吴福环：《清季总理衙门工作制度和运转上的几个特点》，《新疆大学学报》1991 年第 3 期。

题的奏折及朝廷批示被香港报纸刊发，沈葆桢本人被交部议处，涉案地方的两江总督李宗羲、福州将军文煜、两广总督张兆林等奉命追查泄密源头，花费了大半年时间。[①]从上奏看，督抚们对"中外交涉事件"、"洋务密件"等都很注意保密。

但以上要求似仅限于外事部门和外交事务，而且就一些具体问题，朝野之间意见也并不一致。如左宗棠曾就与外国谈判轮船局事务的保密问题发表过与清政府不大一致的意见，认为事前保密是必要的，但在有了签约意向、报纸都已报道的情况下，则不必继续保密，事实上也无法保密。

> 事前不得不密者，缘彼族险竞嗜利，有益于我之事，彼必挠之，别国有结好于我之意，彼必忌之。或以利器不可示人之说行其间于外国，或以工繁费巨事难必成之说行其间于中国，使我疑信相参，颠倒于彼术之中，而彼得久据其利。故我之谋之也，藏之隐微，秘之机成，未启之始，惴惴乎犹虞其或泄也。迨计议粗定，要约已明，立局于大海之滨、岛族熙来攘往之地，与洋员往返定议，画押钤印于岛族萃处之所，彼已哗然，属日而闻，已刊入新闻纸，虽欲密之，亦乌从而密之乎？[②]

对总理衙门严词责问的江西漏泄机要案，[③]左宗棠甚至明确提出不同意见，认为事情已传播出去，就没有必要继续保密。

> 近读寄谕，以江西漏泄机要，致贻口实，敕疆臣倍切慎密。此固应遵行，然既已有所传播，彼又挟之为论端，似不必更有所隐。方津事之殷也，彼方虚词恫吓，调兵船入津门，由电线寄信本国，我能无戒备申警乎？彼如思逞，疆吏自当防患未然，岂能束手以待？正词斥之，彼似无可借口。[④]

崇厚擅自与俄罗斯签约事件发生后，围绕是否公开表态，清廷也有争论。醇亲王奕譞上奏认为："既值非常之局，即不必但泥于常规，既已中外喧传，即不须仍前秘密。"他建议："似可乘此特降明诏，大致谓崇厚于交涉要件草率擅拟，其违训越权之罪，本应立正刑诛，只以两国素敦和好，是以从宽监

---

① 黄濬：《花随人圣庵摭忆》卷二二〇《新闻纸泄漏外交军事案》，中华书局 2013 年版，第 421 页。

② （清）左宗棠：《上总理各国事务衙门》（1866 年），载杨东梁编：《中国近代思想家文库：左宗棠卷》，中国人民大学出版社 2012 年版，第 479 页。

③ 吴福环：《清季总理衙门工作制度和运转上的几个特点》，《新疆大学学报》1991 年第 3 期。

④ （清）左宗棠：《上总理各国事务衙门》（1870 年），载杨东梁编：《中国近代思想家文库：左宗棠卷》，中国人民大学出版社 2012 年版，第 512 页。

候,复派曾纪泽前往另议。”[①]后来基本上是按照醇亲王意见办理的。

在随后派曾纪泽赴俄改订条约问题上,又有大臣(少詹事宝廷)上奏提出异议,认为总署大臣不过数人,虽然熟悉情形,“谋图恐有未周,似不若参以众议”。直言总署办事“素喜秘密”,措词“素喜游移”,遣使改约等事,“总应归诸廷议,不可专凭总理衙门独办,尤不可专凭使臣独办”。并提出,上奏报告廷议结果时,应“由内阁主稿,不可由总理衙门主稿”,以防止总署大臣把持意见。[②]这实际是批评总理衙门办事“秘密”、“专断”,主张把更多的问题交付廷议,表面上说的是工作方法,实质则是权力问题。

政府内部就一项政策展开充分讨论,是比较可喜的,但在当时外患日亟的情况下,还有这么多不同意见,显示清廷高层对于国家安全严峻形势还欠缺清醒认识,也说明保密政策还不适应现实。这为甲午战争失败埋下伏笔。

甲午战争爆发后,清廷臣僚纷纷就保密工作提出建议,如实行保甲、严惩汉奸、奖赏揭发、禁止日本人剃发改着华装等。[③]北洋大臣李鸿章也命令,“凡查获未经报册之日人逗留应作奸细办理”。[④]从当时的局势来说,中国官员提出的这些保密措施实在有点简陋和迟钝,基本还是传统的一套。毛泽东曾说:政策和策略是党的生命。而清政府连起码的保密政策都谈不上,其在甲午战争隐蔽战线上的溃败也可以想见。

四、沈　家　本

沈家本(1840—1913 年)是晚清著名法学家,清廷法制改革的核心人

---

① 蒋廷黻编辑:《近代中国外交史资料辑要》第十章“伊犁问题”,湖南教育出版社 2008 年版,第 672 页。

② 第一历史档案馆存《军机处录副奏折 · 外交类》,卷六百七十九。转引自吴福环:《清季总理衙门工作制度和运转上的几个特点》,《新疆大学学报》1991 年第 3 期。吴福环认为,宝廷的看法“不免有偏激之处”,“有关外交问题的具体对策,自然还是以总署大臣的意见为主”。这话值得商榷。总理衙门是外交主管部门,有权力也有责任对外交问题提出意见和建议,并负责组织实施。但外交事务涉及国家整体利益,现代国家固然允许保守外交秘密,授予行政部门特别是外交部门较大自由裁量权,但为防止行政部门一手遮天甚至损害国家利益,规定外交条约必须经过国会批准,而且要接受国会质询(一般采取秘密会议方式)。按照这一原理,宝廷要求总理衙门将一些外交事务交付廷议并无不妥,廷议在一定程度上代表了其他社会力量。清末正是由于缺乏类似制约机制,才导致皇帝可以乾纲独断,割地赔款条约一签再签。

③ 李文海、康沛竹:《甲午战争与日本间谍》,《清史研究》1994 年第 4 期。

④ 《中日战争》第五册,中华书局 1993 年版,第 91 页。

物，在中国近代法制史和法学史上有着举足轻重的地位。前文已经介绍过沈家本关于“漏泄禁中语”罪、[①]告密，[②]以及其他传统法制的一些观点。这里再介绍他在清末法制变革中的一些重要意见。

一是关于泄密罪。沈家本和张之洞围绕大清新刑律展开的“礼法之争”早已耳熟能详，[③]其中的泄密罪条款（详见本书第六章），当时也遇到一些反对意见。有官员提出，刑律草案规定，向外国泄漏机密只处以二三四等有期徒刑，“已属轻纵”，因此以至于与外国开战，也只处以无期徒刑而无死刑，“纲纪废弛，以至于此”。但该意见似未引起足够重视，也未获采纳。[④]其实，这种意见是不正确的，因为在第四章外患罪中另有规定，如果以关于中国军事上设备、计划之文书、图画交付敌国，或者为敌国之间谍或帮助敌国之间谍，处死刑或者无期徒刑或者一等有期徒刑。[⑤]最终新刑律照原稿通过。笔者未找到一手资料证明沈家本对泄密罪的意见，但从其他间接材料可以推断出沈家本的基本态度。如沈家本曾对旧律重罪处治有关”宗庙园陵”犯罪提出异议，“大抵事之关于宗庙园陵者，人主每欲以重法处之，谓如是则庶尽吾孝，不如是则将议我之不孝。法重则必杀人，以杀人为孝，其理安在?”[⑥]再联系前文沈家本对“漏泄禁中语”的批评，他的思想是比较实事求是与中庸的，也反对以伦理主导法制，在泄密罪上，他应该也是主张从严认定国家秘密和泄密行为，反对泄密罪扩大化。

二是关于审判公开。近代以来，各国均将公开审判作为诉讼法基本原则。沈家本主张引进这一制度。《大清刑事诉讼律草案》专设“公判”一章，并有专门说明：“公判者，指审判衙门所行诉讼之审理及裁判而言，于原则上须公开法庭，许公众旁听，故曰公判。”作为编订大臣的沈家本和俞廉三等同僚还在上奏中专门向皇帝做了阐述说：“审判公开，此本为宪政国之第一要件。盖公开法庭，许无关系之人傍听，具瞻所在，直道自彰，并可杜吏员营私玩法诸弊。”[⑦]尽管在实际中推行不如人意，但这一原则逐渐深入人心，落地生根。这其中有沈家本的一份贡献。

---

① （清）沈家本：《历代刑法考・汉律摭遗》卷十六《越宫律》，中华书局1985年版，第1673页。

② （清）沈家本：《历代刑法考・历代刑官考下》附录，中华书局1985年版，第2013页。

③④　参见高汉成：《签注视野下的大清新刑律研究》，中国政法大学博士论文2005年。

⑤ 参见《大清新法令》第一卷，商务印书馆2010年版，第535、537页。

⑥ （清）沈家本：《历代刑法考・汉律摭遗》卷二，中华书局1985年版，第1395页。

⑦ 转引自李春雷：《清末民初刑事诉讼制度变革研究》，中国政法大学2003年博士论文。

三是关于死刑执行。中国自古就实行刑罚公开执行政策,所谓“刑人于市,与众弃之”。近代以来,随着人权观念的兴起,死刑公开执行政策逐渐被唾弃,西方各国普遍改为秘密主义。沈家本积极倡导清政府实施类似改革。在《变通行刑旧制议》一文中,沈家本首先指出,明刑弼教与“斯民心性”相关,特别是要“杜其残忍之端,而导之于仁爱之路”,但公开行刑则达不到这一目的,“常人习于见闻,亦渐流为惨刻之行”,“有妨于教育者也”。其次,公开行刑也有“周防不密”的弊端。当时京师处决重囚,“不独民人任意喧哗拥挤,外人亦诧为奇事,升屋聚观,偶语私议,摄影而去,既属有乖政体,并恐别酿事端。”

在行文中,沈家本从中西古今多方面进行论证。首先,在中国传统思想上,《礼记·王制》中“刑人于市,与众弃之”的本意是为显示惩罚出自众意、犯法者为众所恶,后来变化为“示众以威,俾之怵目而警心”,与古人本意不合。在中国传统制度上,古代的“市”大多为封闭场所,清代行刑的菜市口等地方为四达通衢,略无周防,与古制也不甚合。其次,在西方行刑原有密行、公行之分,但当时各国大多密行,其立法之意,“一则防卫之严密,一则临刑惨苦情状不欲令人见闻,于教育、周防两端均有关紧”。综合上述,沈家本主张中国实行密行主义,并提出在京师和地方的具体措施。①

这是目前所见沈家本对保密问题最为集中的一篇论述。可以看出,沈家本认为保密本身不是问题的关键,他更关心的是制度背后的用意和效果,这也再一次证明保密的策略性和技术性的重要。从写作上来说,虽然只是一篇短论,涉及问题的也比较小,但观点平实,论证严密,建议得当,显示出作者对中西法制的精深造诣,对实际情况的准确把握,沈家本在清末法制变革中的领袖地位可谓实至名归。

五、郑观应

洋务运动初期,中外交流最突出的问题是信息严重不对称,用冯桂芬(1809—1874年)的话说:“通市二十年来,彼酋之习我语言文字者甚多,其尤者能读我经史,于我朝章、吏治、舆地、民情类能言之,而我都护以上之于彼国

① (清)沈家本:《变通行刑旧制议》,载沈家本:《历代刑法考·寄簃文存》卷一《奏议》,中华书局1985年版,第2060—2062页;康黎:《论沈家本的死刑程序观》,《中华文化论坛》2006年第1期。

则懵然无所知，相形之下，能无愧乎？”[①]所以，当时思想家们最看重的是开放，纷纷主张开同文馆、习西学，尽快与洋人平等对话，保密问题则远未提上日程。

随着中外交流的发展，情报保密工作的战略地位和意义日益凸显，引起许多有识之士的关注。著名思想家郑观应（1842—1922 年）是其中较为突出的一位。郑观应曾奉醇亲王之命在上海为清廷采购军火，兼及侦探中外军情。在 1891 年《行军以间谍为先论》一文中，他总结中国和“泰西”的历史经验，指出“西夷、东倭”在华情报活动猖獗，对我情势“无不了如指掌”，“而我尚以大度容之，不为之准备。”他建议，“彼以间谍探我军情，应严为之防”，“必使中国之一举一动，彼不能预揣于先几，而后能运用如神，指挥如意。此欲操胜算者，所以必杜间谍也。”[②]

郑观应还敏锐觉察到电报的泄密风险，提出关于电报保密的系统意见。[③]甲午战争期间，郑观应针对日本人情报活动猖獗的情况，强烈建议主管电报事务的盛宣怀暂停日本人的电报业务，[④]但却难以落实。其实这在当时已经属于国际惯例。在日本，“凡华洋寄信到中国必须露封，送书信馆委员看过无关军务要事者，方可封口代寄。且派委员常在大北电报局稽查往来电报，凡有密码及谈军事之明码，概不准发。”[⑤]但在中国，对日本人发报几毫无限制，主观清廷电报事务的盛宣怀坦承：“不准传递暗码虽属公例，在中国恐做不到。”[⑥]甚至对抓获的日本间谍是否判刑还要听取美国大使馆的意见，这等于变相纵容日本间谍活动。[⑦]甲午战争期间，中国在情报保密战线上全线溃败，这是一个重要原因。这种被动局面直到南京国民政府时期才有好转。

六、康　有　为

作为清末维新派的思想领袖，康有为（1858—1927 年）对保密问题也有

---

① 冯桂芬：《采西学议》，载熊月之编：《中国近代思想家文库・冯桂芬卷》，中国人民大学出版社 2014 年版，第 324 页。

② 夏东元编著：《郑观应年谱长编》（上），上海交通大学出版社 2009 年版，第 304 页。

③ 夏东元编著：《郑观应年谱长编》（上），上海交通大学出版社 2009 年版，第 264 页；赖晨：《郑观应与清末电报保密》，《重庆邮电大学学报》2010 年第 5 期。

④ 夏东元编著：《郑观应年谱长编》（上），上海交通大学出版社 2009 年版，第 381—385 页。

⑤ 夏东元编著：《郑观应年谱长编》（上），上海交通大学出版社 2009 年版，第 387 页。

⑥ 夏东元编著：《郑观应年谱长编》（上），上海交通大学出版社 2009 年版，第 382 页。

⑦ 李文海：《历史并不遥远》，中国人民大学出版社 2004 年版，第 37 页。

关注。1898年,康有为在给光绪帝上书中指出:“今我胶旅之割,失地失权之事,乃至有列名仕籍,奉职京僚,而瞠然不知,或怡然不信者。蔽隐如此,何以激士气而动忠愤乎?”①

康有为这段话比较简单,之所以在此特别提出,主要是因为这代表了清末民初以来,否定、批判中国保密传统的思潮。当时在张之洞幕府的姚锡光也在日记中批评各省政府的保密作风:

> 现在中国各省之官,除当道数人外,不知此省之事;各局之官,除总办提调数人外,不知本局之事。泰西立法,务求其通;中国立法,偏求其塞。局中之人,每深拒固闭,不乐局外得知局中之事,诚不解其何心。甚或其中利弊,外国人知之,而中国人不与知也,当道者方以为机密。嗟夫!

他还提出举办“职官学会”进行救治的建议:

> 各省当道可开职官学会,将省中各政事之源流,令入学会之候补官互相考究,刊为报章。以至地方之平反一狱,扫除一弊,兴除一利,皆入报章,得以互相考证。则血脉贯通,而成材亦速也。②

1932年,郭卫编辑的《大理院判决例全书》出版。知名人士褚辅成(1873—1948年)在题词赞誉的同时,也对清代司法判例的保密做法提出批评:“清代判例,多秘本,非以重资从师,莫能窥其奥。今是书出世,不难人手一编,无待求师受业矣。”③

著名经济学家唐庆增(1902—1972年)在其撰写的中国近代第一部《中国经济思想史》中分析中国古代经济思想不发达的原因时,也将“喜保守秘密”列为一条重要原因:

> 国人有一极不良之特性,即各事内容喜守秘密,不愿公开研究,局外人不知某项问题之内幕,遂觉无从研究,因此而不能产生有价值之议论。例如中国之工艺,发达甚早,其具有此项经验者,自诩已得不传之秘,不愿授诸他人,历时既久,良法遂亦失传。商业中人,染有此项特性亦深,大都守口如瓶,不愿将本人经验心得,轻于泄漏,故在外邦经济公开,社会人士,互相讨论,经济思想,赖以进步,而中国往昔经济学说,关于工商业者特少,盖研究之资料既无由搜集,则讨论失其凭借,安能有

---

① 孔祥吉编著:《康有为变法奏章辑考》,北京图书馆出版社2008年版,第269页。

② 姚锡光:《姚锡光江鄂日记》(外二种)1896年8月30日条,中华书局2010年版,第154—155页。

③ 郭卫编辑:《大理院判决例全书》,上海会文堂书局1932年版。

完善之学说产生哉。①

甚至在当时的外国文献中，也可以看到对中国保密文化的奚落。沙皇时代著名首相维特伯爵(1849—1915年)在其晚年的回忆录中，记载了和李鸿章的一段对话，说的就是这个问题。

李鸿章："可是皇帝还不知道这件事(指当天霍顿卡矿场事故，死亡至少2 000人——引者注)，是吗？"

维特："他当然知道，这一切都会报告给他的。"

李鸿章："我看这有点不聪明吧。记得我当总督的时候，在我的辖区内一千万人死于黑死病，但我们的皇帝一点都不知道。为什么给他添这些无用的烦恼呢？"②

维特因此暗地感叹："我们毕竟还是比中国人进步。"③

前文考察已经证明，这些观点有偏颇的地方，但作为新旧时代之交的当事人，其意见更多出自亲身感受，即使存在偏颇，也不能完全否定其真实性，特别是不宜以现在所谓纯粹的学术研究，简单否定当事人的意见，而要认真探索这股思潮背后的制度、思想、社会根源，全面认识历史。对于近代以来否定传统的思潮，似乎皆应作如是观。

七、袁世凯

北洋首脑袁世凯(1859—1916年)重视情报保密工作，并以此自负。据他的女儿回忆，他常对子女们说："做一个长官，最要紧的是洞悉下情，只有这样，才能够举措适当。如果受着下边的蒙蔽，那就成了一个瞎子，哪有不做错事的？"在山东巡抚任内，袁世凯为了解山东全省各府、州县官民的情况，时常派人出去分头密查。他在派员密查什么事情的时候，总是先派一

① 唐庆增：《中国经济思想史》，商务印书馆2010年版，第27页。

② 按照清代制度，李鸿章说的不大可能发生，即使他自己不主动报告，其部下也会上报。

③ 参见[俄]维特伯爵：《维特伯爵回忆录》，肖洋、柳思思译，中国法制出版社2011年版，第136页。维特伯爵是俄国近代著名政治家，俄罗斯帝国末期的财政部长，保守改革家。主持财政工作十多年，对俄国资本主义的发展、铁路的发展和银行的建设都有重大影响。对外主张东进政策，修建西伯利亚大铁路，和清朝签订对日攻守同盟，开发哈尔滨和大连，在太平洋成立商船队，但因主张同日本和平竞争，遭到军方反对，转任闲职。日俄战争失败后复出主持谈判，将俄国的损失降到最低，封萨哈林伯爵。并再次引进外国资本稳定俄国经济，颁布俄国第一部宪法，稳定俄国内政。后因无法处理改革派和保守派的矛盾去职。

个人去，接着再派另一个人到同一个地点查同一件事情。这两个人都对他直接负责，彼此之间谁也不知道还另有一个人在做着同样的工作。如果这两个人所查结果互不相同，他就还照以前的办法另外再派两个人分头去查，然后再把这次所查的结果和上次的互相对照。对查报实在的给以奖励，对那谎报不实的给予处罚。①

这其实是韩非子早就提出并为清代皇帝一再使用的方法。与袁世凯同时的多位地方实权人物也很偏好使用这一手段。张之洞在湖北时，曾秘密派遣干员密查各府州县守、令，“政事是否廉公，听断是否勤明，其有堤处所修防是否用心，以及年岁丰歉、盗贼多少、民教相处情形”，一一考核明确，分条密记。并要求“密查之人务必廉谨自好，慎密从事，不得向地方官及各局员泄漏张皇”。②清末民初，统治新疆20多年的杨增新也在各地遍布眼线，有关人事的机要函电都由他自己批阅、草拟，机要室钥匙由他自己掌握，③但这套办法用于传统社会和内部管理还凑合，用来对付强大的帝国主义就稍显简单和幼稚，何况主事者还未将外患作为主要对手。见识如此，政策自然也高明不到哪儿去。袁世凯统治期间，中国始终没有建立专门的情报保密机构，保密工作基本上停留在传统的手工阶段，技术侦查和保密手段均比较落后。

袁世凯还曾主持清末电报保密制度修订，④当总统时对新闻保密审查发布过许多指示，对民初保密法制有重要影响，后文将专门谈到，不再赘述。⑤

八、蒋　介　石

南京国民政府成立后，开始从国家层面组织开展保密工作，推进保密制度建设，抗战期间为战胜日本帝国主义侵略、维护中华民族独立自由做出重要贡献。这一切和当时南京国民政府最高领导人蒋介石(1887—1975年)是分不开的。

① 袁静雪：《回忆我的父亲袁世凯》，载吴天翼编：《八十三天皇帝梦》，文史资料出版社1983年版，第9—10页。

② 吴剑杰编著：《张之洞年谱》1898年十月初六日条，上海交通大学出版社2009年版，第566页。

③ 包尔汉：《新疆五十年》，文史资料出版社1984年版，第90页。

④ 夏维奇：《晚清电报保密制度初探》，《社会科学辑刊》2009年第4期。

⑤ 袁世凯在保密方面的一些具体活动和做法，还可参见唐在礼：《辛亥前后的袁世凯》，载吴天翼编：《八十三天皇帝梦》，文史资料出版社1983年版，第89页。

蒋介石相当重视保密工作。南京国民政府成立初期，一些党机关“公文底稿，保管不周，遗散民间，致机密消息由此泄漏”。蒋介石就此专门发出指示，要求档案管理人员和主管长官“慎重焚弃”机关的文件纸屑，不得随意扔弃，“以重机密”。①行政院随后发出“密令”，规定“焚毁文件底稿及废弃纸屑，应指定要员负责监视，以免机密外泄”。②抗战时期，蒋介石多次强调军事机密重要性，指出“军事机密最为重要，凡中国民均应有保守军事秘密之常识，况属军人，尤应绝对严守秘密之习惯”。③对身边工作人员要求更严。张治中任蒋介石侍从室主任之初，曾向蒋介石呈报了一个自我约束的准则，其中第一条就是“严守机密”：“此为钧座平素□切所训示，今侍从室居内府地位，严守机密，自属更为重要。”④

蒋介石对部下保密的要求，也是和忠诚联系在一起的。这可以从其与陈诚的关系看出来。从北伐时期开始，陈诚就是蒋介石心腹，二人合作无间。陈诚任中国台湾省政府主席期间，推行土改、发展经济不遗余力，堪称蒋介石的左膀右臂。其后陈诚逐渐失去信任，除与蒋介石在蒋经国接班问题上不大配合，也与陈在当时行政主管部门人事案上保密不慎有关系。蒋介石 1958 年 7 月 1 日日记记载：“晚约晓峰(张其昀——引者注)来谈，其调职问题，余虽知其受北大派攻击而遭辞修(陈诚的字——引者注)之无情打击，亦明知此为胡适等反党分子对党的重大胜利。孰知行政院长改组未露消息以前，此事早为胡适所悉，并以此预对晓峰示威，望其早自预备下台，此实为余所万不料及者。可知，辞修不仅不分敌我，已失党性，而其不守机密至此，殊为可叹。”

在具体问题上，蒋介石也提出许多重要意见和措施。一是推动保密法制建设。1932 年，蒋介石推动南京国民政府颁布《军机防护法》(1932 年 12 月 17 日公布)。⑤1948 年，蒋介石批准国防部颁布《军机保密办法》。⑥其间，蒋介石还批准军事委员会颁布《防止各部队失落重要机密文件办法》。⑦

---

① 《民国时期文书工作和档案工作资料选编》，档案出版社 1987 年版，第 370 页。

② 《民国时期文书工作和档案工作资料选编》，档案出版社 1987 年版，第 468 页。

③ 《抗日战争时期国民党军作战机密日记》，中国档案出版社 1995 年版，第 750 页。

④ 《张治中回忆录》第四章《在抗战时期的重庆》，华文出版社 2014 年版，第 213 页。

⑤ 《军机防护法》源于 1932 年 9 月军事委员会拟具的《泄漏军机治罪法草案》，送交立法院后改为现名，删除一条(原有 14 条)，并省略三读直接通过。参见谢振民：《中华民国立法史》，中国政法大学出版社 1999 年版，第 971 页。

⑥ 《中华民国史档案资料汇编》第五辑第三编军事(一)，江苏古籍出版社 1999 年版，第 284 页；韩忠谟、吴景芳：《刑法各论》，台湾三民书局 2000 年版，第 41 页。

⑦ 《民国时期文书工作和档案工作资料选编》，档案出版社 1987 年版，第 383 页。

还有一些其他方面的保密规定（详见本书第六章），后面都有蒋介石的推动。

二是支持保密技术革新。19世纪中期以后，随着无线电报技术的出现和应用，截获敌方电子通信逐渐成为情报的首要来源，而且在信息丰富性、准确性和及时性方面都是其他情报来源无法比拟的。相应的，保密工作的重心也转移到无线电报的加密和解密上，德国人制造出世界上最先进的恩尼格码密码机（Enigma），英国率先建立政府密码学校（Government Code and Cipher School）。无线电报密码技术的发明和应用也水涨船高地提高了情报和保密领域的"准入门槛"，在很长一段时期内，只有英美和苏联等少数几个国家才从事得起这样先进的情报和保密活动。①南京国民政府成立后，密码电报保密和破译技术有明显进步。据陈立夫回忆，这都与蒋介石的大力支持密切相关。在蒋介石和孙传芳、唐生智的战争中，中统破译多份重要军事电报，蒋介石大为赞赏，予以嘉奖。②

但与国外相比，特别是与日军相比，中国密码电报技术明显落后。蒋介石对此有清醒的认识。1938年1月开封会议上，蒋介石指出国民党军有十二项缺点，第十一项即为"缺乏保密的习惯——电讯管理不严，每易泄露军情"。③根据当时的实际，借鉴国外的做法，④蒋介石专门下令，严禁用无线电拍发机密军情。⑤黄仁宇回忆，他在印度前线时，一位国民党军密码技术人员坦率告诉他："只要你使用无线电通讯，就是在冒险，问题在于值不值得。"还建议："在你发出信前，再仔细检查一次，想想内容落入敌手的后果。"⑥可见作为国军最高统帅的蒋介石是比较了解保密技术实际情况的。1942年，英国驻华大使曾向蒋介石抱怨中国密码保密能力薄弱问题，蒋立即表示理解并请英国派遣一名密码专家协助工作。随后英美分别调拨新的

---

① ［美］迈克尔·华纳：《情报的兴衰：一部国际安全史》，黄日涵、邱培兵译，社会科学文献出版社2016年版，第49页。

② 陈立夫：《成败之鉴》"无线电通报机之创造及其效果"、"密码制作及密码破译工作"，台湾正中书局1994年版，第104页。

③ 陈诚：《陈诚回忆录——抗日战争》，东方出版社2009年版，第52页。

④ 第一次世界大战期间法国陆军部密码负责人马赛尔·吉维耶热曾说："要么加好密，要么就别加。以明文发报，你只是给敌人一份情报，而且你知道这是哪份情报；如果密码没加好，你就会使敌人读懂你和你友军的全部电报。"参见［美］迈克尔·华纳：《情报的兴衰：一部国际安全史》，黄日涵、邱培兵译，社会科学文献出版社2016年版，第52页。

⑤ 万仁元、方庆秋主编：《抗日战争时期国民党军作战机密日记》，中国档案出版社1995年版，第750页。

⑥ ［美］黄仁宇：《黄河青山：黄仁宇回忆录》，三联书店2015年版，第30页。

设备和密码表给中国。①

三是厉行新闻保密审查。南京国民政府成立后，便成立新闻检查机构，厉行新闻审查。蒋介石对此高度重视，经常以侍从室名义对具体新闻发出指示，其中不少内容涉及保密。1940年，《中央日报》刊登了一则第五军桂南战役阵亡将士追悼大会筹备处启事，蒋介石认为有泄露军机可能，发出内部通令，要求各部严加注意，切实改正，避免新闻被敌人利用，并详细指出该启事可使敌人获得如下讯息：(1)第五军有攻下昆仑关、九塘之首功；(2)会战时期约为20日；(3)确受相当损失；(4)第五军三月三十日驻扎在柳州附近，且已进入休整状态。在此基础上，敌人可以借此推断出第五军战斗力，仅能维持20日即须抽出补整；第五军之补充制度与其他国军一样欠健全(不能在战场上补充)。假使其他部队竞相效仿作此类宣传，敌人可以战功向国民夸耀，足以引起种种议论。②这个通令不是简单的下命令了事，而注意摆事实讲道理，应予肯定。更多新闻保密审查情况参见本书第七章。

最后需要说明的还有这样几点：一是在蒋介石之前的国民党领导人孙中山，鉴于多次反清起义因泄密而失败的教训，③对保密工作无疑也是高度重视的。孙中山亲自起草的《军律》22条中，明确规定"私通军情于敌者杀"、"泄漏军情者杀"。④但留下来的论述很少，具体工作方面更没有来得及开展。蒋介石是在孙中山教导和培养下成长起来的国民党领导人，其保密思想里应该有孙中山的影响，只是目前还不明晰。二是蒋介石的保密思想主要是实际战争和统治的需要，有着自然形成的一面，但在一些具体做法上则受到外国的影响。据陈立夫回忆，蒋介石创建中统是受到苏联克格勃的启发。⑤抗战爆发后，英美的影响越来越大。这也是需要注意和进一步挖掘的地方。三是蒋介石重视制度建设，推动多个重要保密法规的出台，但在实际上，则不得不依赖于手令、侍从室电这样个人色彩很浓的人治手段，发布了数量繁多、事无巨细的内部指示。著名历史学家黄仁宇在谈到国民党军

---

① 张瑞德：《山河动：抗战时期国民政府的军队战力》，社会科学文献出版社2015年版，第278页。

② 万仁元、方庆秋主编：《抗日战争时期国民党军作战机密日记》，中国档案出版社1995年版，第150—151页。

③ 孙中山革命因为泄密失败的例子，参见冯自由：《中华民国前革命史》，广西师范大学出版社2011年版。

④ 冯自由：《中华民国前革命史》，广西师范大学出版社2011年版，第159页。孙中山保密思想似在很大程度上受到中国传统秘密社会组织的影响。

⑤ 陈立夫：《成败之鉴》"调查科之创始及其发展经过"，台湾正中书局1994年版，第104页。

队时曾经说:“中国的军队需要现代工业的支持,但事实上在我们背后的,只有村落单位的庞大集结。我们的上层组织,无论是民间或军方,有许多漏洞和罅隙,必须以私人关系及非常手段去填补。”①这个判断也适用于蒋介石对保密工作的领导。

九、叶　德　浩

在中国近代,还谈不上有什么保密问题的研究。1947 年同林堂印书局出版的叶德浩《谍战与其防卫》是难得一本。该书对国家秘密的种类及其保护进行了一些分析,认为国家秘密由军事上之秘密、军用资源之秘密、国家机密(指外交、财政、经济上之秘密)、战时国家总动员上之秘密四类组成。其中,前两类秘密即《军机防护法》中所谓的“军机”,一般都会由军政机关以命令详定其种类和范围,但对国家机密一般只是概括规定,因为其项目本身也属秘密。该书还探讨了各类国家秘密的具体范围。该书比较粗疏,难以称得上严格的学术著作,但是第一本正面探讨国家秘密的著作,物以稀为贵,特介绍如上。作者情况不详,待考。

十、陈　克　文

以上主要考察的是中国近代以来著名政治家、思想家的保密观,那么,普通人是怎么看待保密的呢? 下面选择近年出版的《陈克文日记(1937—1952)》进行考察。陈克文 1898 年出生于广西,年青时受孙中山先生革命思想影响,参加国民党,1927 年曾与毛泽东等一起主持农民运动讲习所,1935 年进南京国民政府行政院任参事,1948 年当选立法委员,新中国成立前夕赴香港,1986 年逝世。虽然陈克文长期在国民党中央政府任职,但经历比较平常,没有参加过什么重要的政治斗争,没有到前线带过兵、打过仗,也没有写过什么有影响的著作。换言之,就是一个比较勤勉、能干、廉洁的普通公务员。但因为身处中枢,从事过许多事务性工作,见闻较广,上可以随时与中央首长(如行政院长和立法院长)直接沟通,中可以经常与同僚(如蒋廷

① [美]黄仁宇:《黄河青山:黄仁宇回忆录》,三联书店 2015 年版,第 27 页。

黼、陈之迈、徐道邻、滕固、吴景超等)交换意见,下则可以通过低级部属而认识到整个科层系统的运作,与社会知名人士(如罗隆基、曹禺、雷洁琼)也有交往。可以说,陈克文的思想、见识和情感基本代表了当时大部分知识分子和公务人员的意见,对考察中国近代普通人的保密观颇具标本意义。更难得的是,日记持续时间长,记载公允、详细,对一些重大泄密事件的记载,对保密史考证有参考价值,也可以看出作者的思想倾向和感情。

一是全面抗战初期的黄濬案。这是近代史上著名的泄密案。根据目前公开资料,[①]大致情况如下:"卢沟桥事变"后,战争局势日益严峻,但中日尚未宣战。1937 年 8 月某日,蒋介石召开了一次极秘密的军事会议,决定在 8 月上旬,封锁长江下游最狭窄的仅宽 1 500 米的江阴要塞江面,一方面防止日舰从上海沿长江西上进攻南京,另一方面拦截与猎获当时正停泊或行驶于长江中、上游各港口的日方军舰与商船,收先声夺人之效。这是当时中国最重大的军事机密。然而,就在蒋介石的命令还未下达到各有关部队之前,突然,从 8 月 6 日到 7 日,长江中、上游沿线各港口行驶与停泊的日本军舰与商船,飞速撤往下游,奋力冲过江阴江面。在重庆、武汉、南京一带的日本侨民也随船撤离。等到中国海军舰艇奉命赶到江阴江面,仅阻截与虏获到"岳阳号"(3 298 吨)与"大贞号"(1 369 吨)两艘日本商船。封锁江阴军事计划未及实施便告失败。[②]蒋介石和国民党高层大为震惊。经南京警备司令部宪兵队紧密侦查,发现泄密者为时任南京国民政府行政院机要秘书黄濬。[③]黄被日本间谍策反后,在行政院建立起一个包括他在外交部任职的儿子黄晟在内,[④]多达 18 人的占据外交、军事等重要岗位的间谍组织。经最

① 钟高玉:《我参与侦破"黄浚案"》,《纵横》1995 年第 4 期。中央电视台科技教育频道(第 10 频道)"探索与发现"栏目 2009 年 11 月 22 日播出的《行政院里的间谍》一片即以此案为题,访谈多位历史专家。

② 中国封锁江阴要塞江面、拦截日本舰船的决策虽然失败了,但对随后阻击日本海军沿江进军发挥了重要作用,直到南京失守,日本海军还被困在江阴附近江面上,无所作为。参见陈谦平:《试论抗战前国民政府的国防建设》,载陈谦平:《民国对外关系史论》,三联书店 2013 年版,第 227 页。

③ 黄濬,字秋岳,1893 年生,福建人,早年留学日本早稻田大学,回国后在北洋政府任职。汪精卫任行政院长期间,进入国民政府任职。黄濬文史修养深,颇有文才,经常撰写文史笔记在报章发表,后结集为《花随人圣庵摭忆》(中华书局 2013 年版),其中《新闻纸泄漏外交军事案》《说奸细》两篇均涉及保密问题。陈寅恪先生称赞此书"援引广博,论断精确","未可以人废言"。详见陈寅恪:《寒柳堂记梦未定稿》,载陈寅恪:《寒柳堂集》,三联书店 2015 年版,第 191 页。

④ 黄晟毕业于燕京大学经济系,与著名史学家周一良为校友。参见周一良:《史语所一年》,载周一良:《魏晋南北朝史论集》,北京大学 2010 年版,第 557 页。

高军事法庭秘密审判，黄濬父子等被处极刑。与之联系的日本女间谍南造云子等亦分别被判处无期或有期徒刑。

由于原始档案没有公布，许多细节还是暧昧不清。根据陈克文日记，一些关键时间点可以搞清楚。如黄事发被逮的时间应为 1937 年 8 月 11 日。陈克文 8 月 12 日记载说："同事黄秘书秋岳闻以间谍嫌疑于昨日被逮，消息今午始渐泄于外。"①被处极刑的时间则是半个月后的 1937 年 8 月 26 日。陈克文在当天的日记中说："秘书黄秋岳父子以汉奸罪，今晨处死。同时处死者十八人，其中八人均闽籍，何闽人之多汉奸邪？闻黄之自白书，首两句云于己有利于国无损，义利之不辨如此，死有余辜矣。"②陈克文日记还记载了一些细节，从中可以看出，黄人品本就不为同僚认可："黄平日喜弄笔墨，喜打听消息，尤喜以消息灵通自诩。彼是否通敌，虽不敢必，即此一端，识者早已知其将取祸矣。"③从日记前文可知，陈克文与黄都属于国民党内的汪精卫系统，平素也有交往，偶尔还一起吃饭打牌。但在黄泄密案上，陈克文的态度是相当鲜明的。这也应该是当时大部分公务员的态度。

陈克文日记还记载了一些汪伪集团高级官员在堕落之前的言行，从中可以看出这些人在人品和政治上都有问题。汪伪国民党中央党部副秘书长罗君强，未投敌前在重庆任国民党军委会秘书厅和行政院秘书，当时即大放厥词："日本人在北平成立新组织，多般利害，影响必定不少。如今我们可以随意选择我们的去处，那一处待遇好，我们便到那一处。横竖都是中国人的统治，又何必分彼此呢？"④"以后中国有了几个政府，我们可以择优而仕。"⑤私生活也比较混乱，"行为浪漫"，与广州某小姐同居，被蒋介石下令要求"撤职查办"。⑥如此心态和行事，走到汉奸路上也不足为怪。⑦陈克文

①③ 陈方正编辑校订:《陈克文日记(1937—1952)》1937 年 8 月 12 日条，社会科学文献出版社 2014 年版，第 91 页。

② 陈方正编辑校订:《陈克文日记(1937—1952)》1937 年 8 月 26 日星期四条，社会科学文献出版社 2014 年版，第 90 页。

④ 陈方正编辑校订:《陈克文日记(1937—1952)》1937 年 12 月 28 日条，社会科学文献出版社 2014 年版，第 144 页。

⑤ 陈方正编辑校订:《陈克文日记(1937—1952)》1939 年 9 月 8 日条，社会科学文献出版社 2014 年版，第 245 页。

⑥ 陈方正编辑校订:《陈克文日记(1937—1952)》1938 年 12 月 13 日条，社会科学文献出版社 2014 年版，第 314 页。

⑦ 罗君强在战后审判中曾供述说："我在伪司法行政部部长任内，……呈请颁布战时房屋租赁法，以利大都市中大多数的房客，尤其是三房客，学校慈善团体医院等亦蒙其利。"参见南京市档案馆编:《审讯汪伪汉奸笔录》(下)，凤凰出版社 2005 年版，第 873 页。

对这些都是反感的,也深表忧心。

二是《新民报》泄密案。1948年7月,《新民报》因“泄露军情”、“为共党张目”被南京国民政府下令“永久停刊”。这是当时广为瞩目的一个事件。对该事件的起因,当前公开的说法是,1948年6月,国民党空军轰炸被解放军攻克的开封城,造成无辜百姓死伤无数。时任立法委员、《新民报》创始人邓季惺在立法院秘密会议上率先提出提案,反对轰炸开封,并在第二天的《新民报》南京版刊登消息。立法院以《新民报》泄露秘密会议消息为由,召开全体会议,批判邓季惺。[①]

根据陈克文日记,6月24日立法院召开临时秘密会议,检讨过去两年“剿匪”军事失败的原因。其中包括开封失守问题,但未提到轰炸开封问题。次日,《新民报》将检讨的内容全部发表。立法委员们怀疑是该报的老板邓季惺泄漏出去的,因为她也是立法委员。于是引起全场的责难,秩序几乎无法维持,笑骂四起。邓虽登台声辩,也毫无用处。最后会议决定成立一委员会彻查此事。作为当事人,陈克文的记叙似更可信一些。

陈克文对此还有一段评论:“《新民报》时常泄漏政府的机密,最近关于军事、财政、外交的机密无一不尽情泄露,给政府的打击很大。它的老板还把新闻自由做护符,真不知自由为何物者也。”[②]可见面对新的政治形势,陈克文的保密观还是比较传统与保守的,这固然与他在政治上没有与时俱进有关,也是所谓职业操守使然。1947年宋子文内阁辞职之后,秘书长蒋梦麟对陈克文表示,他也要离开行政院,但“决不离开南京,因为他参与政府的机密太多了,不便他去”。[③]陈和蒋的心态大致接近。

三是立法院秘密会议问题。自清末以来,国会议事公开就成为宪法原则。但实际如何呢?从陈克文日记看,抗战后依据宪法成立的立法院曾频繁召开秘密会议,讨论的问题多比较敏感,如立法委员待遇、“剿匪”军事、财政经济紧急处分令、中缅划界等。[④]其中讨论立法委员待遇问题的秘密会议还曾遭到记者的不满和质疑,认为除法律有规定的秘密会议外,立法院不应再有禁止记者列席的会议。后来根据王宠惠意见,解释说这是立法院内部

---

① 蒋丽萍:《民间的回声:新民报创始人陈铭德邓季惺传》,新世界出版社2004年版。

② 陈方正编辑校订:《陈克文日记(1937—1952)》1948年6月25日条,社会科学文献出版社2014年版,第1065页。

③ 陈方正编辑校订:《陈克文日记(1937—1952)》1947年3月4日条,社会科学文献出版社2014年版,第993页。

④ 陈方正编辑校订:《陈克文日记(1937—1952)》1948年6月2日、6月25日、9月15日、9月28日条,社会科学文献出版社2014年版,第1057、1065、1093、1098页。

小组交换意见，不能算作会议，既非会议自无一定公开之必要，争议才算平息。[①]这说明当时国会议事公开原则已经比较深入人心，保密受到法律规范和社会监督。

日记还显示，在当时战争环境下，保密纪律都不同程度废弛乃至无法贯彻。1938 年 7 月 4 日日记中明确谈到，该年行政院的工作报告虽然奉命加上"极机密"的字眼，"恐怕也靠不住"，"中国人似乎素来不大能保守秘密，尤其是现在，敌探到处深入活动的时候，真是可以担心"[②]。1938 年 12 月，行政院参事陈锐过失泄露秘密文件，蒋介石下令撤职查办，但后来不过自行辞职了事。[③]从日记看，陈克文熟悉的一些核心机密岗位官员隔三岔五请客吃饭、打牌跳舞、找女人，生活作风自由散漫，这都是涉密人员的大忌，严重违反保密纪律、容易为敌所乘的。国民党政权的腐败性也由此可见一斑。

十一、结　语

综上所述，在清末民国这样一个革故鼎新、冲突激烈的时代，保密问题受到上至政府元首，下至普通官员和社会人士的普遍关注，对保密与国家安全的密切关系有比较一致的认识，但大部分人都还停留在强调保密的重要性上，对保密技术性、战略性、制度性一面关注不多，更谈不上形成比较系统的符合实际的保密政策和理论。这对保密制度建设和实际保密工作都不可避免带来一些消极影响。

还要注意的是，因为保密工作的特殊性，接触和关注保密问题的人总体上是非常少的，更谈不上进行研究，大部分人（如梁启超、胡适、吴景超）只是在谈到民主、公开和新闻等问题的时候顺带涉及，故在理论阐述和政策研究上均较薄弱。

---

① 陈方正编辑校订：《陈克文日记（1937—1952）》1948 年 6 月 5 日条，社会科学文献出版社 2014 年版，第 1058 页。

② 陈方正编辑校订：《陈克文日记（1937—1952）》1938 年 7 月 4 日条，社会科学文献出版社 2014 年版，第 235 页。

③ 陈方正编辑校订：《陈克文日记（1937—1952）》1938 年 12 月 13 日条，社会科学文献出版社 2014 年版，第 314 页。

第六章　中国近代的保密法制与国家安全

一、引　　言

纵观西方法制史，战争及与之如影随形的情报活动，可以说是保密法制发展的第一推动力。英国1919年版《公务秘密法》被视为英国保密文化形成的标志，而其出台很大程度上是为了应对德国的战争威胁。第二次世界大战期间，美国罗斯福总统除加强新闻检查以外，还于1940年签署美国历史上第一个保密行政命令，即第8381号行政命令。"9·11"事件之后，美国采取设立战时新闻发布室、加强网络监管等保密措施。

中国古代多次遭遇外敌入侵，但近代接踵而至的侵略战争以及随之而来的情报活动，在深度和广度上都超越古往。西方国家依仗其严密的情报组织和先进的科学技术，大肆刺探中国政治、军事和经济情报，使中国国家信息安全遭受严重威胁。同时，随着报刊等现代媒体和电报等现代通讯手段的引进与发展，信息传播途径日益便捷，传播范围日益广泛，国家秘密管控难度不断加大。这从根本上改变了中国保密活动和保密法制的内容和面貌。考察中国近代保密法制，只有从国家安全角度入手，深入考察战争、情报活动的影响，才能抓住其发展脉络。本章首先介绍中国近代的国家安全危机，再缕述相关法制沿革和实施情况，希望对中国近代保密法制与国家安全的互动有个比较全面的了解。

二、中国近代国家安全危机

（一）国外窃密活动猖獗

在近代对华情报活动上，俄罗斯可谓动手最早。早在彼得大帝时期，就派遣传教士和通事(翻译)到华进行情报活动。北京东正教堂的传教士们曾为俄罗斯商人提供了颇具经济价值的商业情报,通事们则搜集了大量关于中国政治、地理和历史的情报资料回国。这为俄罗斯成为侵占中国领土最广、掠夺利益最多的国家提供了强大的情报支持。①

鸦片战争以后,五口通商,西方列强对华情报活动有了更为便利的条件。日本因为与中国文化相通、地理相近,活动最为猖獗。②至甲午战争爆发前,日本先后在汉口和上海英租界设立乐善堂和日清贸易研究所两个间谍机关。这两个机关的日本间谍不仅精通中文、熟悉中国情况,还非常"敬业",肯吃苦。比如,乐善堂的成员背负担挑,到处贩卖货物。货卖光了,就冒充医生、风水先生四处周游。遇到关卡盘查,汉语说不标准,就谎称福建人或广东人蒙骗过去。乐善堂北京支部支部长宗方小太郎前后在中国生活40多年,只身一人周游东北、华北等地,他脚穿草鞋,带着一根手杖,徒步8个月,成为在中国内地徒步长途旅行的第一个日本人。乐善堂用4年时间编成的3册2 000多页的《清国通商总览》一书,是根据一手调查材料综合整理的有关中国社会、政治、经济等问题的最早大型文献,其中对清王朝政治腐败、经济凋敝,以及人民被奴役、被压榨等方面的情况描述尤为详尽、具体。

英国著名间谍史专家理查德·迪肯认为,日本在甲午战争中取胜的重要因素是其谍报人员和他们获取的丰富情报。日军对中国各地的地理形势、驻军情形、防御设施了如指掌,甚至"比中国人自己更清楚地知道每一省可以抽调多少人出来作战"。甲午战争期间,曾任日清贸易研究所代所长的根津一在大连金州随军登陆,提出进攻山东威海卫的具体作战方案。间谍关文炳根据自己的侦查,提出选择荣成湾作为登陆地点的重要建议。

更重要的是,经过长期侦察,日本人看到清廷的政治腐败及消极避战情绪,他们确信发动战争的时机已经到来而且日本有胜利的把握。宗方小太郎的看法在当时就很有代表性,他说:"根据鄙见,我日本人多数对中国过于重视,徒然在兵器、军舰、财力、兵数等之统计比较上判定胜败,而不知在精神上早已制其全胜矣。"

当然,日本人的自信也来自其先进的情报保密技术。在甲午战争开战

---

① 余绳武主编:《沙俄侵华史》,人民出版社1976年版,第256页。

② 元师征日时,日本已利用间谍。[日]木宫泰彦《中日交通史》:"当时两国关系虽极险恶,而日本商船之赴元者仍不绝。日本利用此种商船,使弘安之役被俘之宋人潜作间谍,往探元之动静,故得知一切情形。"转引自黄濬:《花随人圣庵摭忆》卷七十六《说奸细》,中华书局2013年版,第943页。

前,日本已经破译中国驻日公使汪凤藻的全部往返密电。而清廷对此毫无察觉,从而在整个甲午战争及马关谈判中一直未编订新的密电本,直接导致在马关谈判期间清廷与李鸿章的往来密电件被日方全部破译。①设若当年蒋廷黻先生知道这一内幕,他在编辑《近代中国外交史资料辑要》第十三章《甲午之战》时,恐怕很难有那么多的耐心和兴致了吧。②

甲午战争以后,清政府在外交上采取联俄抗倭政策,引起日本的警惕。近年公开的日本机密档案显示,日本间谍曾利用北京白云观道士与慈禧身边太监李莲英的关系,刺探清廷核心机密。③1896 年《中俄密约》签订后,日本政府为对抗俄国,开始对华"修好"。特别是戊戌变法失败后,日本一改此前只是口头赞许同情变法,但实际援助甚少的政策,公开救助张荫桓、黄遵宪,私下救援梁启超、康有为,阻止废黜光绪帝。从此,日本在中国的影响力大增。在北京的中央政府、在武昌等地的地方官员,以及东京等地的中国改革派人士和革命派人士,都与日本朝野建立了各种形式的联系。进入 20 世纪,日本很快取代英国,成为在华影响力最大的国家。④在此期间,其情报间谍活动的触角也延伸到了西藏,⑤并在东北组建成立"南满洲铁道株式会社"(简称"满铁"),对中国东北和华北地区进行全面调查,为侵华提供智力支持。⑥

---

① 以上资料和论述,主要参考李文海、康沛竹:《甲午战争与日本间谍》,《清史研究》1994 年第 4 期。日本将间谍作为一种爱国的光荣职责,全民搞情报。日本谍报机关选派、培养间谍,"很少大手大脚地乱花钱,靠爱国主义","在对外国的实情一无所知的青年人心中,培养起一种强烈的民族感和尽忠报国的激情"。日本出版的各种参考书籍公开记载和赞扬间谍们的英雄事迹,如甲午战争中被中国逮捕处决的石川伍一,1895 年入祀靖国神社,一本日文版《名人录》对其做了如下记载:"石川五一,间谍,生于一八六六年,卒于一八九四年。被派往中国,曾从中国潜往蒙古边界。中日战争期间积极开展工作,后在天津被中国人逮捕并处死。"参见[英]理查德·迪肯《日本情报机构秘史》,群益译,群众出版社 1985 年版,第 2、5 页。

② 蒋廷黻编辑:《近代中国外交史资料辑要》,湖南教育出版社 2008 年版。

③ 孔祥吉:《日本机密档案中的白云观与高道士》,《福建论坛》2011 年第 1 期。

④ 茅海建、郑匡民:《日本政府对于戊戌变法的观察与反应》,《历史研究》2004 年第 3 期。

⑤ 1901 年年底,日本间谍成田安辉从印度秘密潜入西藏,驻留 18 天,接触前藏知府何光燮、候补知事李佶臣、驻藏大臣衙门秘书何锟等人,传达"日本的好意",并撰写《进藏日志》。回国后,他向日本外务省上书,主张日本眼下应支持清朝领有并开发西藏,不能把西藏拱手让给英、俄等国,或者是让清朝给所有国家开放西藏、利益均沾等言论。20 世纪 70 年代,《进藏日志》及有关文件公开。参见李丽、秦永章:《清末日本间谍成田安辉西藏潜行活动之考察》,《清史研究》2005 年第 4 期。

⑥ "满铁"成立于 1906 年,至 1945 年战败投降时关闭,前后存续 40 年,拥有资产 50 亿日元,职工 40 万人。"满铁调查会"中文藏书也堪称丰富,其中法律部分藏中国社会科学院法学研究所图书馆,参见《中国馆藏满铁资料联合目录》,东方出版社 2007 年版。"满铁"还建立了比较完备的内部保密制度,参见郭洪茂:《满铁军事关系涉密文件保密制度初探》,《东北史地》2010 年第 4 期。

北洋政府时期,日本乘第一次世界大战西方列强无暇东顾的机会,进一步巩固在华优势地位。南京国民政府时期,又策划成立伪满洲国,推动华北自治等。日本人还收买、拉拢南京国民政府以及各地方派系中的亲日分子,刺探中国军政情报。第五章介绍的黄濬案就是一个典型案例。据史料记载,黄濬还涉嫌另外两起重大泄密案。一是日本间谍混进中央军校意图刺杀蒋介石,失败后成功逃脱。据参加该天中央军校活动的陈克文日记,此事发生在1937年8月8日星期日,"散会时,教育长陈继诚忽宣布有日人一人潜入会场内,立下令搜索,结果并无所获"。[①]二是日本准确预知蒋介石拟坐英国大使汽车视察上海计划并派飞机扫射,造成重大人员伤亡。蔡元培日记1937年8月26日条记载:"闻英大使许阁森氏自京乘汽车来沪,车上有英国旗,到嘉定、南翔间,被日机以机关枪扫射,大使被枪弹击中背部。"[②]白崇禧在此期间去上海视察,所乘汽车也在昆山附近遭遇日机扫射。[③]是否也是黄所泄密,待考。

抗战期间,意大利也大肆开展对华情报活动。1938年11月,国民党李宗仁部队侦破意大利籍神父费乐理、黎钧间谍案。此二人在湖北老河口传教三十年,以天主堂为掩护,指使教民汉奸刺探国民党军政消息。李宗仁部队在其教堂缴获手枪子弹及无线电收音机、收发报机等件。该神父签署认罪书后于一星期内离境,其非法购置的土地房产等交地方法团处理。[④]

(二)中国保密工作捉襟见肘

在中国近代史上,中国情报保密斗争也曾经取得一些辉煌成绩,如前述黄濬案的及时侦破、对日军机密情报的刺探等,[⑤]但与当时国家安全和情报保密工作的严峻形势相比,与敌军和盟军相比,中国官民的保密意识、保密技术、保密管理和保密能力明显不相适应,可谓"心有余而力不足"。

一是保密战略缺失。从鸦片战争、洋务运动,到甲午战争,以至袁世凯

① 陈方正编辑校订:《陈克文日记(1937—1952)》1937年8月8日条,社会科学文献出版社2014年版,第90页。

② 《蔡元培日记》(下),北京大学出版社2010年版,第501页。

③ 《白崇禧口述自传》,中国大百科全书出版社2013年版,第81页。

④ 《国民政府文官处抄转李宗仁报告湖北老河口天主堂意籍神父费乐理等从事间谍活动的有关文件》,载中国第二历史档案馆编:《中华民国史档案汇编》第五辑第二编文化(二),江苏古籍出版社,第867页。但李宗仁在回忆录没有说及这一事件,仅说老河口"天主教势力极为雄厚","意大利的神父俨然一方的土皇帝"。参见唐德刚:《李宗仁回忆录》(下),广西师范大学出版社2015年版,第546页。

⑤ 日本大使馆译员何益之曾长期为李宗仁提供日军机密军事情报。参见唐德刚:《李宗仁回忆录》(下),广西师范大学出版社2015年版,第479、537页。

统治期间,中国始终没有形成明确、统一且富有针对性的保密政策,没有建立专门的情报保密工作机构。南京国民政府时期,虽然开始从国家层面组织开展保密工作,成立了中统、军统,但仍然谈不上系统的保密战略。

二是保密技术落后。清末民初密码电报落伍情况前文已经述及。南京国民政府成立后,密码和破译技术有明显进步,除了中央军以外,一些地方军队也不同程度掌握密码破译技术。孙传芳部在防守徐州时,曾截获蒋介石使用无线电明码电报下达的作战命令,并据此做出相应军事部署,击败蒋介石。①阎锡山部在 1930 年前后可以破译密电。②1939 年秋,军统在美国帮助下,成功破译日军航空密码。自此以后,凡是日机来袭,其飞行经过,甚至机上动作(如投掷炸弹),当电报一收到即可明了。西南地区数百万民众得以在日机空袭时获得预警避免恐慌,从容应对,减少伤亡。中国空军还利用此项情报,主动出击,重创日军。③

但总体上,中国保密技术还是处于弱势。上述日本航空密码之所以能较快破译,因为其加密技术本就比较简单。更加重要和核心的日本陆军密码,中国一直没能破译(盟军也是直到 1944 年 1 月才联手破译)。但日军对南京国民政府外交和军事密码的破译率一直保持在 80%以上。④台儿庄战役中,国民党军以 10 师之众,对阵一个半师日军,仍然未能将其全歼,一个重要原因就是国民党军采取无线电指挥,部队番号、兵力情况与动向轻易为日军侦知。⑤1941 年 9 月第二次长沙会战中国惨败,一个重要原因就是薛岳领导的第九战区用无线电下达作战命令,但使用的密码简单,且一种密码使用多次,很快就被日军破译。⑥第三次长沙会战日军惨败,但此期间,日军主力第 11 军情报部门仍破译出薛岳令各集团军向长沙附近集结、准备围歼日军的电报。⑦

---

① 《丁治磐先生口述历史》,九州出版社 2013 年版,第 26 页。

② 《徐永昌回忆录》,团结出版社 2014 年版,第 216 页。

③ 张瑞德:《山河动:抗战时期国民政府的军队战力》,社会科学文献出版社 2015 年版,第 279 页。抗战时期大后方民众躲警报的情况,可参见汪曾祺:《跑警报》,载《汪曾祺自选集》,商务印书馆 2015 年版,第 49 页。

④ 张瑞德:《山河动:抗战时期国民政府的军队战力》,社会科学文献出版社 2015 年版,第 283 页。

⑤ 陈谦平:《简论台儿庄战役》,载陈谦平:《民国对外关系史论》,三联书店 2013 年版,第 263 页。

⑥ 张宪文主编:《抗日战争正面战场》,世界图书出版公司 2015 年版,第 252 页。但该书未注明资料来源,待考。

⑦ 郭汝瑰、黄玉章主编:《中国抗日战争正面战场作战记》,江苏人民出版社 2015 年版,第 935 页。

三是保密管理水平普遍低下。除少数例外(例如军统),一般机关和部队的保密工作普遍做得不好。在内部总结中,蒋介石本人及国民党将领坦承有"企图不秘密",使敌早有准备以及"行动不秘密,致遭受敌炮火损害"等问题,特别是行军期间"部队嘈杂声音或夜间使用电筒"。①台儿庄战役中,汤恩伯军团歼灭日军赤柴联队后,缴获一份用日文撰写的第五战区作战计划。经查,是 3 月 17 日滕县陷落时我守卫部队所遗失。这一严重泄密,对台儿庄战役未能全歼日军自不无影响。②1940 年 2 月,国民党军事高层在广西柳州召开军事会议,会议地点遭遇敌机空袭,投弹地点准确无误,显然情报已经外泄。③1940 年 12 月,江西鹰潭油库伪装不善、警戒松懈,遭日军轰炸,损失惨重。④

保密水平低下还存在于外交活动中。抗战期间,中英多次就西藏问题进行交涉,南京国民政府一再受挫,泄密是一个重要原因。最严重的一次是当时倾向中央的热振活佛,秘密谋求在南京国民政府支持下重新摄政,但事机泄露,被英国和西藏内部分裂分子以叛变罪名逮捕毒死,以三大寺为首的西藏亲汉势力遭重创,南京国民政府丧失借机管治西藏的绝佳机会。⑤国民党政府脆弱的保密能力,还影响到与英美等盟国的国际合作。1945 年 2 月盟国召开雅尔塔会议,中国被排除在外,一个重要借口就是中国的保密能力无法获得信任。⑥

相比之下,日本军队"行动秘密,部署周到"、"保守秘密,令人莫测"。⑦在吕梁山战役中,日军"官兵均能严守机密,确实封锁消息",故当其出现在冀家原南之交通路时,国民党军始终未能发现,致此路逸敌甚多,未收悉数歼敌之效。⑧在第二次长沙会战中,日军成功隐蔽战役企图,顺利实现战役

① 《抗日战争时期国民党军作战机密日记》,中国档案出版社 1995 年版,第 187 页。

② 陈谦平:《简论台儿庄战役》,载陈谦平:《民国对外关系史论》,三联书店 2013 年版,第 263 页。

③ 《白崇禧口述自传》,中国大百科全书出版社 2013 年版,第 172 页。

④ 《抗日战争时期国民党军作战机密日记》,中国档案出版社 1995 年版,第 753 页。

⑤ 陈谦平:《"热振事件"与战后国民政府的西藏政策》,载陈谦平:《民国对外关系史论》,三联书店 2013 年版,第 284 页。

⑥ 张瑞德:《山河动:抗战时期国民政府的军队战力》,社会科学文献出版社 2015 年版,第 278 页。

⑦ 万仁元、方庆秋主编:《抗日战争时期国民党军作战机密日记》,中国档案出版社 1995 年版,第 758 页;《白崇禧口述自传》,中国大百科全书出版社 2013 年版,第 167 页。

⑧ 万仁元、方庆秋主编:《抗日战争时期国民党军作战机密日记》,中国档案出版社 1995 年版,第 105 页。

突然性。在战役发起前的一个月，日军就陆续从鄂西、鄂南、赣北抽调部队，向湘北集中，但无论是国民党军事委员会的战略情报部门，还是相关战区的战役情报部门，抑或是与日军当面接触的各部队战术情报部门，均毫无察觉，直到日军要发动攻势的前一两天，才发现日军已经在湘北集结。其中，守卫宜昌的中国第六战区有关部队竟然直到长沙会战结束、日军平渊支队开始折返才发现这一重要军情，错失克复宜昌的大好机会。①

四是有识之士的意见难以转化为国家意志和政府行为。这在清末表现特别明显，如甲午战争期间，郑观应建议按照国际惯例，暂停在华日本人的电报业务，但却难以落实。②详见前文，不赘。

五是出现民族信仰忠诚危机。在对外交往中，一些中国官员常常不能正确认识和处理保密与友好的关系，泄密而不自知。清廷外务部官员伍廷芳，多次主动向日本驻华公使泄漏清廷高层政治内幕，其内容之敏感连后者都感到惊讶。据历史学者研究，伍廷芳这样做既不为名，也不为利，主要是对中国丧失信心，而对日本文化发自心底的崇拜。③近代中国有此心态的知识分子和官僚士绅并非个案。清末钱恂曾言："均之异族，宁事欧洲，不事清。以其政法犹调整故。"④黄濬在自白书中声称所作所为"于己有利，于国无损"。⑤后来的汪精卫汉奸集团更为厚颜无耻。⑥还有一些人为生活所迫投敌，如行政院秘书李释戡（宣倜）是黄濬的好友兼同乡，精通诗词书法，和黄一样被誉为名士，南京撤退时被"疏散"，无法维持生计，遂任伪南京维新政府印铸局局长。⑦至于一些底层流氓无赖之徒甘为侵略者前驱，窃密泄密，自鸦片战争以来更是举不胜举。⑧

最后要指出的是，自近代以来，史学家几乎均将保密防谍不力作为甲午

---

① 郭汝瑰、黄玉章主编：《中国抗日战争正面战场作战记》，江苏人民出版社 2015 年版，第 897 页。
② 夏东元编著：《郑观应年谱长编》（上），上海交通大学出版社 2009 年版，第 381—385 页。
③ 孔祥吉：《日本机密档案中的伍廷芳》，《清史研究》2005 年第 1 期。
④ 章太炎：《章太炎全集・訄书重订本・别录甲第六十一》，上海人民出版社 2014 年版，第 345 页。
⑤ 陈方正编辑校订：《陈克文日记（1937—1952）》1937 年 8 月 26 日条，社会科学文献出版社 2014 年版，第 90 页。
⑥ 2012 年，著名历史学家余英时为香港重刊汪精卫诗集《双照楼诗词汇》撰写序言，对汪伪集团特别是汪精卫投敌前后心态有重要分析。余英时授权新浪历史频道发表，2013 年 11 月 11 日访问。
⑦ 陈方正编辑校订：《陈克文日记（1937—1952）》1938 年 7 月 25 日条，社会科学文献出版社 2014 年版，第 452 页。
⑧ 汪康年：《汪穰卿笔记》卷二，中华书局 2007 年版，第 47 页。

战争失败的一个重要原因。[①]这当然是有道理的，但不宜就此认为清政府在保密工作上一无是处，更不宜将甲午战争失败主要归因于泄密。就世界范围来说，因保密不慎惨败的战例并非个案。在第一次世界大战和第二次世界大战期间，俄罗斯、德国、日本均曾因无线电报密码被对手破译，在军事上外交上遭受重大损失或者被动。如巴黎和会期间，日本在潜艇谈判中没有占到便宜，主要是外交密电为美国破译，底牌近泄。第二次世界大战后期，日本在中途岛战役惨遭重创，主要是因为海军密码被美军破译，从此丧失了太平洋战场的主动权。[②]但在史学界没有人说是泄密决定了这些国家的命运。从事后看，清政府采取的应对和改进措施也还是比较及时与有针对性的。只是由于中国的特殊情况，甲午战争失败造成赔款、割地这样深重的灾难，影响国家和民族命运至巨，教训相当深刻，也连带波及本来不应影响到大局的保密工作的评价问题。但就事论事，过分夸大保密的作用和泄密的危害，都有点本末倒置，也不利于全面正确反思历史的经验教训。

三、中国近代保密立法的演进与特点

（一）历史发展

严峻的国家安全危机催生着保密法制的成长。清末保密法制可以甲午战争为界，划分为前后两个阶段。第一个阶段，沿用传统手段，但明显收效不彰。甲午战败之后，清政府痛定思痛，开始借鉴西方经验，引进保密技术，加强保密立法，保密工作呈现出一些新气象。首先针对泄密隐患最多的电报行业制定《处理泄漏电报章程》，随后为适应当时外国军事入侵的紧张局势、加强军事机密保护，又制定了《惩治泄漏军事机密章程》，并在新刑律中，借鉴西方刑法典，作出专章规定“泄漏机务罪”。在制定和修订《报律》时，社会各界还对新闻自由与国家秘密保护之间的冲突问题进行了初步讨论。

1911 年的辛亥革命，结束了中国两千多年的封建专制制度，成立了中华民国南京临时政府，开始了以制定《临时约法》为标志的资产阶级民主法制进程，但民国保密法制建设尚未展开，政权即为袁世凯窃取。

---

① 参见郭廷以：《近代中国史纲》，上海人民出版社 2015 年版，第 186 页；李文海、康沛竹：《甲午战争与日本间谍》，《清史研究》1994 年第 4 期。

② ［美］迈克尔·华纳：《情报的兴衰：一部国际安全史》，黄日涵、邱培兵译，社会科学文献出版社 2016 年版，第 43、51、53、91 页。

北洋政府基本沿用前清法律,保密法制也大体如此。根据 1912 年 4 月 3 日参议院决议:“宣统三年颁布之新刑律,除与民主国体抵触之处,应行废止外,其余均准暂时适用。”总统袁世凯将《大清新刑律》中涉及皇帝及其他与民主国体抵触之处删改后,以“暂行新刑律”的名义公布,关于泄密的规定则未作改动。[①]《报纸条例》“禁载”部分也基本沿用《钦定大清报律》有关内容。但个别地方有所进步,如应报界的要求,陆军部颁布了《报纸应守军事秘密范围条款》,首次对“军事秘密”具体范围作出规定。

南京国民政府时期,认为北洋时期的暂行刑律“泄漏机务罪”过于严酷,不符合世界潮流,故作出重大修改。同时,为加强战争环境特别是抗日战争期间的保密工作,又陆续颁布《国家总动员法》以及《陆海空军刑法》、《军机防护法》等军事保密法规,建立惩治汉奸和泄密行为、厉行新闻检查制度,明确新闻禁载事项,确保国家秘密安全。“动员戡乱”期间,又颁布《军机保密办法》,规定相对完善的定密和保密制度,初步改变了此前以泄密罪为核心的保密法制面貌。

(二) 主要特点

与传统社会以及新中国法制相比,中国近代保密法制有如下特点:

第一,在法律形式上,现代各国保密法制主要由行政法和刑法组成。前者调整和规范国家秘密,确定和国家秘密的管理;后者解决泄密承担刑事法律责任的问题。但考虑到追究泄密刑事责任属于刑事法的当然内容,其立法目的重在事后惩治,而非事先防范,故在整个保密法制框架中,调整和规范定密和保密管理的行政法律规范居于主导地位,有关刑事法作为配套,起辅助作用。[②]但在中国古代和近代保密法制中,则以刑事立法为主干,主要通过追究泄密行为的刑事责任,保护国家秘密安全。一些单行法,如《惩治泄漏军事机密章程》、《军机防护法》等也是作为刑事特别法存在。当时新闻出版法中关于禁载事项的规定,在一定程度上可以看做是关于国家秘密确定和保护的法律规范,因此,也应视为当时保密法制的一部分。但总的看来,近代中国并未形成系统的保密法制,多数保密法规属于因事立法、临时立法或者内部立法,针对性强,但系统性和权威性欠缺,直到新中国成立后,保密法才逐渐成长为一个独立的法律部门,摆脱了刑法附属的地位。

第二,在内容上,中国古代保密法制的保护对象比较广泛。《大清律例》中,

---

① 谢振民:《中华民国立法史》,中国政法大学出版社 1999 年版,第 898 页。

② 宗建文:《国外保密立法比较研究》,载周汉华主编:《外国政府信息公开制度比较》,中国法制出版社 2003 年版,第 513 页。

所谓“军情重事”和“机密重事”主要指军事和皇帝安全事宜，但也涉及内政外交军事各方面，在保护方式上主要采取刑罚手段。清末保密法制主要保护对象为军事和外交秘密，兼及内政，称之为“机务”。军事机密的范围，清末《惩治漏泄军事机密章程》只是简单罗列，包括关于军事上秘密图画、文书、军事港湾、要塞、水旱雷敷设所在，及制造军火船械各厂，或其他各种防御建筑物件等。北洋陆军部《报纸应守军事秘密范围条款》有关规定达13条之多。南京国民政府时期对军事秘密范围的规定也比较细致，抗战时期还对刚刚建立的空军保密范围作了规定。但另一方面，对国家秘密的认识，特别是国家秘密必须具备的实质和形式要素，似乎始终没有多少进步。许多论述流于国家秘密种类的罗列，在学理上也没有形成独立完整的国家秘密概念。在制度建设中，重点始终放在保密管理和泄密责任追究上，在定密方面进展不大，且主要表现为内部规定。

第三，在性质上，与中国传统保密法制相比，清末民国关于保密的刑事规定并无根本性不同(当然，整体法制性质的改变是无可否认的)，但关于新闻禁载事项的规定说明保密法制性质已经发生根本变化。传统保密法制基本停留于对国家秘密的消极保护，随着新闻业的兴起，保密法制还要面对媒体和公众要求公开或者擅自公开政府信息的压力与挑战，其突出表现就是保密权与新闻自由权的冲突。新闻界也积极参与有关法律讨论，在北洋政府时期还直接推动政府就军事秘密范围作出具体解释。这是政治民主化的重要表现和必然要求，也是中国保密法制近代化的开始。

还能证明保密法制性质发生重大变化的一个事实是现代诉讼制度的实施，即对于泄密行为，必须依照法定程序审判，才能认定和处罚。在1917年北京《公言报》泄密案中，北京地方检察厅以“泄漏机务罪”提起公诉，要求重判，被告人则从法律与事实等多个方面进行了辩护，并在报纸上公开报道。尽管当时有许多违反法治原则的案件发生，但基本法律程序还是得到一定程度的尊重。这是中国近代保密法制逐渐进步的一个重要因素。

第四，自清末法制变革以来，谈中国法制史就回避不了外国法的影响。就保密法制而言，亦是如此。清末民初受日本法影响较大，如军事机密保护法、新闻立法基本模仿日本。南京国民政府成立后，模仿苏联建立中统和军统组织，在抗战初期还曾开展中苏情报合作，①但在保密法制建设上似仍以日本为主要参考对象。②从抗战开始，英美法影响逐渐增强，战时新闻保密

① 马振犊：《抗战初期中苏情报合作内幕初探》，《抗日战争研究》2003年第3期。

② 日本1899年颁布《军事机密保护法》、《要塞地带法》。1907年制定刑法典(扩充间谍罪，包含泄漏秘密罪)。1937年全面修改《军事机密保护法》，1939年颁布《军用资源秘密保护法》。

审查制度和军机保护办法基本是模仿美国而来。

保密法制建设一度出现的“美国化”倾向，并非个案。抗战期间，司法行政部曾委托驻美大使胡适提供有关美国巡回审判的资料，作为设立巡回法院的参考。[①]在战后的制宪活动中，也采用了美国的大法官制度。这是“由于战时中国的盟友均为英美法系国家，而敌人则均为大陆法系之德、日，因此，在战后，有一股势力认为中国战前是采大陆法系之制度，而战争结束后是否应考虑改采英美法系之制度。对此之热烈讨论与法制变革之倾向，使得属于英美法系制度的大法官用语，首次被提出。”[②]抗战期间保密法制的“美国化”，其原因大略同此。当然，中国近代法律移植有着多元面相，“美国化”也只是一方面，其影响的深入程度和范围均需要进一步研究。

第五，这段历史还以铁的事实说明了一些保密法制发展的普遍规律，给后人以启迪。在保密法制中，一个核心问题就是如何处理公开和保密的关系，在制度上表现为定密制度（国家秘密的确定）的设计。我国旧保密法曾被批存在定密过滥、解密太难等问题。[③]但这又不纯粹是一个法律问题，首先必须解决国家安全（利益）与言论自由等私人权益的冲突，甚至还有一个对国家民族认同和忠诚的问题。北洋政府关于报纸应守军事秘密范围的规定，如果仅从字面而论，其内容和程序均无太多可以訾议之处，且表现出对法治和民意的尊重。但却引发报界的一再抗议，以致不可收拾。南京国民政府战时新闻保密检查也符合国际惯例，却遭到民意的反对，原因何在？似乎还需要从具体历史环境入手分析。当政府以公权为上、把民意和民权当玩偶的时候，最完美的法律大概也难以给民众安全与信赖。

四、中国近代保密法律制度

（一）电报保密：先行先试

中国近代保密立法首先出现于电报领域。夏维奇曾撰写专文探讨晚清

① Harold Reigleman：《美国巡回审判制度研究报告》，载《战时司法纪要·试行巡回审判》，国民政府司法行政部1948年编印，第16页。

② 参见翁岳生：《法治国家之行政与司法》，台湾元照出版公司2009年版，第428页。

③ 《上海、福建有关部门对保守国家秘密法（修订草案二次审议稿）的意见》，载《中华人民共和国保守国家秘密解读》，中国法制出版社2010年版，第268页。

电报保密制度。①笔者在资料上未能有新发现，故主要根据夏文，做些探讨。

19世纪70年代初，中国国内尚未架设电报，但西人已将电报线展至中国周边，丹麦大北电报公司在上海扬子江口大戢山岛建立线端，使得上海向北经日本长崎，电报可通俄国海参崴，并与俄国西伯利亚旱线相接，达于欧洲；向南经厦门、香港而通新加坡、槟榔屿，抵达欧洲。②

面对列强环伺、电报环绕的严峻局面，19世纪70年代中期，中国开始试办电报，至80年代掀起大规模建设活动，到清朝灭亡前夕已经基本建立起覆盖全国的电报网络。至1911年底，中国共建成电报线路10万余里，电报局房503所，遍及除青海以外的所有省区。③

电报作为当时世界上最先进的通讯工具，显著改进了清政府信息传递效率，大幅增强了国家治理能力，如1874年5月10日，日本因渔民漂流到台湾被当地生番杀害为由侵入台湾，因无电报，“日本兵已至台者多日，京师始知”，李鸿章“与沈葆桢函商调兵，月余而始定。及轮船分起装运，又三月而始竣，而倭事业经定议矣”。1888年，台湾完成与大陆电报线的连接。1895年3月23日，日本再次兵犯台湾，清廷于当日即接台湾巡抚唐景崧电奏，并于翌日向唐拍发电旨，令其加强防备，以杜窥伺。④

但自电报创办之初，特别是在广泛应用于国家军政信息传输之后，泄密问题即时有发生。一些人在议设电报时，就认为中国创设电报，必用洋人，如此不仅“机事不密”，且对洋人“难于约束”。甚至电报局总办盛宣怀也被认为有泄密嫌疑。文廷式（1856—1904年）曾在《知过轩随笔》记载：“盛宣怀者，电报局之总办也。当军务急时，恒泄机事于敌，以邀厚利。盖各处密电码子，伊皆私置一副本也。而事定之后，转以电线之故记名海关道，公论为之不平。”⑤郑观应等有识之士曾多次提出电报保密问题，但初期电报局管理主要是防范打报中的“迟延”、“舛误”与“遗漏”等问题。直到甲午战争之后，清政府才大幅度加快了电报保密立法。⑥

---

① 夏维奇：《晚清电报保密制度初探》，《社会科学辑刊》2009年第4期。

② 参见李守亨主编：《李鸿章全集》第5册，时代文艺出版社1998年版，第2753—2754页。

③ 参见交通史编纂委员会编：《交通史·电政编》第2册，上海民智书局1936年版，第74、47页。

④ 参见夏维奇：《晚清电报的引入对清代谕旨奏折制度的影响》，《社会科学战线》2009年第4期。

⑤ 参见文廷式等：《〈青鹤〉笔记九种》，中华书局2007年版，第31页。

⑥ 参见夏维奇：《晚清电报建设与社会变迁——以有线电报为考察中心》，人民出版社2012年版，第214页。

一是健全电报保密制度。此前由于缺乏保密意识，清政府长期使用颁布于 1870 年、仅在 1888 年做过一次修订的《电信新法》。甲午战争后，清廷立即启动密码本修订工作，并大致形成两年一修的定制，从 1895 年到 1908 年，共修订 8 次，在技术上减少了被破译的可能。同时，健全电报工作保密管理制度。1902 年，清廷将商办电报收归官办之后，即将保密置于加强报务的首要地位："于军国要政，不准稍有泄漏"。1908 年 3 月 29 日修订颁布《泄漏电报处分章程》规定：外人不得擅入报房、报房之内不得私作抄写、严密保管保底、严格收存机纸等。①

二是健全泄露电报责任追究制度。在庚子事变及辛丑议和期间，盛宣怀曾严饬各局员生，倘泄漏电报，"必从严惩办"，如能"递报慎密，定必从优奖叙"。1902 年清廷首次颁布《泄漏电报章程》，但内容比较简单，效果也不显著。1908 年（光绪三十四年）正月，邮传部曾给各电报局发出公文，公文说："近来各处要件时有登载报纸之事，甚至上日之电次日即已登报，原电全文一字差错。"邮传部认为，"此中必有报生串通奸徒得贿传抄情弊，更有贿购密本私通各埠"。1908 年 3 月，发生了"职官合谋，贿通局役，盗取公电"的重大电报泄密案。外务部会同步军统领衙门请旨查办，清廷派那桐、梁敦彦为审办案件大臣，规格之高，前所未有。

为整顿报务，邮传部颁布《整顿线路延误、泄漏各项章程》，其中的重点就是《处分泄漏电报章程》。1908 年 3 月 29 日修订颁布的《处分泄漏电报章程》根据泄漏电报的种类（"军国要报"、"寻常官报"、"商报"）、参与的程度（泄漏者、通同者、知情不报者），对泄漏电报内容者处以三个月以上到十年的监禁。②具体规定如下：局员"泄漏军国要报，查有确实证据者，以军法从事"，③通同者，监禁十年，知情不告者，监禁五年（第一条）；"泄漏寻常官报，查有确实证据者"，监禁十年，通同者监禁五年，知情不告者三年（第二条）；"泄漏商报，查有确实证据者"，监禁一年，通同者监禁半年，知情不告者三个月。另外还规定：上述泄漏案件发生，该局委员及驻局总管、正副领班均要负失察之责，一并查办。对于举报泄漏军国要报者，赏洋 1 000 元；举报寻

① 台湾"中央研究院"近代史研究所编：《海防档・丁・电线》，台湾艺文印书馆 1957 年版，第 2771 页，转引自夏维奇：《晚清电报保密制度初探》，《社会科学辑刊》2009 年第 4 期。

② 《大清新法令》第四卷，商务印书馆 2010 年版，第 461、463 页；夏维奇：《晚清电报保密制度初探》，《社会科学辑刊》2009 年第 4 期。夏文参考的是台湾"中央研究院"编《海防档》版本。

③ 所谓"以军法从事"，很可能是指晚清"就地正法"之制，即无需死刑复核程序，即可宣布死刑。详见李贵连：《晚清"就地正法"考》，《中南政法学院学报》1994 年第 1 期。

常官报之人者，赏洋500元；举报泄漏商报者，赏洋200元。对举报者，均“隐其姓名以免结怨”，但是“挟嫌诬告者，反坐”。①

在清末法律制度下，对电报泄密行为本可依据《大清律》“漏泄军情重事”等规定予以惩处。但电报泄密频发以至需要另颁章程，并直接规定刑罚，说明旧律尽管有效，但似很难满足实际需要。《处分泄漏电报章程》在内容上似乎也受到当时公开征求意见的《大清新刑律草案》的影响。《处分泄漏电报章程》的修订颁布，说明晚清电报保密制度基本完备。

然而，清末电报泄密事件仍有增无减，据历史学者研究，这主要是因为泄密的主导因素已由制度因素逐步向社会因素转移，从而呈现出保密制度在不断完善，泄密案件却日渐频繁的诡异态势。这从一个侧面折射出清末严重的社会颓势与危机。②

（二）军机保密：一枝独秀

1.《惩治漏泄军事机密章程》

近代西方国家为保护军事秘密，大多制定军机保护法，“将军事上之作战、用兵、动员、出师及其他军事秘密图书物件，以法律规定不得泄漏”。③1863年美国总统林肯批准的《第100号军令》明确规定：任何人与敌人进行未经授权的秘密交流，包括间谍、叛国者、向导等，都是叛国行为，都应该或者可以被处死。④光绪末年，开练新军，旧有法规难以适用，当时陆军部决定“先择陆军最要各项，酌拟章程，俾资军用”。考虑到“军谋之宜秘，军心之宜固，皆于用兵得失，关系至为重大”，故首先提上日程的就是“军情泄漏”与“官兵逃亡”两项。⑤

---

① 《大清新法令》第四卷，商务印书馆2010年版，第461、463页；夏维奇：《晚清电报保密制度初探》，《社会科学辑刊》2009年第4期。

② 夏维奇：《晚清电报保密制度初探》，《社会科学辑刊》2009年第4期。

③ 叶德浩：《课战与其防卫》，同林堂印书局1947年版，第32页。

④ “间谍是秘密化装或伪装以获得情报，并意图将情报传递给敌人的人。不管间谍是否成功获得情报或者将情报传递给敌人，都应该被处以绞刑。”“如果美国公民以合法手段获得情报，并将其泄漏给敌人，不管他是军官还是文官抑或平民，都应被处以死刑。”如果战争叛徒罪行“包括向敌人泄露任何有关军队或占领地情况、军队安全、调动以及进攻计划的任何信息，他就应该被处死”。“如果被入侵和征服的国家和地区的公民或臣民向其政府提供情报，或是越过敌方军队防线向自己国家的军队提供情报，那么他也是战争叛徒，应该判处死刑。”“如果敌对国家或被入侵国家的公民自愿为敌军当向导，或主动这样做，那么他就被视为战争叛徒而处以死刑。”参见[美]约翰·法比安·维特：《林肯守则：美国战争法史》，胡晓进、李丹译，中国政法大学出版社2015年版，第389页。

⑤ 《陆军部奏酌拟陆军惩治漏泄机密等项章程折并章程》，载《大清法规大全》卷七《军政部·惩治》，中国社会科学院法学所图书馆藏。

陆军部仿照刑部“奏定通行章程办法”，[①]制定《惩治漏泄军事机密章程》，1908年（光绪三十四年）9月26日奉旨颁布。该章程主要模仿日本1899年《军事机密保护法》，遵循“重典治乱”的立法精神，对刺探、搜集、泄露军事机密者，处以1年以上有期徒刑直至死刑。量刑时不区分主犯还是从犯、教唆犯还是行为犯、军人还是平民。[②]其主要内容如下：

第一，在罪名上，主要有两项：一是刺探、搜集军事机密。如明知为军事上秘密图画、文书等，私自探知或擅行收集者（第四条）；未经该管长官允准而擅自测量、摹写、摄影或记录军事港湾、要塞、水旱雷敷设所在，以及制造军火船械各厂，或其他各种防御建筑物件之情形者（第七条），分别情节轻重，处以5年到10年有期徒刑，戒严时加重为10年到20年有期徒刑，战时处永远监禁或死刑。二是泄漏军事机密。偶然得知军事上秘密图画、文书等而擅自表示公众，或泄告或交付于一人以上者（第五条），擅入窥伺军事港湾、要塞、水旱雷敷设所在，及制造军火船械各厂，或其他各种防御建筑物件之情形者（第八条），分别情节轻重，科以5年以下监禁刑，在戒严时科以5年以上、10年以下监禁刑，在战时科以10年以上、20年以下监禁刑或永远监禁刑。将职任上所掌管或承办之军事秘密图画、文书等，或泄告或交付于一人以上者，处以10年以上、20年以下有期徒刑。受人请托或受人贿赂，在戒严及战时均处死刑，所受贿赂收归国库（第六条）。将未经公布军事图画、文书等，遽行泄告或交付于一人以上者，处1年以上、3年以下有期徒刑，戒严或战时加一等科罪（第九条）。

第二，在量刑上，犯罪未遂者，减一等科罪（第十条），所犯不止一次者，死罪以外，其他加一等科罪（第十一条）。两人以上犯罪，皆以正犯论罪，不分首从，教唆犯也按正犯论罪。常人与军人共犯者亦同（第十二条）。

第三，在适用范围上，该章程通行全国，水陆军、民人等凡有违犯者，均照章办理（第一条）。官员有犯的则先行奏请革职。

第四，在程序上，水、陆军人犯罪，承审官拟判后呈请本管长官，申送陆军部核定办理，戒严或者战时，呈请当地最高军事长官申送陆军部。官民人等，京内由问刑衙门、在外由督抚，送法部和陆军部会核审理（第十三条）。

该章程首开中国近代军事机密保护法的先河，在体例和内容上对此后

---

① 关于清代“通行章程”立法程序，参见胡震：《清代“通行”考论》，《比较法研究》2010年第5期。

② 《陆军部奏酌拟陆军惩治漏泄机密等项章程折并章程》，载《大清法规大全》卷七《军政部·惩治》，中国社会科学院法学研究所图书馆藏。

南京国民政府相关立法有重要影响。

2.《军机防护法》

南京国民政府很早就注意到军事机密的保护。蒋介石曾专门发出指令,强调"军事机密最为重要",军人"尤应绝对严守秘密之习惯"。①1932年,南京国民政府颁布《军机防护法》(1932年12月17日公布,共13条)。②该法规定:泄漏、交付或公示因职务上所知悉或保管,或因刺探收集而得之军事上机密消息、文书、图书或物品者,或知之因而以暴行使人交付或窃取者,均处死刑,或无期徒刑。刺探、收集、藏匿非职务上所应知悉或保管之军事上机密之消息、文书、图画或物品者,处3年以上10年以下有期徒刑。未受允准或以诈术取得允准,而入要塞、堡垒、军港、军营、军用船舰、军用航空港场、军械厂库,或其他国防上之处所、建筑物,或测量、摄影,或记述其内容者,处1年以上7年以下有期徒刑。

鉴于该法属于刑事特别法,主要针对战争而设,立法院对其施行时间作了特别规定,授权南京国民政府以命令宣布。1933年3月22日,南京国民政府明令该法自1933年4月1日起施行,施行时间暂定为9个月。1934年1月施行期满后,南京国民政府又于3月5日明令该法施行期间再延长9个月。③后来不断被延长,直到1950年废止。

根据1933年司法院作成的第1005号解释,有触犯刑法第111条第一项第四款、第二项、第三项,或者第114条至第117条第四款情形的,适用各条款规定分别处断,"并应注意《军机防护法》"。在《军机防护法》施行期间,其效力似高于刑法典。④

1948年12月20日,行政院院长孙科签发了《动员戡乱期间军事新闻发布办法》,规定对涉嫌泄漏军事机密的新闻报纸,军事主管机关依照《军机防护法》处理。

3.《军机保密办法》

1948年,南京国民政府国防部颁布了堪称民国时期最为完备的一部保

---

① 万仁元、方庆秋主编:《抗日战争时期国民党军作战机密日记》,中国档案出版社1995年版,第750页。

② 《军机防护法》源于1932年9月军事委员会拟具的《泄漏军机治罪法草案》,送交立法院后改为现名,删除一条(原有14条),并省略三读直接通过。参见谢振民:《中华民国立法史》,中国政法大学出版社1999年版,第971页。

③ 参见谢振民:《中华民国立法史》,中国政法大学出版社1999年版,第971页。

④ 有关《军机防护法》适用情况,可参见王振兴:《特种刑法实用》(上册),1984年版,第602页。

密法规《军机保密办法》。[①]该办法主要内容包括8章196条。第一章总则，包括军事情报和保密的概念，密级划分及范围，定密权限的划分及定密主体，密件等级的变更、解除，各级密件以及军事情报的保密措施；第二章文书保密法，包括标识方法、密件等级及传达、密件的受领和保管，密件的安全及毁灭；第三章密码保密法，包括军用密码的核准及限制，密码的使用，密码的安全处置，绝对机密及极机密电之收发保密，电报内容之撰拟；第四章通讯保密法，包括无线电通讯之保密，有线电讯之保密，书信之保密及密写；第五章器材保密法，包括器材之保密及技术情报，器材物品之投标及契约，器材物品之展览及出售，国境内器材运输之维护；第六章来宾保护法，包括来宾之区分，参观之申请，参观有关国防设施的接待，参观工厂与建筑物之接待；第七章要地之保密法，包括禁空、禁地及命令之颁布；第八章输送保密法，包括输送之区分与保密，陆路运输、海上运输，空中输送，国境内作战输送以及战争结束后运输的保密。

该办法的主要特点：一是其主要内容为定密和保密管理，因而在性质上不再是以惩罚泄密行为为主的刑事特别法，而是现代意义上的"保密法"。该法案既对密级划分标准和范围、定密主体和权限、密级变更和解除等一般性问题做了原则性规定，还对文书、密码、通讯、器材等不同涉密载体的发放、使用、传递、保管、销毁各个环节的保密管理做了规定，有些规定比较细致，如第五十七条规定：有保密性的军事情报，需要颁发给陆海空军及后勤与雇佣人员时，应加注"此件有关国防军事秘密，如非法泄露，应受军机防护法第X条及惩处间谍条例第X条之处分"等字样；第九十八条规定：作战部队传达涉密命令时，应当编号分发，并注明"阅后立即焚毁"或者"阅后缴还"字样；第一百二十六条至第一百三十四条还对涉密器材、物品的投标、设计和生产保密管理做了规定。

二是规定比较明确、具体，操作性较强。如密级标准，采用"限定＋列举"的方式，第二十一条规定：凡某种文件情报或器材未经法定或国防部部长、参谋总长之许可而泄露，足以招致国防上最严重之损害者，应区分为"绝对机密"类，一般包括以下七类：有关作战计划方案及作战进行期中之各种特殊要素；军队之部署；有关政治、外交之重要协定及文件，如攻守同盟等事项；有关情报、谍报、反间等使用之方法及成果，或有碍秘密机关进行业务之

---

① 《中华民国史档案资料汇编》第五辑第三编军事(一)，江苏古籍出版社1999年版，第284页；韩忠谟、吴景芳：《刑法各论》，台湾三民书局2000年版，第41页。

情报;有关某种科学之发明或特殊技术,以及在未来作战应使用该项技术部队之番号及其驻地;有关新式或重要兵器之研判情报,包括科学与技术发展事项;有关密码之编撰或分析之技术及有关之重要事项。第二十二条关于“极机密”(列举有关事项 13 种)、第二十三条关于“机密”(列举有关事项 14 种)、第二十四条关于“密”(列举有关事项 7 种)都是如此。又如定密主体及其权限,第二十六条规定:“绝对机密”、“极机密”、“机密”、“密”级事项由国防部长、次长,参谋总长、次长,海陆空军总司令、副总司令,联合勤务总司令、副总司令,国防部各厅、局、司、署长及相当之将官,陆军大学及专科学校校长、教育长,战时各战区司令长官、平时各卫戍、警备、要塞、守备司令官、各军区司令官,军事代表团团长,驻外陆海空军武官或者军事考察专员等 11 种官员“区分”。第二十七条规定:“机密”、“密”级事项由各级将官、校官、尉官及其同级军用文职人员“区分”。第三十条规定:密级应当依法确定,不得越级区分。

三是对保密与公开的关系处理比较妥当,如第三十九条、第四十条、第四十一条规定:对于公开发行杂志期刊以及军事发言人对外准备发布的消息,都要进行严格审查,如发现其中包含可能对敌人通讯情报机关有参考价值的信息,应当慎重变换语气发表;如发现论文、新闻中有与密件有关者,应当禁载或者删除。又如第五十条规定:驻外武官奉命发布或者承认驻军之权,对于涉及部队详细驻地、兵力的信息,必须以敌人不能获得实际参考价值者为限。

(三) 泄密罪:稳步前进

1.《大清新刑律》

1907 年《大清新刑律》草案和 1911 年 1 月正式颁布的《钦定大清刑律》,第五章均为“漏泄机务罪”。该章在内容上仿照西方泄露国家秘密罪的设计,在词句上既有袭用旧律之处(如“应秘密”,明显仿自唐律“大事应密”),也有自创机杼之词(如“知悉”一词,至今沿用)。其具体内容如下:[①]

一是泄漏政务秘密罪。第 133 条规定:“漏泄帝国内治外交应秘密之政务者,处三等至五等有期徒刑。”[②]如果这种漏泄涉及叛国,“若潜通于外国者,处二等或三等有期徒刑”;“因而致与外国生纷议战争者,处无期徒刑或

---

① 黄源盛纂辑:《晚清民国刑法史料辑注》(上),台湾元照出版有限公司 2010 年版,第 317 页;《大清新法令》第一卷,李秀清等点校,商务印书馆 2010 年版,第 537 页。

② 根据《大清新刑律》的规定,有期徒刑一等指十年以上、十五年未满;二等指五年以上、十年未满;三等指三年以上、五年未满;四等指一年以上、三年未满。

一等有期徒刑”。[①]

二是刺探收集军事秘密罪。第134条规定:“知为军事上之秘密事项、图书、物件而刺探收集者,处三等至五等有期徒刑或五百元以下、五十元以上之罚金。”[②]

三是漏泄军事秘密罪。该罪因主体不同而量刑不同。第135条规定:“知悉、收领军事上秘密之事项、图书、物件而漏泄或公表者,处二等或三等有期徒刑。”相应的,如“因职务知悉、收领而漏泄或公表者,处一等或二等有期徒刑。”

四是擅入防御营造物测量等罪。第136条规定:“未受允准,将军港、要港、防御港、堡垒、炮台、水雷卫所及其他为防御而设之建筑物测量、模拟、摄照或记录其形状者,处三等至五等有期徒刑,或五百元以下、五十元以上罚金。未受允准或以伪计得受允准而入堡垒、炮台、水雷卫所及其他为防御而设之多项营造物内者,亦同。”

此外,还有一些补充规定。第137条规定:上述行为的未遂犯,亦罪之。依据第138条和第139条的规定,上述行为者“得褫夺公权”,“因而得利者,没收之。若已费失者,追征其价额”。

该法未及实行,清政府就在辛亥革命的炮声中寿终正寝了。但对该刑律草案长达三年多的讨论,特别是事先(1907年)公布的初稿,促进了其他保密法令的颁布。

2.《暂行新刑律》

北洋政府成立后,基本沿袭前清法律。袁世凯将《大清新刑律》中涉及皇帝及其他与民主国体抵触之处删改后,以“暂行新刑律”的名义公布,关于泄密的规定则未作改动。[③]当时大理院在作出统字第151号解释例时,即因事关秘密,未曾公布其具体内容。[④]

3.《中华民国刑法》

1927年南京国民政府成立后,开始起草新刑法典,即1928年刑法典。[⑤]

---

① 有学者认为,这一规定说明,“半殖民地的中国,凡事都要看帝国主义列强的脸色”,“泄漏了中国的机密,暗通一个列强,其他列强生纷议或对中国发动战争,就要加重对泄密者的处罚,清政府只是个列强瓜分中国的利益调停人。”参见高格、韩立朝主编:《保密法总论》第二章《保密法的历史发展》,金城出版社1995年版,第35页。

② 罚金是《大清新刑律》确定的5种主刑(死刑、无期徒刑、有期徒刑、拘役、罚金)中最轻的一种。

③ 参见谢振民:《中华民国立法史》,中国政法大学出版社1999年版,第898页。

④ 参见郭卫:《大理院解释例全文》“凡例”,世界书局1933年版。

⑤ 该法经过1935年的修订,仍名《中华民国刑法》。

根据王宠惠等的意见，认为北洋《暂行新刑律》关于"泄漏机务罪"的规定"过于严酷，为他国法律所无，即较诸中国庶民不议之时代，亦无如此重法，"乃作出重大修改。在体例上，仿照德国、奥国、意大利、荷兰、挪威等国的西方国家立法例，将"泄露机务罪"有关规定，分别并入第二章外患罪（第106、107、109、110、111、112条）和第四章渎职罪（第132条）。在内容上，区分战时与和平时期，区分国防秘密、军事秘密和其他秘密，量刑总体上有所减轻，没有死刑。具体规定如下：①

一是单纯助敌罪与加重助敌罪。第106条是"单纯助敌罪"，其规定："在与外国开战或将开战期内，以军事上之利益供敌国，……处无期徒刑或七年以上有期徒刑。"第107条是"加重助敌罪"，规定了犯前条罪而处死刑或无期徒刑的五种情形，其中与保密有关的有两种情形：其一，将有关要塞、军港、军营、军用船舰、航空器及其他军用处所建筑物，或军略之秘密文书、图画、消息或物品，"泄漏或交付于敌国者"。其二，"为敌国之间谍，或帮助敌国之间谍者"。以上第106条和第107条犯罪，虽"未遂犯"，也"罚之"。预备或阴谋犯者，处三年以上、十年以下有期徒刑。

二是泄漏或交付国防秘密罪。这是第109条的规定，具体分为两项：其一是指"泄漏或交付关于中华民国国防应秘密之文书、图画、消息或物品者"，"处一年以上、七年以下有期徒刑"；其二是指"泄漏或交付前项文书、图画、消息或物品于外国或其派遣之人者"，意即未经他人转达、直接泄漏或交付，处罚是"三年以上、十年以下有期徒刑"。此外，依规定，上述两项犯罪虽为"未遂犯"，也"罚之"。预备或阴谋犯第一项或第二项之罪者，处二年以下有期徒刑。

三是公务员过失泄漏或交付国防秘密罪。本罪规定于第110条，是第109条的延伸。本条限定为公务员过失犯本罪。"凡公务员对于职务上知悉或持有前条第一项之文书、图画、消息或物品"，"因过失而泄漏或交付者，处二年以下有期徒刑、拘役或一千元以下罚金"。

四是刺探或收集国防秘密罪。第111条规定："刺探或收集第109条第一项之文书、图画、消息或物品者，处五年以下有期徒刑"。本条因是故意犯罪，故又规定："前项之未遂犯，罚之。"同时，"预备或阴谋"犯此罪者，处一年以下有期徒刑。

---

① 王宠惠：《中华民国刑法》，李秀清点校，中国政法大学出版社2006年版，第26页；梅仲协、罗渊祥编纂《六法解释判例汇编》第四册《刑法》，上海昌明书屋1947年版；韩忠谟、吴景芳：《刑法各论》，台湾三民书局2000年版，第40页。

五是意图刺探或收集军事秘密而入军事处所罪。本罪规定于第112条，是第111条规定的补充。凡“意图刺探或收集”第109条第一项之文书、图画、消息或物品，“未受允准而入要塞、军港、军舰及其他军用处所建筑物”，或者“留滞其内者”，处一年以下有期徒刑。

六是公务员泄漏国防以外秘密罪。本罪规定于第132条，包括三个层次：其一，公务员泄漏或交付关于中华民国国防以外“应秘密之文书、图画、消息或物品者”，处三年以下有期徒刑；其二，公务员“因过失犯前项之罪者”，处一年以下有期徒刑、拘役或三百元以下罚金；其三，非公务员因职务或业务原因，“知悉或持有第一项之文书、图画、消息或物品”，“而泄漏或交付之者”，处一年以下有期徒刑、拘役或三百元以下罚金。

根据《刑事诉讼法》第四条的规定，外患罪与一般犯罪不同，其第一审管辖权直接属于高等法院。上述六个罪名中，前五种均属于外患罪，应适用上述规定。

4. 刑事特别法

为适应战争需要，南京国民政府立法院陆续颁布《陆海空军刑法》、《危害民国紧急治罪法》、《惩治汉奸条例》等特别刑事法规，其中多处涉及保密。

《陆海空军刑法》前身为袁世凯1915年公布的《陆军刑事条例》(共103条)、《海军刑事条例》(共110条)。1929年9月25日，鉴于该条例条文简单，根据陆海空军总司令的建议，南京国民政府立法院从速起草并颁布了《陆海空军刑法》118条。该法第十八条规定：为敌人作间谍或帮助敌人之间谍者、泄漏军事机密、擅打旗号、电报授意于敌人者，处死刑。此外，为保密起见，《陆海空军审判法》(1930年)第二条规定，军法会审不准旁听。

《危害民国紧急治罪法》前身是《暂行反革命治罪法》。该法第五条规定：以危害民国为目的，以政治上或军事上之秘密泄漏或传递于叛徒者，处死刑、无期徒刑或十年以上有期徒刑。与一般刑事犯罪不同，涉嫌违反该法的行为人，在戒严区域内，由该区域最高军事机关审判，在“剿匪”区域内，由县长及司法官二人组织临时法庭审判，临时法庭设于县政府，以县长为庭长。

《惩治汉奸条例》(1937年8月23日公布、后经多次修订)第二条规定：通谋敌国，有泄漏、传递、侦察或盗窃有关军事、政治、经济之消息、文书、图画或物品行为者为汉奸，处死刑或无期徒刑。情节轻微者，处五年以上有期徒刑。

(四) 邮电检查：非常措施

通信秘密是现代各国明确予以保护的公民基本权利之一，但为确保国家安全，在战争及其他紧急状态下，政府或军事机关可以依法检查邮电，此之谓基本权利的限制。鉴于该行为之高度敏感，检查本身也属于高度机密。①

中国早在清末就开始通信检查，如1908年12月，邮传部通令各局成立检查处，制定《检查逆电章程》，负责检查明码、密码商电。②南京国民政府在此方面走得最远，一度将邮件检查作为情报部门职责，对民权之限制莫此为甚。

1927年7月27日，南京戒严司令部依据《戒严条例》第九条第六款规定，特设邮政检查委员会，检查往来一切邮件，重点检查"关于探报军事、政治之应守秘密之件"、"关于反动派以密码、暗号私通消息之件"等。③这属于战争期间非常措施，不可视为常态。

1929年8月，国民党中央决定在全国重要都市实行邮件检查制度。1929年8月27日国民党中央秘书处曾起草《全国重要都市邮件检查办法》草案，将主要检查对象称为"反动邮件"，似过于含糊。④

1935年10月，根据蒋介石指令，南京国民政府军事委员会下令，将交通部邮政总局的邮电检查职能改归军统局。⑤特务势力的介入，成为南京国民政府邮电检查史的分水岭。从此，邮件检查制度迅速健全，机构也很快遍布全国重要城市。

施行"宪政"后，邮电检查受到法律限制。内战爆发后，总统府依据《宪法》第二章第二十三条规定，于1948年12月27日颁布《戡乱期间邮电抽查条例》，对涉嫌泄露军事机密、企图"造谣惑众"等范围的邮电进行抽查（第四条），⑥但实施机关和程序有较大改变。根据该条例，如果发现有企图扰乱

① 在宪法上属于对通信自由的限制，参见[日]芦部信喜：《宪法》（第三版），林来梵等译，北京大学出版社2006年版，第192页。在刑事诉讼法属于秘密侦查、技术侦查范畴，参见程雷：《秘密侦查比较研究》第八章《秘密监控比较研究》，中国人民公安大学出版社2008年版，第447页。

② 《紧要新闻》，《申报》1908年12月16日。

③ 《南京戒严司令部检查邮政委员会抄报〈检查邮政暂行条例〉致中央宣传部函》（1927年7月27日），载《中华民国史档案资料汇编》第五辑，江苏古籍出版社1999年版，第168页。

④ 《国民党中央决定在全国重要都市实行邮件检查的有关文件（1929年8—9月）》，载《中华民国史档案资料汇编》第五辑，江苏古籍出版社1999年版，第160页。

⑤ 《交通部邮政总局关于邮电检查该归军统局统一办理的文件（1935年10月—1937年6月）》，载《中华民国史档案资料汇编》第五辑，江苏古籍出版社1999年版，第171页。

⑥ 《总统府颁布之戡乱期间邮电抽查条例（1948年12月27日）》，载《中华民国史档案资料汇编》第五辑，江苏古籍出版社1999年版，第139页。

地方治安及其他不法行为，当地卫戍司令部、保安司令部、防守司令部或者驻军最高司令部，依据情报认为有检查之必要，应当会同当地最高行政机关，呈请隶属的“绥靖”公署或“剿匪”总部，逐级上报行政院核准后实施。行政院核准后，上述军政机关须将核准文件抄送当地邮电两局给办，同时行政院须将核准的施检单位，令知交通部转饬当地邮电两局给办。①

（五）内部管控：日益严密

1. 涉密文电

国民政府时期，涉密文件管理逐步规范化。行政院曾发出“密令”，规定“焚毁文件底稿及废弃纸屑，应指定要员负责监视，以免机密外泄”。②国民政府在公文管理规定中，要求凡国民政府发下之公文书，皆应于政府公报公布之，但密件除外，即密件不登报。其次，各机关收到标有“密”字样的公文时，收发处一般都不拆封、摘由，而是直接交主管机要单位拆封、呈阅，这种文件往往尽先办理；办理时如有保密需要，一般交妥实人员办理，并由其亲送核判；如须会稿，则密件于会稿及回单上，均不注明事由，原稿及附件应用火漆封固，封面注明稿号，派员专送，必要时用机密公文箱加锁递送，以防泄露。

这个时期的行政规章，已就国家机密形式要件做出规定，机密“核定”、“审订”、“非经允准”等概念已经出现，如 1925 年国民政府军事委员会令颁布《陆军测量机关保管秘密机密地图规则》、《军事机关保管军用秘密机密地图规则》，规定关于永久防御上诸区域各图，以及关于战时及临时必要之地点设施防御诸区域各图，经由参谋团核定为秘密图、机密图，于制印地图时该图是否属于秘密或机密应由参谋团分别审订出版规定。

抗战期间，涉密文件管理进一步加强。1940 年，蒋介石就军事机密及通讯保密发出专门指令，一是各方通报机密军情，严禁用长途电话或距离敌五公里内有线电话中说明部队番号及所负之任务或行动等，如必要时务用代字或者隐话；二是机密军情严禁用无线电拍发；三是机密军事不应通告驻渝办事处及不必要之机关或人员；四是主管机密军情人员须绝对严守秘密，严禁互相传播。③1944 年 6 月 16 日考选委员会颁布《机密文件管理办法》。

---

① 《总统府颁布之戡乱期间邮电抽查条例(1948 年 12 月 27 日)》，载《中华民国史档案资料汇编》第五辑，江苏古籍出版社 1999 年版，第 139 页。

② 中国第二历史档案馆编：《民国时期文书工作和档案工作资料选编》，档案出版社 1987 年版，第 468 页。

③ 万仁元、方庆秋主编：《抗日战争时期国民党军作战机密日记》，中国档案出版社 1995 年版，第 750 页。

内战爆发后，蒋介石 1947 年批准军事委员会颁布《防止各部队失落重要机密文件办法》，就军队内部密件的保管、下达以及紧急情况下的处理方法等作出具体规定。如部队各级指挥官与幕僚长对主席（指蒋介石）手令、手启电，以及各级作战计划、命令、部队调动、机械补充、战斗要报、各种机密代字密码本与其他有关军事机密重要文件，应亲自处理保管或指定资深军官专责保护。团以下部队禁止存置重要命令及机要文件。主席手令、手电绝对禁止翻印分传，如有书面文件必须传达，以整编师为限。作战计划绝对禁止下达于次级司令部，应尽可能采用个别命令传达到部队。必须转进或情势危急时，应分别先行掩护机要文件，妥送安全地带，万不得已时则加以焚毁，并层报国防部备查。遇不意事变遗失机要文件时，各级指挥官应采最迅速方法，将遗失文件性质、时间、地点、原因、经过情形，并拟具补救意见层报国防部核示。违者依照《陆海空军刑法》、《军机防护法》、《修正陆海空军惩罚法》等有关法令，从严究办。①

1947 年 5 月，根据蒋介石指令，在《防止各部队失落重要机密文件办法》基础上，就机密文件管理作出补充规定。一是“凡有关军事或党派之机密文件，如须通令时，不得将原令机关（或人名）及受令单位一一列入文内”；二是“公文之转达，除了主席手令应照本部所颁《防止各部队失落重要机密文件办法》第三项（主席手启、电、手令绝对禁止翻印分传。如有书面下达必要时，以下达至整编师为限。对整编师部队应择要点派员分别面达之——引者注）之规定办理外，凡重要机密文件对最下层转达时，应多利用会报或会议时口头传达，少用文书。”②

2. 涉密人员

在涉密人员管理方面，以中统和军统最为典型。③主要内容包括：第一，厉行背景审查。中统对每一个参加特务组织的人，都要有两名同志介绍，经审查批准后，再填写一份“特工人员登记表”，除了姓名、年龄、籍贯等基本情况外，还有代名、化名、曾用名。学历要从小学写起，注明年月和地点。经历要写明单位名称、地点和时间。家庭方面包括从祖父到子女的主要经历、家

① 中国第二历史档案馆编：《民国时期文书工作和档案工作资料选编》，档案出版社 1987 年版，第 383 页。

② 《重庆行辕为该报披露川康总署反共文件代电（1947 年 5 月 15 日）》，载《中华民国史档案资料汇编》第五辑，江苏古籍出版社 1999 年版，第 655 页。

③ 除另有说明外，主要参考《中统内幕》，江苏古籍出版社 1987 年版；沈醉：《军统内幕》，文史资料出版社 1984 年版。

庭经济情况(包括收支情况、动产与不动产)至亲好友概况。个人的嗜好与特长,爱读哪些书,写过哪些文章,何时何处发表,自己对今后的打算,参加过哪些政治组织和一般团体(包括同乡会和老乡会)。此外,还要填写誓词,内容包括“绝对服从领导”、“严守组织纪律”以及“以特务为终身事业,绝不自动求去”,“如有违誓言,愿受最严厉处分”等。军统要求加入组织人员必须宣读“誓词”,一是“服从命令”;二是“忠于团体”;三是“保守秘密”。

第二,注重思想教育。中统和军统都很重视对特务人员的思想教育,宣扬救国救民、为革命和领袖服务、“同志如手足,团体即家庭”等道德观念,提高特务人员素质。一是开设各种训练班,如中共叛徒顾顺章曾主持中统特工训练班传授情报技术,陈立夫、徐恩曾等进行精神讲话。军统除自己开设各种培训班外,还在抗战中和美国军方联合开设中美合作所,培训大批特务人员。二是内部业务活动。中统要求,总部及所属人员须按单位编为若干训练小组,每星期开小组会一次,学习特务业务和政治理论。中统为对付共产党,搜集了数量相当可观的共产党活动和理论资料,供特务人员学习研究。三是编印专业书刊,中统编辑有《情报业务》等特工丛书以及《动力》、《群力》等内部刊物,供特工人员及外围人员阅读。特工丛书编号发放,仅供本人使用。

第三,注重内部监控。一是分工负责,防止交叉泄密。这是特务内部机构设置和分工的基本原则。中统的徐恩曾鉴于私人秘书中出现过钱壮飞这样的地下党,除严格审查人选是否“忠诚可靠”以外,还对各个秘书的工作范围有所划分,相互间不许串联,不让知道全部工作情况,并且每过一段时间(一般不超过两年)就调换一批。二是设置督察制度。中统设立总督察室,负责监督考核了解所有特工人员是否忠实,有无“非法活动”,如被发觉将受到不同程度的处分。总督察直接对徐恩曾负责。中统总部各部门还布置有人数不等的秘密督察。军统也建立戴笠亲自领导的督察制度。在总部设立督查室,在下属单位按区或者省设置专职督察,以及不定期派遣巡回督察。后来还设置周督察和秘密督察。周督察由各单位各部门负责人于每周开始时选派一特务人员担任,负责本周本部门督察任务。秘密督察由戴笠专门安排人员担任,对内部也不公开。督查室每十天向戴笠做一次工作报告,内容包括特务人员履行职责、执行纪律乃至卫生设备等各方面情况。

第四,严肃纪律查处。中统有所谓“信条”,包括“救国救民”、“精诚团结”以及“严守组织纪律,绝不自动求去”等内容,每次特务小组会议时都要求共同宣读。军统方面,按照加入组织时的“誓词”,要求特务服从命令,对上级下达任务绝对完成;严禁严惩背叛行为,“只许进,不许出”,甚至包括长一点的假期都不许。即便因为公开职务调动,或者因违法违纪被监禁,军统组织关系保留不变。有关军统内部所有一切不许向外界泄露,包括自己亲属,违者严惩。此外,还有一些临时宣布的禁令。如1939年,鉴于抗战形势严峻,戴笠宣布两项特别禁令:一是禁止打麻将,违者枪毙;二是抗战期间禁止结婚。蒋介石也曾在公开训话中表示,凡是生活浪漫的公务员都要查办,并自言最恨跳舞。①

第五,注意提高待遇。中统在南京购置荒地,为所属人员建造住宅和活动场所,并鼓励自盖私人住宅;组织集体旅游,每年一至二次,为期半个月;每年清明节举行“死难烈士纪念会”,给遗属发放慰问金。军统人员比当时同级别的普通公务员工资高40%—50%,外勤兼公职特务可以领双重薪水,不兼职特务可以拿到活动经费和房费,组长以上的干部则有特别费和办公费。

五、中国近代保密法制的实施

以上对清末至民国时期保密法制发展过程作了描述,下面结合保密法制实施情况,就定密、保密和泄密三个问题进行探讨。限于资料,主要探讨南京国民政府时期情况。②

(一) 定密:逐渐规范

南京国民政府时期对国家秘密的认识还比较粗浅,大多停留于秘密种类的简单罗列(如国防秘密、军事秘密)。在密级确定方面,军事机密相对规范。下面五个例子选自抗战时期国民党第176师作战机密日记。③

> 极机密。查奸伪中央政治局最近发出极机密通告,其主要内容:(一)倘抗战失利,则以已立国民党新军阀为原则,使国民党之上级干部在各地独立,分解国民党军校,然后远交近攻,个别击破之。(二)抗战

① 陈方正编辑校订:《陈克文日记(1937—1952)》1938年12月18日条,社会科学文献出版社2014年版,第316页。

② 《大理院判决例全书》第五章“漏泄机务罪”没有案件记录。参见郭卫编辑:《大理院判决例全书》,上海会文堂书局1932年版,第458页。

③ 《第一七六师谭何易部机密作战日记(1942年4—9月)》,载万仁元、方庆秋主编:《抗日战争时期国民党军作战机密日记》,中国档案出版社1995年版。第176师师长谭何易(1897—1962年),广西玉林人,桂系后期重要将领,曾任46军军长。

形势若仍胜负不分，本党（奸伪）以三分天下为原则，加紧巩固一切政治，晋察陕甘外蒙及山（?）宁夏、新疆之一部而与第三国际接近，待自身巩固后再发展独立运动。……查抗战局势已近胜利，奸伪阴谋决难幸逞，希我袍泽益加团结振作，完成抗建大业。对上项阴谋应即自觉自警，随时注意防范为要。①

极机密。师遵军副座转奉总副座作战指导，决以一部守备原阵地，并严密监视安庆敌外围各据点，大部分两路钻隙挺进，猛击敌后，相机袭取安庆城，并从新部署如次……②

密。查安庆外围为湖沼地带，并多水田，敌占领各据点高地附近又有细流交错，连日大雨，我钻隙部队深入敌后活动困难……③

密。据报鄂皖边区游击总队第二支队副支队长张奕襄所部约四百余人、枪支百余，经常流窜于潜（山）、太（湖）、岳（西）各县边境杨家河（即羊角尖）、天花坪一带。④

密。现鄂东残匪仍到处窜扰，无、桐残匪亦时出现岳（西）、太（湖）、桐（城）、舒（城）各县边境，或暗袭地方乡镇，或暗杀基政人员，或散发传单造谣惑众，种种违法行为若不予以剿绝，将来反攻极大影响。⑤

不难发现，上述文件对有关文件密级划分明确，且与内容敏感程度关联性明显。第一份“极机密”文件属于国民党对共产党的内部政策，在当时国共合作、团结抗日的大环境下，自应属于最高机密；第二份“极机密”文件涉及176师具体军事行动部署，如泄露将影响其军事目的的实现；其他三份“密”级文件只是涉及敌伪动态，对我军事行动是否成功影响不大。

但其他非军事机密文件定密稍嫌随意。如1939年4月14日国民党中央宣传部发布蒋介石手定《现阶段之军事、外交宣传要点》，定为“机密”；⑥

① 《第一七六师谭何易部机密作战日记（1942年4—9月）》，载万仁元、方庆秋主编：《抗日战争时期国民党军作战机密日记》，中国档案出版社1995年版，第1351页。

② 万仁元、方庆秋主编：《抗日战争时期国民党军作战机密日记》，中国档案出版社1995年版，第1334页。

③ 万仁元、方庆秋主编：《抗日战争时期国民党军作战机密日记》，中国档案出版社1995年版，第1340页。

④ 万仁元、方庆秋主编：《抗日战争时期国民党军作战机密日记》，中国档案出版社1995年版，第1342页。

⑤ 万仁元、方庆秋主编：《抗日战争时期国民党军作战机密日记》，中国档案出版社1995年版，第1346页。

⑥ 《国民党中央宣传部奉发蒋介石手定〈现阶段之军事、外交宣传要点〉（1939年4月14日）》，载《中华民国史档案资料汇编》第五辑，江苏古籍出版社1999年版，第5页。

1946年10月10日行政院院长宋子文给外交部关于接收南海诸岛的训令，仅标明“保密”二字。

（二）保密管理：进步与野蛮

保密管理是保密法的重要内容，民国时期保密管理制度建设进步显著，特别是对电报等现代化信息载体的管控，在南京国民政府时期已经接近世界先进水平，为抗日战争胜利作出重大贡献。保密管理整体上参差不齐（参见前文），但一些主要措施大都能得到贯彻落实，如《军机保密办法》颁布后，在军队机关和社会上普遍建立保密防谍组织，新疆保密防谍组于1947年4月成立，新疆警备司令部设“保密防谍指挥总组”，由总司令兼组长。迪化“保密防谍组”于1949年5月成立，下设五个小组，成员4名。①

但同时，一些保密管理措施也有侵犯公民权利的一面，如国民党时期的邮件检查制度，一度由特务机关把持，直到所谓实施宪政之后，才回归行政机关管理，并对有关程序进行规范。但考虑到动员戡乱的实际情况，估计很难依法办事。新中国成立初期发现，国民党政府邮电系统旧职工参加过特务组织的占到很大比例，为此，曾专门开展清理邮电系统要害人员以确保党和国家机密活动。②国学大师王国维之子王仲闻在国民党时期曾任邮政总局副邮务长，在新中国成立初期的审查中被认为有“特务嫌疑”，反右派斗争期间被“强制退职”。③这从一个侧面证明邮电保密检查制度的实际情况可能比目前看到的还要糟糕。此外，以中统、军统为主体的涉密人员管理制度虽然一再以“革命精神”自居，但在具体措施上也有封建野蛮的一面，一些中统、军统人员利用保密制度欺压百姓、祸害同仁的事例屡见不鲜。

（三）泄密罪：重视法治

从有关资料看，民国时期对泄密罪基本做到依法审判。在1917年北京《公言报》泄密案中，北京地方检查厅以“泄漏机务罪”提起公诉，要求重判，被告人则从法律与事实等多个方面进行了辩护，并在报纸上公开报道。④抗

① 田迎五：《新疆和平解放后对国民党特务的登记处理》，《新疆地方志》1994年第1期。

② 邓小平：《清理邮电系统要害人员是重大政治工作》、《邮电工作人员要保密又要使人民满意》，载《邓小平文集（1949—1974）》，中央文献出版社2014年版，第105、118页。

③ 王仲闻19岁奉父命入邮局为邮务生，1941年任邮政总局副邮务长，1949年随局北迁，任邮电部秘书处副处长。新中国成立后曾任中华书局临时编辑，编辑整理出版《南唐二主词校订》等著作多种。参见沈玉成：《自称“宋朝人”的王仲闻先生》，载《沈玉成文存》，中华书局2006年版；陈尚君：《逆境成就大事业——读〈全宋词审稿笔记〉以纪念王仲闻先生逝世四十周年》，载陈尚君：《转益多师》，上海辞书出版社2015年版，第202页。

④ 《申报》1917年2月10日，转引自马光仁：《中国近代新闻法制史》，上海社会科学院出版社2007年版，第131页。

战胜利后，对著名日本女间谍川岛芳子的审判中，焦点之一是川岛芳子是中国人还是日本人？川岛芳子自称为日本人，因此，不应以汉奸罪判刑。检察官对此作了有力驳斥。最后，川岛芳子以身为中国人，却“为敌国之间谍”，“通谋敌国，图谋反抗本国”，被处极刑。①

从南京国民政府司法院发布的有关司法解释中，也可以看出这个特点。如某邮务管理局邮务员奉命检查存户储款，“得悉支局局长有挪用储户储洋、未经登入账簿情事，乃不及时报告总局”，反泄漏于该支局长，“致其畏罪潜逃无踪”。原审法院认为构成刑法第132条第一项公务员泄漏国防以外秘密罪。被告不服，上诉到最高法院，被否决（最高法院1936年上字第6858号判决例）。1944年，某商民受日本间谍利诱，到英国领事馆盗取密码。就该行为的定罪问题，司法院第2645号解释认为：该行为“与帮助间谍刺探军情者有别”，不能构成《陆海空军刑法》第十八条第二款及《刑法》第107条第一项第五款之罪。但因在抗战期间，英国为中华民国同盟国，其领事馆之密码“系足以用为传达有关军事、政治、经济之物品”，倘该商民与敌国通谋，受其间谍利诱，而着手窃畣未遂，仍应成立修正《惩治汉奸条例》第二条第七款之未遂犯，依同条例第十四条应由有军法审判权之机关审判。又如1946年，针对士兵携带密码本表或重要机密文件逃亡案件，司法院作出第3310号解释，认为应按逃兵携带重要物品罪（《陆海空军刑法》第95条）、而非泄密罪（第18条）处置。②

还值得注意的是，行政机关在泄密处理问题上也表现出日益尊重法治的倾向。按照现代法治原则，法无明文规定不为罪。某一行为是否属于泄密罪，应当由立法机关制定刑法予以规定，具体案件则由司法机关通过审判裁定。但1914年左右，政事堂奉大总统袁世凯令，申告各衙门机关，“所有各机关员司录事抄送公文，无一不关紧要”，必须“慎密防范”，“如有为利所动，致泄要件者，应照‘泄漏机务罪’惩治”。③这种比附定罪量刑的规定明显有悖于法无明文规定不为罪的原则，遑论出自行政机关。1947年国民政府军事委员会颁布《防止各部队失落重要机密文件办法》，规定违者依照《陆海空军刑法》、《军机防护法》、《修正陆海空军惩罚法》等有关法令，

① 熊先觉：《我目击审判女间谍川岛芳子》，《炎黄春秋》1997年第12期。

② 根据第95条规定：在敌前携带密码逃亡，处以死刑；在军中或戒严地逃亡，处十年以上有期徒刑，其他情形七年以上有期徒刑。

③ 中国第二历史档案馆编：《民国时期文书工作和档案工作资料选编》，档案出版社1987年版，第113—114页。

从严究办。[①]从严格意义上说，这一规定也有违法之嫌，但究属战争时期的特别规定，勉强说得过去。1948 年 12 月，行政院院长孙科签发《动员戡乱期间军事新闻发布办法》，规定对于报纸、通讯社、杂志、广播电台刊载或传播军事机密新闻，未详细注明消息来源，或于事后未能提供证据，指出确切来源，“可以”根据刑法第一百零九条及刑法第一百十一条规定，“请求”司法检察官侦查起诉泄漏国防秘密和军事秘密罪。[②]这里之所以强调“请求”检察官按照泄密罪“起诉”，而不是直接规定以泄密罪处罚，应是考虑到法无明文规定不为罪、三权分立以及司法独立等法治原则，是应当肯定的。

六、余论：信息公开与中国近代保密法制

我们在考察国家安全对中国近代保密法制影响的同时，还要注意到西方民主法治思想输入的重要影响。一是明确国会议事公开、保密例外的原则。美国学者认为，国会是抵制政府过度保密的首要力量。但这个力量发挥作用的前提是其本身要恪守公开原则，不得保密。英国议会辩论在很长期间里一直是秘密进行的，乔治三世统治时期，报界媒体发布辩论情况要追究刑事责任。美国建国之初曾经制定国会保密三原则：第一，未经允许，不得复制议事录内容；第二，仅允许议员检阅议事录；第三，未经允许，任何言论不得出版或以其他方式公开，后来才逐渐允许对国会的公开报道，国会也成为信息公开的大本营。[③]

清末引进议会制度时，也引进了公开原则。北洋政府《报纸条例》规定“国会按照法令禁止旁听者不得登载”，报界对此未表反对，因为“国会公开为原则，一经禁止旁听，则所议者大都关于军事、外交之秘密事件，固有报纸禁止登载之理由。”[④]抗战时期，国民参政会被誉为“战时国会”，其《议事规则》(1938 年 7 月 1 日公布)第五条规定：“国民参政会之会议公开之，但有

---

① 中国第二历史档案馆编：《民国时期文书工作和档案工作资料选编》，档案出版社 1987 年版，第 383 页。

② 《行政院公布动员戡乱期间军事新闻发布办法训令(1948 年 12 月 20 日)》。

③ CRS Report RS20145, *Secret Sessions of Congress: A Brief History Overview*, March. 27, 2008; CRS Report R42106, *Secret Sessions of the House and Senate: Authority, Confidentiality, and Frequency*. December 30, 2014.

④ 《北京日报等报馆为明定报纸条例辞意范围致国务总理函(1914 年 5 月 7 日)》，载《中华民国史档案资料汇编》第三辑，江苏古籍出版社 1991 年版，第 305 页。

必要时，得由主席宣告改开秘密会议”。[1]依照这一规定，国民参政会开会时，新闻记者可以现场采访和公开报道，大众媒体可以刊载播报会议的种种活动，参政会也随时发布其文件和议案。[2]但对不宜公开事项，则采取秘密会议。如“皖南事变”之后，时任参政员的中共代表董必武、邓颖超提出十二条解决“皖南事变”办法，国民参政会召开秘密会议讨论后予以否决。[3]“皖南事变”的是非早已清楚，国民参政会的立场应当批评，但在程序上这样做还是可以接受的。后来的立法院也曾召开秘密会议讨论立法委员待遇、财政经济紧急处分令、中缅划界等问题。[4]

在省这一个层面，也有类似规定。清末《直省咨议局联合会议议事规则》第二十一条规定：“本会会议不禁旁听，但有到会会员三分之一以上之提议，经公决后，亦可禁止旁听。”[5]南京国民政府 1944 年 12 月 5 日公布，1945 年 7 月 1 日起施行的《省参议会组织条例》第十五条规定：“省参议会会议公开之，但主席或者参议员三人以上提议经会议通过时得禁止旁听。”

二是确立法院审判公开(open trial)、保密例外的原则。[6]近代法制革命以前，秘密审判比较盛行。秘密审判为司法专横、法官擅断提供极大空间。马克思曾指出，专制总是与秘密为伍，“有人把怕见天日的私人利益运进我们的法里，就必须赋予这种内容以相应的形式，即秘密的诉讼程序的形式”。如果诉讼是在秘密状态下进行的，那么不管它的结局如何，人们对它的公正性总是抱有怀疑。被誉为“刑法学之父”的贝卡利亚在名著《犯罪与刑罚》一书中曾指出：“审判应当公开，犯罪的证据应当公开，以便使或许是社会唯一

---

① 《国民参政会纪实》(上)，重庆出版社 1985 年版，第 51 页。

② 如有参政员询问粮食部长徐堪说：“平价米内不仅有矿物如灰沙，且有动物如蛀虫甲虫；并且因仓储管理不善，米多潮湿霉腐，于是便形成了所谓八宝饭。请问徐部长，你是否吃这种八宝饭？你的感想如何？你有没有能力和信心去改善？若没有办法，最好另让贤能。”参见《时事新报》1943 年 9 月 28 日。据国民政府行政院内部人士观感，徐堪是一位比较尽职、正派的官僚，敢对蒋介石提出批评。参见陈方正编辑校订：《陈克文日记(1937—1952)》1943 年 4 月 13 日条，社会科学文献出版社 2014 年版，第 700 页。

③ 《国民参政会纪实》(上)，重庆出版社 1985 年版，第 832 页。关于此事的详细讨论，参见邓野：《皖南事变之后国共两党的政治较量》，《近代史研究》2008 年第 5 期。

④ 陈方正编辑校订：《陈克文日记(1937—1952)》1948 年 6 月 2 日、6 月 25 日、9 月 15 日、9 月 28 日条，社会科学文献出版社 2014 年版，第 1057、1065、1093、1098 页。

⑤ 邱涛：《直省谘议局议员联合会报告书汇录》，北京师范大学出版社 2013 年版，第 7 页。

⑥ 除特别说明外，本部分资料和观点主要参考李春雷：《清末民初刑事诉讼制度变革研究》，中国政法大学 2003 年博士论文；程味秋、周士敏：《论审判公开》，《中国法学》1998 年第 3 期；左卫民、周洪波：《论公开审判》，《社会科学研究》1999 年第 3 期；张新宝、王伟国：《司法公开三题》，《交大法学》2013 年第 4 期。

制约手段的舆论能够约束强力和欲望。”①因此，近代以来，各国均将公开审判作为诉讼法基本原则。但同时，为保护国家秘密和个人隐私、敦厚社会风尚，仍然规定一些应当保密的情形。例如，英国涉及国家秘密的案件不公开；少年就猥亵、强奸等罪行作证时，法庭可以命令除法庭官员、双方当事人及其律师以及善意的新闻采访人员外，一律离庭；儿童除出庭作证外不得旁听；有关性犯罪案件的审判，并不秘密进行，但可以限制报刊的报道。联合国《公民及政治权利国际公约公约》第 14 条第 1 款规定：对包括刑事案件的所有案件的审理均应公开，但可基于某些理由或需要不公开；对包括刑事案件的所有案件的判决也应公开，但也有例外，即在案件有关少年的利益、诉讼有关婚姻争端或儿童监护问题时，判决可以不公开。

对中国来说，尽管民国年间就有人为传统司法鸣不平，认为中国古代司法也有守法的一面，皇权干预司法只是个别情况且属于冒天下之大不韪行为，②但对中国古代刑事审判的秘密性则没有太多分歧。③清末法制改革以来，审判公开兼顾保密的原则自西方移植进来。在宪法方面，1912 年中华民国临时约法第五十条规定：“法院之审判须公开之，但有认为妨碍安宁秩序者得秘密之。”1914 年袁世凯主导的中华民国约法第四十七条规定：“法院之审判须公开之，但有认为妨碍安宁秩序或善良风俗者得秘密之。”1923 年曹锟宪法第一百条规定：“法院之审判公开之，但认为妨害公安或有关风化者得秘密之。”在民初纷纷出笼的诸家私拟宪草中也规定了类似条款。④

在诉讼法方面，《大清刑事民事诉讼法》第十三条规定：“凡开堂审讯，应准案外之人观审，不得秘密举行，但有关风化及有特例者不在此限。”为利“观审”，第九条特地规定，公堂应设立“案外之人观审所立之处”。《各级审判厅试办章程》和《法院编制法》中也对公开开庭、公开宣判等做了相关规定。《大清刑事诉讼律草案》专设“公判”一章，编订大臣沈家本、俞廉三等人还在上奏中专门向皇帝做了阐述。辛亥革命之后，南京临时政府发布的《临

① [意]贝卡利亚：《论犯罪与刑罚》，黄风译，中国大百科全书出版社 1993 年版，第 20 页。

② 严迎春：《当司法与慈禧相遇》，《读书》2012 年第 3 期。

③ 郑秦通过对清代堂审听讼的考察，结合黄六鸿所著《福惠全书》、佚名的《各行事件》、《州县须知》以及日本人士织田万所著《清国行政法》等书的相关记载，认为至于升堂时是否允许百姓旁听的问题，从文献记载来看，并不一致。有的说“如有在外窥探、东西混走及喧哗者立拿”，有的说“堂以下立而观者不下数百人”、“在大堂办事日与百姓相见”，看来并不一律禁止百姓旁听，特别是对州县认为有教育意义的案件。参见郑秦：《清代法律制度研究》，中国政法大学出版社 2000 年版，第 117—118 页。

④ 参见李秀清：《所谓宪政：清末民初立宪理路论集》，上海人民出版社 2013 年版，第 170 页。

时上诉审判所暂行条例》第十四条规定:“诉讼之辩论及判断之宣告,均公开法庭行之。”当时,为审讯前山阴县县令姚荣泽案,时任司法总长伍廷芳曾自上海专门致电孙中山先生,建议“审讯时任人旁听,如此,则大公无私,庶无出入之弊”。北洋政府时期,继续援用清末《法院编制法》。从清末民国的司法实践看,公开审判的相关规定比较模糊,操作性不强,在整体上还是秘密成分更多一些,特别是在军事审判中。不过既然有这样的立法宣示,其意义不可小视,这也是中国近代保密法制逐渐进步的一个重要方面。

三是开始尝试行政公开。世界法制发展史表明,在立法、司法和行政三个机构中,行政机关的信息公开阻力最大,但这方面的进展也最具指标性意义。首先,是行政机关内部的公开。据历史学者考察,清末光宣之际,各省会议厅设置后,不仅在官僚体系内部开放决策权,有限度地公开决策过程,而且还将决策权部分向士绅开放,一度形成上下内外合议的决策模式。1910 年 9 月,宪政编查馆奏准《颁行各省会议厅规则折》第十七条规定:“所有每次应行会议事件,除督抚认为应行秘密外,得公布之。”如吉林省会议厅的几次会议,分别讨论营业税案、币制案、乡巡案等关系国计民生的重要问题,对营业税收的种类、范围、征收额等,结合该省各地的不同情况进行了深入讨论,会员或当场发言陈述,或递交意见帖,所提方案各具特色,会议厅对议案所作的审查和讨论,允许与会人员各抒己见,畅所欲言,在充分交换意见后再进行表决。吉林省报刊对这些会议过程及参议者发言的情况,均以相当版面进行详细报道。[①]这表明,尽管行政决策过程是否公开的主动权仍在督抚,但因增加了行政合议的内容与形式,扩大相关信息的反馈及约束,使民众对于部分政务有一定的知情权,并使得决策的某些过程可以处于舆论监督之下。这对于决策的公平、公正乃至行政的成效起到重要的制约作用。[②]

其次,是行政机关对立法机关的公开。《资政院院章》第二十条规定:对于资政院“咨请答复”的事项,军机大臣或各部行政大臣应当答复,但“必当秘密者”,则可以只将“大致缘由”声明即可,不必答复。南京国民政府时期颁布的《省参议会议事规则》(1945 年 11 月 27 日行政院公布)第十二条规定:省参议会可以对省政府的施政提出书面询问,“除因公共利益应守秘密外,省政府应为书面或者口头之答复”。但“应守秘密”之程度如何?并无标

① 《吉林省会议处第一次会议录》、《吉林省会议处第二次会议情形》,《盛京时报》1909 年 10 月 15 日、10 月 27—29 日,第三版。

② 参见关晓红:《独断与合议:清末直省会议厅的设置和运作》,《历史研究》2007 年第 6 期。

准。当时政治学者施养成对此提出质疑："理论上，行政为执行，公务无一不可公开。昔时有以外交应守秘密，以免外国探悉者，第一大战后已无人信之。又或谓国防应守秘密，证以此次大战胜败之事实，亦甚不然。纵即外交国防事务有不可公开者，其不予公开之对象当为外国及本国大众，至对人民代议机关——政治上之主人——除技术部分无须公开外，仍须公开。此即就中央政府而言。若乎地方行政，实全无秘密之理由也。秘密之限制不去，省参议会之询问权并道德之力量亦无之。"①

最后，是对社会的公开。北洋政府时期，在邵飘萍等进步记者的努力下，报纸开始定期报道内阁会议情况，政务公开进一步推进。②南京国民政府时期，1930 年出版法第二十二条明确规定："新闻纸或杂志采访新闻或征集资料，政府机关应予以便利"，不过尚未明确政府是否应当主动提供和公开某些信息。

四是信息公开主张的提出。黄埔军校时期，邓演达曾提倡军队中实行"三大公开"（人事公开、经济公开、意见公开），陈诚、白崇禧、傅作义等将领均曾在各自部队中实施，效果良好。但仅限于军队，影响较小。③20 世纪 30 年代，面对当时日本侵华动作频频、国难深重的严峻形势，舆论对国民政府封锁外交和国防建设消息深感不满，《大公报》曾发布社论要求政府公开外交情况，胡适也撰文《我们要求外交公开》予以支持。④抗战胜利后，信息公开获得更广泛地认同。1947 年，时任行政院新闻局局长董显光遵照蒋介石指示，起草了一份《改善国际宣传办法》，其中明确提出"军事审判之公开"与"调查贪污案件之公开"；当然，他主要是从宣传角度考虑的。

英美军事法庭主持审判者大都皆非法律专门人员，惟在形式上仍系公开，仅于关涉国防之时禁止旁听。中国司理军法人员，皆有相当训练，此后军事审判似亦可仿效英美制度，采用公开形式，遇有重要案件，并可注意扩大宣传，以示我军法之严明，并藉事实驳斥国外诬我政府迄今沿用秘密审判之不利宣传。

任何政府均难保证所属官员，皆无贪污行为。例如美国南北战争

① 施养成：《中国省行政制度》第三章《省行政建议、咨询及协助机关》，上海人民出版社 2015 年版，第 155 页。

② 邵飘萍：《邵飘萍新闻学论集》，北京大学出版社 2008 年版，第 165 页。

③ 宋瑞珂：《陈诚及其军事集团的兴起和没落》，载《文史资料选辑》1982 年第 81 辑，第 47 页；《白崇禧口述自传》，中国大百科全书出版社 2013 年版，第 337 页；全国政协文史和学习委员会编：《回忆傅作义》，中国文史出版社 2013 年版，第 258 页。

④ 《胡适文集》第 11 册《胡适时论集》，北京大学出版社 1998 年版，第 669 页。

时代，虽以林肯总统之贤明，其地方政治之腐败为时诟病，后经长时期之努力改革，始渐澄清。故政府苟抱惩治贪污之决心，则贪污之举发，适足以显示其励精图治之精神，亦为积极宣传之极好资料。嗣后举凡舆论提出有关吏治失修之指责，似应责成监察或司法机关进行彻底调查，提出详细报告，遇有重要案件，并可将是项报告迻译外文，广为宣传，藉示我政府修明吏治之决心，并杜绝国际间捕风捉影之流言。①

1948年，著名社会学家、曾在国民政府社会部任职的清华大学著名教授吴景超等人在《新路》杂志上发表文章，呼吁"经济行政应即公开"，包括公开货币发行量、政府及各机关收支的详细决算、所得税资料、富人交税额等。②这些自然都应视为中国信息公开的先声，而中国的政治传统也就在这样的制度变革中获得新生。

---

① 《董显光关于拟订改善国际宣传办法(1947年9月6日)》，载《中华民国史档案资料汇编》第五辑，江苏古籍出版社1999年版，第17页。

② 刘大中、吴景超等:《我们的意见:经济行政应即公开——一个考验政府效率和廉洁程度的具体建议》,《新路》1948年第1卷第15期。

第七章 中国近代的保密法制与新闻自由

一、引 言

国家秘密与新闻自由的冲突是近代法制史上的经典话题。①自资产阶级革命以来，新闻媒体就被视为现代民主政治的重要支柱。日本判例认为："在民主主义社会中，报道机关的报道为国民参与国政提供重要的判断资料，服务于国民的知情权。"②实践中，正是依靠新闻媒体，一些政府和官员的渎职违法行为才得以揭露，一些重大错误决策才得以纠正，例如美国"五角大楼文件案"促成越战结束、"水门事件"导致总统尼克松下台、日本秘密金库案促使田中首相辞职、英国议员报销门事件等。一些学者甚至认为，资本主义在20世纪还得以延续和发展，主要就是在其言论自由和新闻自由制度下，固有弊端不断被揭发出来，从而不断改进。③美国学者弗朗西斯·E.洛克(Francis E.Rourke)在《美国官僚制度中的机密》

① 本书将新闻自由界定为一种制度性权利，包括设立新闻媒体事业的权利、搜集信息(采访新闻)的权利、不揭露信息来源的权利、编辑权利及传播散发信息的权利。新闻自由权是一种行业性权利，即新闻媒体的新闻自由，非普通民众所拥有，享受一些特殊保护；新闻自由权主要指报道事实的自由，不包括表达意见自由。参见林子仪：《言论自由与新闻自由》，台湾元照出版社1999年版；夏勇：《西方新闻自由探讨——兼论自由理想与法律秩序》，《中国社会科学》1988年第5期；《国家机密法制与新闻采访权》，台湾三民书局1996年版；赵雪波等编：《世界新闻法律辑录》，社会科学文献出版社2010年版。

② 转引自[日]芦部信喜：《宪法》(第三版)，林来梵等译，北京大学出版社2006年版，第156页。

③ "资本主义还有生命力的原因，在于他们不限制，相反还在发展批判。""资本主义是一大堆罪恶的根源，可是这一大堆罪恶不断地被揭发，不断受到注意，老是在做一些大大小小的改良，于是，它虽然气息奄奄了，却老是混下去了，有的时候还显得颇为活跃。"反之，"希特勒打到底，没有产生过批判。而且确实在它这方面说，它的内因使它只好不胜也得达到灭亡为止。"参见顾准：《帝国主义和资本主义》(1973年5月9日)，载《顾准文集》，福建教育出版社2010年版，第298页。

(1957)一文中指出:新闻媒体在限制行政机密日益严重方面发挥着至关重要的作用。但同时,新闻自由权的扩张,新闻业的发达,确实也给国家秘密保护带来巨大冲击。第一次世界大战期间,德国情报人员公开宣扬"获得英国国家机密的既简单方便、又正确无误且风险小的方式"就是英国的报纸。[①]这当然是极端的例子,但新闻业兴起之后,保密难度加大则是不争的事实。

政府不希望媒体因为抢新闻而泄露机密,影响国家重大决策的制定与实施,危害国家安全,当然,更不希望暴露官员丑闻和政府内幕,使政府陷入尴尬和难堪。媒体承认国家利益高于一切,却不愿意使自己的新闻自由权受到政府保密权的限制,丢掉"第四权"(the fourth estate)的崇高地位。民众不希望报纸泄露资敌信息和国家机密,危及国家安全,但也不希望因为保密,挤压媒体的自由空间,丧失监督政府的功能,进而损害自己的知情权。

为解决上述矛盾,现代各国建立新闻发言人及政府信息公开等制度,主动发布有关信息,保障公民知情权,同时规定,涉及国家安全等秘密信息可以不对社会公开,还明确规定政府不得以保密名义掩盖违法或失职行为。英国1912年建立政府与媒体的沟通机制——国防信息知会机制(The D-Notice System),就敏感信息是否可以报道、如何报道与媒体闭门协调,以免涉及国家安全的信息被不慎公开,同时也保障媒体自由报道权,在一定程度上也发挥媒体自律的功能。司法方面,基于新闻自由的传统立场,[②]倾向于不追究媒体泄密责任,更不支持事先审查或者干预新闻报道,对新闻来源保密也持容忍态度,但如果政府能够证明,发表某一消息有碍国家安全,

---

① 英国1889年《公务秘密法》规定:只有在涉密信息传播对公共利益和国家安全造成损害的情况下,才能认定为犯罪。媒体公布的信息是面向不特定受众的,不能判断是否对国家安全和公共利益造成损害。在实践当中使用该信息进行敌对行动的往往是他国秘密组织,出现泄密事件也无法取证和起诉。1908年3月,一家报纸刊登多尔港口(Dover Harbour)防御设施设计图,但因为不能确定该信息是否已流入到敌对国家,无法定罪,最终当事人只能依照违反商业诚信原则被处以12个月的监禁。参见A.J.A.Morris, The Scaremongers: the advocacy of war and rearmament 1896—1914, London, Routledge & Kegan Paul, 1984, p.162。

② 英国法学家布莱克斯通认为,新闻自由"是指出版物在出版之前不受限制,而不是指已发表的含有犯罪信息的内容可以逃避新闻审查。每个自由人都拥有一项毋庸置疑的权利:想对公众发表什么观点就可以发表什么观点,禁止这项权利就是破坏新闻自由。但是,如果这个人发表的言论是不正当的、有害的或者是违法的,他必须为自己鲁莽行为的后果承担责任。"参见[美]弗雷德里克·S.西伯特等:《传媒的四种理论》,戴鑫译,中国人民大学出版社2008年版,第41页。

则可为事前限制。①

中国遭遇新闻自由和保密冲突是清末以后的事情。随着新闻业兴起，许多重要公文，甚至一些机密外交文件，地方官尚未接到，报纸上已经全文登载。当时两江总督彭玉麟（1817—1890 年）曾上奏指出："寄信及各省紧要公件，未经见明文，而外间已传说纷纭，刊入报纸。初谓民间谣传，未足深信，既而无不吻合，殊堪诧异。即如此次天津所议简明条约，未接密咨以前，已见各报馆详为刊列。"②这很让清政府恐慌。

为平衡保密需要与新闻自由，清末政府以及随后的北洋政府和国民政府先后就新闻禁载事项作出规定。清末民初，报界和政府围绕《钦定大清报律》和《报纸条例》有关禁载规定先后发生两次大的论争。国民党统治时期，战时保密审查制度空前强势，遭到舆论和反对党的猛烈抨击。新闻自由与保密的紧张关系跨越清末政府、北洋政府以至国民政府时期，成为考察中国近代保密法制绕不过去的风景。

对于这段历史，近代史、新闻史和法制史学者多有论述和考订，③一些重要史料也已整理出版。④本书的主要工作，一是在前人研究的基础上，根据原始史料，就保密和新闻自由的冲突再次进行梳理；二是对当时争论激烈的保密和新闻自由的界限问题，从历史、法学和保密角度进行分析，对是非得失有所判断。这是此前很少做或者做得不大充分的。⑤

二、清末民初的论争

要考察中国近代保密与新闻自由的关系，首先应当关注和考察的就是

---

① 参见[美]约翰·D.泽莱兹尼：《传播法：自由、限制与现代媒介》第三章《威胁公共安全》，张金玺等译，清华大学出版社 2007 年版，第 80 页。

② 戈公振：《中国报学史》，岳麓书社 2011 年版，第 151 页。

③ 有关著作主要有戈公振：《中国报学史》，岳麓书社 2011 年版；马光仁：《中国近代新闻法制史》，上海社会科学出版社 2007 年版；赵建国：《分解与重构：清末民初的报界团体》，三联书店 2008 年版；曹立新：《在统制与自由之间——战时重庆新闻史研究（1937—1945）》，广西师范大学出版社 2012 年版。论文有王学珍：《清末报律的制定》，《中山大学学报论丛》1994 年第 1 期；王学珍：《清末报律颁布前后的报界反应》，《广州广播电视大学学报》2008 年第 6 期；王学珍：《清末报律的实施》，《近代史研究》1995 年第 3 期。

④ 主要有李国荣编选：《清末修订报律史料选载》，《历史档案》1988 年第 3 期；李启成整理：《资政院议场会议速记录》，上海三联书店 2011 年版；《中华民国史档案资料汇编》第三辑，江苏古籍出版社 1991 年版；《白色恐怖下的新华日报》，重庆出版社 1987 年版。

⑤ 张群：《中国近代保密法制与新闻自由》，《政法论坛》2012 年第 3 期。

清末民初时期，发生在报界和政府之间的一场论争。其持续时间之长、对抗程度之激烈、探讨问题之深入、历史影响之深远，都是首屈一指的。

（一）小吵小闹

在中国近代报业诞生后的很长一个时期里，清政府似乎都未充分意识到报业发展会对保密构成冲击。起初，清政府对报纸的管制，主要是禁止报纸发表批评清政府腐朽或意图颠覆清政府的言论（如1903年“苏报案”），①据以治罪的则是《大清律例》“造妖书妖言”条。最早颁布的《大清印刷物专律》（1906年7月）规定了禁载内容，但延续的还是传统监管思路，即针对报纸对私人或朝廷官员的毁谤，以及对皇帝、皇室、皇族及朝廷的“大不敬”言论。②但是，当清政府意识到新闻自由与保密的冲突，且认识到可以“保密”为名限制新闻自由之后，即始终坚持“保密优先”的立场。这就与报界发生冲突。

1906年巡警部颁布的《报章应守规则》（光绪三十二年，1906年10月）首次明确规定“保密优先”原则：“凡关外交内政之件，如经该管衙门传谕报馆秘密者，该报馆不得揭载。”“凡关涉词讼之案，于未定案以前，该报馆不得妄下断语，并不得有庇护犯人之语。”③一并颁布的《报馆暂行条规》做了更为具体的规定：第四条：“凡关涉外交军事之件，如经该管衙门传谕报馆应守秘密者，该报馆不得揭载。”第五条：“凡遇重要之刑事案件，于该案未定以前，报纸不得妄下断语，并不得作庇护犯人之语。”违者按照情节轻重，对发行人、编辑人及印刷人处以一个月以上一年以下监禁，或十元以上二百元以下罚金。印刷人如不知情可以免于处罚。④

报界很快就对《报章应守规则》提出批评，认为在程序上，该规则由巡警部制定颁布不合法律手续，在内容上，与立宪国言论自由之意大相刺谬。⑤但报界的批评似乎并未引起清政府的足够重视。在1908年正式颁布的《大清报律》（光绪三十三年（1908年）二月十二日）里，继续维持上述规定。⑥

---

① 王敏：《苏报案研究》，上海人民出版社2010年版。

② 张宗栋：《新闻传播法规》附录《大清印刷物专律》，台湾三民书局1978年版，第233页。

③ 其他禁载规定包括：“不得诋毁宫廷”、“不得妄议朝政”、“不得妨害治安”、“不得败坏风俗”、“不得摘发人之隐私，诽谤人之名誉”等。转引自张宗栋：《新闻传播法规》附录《报章应守规则》，台湾三民书局1978年版，第236页。

④ 《东方杂志》1908年第1期（1908年2月26日），转引自马光仁《中国近代新闻法制史》，上海社会科学院出版社2007年版，第58页。

⑤ 参见王学珍：《清末报律颁布前后的报界反应》，《广州广播电视大学学报》2008年第6期。

⑥ 初稿在保密问题上有所松动，初稿第十三条规定：“密旨、密折未经官报公布者，报纸不得揭载。”

第十条：诉讼事件，经审判衙门禁止旁听者，报纸不得揭载。

第十一条：预审事件，于未经公判以前，报纸不得揭载。

第十二条：外交、海陆军事件，凡经该管衙门传谕禁止登载者，报纸不得揭载。

第十三条：凡谕旨、章奏，未经阁钞、官报公布者，报纸不得揭载。

《大清报律》还明确规定，违反第十条、第十一条者，该编辑人处十元以上一百元一下之罚；违反第十二条、第十三条者，该发行人编辑人处二十日以上、六月一下监禁或二十元以上、二百元以下之罚金。①

实践中，宣统元年八月（1909 年 9 月），北京《国报》、《中央大同日报》即因刊载中日安奉铁路消息，被民政部以“泄漏交涉机密，妨碍邦交”罪名查封。②

（二）资政院里的较量

情况在宣统二年发生一些变化。该年，为回应蓬勃发展的革命形势，清政府决定修订《大清报律》。在禁载国家秘密问题上，军机处和资政院进行了激烈交锋，这一方面显示保密与新闻自由矛盾的加剧，也表明报界和社会力量日益成长，开始和清政府进行正面对峙。

起初，民政部起草并经资政院三读通过的修订案，对禁载范围作了相对宽松的规定。例如，第十二条：“外交、陆海军事件及其他秘密政务，经该管官署禁止登载者，报纸不得登载。”第十三条：“诉讼或会议事件，按照法令禁止旁听者，报纸不得登载。”违者均处该编辑人以二百元以下、二十元以上之罚金。

这一方案首先遭到报界的反对。北京报界公会代表朱淇上书资政院，以“庶政公诸舆论”的谕旨为根据，认为除军事、外交外，“其余各衙门所办理之事皆为庶政”，不应有秘密运动而不可告人之隐事，理当准许报馆登载。朱淇还首次提出建议，第十二条应由外部及军事衙门“外订专章”，规定秘密

---

① 《京师警察法令汇纂》，宣统二年八月印行，第 286 页。并见张宗栋：《新闻传播法规》附录《大清报律》，台湾三民书局 1978 年版，第 238 页。该《大清报律》主要参照日本 1909 年《新闻纸条例》制定。日本 1909 年新闻法第 27 条规定，陆军大臣、外务大臣，对于新闻纸，得以命令禁止或限制关于军事和外交事项之揭载。参见邵飘萍：《各国新闻出版法选编》，人民日报出版社 1981 年版，第 274 页；《国外保密法规选编》，金城出版社 1997 年版，第 365 页。19 世纪末 20 世纪初日本新闻立法及报纸管制情况，参见邵飘萍：《邵飘萍新闻学论集》，北京大学出版社 2008 年版，第 162、190 页。

② 马光仁：《中国近代新闻法制史》，上海社会科学院出版社 2007 年版，第 72 页。

事件范围，交资政院审定，与报律相辅而行，以便各报遵守。①

但报界没有料到的是，军机处也激烈反对报律修正案，不过是来自另外一个方向，即认为修订稿规定过于宽松，建议扩大禁载范围，将第十二条修改为："外交、陆海军事件及其他政务，经该管官署禁止登载者，报纸不得登载。"其主要理由如下：②

第一，法律位阶上，根据现行刑律、《惩治漏泄军事机密章程》及新刑律的有关规定，如果报馆泄漏国家秘密，"应绝对适用刑律，不能适用报律。"报律所规定者，"皆在刑律范围以外，而程度较轻于刑法之犯行者也"，换言之，报律所要规范的信息事项是指"通常关系外交、陆海军及其他通常政务而言"，也只有这类事项才需要由"官署禁止登载"，否则报馆可以随意登载；至于机密事件当然不得登载，"本毋庸再由官署禁止"。《报律》规定的科罚，"乃罚其违反官署之命令，非罚其泄漏机密也"。按照现代的法律语言，即报律是行政法，报纸违反报律要承担的是行政责任，而报纸违反刑律属于违法犯罪行为，要承担的是刑事责任，二者的行为性质、轻重程度、处罚措施和手段都是迥异的。

第二，法律性质上，刑律是刑法，报律是行政法，各自调整对象不同，应该谨守边界，但报律修正案第十二条则有"侵蚀刑律之领域"之嫌。按照草稿规定，似乎"未经禁止之政务机密事件，各报馆比一般人民独有随意漏泄之特权，即登载已经禁止之机密事件，亦不过处以罚金而已"。而按照现行刑律，一般民众泄漏国家秘密，应科以有期徒刑，轻重大相悬殊，有悖平等原则。

根据以上理由，军机大臣建议删除原案第二条中的"秘密"二字，以免混淆。

上述修改建议提交资政院后，引起激烈争议，始终未能达成一致。③最后，依据资政院议事规则，上奏皇帝，奉旨以军机处方案为准。尽管这场斗争资政院代表的民间力量最后失败，但新闻自由观念得以进一步宣扬，对保密与新闻自由关系的认识也进一步加深，还是很有意义的。

（三）风云突变

辛亥革命后掌权的袁世凯政府大部沿用晚清法制，但因为《大清报律》

① 赵建国：《分解与重构：清末民初的报界团体》，三联书店 2008 年版，第 107 页。

② 李国荣编选：《清末修订报律史料选载》，《历史档案》1988 年第 3 期；王学珍：《清末报律的制定》，《中山大学学报论丛》1994 年第 1 期。

③ 当时资政院辩论情形，见李启成整理：《资政院议场会议速记录》，上海三联书店 2011 年版。

被舆论视为封建专制的打手，似与共和国体抵触，舆论均倾向于废弃不用。1912 年福建《群报》明言："报律非民国所应有，与国体显有抵触。"①袁世凯政府虽未公开宣布这一立场，但从实践中未有援用看，与主流舆论没有太大差距。但是，一个偶然事件改变了历史的走向。

1912 年 9 月，北京各报报道了参议院借款秘密会议。9 月 29 日，京师地方检察厅以"泄漏机务罪"为由，向《国风日报》、《民主报》、《北京日报》、《中国日报》、《新中华报》、《爱国报》等 15 家报纸发出传票，"勒令交出访员"。北京报界群起抗争，一致拒绝，最后被迫含糊了结(详见下文)。袁世凯政府受此刺激，不但一改此前反对"规定报律"的态度，并且开始援用前清报律。

1913 年 3 月 20 日，袁世凯援引前清报律，发布"外交、军事秘密事件，一律不准登载"的指示。陆军部随即发布命令，认为"秘密军情，一经泄漏，即碍进行，虽严惩报馆于后，实已无从补救，诚不如先事预防，免生枝节"，决定自 3 月 21 日起，实行军事新闻预检制度，各报馆"凡登载军事，均应先行具稿到本部检阅签字后，方准登载。否则一概认为禁止事件，不准滥登"。②

1913 年 6 月，内务部也发表布告，依据清末报律和刑律的有关规定，公开禁止报刊登载有关宋教仁被刺案、向日借款的新闻。在该布告中，内务部比较全面地阐述了袁世凯政府关于新闻自由和保密的基本观点：一是新闻报道应当以国家利益为上，不能泄露机密。布告说："有闻必录，固新闻业之责任，然亦审度其事之影响如何，若只图新闻之发达，而不顾国家之损害，则所贵于新闻者何在?"二是目前新闻言论随便披露军政新闻，影响社会稳定。"内外报纸，对于宋案、借款多所误会，不问是非，肆意诋毁，痛加污蔑，且于外交、陆海军事件尽情登载，漏泄无遗，甚至加大总统以种种不名誉、不道德之称谓"，"秩序为之不靖"，"人心为之动摇"。三是政府将对新闻自由依法予以限制。布告列举了报律、暂行新刑律以及约法的有关规定，宣布政府在"认为增进公益、维持治安或非常必要时，得依法律限制"人民的言论自由权利。布告还特别提到外蒙事件，认为"一关于国际交涉，一关于领土安危，政府对此事之筹备，于国体、于邦交、于军事有种种之关系，其中之维持调护有应严守秘密、不能尽情宣布者"，报界

① 参见赵建国：《分解与重构：清末民初的报界团体》，三联书店 2008 年版，第 154 页。

② 《申报》1913 年 3 月 28 日，转引自马光仁：《中国近代新闻法制史》，上海社会科学院出版社 2007 年版，第 111 页。

应当“共体此意，同守秘密”。[①]值得注意的是，关于外蒙古事件的新闻报道，孙中山也认为应当从严控制。1912 年 8 月 27 日，孙中山与袁世凯的谈话，建议谨慎发布涉及蒙藏新闻：“现在蒙藏风云转瞬万变，强邻逼视，岌岌可危，凡中国人，莫不注目。近日报纸所载蒙藏情形，多不免得之传闻。须知蒙藏如此危急，国人又如此注意，若以误传刊登报章，外人将乘此时机直来谋我，当以何法对付。故文主张此后蒙藏消息，责成各该办事长官逐日报告一次，由政府再分送各报登载。既免误传，且得真相。”[②]

内务部在随后的一份训令中重申上述立场，认为“报纸言论，应以法律为范围，不得逾越范围，昌言无忌”，并要求京师警察厅转饬各报馆，“除关于外交、陆海军事件及其他政务，曾经该管官署禁止登载不得登载外，其余各项专电访稿，仍须以国家为重，一律慎重登载”。如有违反者，依照约法、刑律和报律处理。[③]

（四）癸丑报灾

北京报界还没对袁世凯政府组织起有力的回击，后者又于 1914 年 4 月颁布新的《报纸条例》，重要内容几乎照抄《钦定大清报律》，立场进一步收缩。涉及保密问题的主要是第十条：“外交、军事之秘密及其他政务，经该官署禁止登载者”，“预审未经公判之案件及诉讼禁止旁听者”，“国会及其他官署会议，按照法令禁止旁听者”，报纸不得登载。违者停止其发行，对发行人、编辑人处五等有期徒刑（第二十一条）。该项处罚由该管警察署即决并执行。[④]1914 年 12 月《出版法》第十一条也规定：“揭载军事、外交及其他官署机密之文书、图画者”，诉讼或会议事件之禁止旁听者”，不得出版，但得该官署许可者不在此限。[⑤]

事不宜迟，北京报界这次很快发出声音。1914 年 5 月 7 日，《北京日报》等报馆呈文国务总理，在表示守法的同时，强烈表达质疑，认为外交、军事秘密禁止报纸登载，为各国通例，“但未闻有于军事、外交秘密工作以外，禁止登载普通政务之例”。报界还提出，“其他政务”究竟指哪些“政

① 《内务部告诫各报馆禁刊“宋案”与“借款”新闻的布告（1913 年 6 月 17 日）》，载《中华民国史档案资料汇编》第三辑，江苏古籍出版社 1991 年版，第 491 页。

② 《民主报》1912 年 8 月 28 日，转引自陈夏红选编：《孙中山答记者问》，中国大百科全书出版社 2012 年版，第 294 页。

③ 《内务部关于取缔登载“无稽之言”的报刊致京师警察厅训令（1913 年 7 月 22 日）》，载《中华民国史档案资料汇编》第三辑，江苏古籍出版社 1991 年版，第 494 页。

④ 刘哲民：《近现代出版新闻法规汇编》学林出版社 1992 年版，第 86 页。

⑤ 张宗栋：《新闻传播法规》附录《出版法》，台湾三民书局 1978 年版，第 245 页。

务”？是否“一切普通政务，无不可以官厅之命令禁止登载？”他们请求政府明确解释。①这是报界第一次集体提出解释要求，是报界斗争方式的一大进步。

但内务部、法制局和大理院对解释之事互相推诿，最后不了了之。②恰在此时（1914 年 5 月），《北京日报》因报道“陆军部拟添设次长”的相关新闻与宪兵营大起冲突。宪兵营以“命令未公布前事属秘密”为由，打算依据《暂行新刑律》第 134 条起诉《北京日报》，遭到北京报界同志会抗议，并以处治报馆应依报律，不得引用刑律为词。③

为限制报馆登载军事消息，本来没有争议的陆军部于 6 月 20 日拟定《报纸应守军事秘密范围条款》，呈报大总统批准后公布。其内容如下：

(1) 战时军队编制、驻扎地及出发日期；

(2) 战时后方勤务计划；

(3) 整旅计划及准备；

(4) 要塞地域内兵备以及防御设施；

(5) 国防及作战计划；

(6) 战斗进行状况；

(7) 战时军械、军输运输和存储地点；

(8) 尚在交涉中的军事外交事项；

(9) 军队中异常变动；

(10) 军队裁并及调遣计划；

(11) 与军事有重要关系的军械购置、制造；

(12) 军官、军佐关于军事上之任免或调遣，未经公开宣布者；

(13) 其他经陆军部禁止登载的内容。④

上述解释颁布后，报界很快于 1914 年 7 月给京师警察厅呈文，表示欢迎和肯定，但同时认为，军事秘密范围第(6)、(9)、(12)三项仍存有待解释之处。报界还提出，登载命令必须出自京师警察厅，其他部门无权直接要求报馆禁载。⑤

报界的二度呈文遭到陆军部的逐条驳斥，认为“国家立法，各省所宜，他国事实，万难为中国人营业之报馆藉为口实也”，况法俄希腊等有军事新闻

①⑤ 《中华民国史档案资料汇编》第三辑《文化》，江苏古籍出版社 1991 年版，第 308 页。

② 赵建国：《分解与重构：清末民初的报界团体》，三联书店 2008 年版，第 190 页。

③ 赵建国：《分解与重构：清末民初的报界团体》，三联书店 2008 年版，第 195 页。

④ 《中华民国史档案资料汇编》第三辑《文化》，江苏古籍出版社 1991 年版，第 304 页。

"随时禁止登载"条例。最后,陆军部更强势表态,尽威吓之能事:"总之,各报馆对于所有致疑之各项,果欲登载,应先具稿,送本部核订,本部专员接待,推诚指导,以期无误,否则法立必行,无论事实之虚实善恶,但犯条例所载,即当严以相绳,此后决无稍恕。"①

陆军部说到做到。1914 年 7 月 25 日,陆军部以北京《醒华报》刊载的新闻"四川制造步枪减重量"涉及军事机密(上引第 11 项)为由,令其停刊 3 天,将负责人押送警厅。②1914 年 7 月 28 日,陆军部再次致函京师警察厅转告各报,不得"随意登载"军事政事:"现在欧洲战机甚迫,我中国为新造之邦,一举一动皆为列强注意,而内地报纸大抵不加审慎,于军事政事随意登载,细则淆乱人心,大则贻害国家。""各报馆既为中国人民所设立,于关系国家应守秘密之事,岂容取快笔舍,任情宣传?如其故意违犯,自不得不以法律绳之。"③

报界不甘示弱,孤注一掷做最后抗争,1914 年 8 月,以"关于禁载军事秘密范围条款束缚言论"为题致书大总统强烈抗议,指出陆军部所称外国"随时禁止登载"军事新闻的规定,系指戒严时期,根本不适用于平时。而陆军部所指则不区分战时、平时,则"报馆等日在触犯陆军部法令之中","显与各国随时禁登之意相反"。④

言辞虽然激烈,但收效几无。1915 年 7 月 10 日,北洋政府修正《报纸条例》,并无根本变动,"外交、军事之秘密","各项政务经该官署禁止登载者","国会及其他官署会议,按照法令禁止旁听者",报纸不得登载(第十条)。但同时规定,在外国发行之报纸,登载第十条第一款至第三款之事件者("淆乱政体者"、"妨害治安者"、"败坏风俗者"),不得在国内发卖或散布(第十一条)。显示如转载来自国外的涉及国家秘密的新闻,不再受限。⑤

袁世凯政府的极端政策造成了极为严重的后果。据统计,从 1912 年 4 月至 1916 年 6 月,全国至少有 71 家报纸被封,49 家被传讯,9 家被捣毁,新闻记者 60 余人被捕,24 人被害,500 多家报刊,全国报纸也由 1912 年的

---

① 《中华民国史档案资料汇编》第三辑《文化》,江苏古籍出版社 1991 年版,第 310 页。
② 马光仁:《中国近代新闻法制史》,上海社会科学院出版社 2007 年版,第 110 页。
③ 《申报》1914 年 8 月 4 日,转引自马光仁:《中国近代新闻法制史》,上海社会科学院出版社 2007 年版,第 106 页。
④ 《中华民国史档案资料汇编》第三辑《文化》,江苏古籍出版社 1991 年版,第 311 页。
⑤ 《大总统公布修正报纸条例申令(1915 年 7 月 10 日)》,载《中华民国史档案资料汇编》第三辑《文化》,江苏古籍出版社 1991 年版,第 301 页。

500多家下降到100余家，史称“癸丑报灾”。[①]

（五）昙花一现

1916年7月，北洋政府内务部以法理上无存在必要，实际上仅适用于华报、不利于华报与洋报公平竞争为由，废止了《报纸条例》。[②]1918年10月，北洋政府修正颁布《报纸条例》，内容宽大许多。其中，关于外交军事禁载事项的第十条第四款（“外交、军事之秘密及其他政务，经该官署禁止登载者”）分解为两款，进一步明确政务禁载范围。第四款：“外交、军事之秘密”；第五款：“各项政务经该管官署禁止登载者”。稍有进步的是，该《条例》完善了程序救济，即对于禁载事项，警察官署认为有重大危害时，得以警察处分，停止其发行，并于12小时内报告检察厅，检察厅在接到报告的30日之内，认为无须提起公诉时，必须通知警察官署停止发行之处分。在法制局提交内阁讨论时，还附有如下说明：“报纸为传达舆论机关，固不可不予以自由，借以发抒民意，传播消息”，但同时强调，“然使漫无限制，则又不免有扰乱治安、妨害公益之虞”。这其中自然包含泄漏国家秘密的危险。[③]

在地方立法中，1918年《广东暂行报纸条例》、1919年上海淞沪警察厅《取缔印刷所办法》、1921年东省特别区《暂行取缔报纸规则》以及湖北省《核定取缔白话报小报及通讯社规则》中均有关于外交、军事秘密事项禁止登载的规定。[④]1918年6月23日，广东督军莫荣新（桂系军阀）因《民主报》刊载新闻《财政厅之更动》，“挑拨军心”，下令警厅将主笔陈耿夫逮捕，并于24日枪杀。此事引起广东报界强烈抗议，部分省议员也公开质询，但当局态度极为强硬，对议员质询置之不理。[⑤]

但总体上，袁世凯逝世之后，新闻自由得到最大程度的释放，中国报业迎来一个短暂的春天，从1912年的250种增长到1927年的628种。[⑥]《新青年》等进步刊物也在此期间蓬勃发展，成为中国新思想的发源地。报界的抗争为此做出重要贡献，而社会各界对保密与新闻自由的认识也得以提高。

最后，谨摘录民国初年著名报人邵飘萍的一段话，或许可以代表北洋时期报界对报律的基本态度：

---

① 马光仁：《中国近代新闻法制史》，上海社会科学院出版社2007年版，第111页。

② 《中华民国史档案资料汇编》第三辑《文化》，江苏古籍出版社1991年版，第315页。

③ 马光仁：《中国近代新闻法制史》，上海社会科学院出版社2007年版，第122页。

④ 《中华民国史档案资料汇编》第三辑《文化》，江苏古籍出版社1991年版，第319、325页。参见赵建国：《分解与重构：清末民初的报界团体》，三联书店2008年版，第243页。

⑤ 赵建国：《分解与重构：清末民初的报界团体》，三联书店2008年版，第245页。

⑥ 马光仁：《新中国新闻出版立法概述》，《上海社会科学院学术季刊》1990年第3期。

民国初年此项特别法(即新闻纸法或者报纸法——引者注)问题发生之际,某政论家即根本反对其存在。但余个人意见,则认为当分别言之。盖法之有无为一问题,法之良否又属一问题。苟造成不良之新闻纸法,固有不如无法之感。然果系无法,则又有动辄援引普通刑律之危。因是余个人颇觉关于新闻纸之特别法为不可少,惟必须由新闻界联合一致,以要求立法机关制成保护之法。庶几新闻事业之地位可以益臻于巩固,既不受行政机关非法之侵凌,更不受司法机关引用刑律之蹂躏。则言论界之尊严,方为一般社会所认识,而建筑其基础于正当的法律保护之下。①

三、战时新闻检查制度

研究中国近代保密与新闻自由的关系,第二个应当关注的是国民党时期的新闻检查制度。该制度起源于训政时期,在抗战时期逐渐成熟,最后又在"动员戡乱"时期随着国民党政府的垮台而灭亡。该制度是当时社会矛盾和民族危机的产物,在一定程度上借鉴和移植英美法制,有一定的合理性和科学性;该制度集中体现国民党对保密与新闻自由的立场和政策,有一定的复杂性。②

(一) 应运而生

南京国民政府成立之初,就很重视新闻出版管控,但重点放在审查宣传反动思想(如违背总理遗教)、违反国家法令、败坏善良风俗、妨害治安方面,③没有涉及军事机密等保密问题。随后,延续北洋政府做法,在承认新闻自由的同时,依法予以限制。1930 年《出版法》第二十一条规定:"战时或遇有变动,及其他特殊必要时,得依国民政府命令之所定,禁止或限制出版品关于军事或外交事项之登载。"1936 年《出版法》第二十四条进一步扩大禁载范围:"战时或遇有变乱,及其他特殊必要时,得依国民政府命令之所

① 邵飘萍:《邵飘萍新闻学论集》,北京大学出版社 2008 年版,第 190 页。

② 有关国民党政府新闻管制著作,主要有张宗栋:《新闻传播法规》第八章《战时新闻传播管制及有关法规》,台湾三民书局 1978 年版,第 195 页;徐咏平:《新闻法规与新闻道德》第六章《战时新闻管制》,台湾世界书局 1982 年版,第 415 页;曹立新:《在统制与自由之间——战时重庆新闻史研究(1937—1945)》,广西师范大学出版社 2012 年版。

③ 《出版条例原则(1928 年 8 月 23 日)》,载中国第二历史档案馆编:《中华民国史档案资料汇编》第三辑《文化》,江苏古籍出版社 1991 年版,第 76 页。

定，禁止或限制出版品关于政治、军事、外交或地方治安事项之登载。”①

根据出版法，新闻检查制度应运而生。1933 年 9 月，国民党第四届中央执行委员会第八十九次常务会议修正通过《重要都市新闻检查办法》。②1933 年 10 月，国民党第四届中央执行委员会第九十一次常务会议通过《新闻检查标准》。1937 年 2 月 29 日，国民党五届三中全会通过《新闻政策》，其规定：“国族利益高于一切，全国报业言论之方针、业务之进行，绝对不得妨碍国族的利益。”“对于全国报业应施行有效的统制，分别给予切实之扶助或严厉之取缔，并于必要时收归国家经营之。”③

在训政体制下，新闻检查由国民党中央直接负责。1933 年成立直接隶属于国民党中央执行委员会的新闻检查处，由时任中央宣传委员会主任叶楚伧兼任处长。1934 年，根据《重要都市新闻检查办法》，国民党中央新闻检查处在南京、上海、北平、天津、汉口等重要都市设立新闻检查所，各重要市县设立新闻检查室，形成全国性的新闻检查管理网络。据 1934 年的《检查新闻办法大纲》，中央及各地新闻检查处的职责是：(1)掌理全国各大都市新闻检查事宜；(2)对各地电报检查机关应取严密之联络；(3)对各地新闻检查所有所指示，应随时抄送中宣会参考；(4)处理所有关于各地报社违犯检查办法之处分及纠正。

新闻检查的对象主要限于“军事、外交、地方治安及有关之各项消息”(这也是《重要都市新闻检查办法》中的明确规定)。南京作为首都，在新闻检查上尤其严格，无论是日报、晚报、小报、通讯社稿及增刊、特刊、号外均需在发行之前，将原稿及小样送至检查所检查，否则一概不准出版。④

新闻自由和保密的关系日趋紧张。1928 年中央军攻占岳州失利，上海新闻检查员严格封锁有关军事新闻，迫使许多报纸临时抽版，造成版面空白，但战斗胜利后又大肆在报刊上渲染战绩。浙江宁波新闻记者联合会对此非常不满，在第三次会员大会上就此事件形成决议，对国民党提出批评，认为应当正确区分保密与新闻自由，不可因噎废食，“维言论贵乎自由，消息贵乎正确，此军事时期，虽有不得已应守秘密之处，但亦有万目昭彰，事实俱

---

① 张宗栋：《新闻传播法规》附录《出版法》，台湾三民书局 1978 年版，第 263 页。

② 中国第二历史档案馆编：《中华民国史档案资料汇编》第五辑第一编文化(一)，江苏古籍出版社 1994 年版，第 160 页。

③ 《国民党五届三中全会通过的新闻政策(1937 年 2 月 29 日)》，载《中华民国史档案资料汇编》第五辑第一编文化(一)，江苏古籍出版社 1999 年版，第 92 页。

④ 王凌霄：《中国国民党新闻政策之研究(1928—1945)》，中国国民党中央委员会党史委员会 1996 年版，第 29 页。

在，不能尽行掩饰者。自当使民众稍悉真相，不致疑虑横生，谣言群起。”否则，民众不知真相，疑虑横生，反使“反动报纸，如江南晚报革命日报，租界内得以畅销，大有一直奉行、万人争观之概”。决议还建议，对于上海报纸之检查，“应稍变通，勿过事吹求，以崇舆论，而昭翔实”。①

新闻检查机构内部也有类似意见。有检查官员以福建事变、南疆事件为例，认为国民党中央对非常事变往往重视封锁而忽略积极宣传，一任外报和反动报纸充分为对方做反动宣传，甚至一味扣押众所周知之消息，有类于掩耳盗铃，建议以后加强消息发布和宣传，使社会明了真相，免除猜疑。还有官员以宋子文辞职、胡汉民入京等新闻为例，认为事涉琐屑，中央下令扣留，没有必要，建议除“军事、外交、国防及其他非常事件”，必须绝对保密以外，其他消息“似应取宽大主义”。②

这个时期新闻界和政府关系紧张，也因为新闻检查检查标准不一、部门职责不明晰。当时曾有官员向国民党中央常会反映，“各地检查新闻，颇多纠纷，而新闻界之怨声甚大，究应如何办理，请速定办法”。③但直到《重要都市新闻检查办法》颁布，各新闻检查所援用标准不一、处分困难问题仍未解决。④1930 年初，戊辰社专电刊发新闻稿涉嫌泄密，有关部门浙江省指委会、浙江省党部新闻检查室与省政府、法院之间还公开互相指责对方失职泄密。⑤这种情况直到抗战期间才有好转。

（二）走向成熟

抗战全面爆发之初，南京国民政府决定修正新闻检查制度。1937 年 8 月 5 日，修正《新闻检查标准》出台，重新规定应予扣留或删改的新闻内容：一是军事新闻，包括军事机关等国防设施，军事计划和部署，军队番号和驻扎地点，高级指挥官涉及军事秘密之行动，战时受伤或被俘长官和士兵姓名和人数，战时敌人扰乱后方情形，新武器以及其他不利于我方的军事新闻。二是外交新闻，包括对我外界有不利影响的消息，正在秘密进行中的外交行

---

① 项士元：《浙江新闻史》，杭州之江日报社 1934 年版，第 245—247 页。

② 《国民党中央宣传部召开的新闻检查工作会议录（1934 年 2—5 月）》，载《中华民国史档案资料汇编》第五辑第一编文化（一），江苏古籍出版社 1999 年版，第 169 页。

③ 《国民党中央决定在全国重要都市实行邮件检查的有关文件（1929 年 8—9 月）》，载《中华民国史档案资料汇编》第五辑第一编文化（一），江苏古籍出版社 1999 年版，第 161 页。

④ 《国民党中央宣传部召开的新闻检查工作会议（1934 年 2—5 月）》，载《中华民国史档案资料汇编》第五辑第一编文化（一），江苏古籍出版社 1999 年版，第 164、166 页。

⑤ 项士元：《浙江新闻史》，杭州之江日报社 1934 年版，第 289—290 页。1933 年，浙江《时报》驻扬州记者许蔼如，将孙传芳部队渡江的新闻电报拍发上海，被孙传芳以“泄露军情，形似坐探”的罪名枪决。

动，未经公布的外交谈话等。三是地方治安新闻，包括摇动人心，引起暴动，足以酿成地方人民生命财产之重大损失者；故作危言，影响金融，足以因其地方人民日常生活之极度不安者；对于中央负责领袖加以无事实根据之恶意新闻及侮辱，以损害政府信用者等。[①]1939年，南京国民政府颁布检查外国记者新闻电报准则。[②]

但由于南京国民政府长期坚持“攘外必先安内”政策，在保密和新闻自由上明显不适应新的形势。比如，前文说过的黄浚案中作为头号机密的封锁江阴江面的消息，事后不久（8月13日）就为报纸上公开报道：“中国现封锁海口，长江口及黄埔江口均已置障碍物，并于南市、浦东间另建一防线以护卫高昌庙江南造船所。又称我政府已将扬子江镇江下游江面予以封闭，所有该江面航行，一律暂行停止。闻外交部方面已分别照会各关系国驻华使节，转饬各国侨民一体知照。”[③]

1942年正式对日宣战后，南京国民政府仿照美国，正式建立战时新闻检查制度，设立战时新闻检查局。《国家总动员法》（1942年3月29日）第十二条规定：“本法实施后，政府于必要时，得对报馆、通讯社之设立，报纸通讯稿及其他印刷物之记载，加以限制、停止，或命其为一定之记载。”同法第23条还规定，政府在必要时，得对人民言论、出版、著作等权利，加以限制。包括对报馆、通讯社之设立，报纸通讯稿及其他印刷物之记载，加以限制、停止，或命其为一定之记载。这也是战时新闻检查制度的法律总依据。

1942年2月28日，航空委员会防空总监部颁布《战时空军新闻限制事项》，禁止公布我方所得敌方之机密消息及其企图，空袭后我方关于飞机棚厂、人员、器材、油弹损失之情况及有关军事上之损失等19类事项，但同时也规定，我方非军事损失（如学校、医院被轰炸）、击落敌机数量、我方优待俘虏情况、空袭概况等5类事项可以公布。[④]这在当时相关规定中颇有特色。

1943年修正颁布的《战时新闻禁载标准》，所列禁载事项达6个大类、66条之多，其中大部分涉及国家秘密。[⑤]1944年6月，南京国民政府还颁布

---

① 《修正新闻检查标准（1937年8月5日）》，载《中华民国史档案资料汇编》第五辑第一编文化（一），江苏古籍出版社1999年版，第92页。

② 《抗战时期检查外国记者新闻电报准则（1939年）》，载《中华民国史档案资料汇编》第五辑第二编文化，江苏古籍出版社1999年版，第384页。

③ 《蔡元培日记》（下），北京大学出版社2010年版，第498页。

④ 刘哲民：《近现代出版新闻法规汇编》，学林出版社1992年版，第598页。

⑤ 刘哲民：《近现代出版新闻法规汇编》，学林出版社1992年版，第566页。

了《战时出版品审查办法及禁载标准》。[①]这些措施都是战时保密立法的一部分。

总的来看，抗战时期保密法制与新闻自由关系较为缓和。一是共赴国难、民主团结的大环境，[②]南京国民政府的新闻管制政策较容易获得社会认同。美国政府曾对实施新闻审查制度提出三个理由："杜绝向敌人泄露可能有助于敌人作战的信息；竭力保护本国参战部队的安全；维持民众的士气"。[③]这同样可用来解释南京国民政府战时新闻管制政策；二是南京国民政府新闻保密审查制度不断健全。抗战爆发后，政府出台详细的新闻禁载范围，成立统一负责新闻检查工作的战时新闻检查局，机构、制度均进一步健全完善。这为新闻检查制度的正常运转提供了保障。

（三）转型失败

抗战胜利后，新闻自由迎来一个貌似颇有希望的时代。首先，南京国民政府对新闻检查态度出现转变。抗战后期，民主人士邹韬奋等曾在国民参政会上提案建议撤销新闻检查制度。[④]1944 年 5 月，国民党中央明确表示要"局部废止事前审查"。1945 年 3 月，宣传部部长王世杰表示"战后当可废弃新闻检查"。[⑤]

抗战胜利后，经蒋介石核定，国民党中央颁布《废除出版检查制度办法》，宣布自 1945 年 10 月 1 日起，废止《战时出版品审查办法及禁载标准》、《战时书刊审查规则及战时违检惩罚办法》；新闻检查（军事戒严区除外）一律废止。1946 年 1 月，国防最高会议决议废止《战时新闻禁载办法》、《战时新闻检查办法》等。[⑥]

此外，还启动出版法修订。在政治协商会议期间，重庆出版界公开提出废止出版法第二十四条，认为"本条之意义，乃为禁止泄漏政治、军事、外交或

---

① 刘哲民：《近现代出版新闻法规汇编》，学林出版社 1992 年版，第 277 页。

② 抗战期间，著名社会学家陶孟和领导的社会调查研究所研究人员曾潜入"孤岛"上海，搜集敌伪在沦陷区的经济金融情报，密寄后方，并具体建议财政部等作针锋相对的斗争。参见阎明：《中国社会学史：一个学科与一个时代》，清华大学出版社 2010 年版，第 258 页。

③ [美]唐·R.彭伯：《大众传媒法》（第 13 版），金玺、赵刚译，展江校，中国人民大学出版社 2005 年版，第 80 页。

④ 邹韬奋等：《请撤销图书杂志原稿审查办法，以充分反映舆论及保障出版自由案》，载《中华民国史档案资料汇编》第五辑，江苏古籍出版社 1999 年版，第 348 页。

⑤ 曹立新：《在统制与自由之间——战时重庆新闻史研究（1937—1945）》，广西师范大学出版社 2012 年版，第 292 页。

⑥ 荣孟源主编：《中国国民党历次代表大会及中央全会资料》（下册），光明日报出版社 1985 年版，第 1041—1042 页。

地方治安事项之秘密，无异与第二十一条第二款相同，且刑法上有外患罪第一百〇三条至第一百〇五条之规定种种罪罚，绝无另设单行法之必要”。①还有人提出，如果内容上不能变动的话，应该从程序上加以完善，可以考虑在这条之后加上这样一段文字：“中央政府此项禁令或限制之命令，应于命令发布后一个月内咨请立法院追认，立法院应于接到咨文后日内决定此项命令之追认与否，如立法院不同意此项命令时，该命令即作为无效。”②

但是，国内战争爆发，战时新闻检查制度死灰复燃。1948 年 11 月，国民党中央宣传部召集军队、警察及新闻部门官员开会，讨论“戒严期间取缔新闻纸报刊等不正确之言论与消息记载办法”，最后决定请行政院新闻局参照国防部《战讯发布办法》与《战时新闻检查办法》，“从速拟定戒严期间新闻言论之禁载标准与取缔办法”。③1948 年 12 月 20 日，新闻局起草的《动员戡乱期间军事新闻发布办法》由行政院院长孙科签发。该办法依据《出版法》第二十四条规定：一是国防部政工局军事发布组为军事新闻发布机关，其他机关不得发布军事消息；二是严格限定军事新闻发布方式和内容。该法第六条规定：“各地报纸通讯社、杂志、广播电台刊载或传布之军事新闻，如系自行采访者，必须详细注明该项消息确切之来源，以便军事机关认为泄露军事机密时，加以追究，否则应自负刑法上之责任。”第七条规定以下 12 种新闻，只要未经军事新闻发布机关正式公布，均视为军事机密：

(1) 国军“剿匪”部队兵种、编制、装备、番号、驻防或作战地点、部队集中与调动至日期、地点；

(2) 国军秘密军事会议内容、作战计划及命令；

(3) 国军军事最高当局及高级指挥官之行动，及其军事报告或计划；

(4) 国军所用武器之性能；

(5) 国军作战之战果获损失及补充情形；

(6) 俘虏含有秘密性重要口供；

(7) 国军军用飞机场、要塞、测量局、电台、军器与燃料、仓库、重要军需工业之地点及设备情形；

(8) 国军防御工事供应给养之交通线及后方防空设备地点及内容；

---

① 《重庆出版业致政治协商会议意见书》。

② 储安平：《评出版法修正草案二》，《观察》1947 年第 3 卷第 15 期；参见张仁善：《国民党政府〈出版法〉的滥施及其负面效应》，《民国档案》2000 年第 4 期。

③ 《国民党中央宣传部检送讨论戒严期间新闻纸报刊等不正确之言论与消息记载办法会议记录函(1948 年 11 月 17 日)》。

(9) 国军整训之实施及后方训练基地详细情形；

(10) 驻在各绥靖区内部队之现况；

(11) 共军在国军后方情形；①

(12) 当地最高军事机关认为足资共匪利用之有关军事资料或文件。

对于涉嫌泄漏上述军事机密的，军事主管机关依照《军机防护法》进行处理；对于报纸、通讯社、杂志、广播电台刊载或传播军事机密新闻，未详细注明消息来源，或于事后未能提供证据，指出确切来源，可以根据《刑法》第一百零九条及第一百十一条规定，请求司法检察官侦查起诉泄漏国防秘密和军事秘密罪。②也是在这一年，国防部还颁布了《军机保密办法》。

实践中，保密与新闻自由的关系急剧恶化。1945 年 7 月 15 日，著名左翼作家、记者羊枣(1900—1946 年，本名杨潮)在福建永安被国民党第三战区司令部非法逮捕，翌年 1 月 11 日被虐杀于狱中。其间，既未审判，也未宣布罪名。61 名记者联名向国民党当局提出严重抗议，羊枣的妹妹、《大公报》著名记者杨刚(1905—1957 年)公开质问国民党第三战区长官顾祝同，顾祝同辩解说羊枣因"泄露军事机密罪嫌"被捕。③1948 年 7 月，著名的自由派报纸《新民报》因"泄露军情"被国民政府下令"永久停刊"。

1948 年 8 月 21 日，上海《大公报》发表《币制改革的事前迹象》一文，揭示有人在"币改"前夕利用内部消息，大量抛售股票。全国各大报纸争相刊登有关消息，财政部金融泄密事件被揭露。因此案影响甚大，警察局、监察院均参与侦查。最终直接涉案人财政部资料室秘书陶启明、财政部秘书长徐百齐以及李国兰、杜维屏、杨淑瑶都被判刑，而上交所监理员王鳌堂亦被撤职。④这一泄密案也被视为国民党政府金融崩溃的标志性事件。

四、法 理 分 析

清末民初关于新闻禁载事项的两场论争，以及国民政府时期舆论对新闻

---

① 这方面一个典型案例是，红军长征到达甘肃宕昌县哈达铺时，毛泽东从邮局检获的国民党报纸上看到陕北红军的报道，从而果断决策进军陕北。这些新闻报道本来只是普通的消息，但对毛泽东和红军来说则是"精神食粮"，找到了革命的落脚点，其情报意义绝对不可低估。

② 《行政院公布动员戡乱期间军事新闻发布办法训令(1948 年 12 月 20 日)》。

③ 卢豫冬：《忆羊枣杨刚兄妹》，《福建师范大学学报》1984 年第 4 期。

④ 中国第二历史档案馆：《1948 年财政部金融泄密案史料选》，《民国档案》1998 年第 4 期。

检查制度的非议，实质都涉及新闻自由与国家安全的界限问题，关键问题则是如何界定保密范围以及报纸应当承担的保密责任。对此，近代中国政府的立场固然不无可訾之处，报界观点却也有过激之处。这里先讨论第一个问题。

历史学者研究发现，清末报律没有规定禁载内容的具体范围、标准以及解释法律条文的机构权限，检报人员和有关官吏只能依据自己的理解判断合不合法，弹性极大。①民国成立后，陆军部曾经出台关于军事秘密的具体条款，南京国民政府在抗战前后也出台详细的军事、财经、党务等各方面的新闻禁载事项。从法制史的角度来说，这除了国外的影响和报界的努力等社会因素以外，未尝不是清末民初以来国家安全与新闻自由长期博弈之后在制度上的一个总结。当时法律规定的禁载范围较多，这里只就争论较多的军事秘密、外交秘密、行政秘密等进行分析，对争议较少的诉讼秘密则不多赘述。

（一）军事秘密

清末民初，政府和报界对保守军事秘密均无异议，对于战争环境下的新闻自由限制问题，也基本持赞同态度。1929 年苏州报界协会宣言："夫军事行动，当然严守秘密。"②抗战期间，南京国民政府出台战时新闻禁载标准，也获得报界的基本认同。但在军事秘密具体范围上，政府和报界意见并不一致，北洋政府和报界曾围绕《报纸应守军事秘密范围条款》发生激烈争议。

一是关于"战斗进行之状况"。报界认为，报道战况为各国先例，"如日俄之战，意土之战，在本国非特无禁止之明文，且多藉报纸之鼓吹，以激扬民气，报纸之辅助军事于此可见"。更重要的是，应当准确界定"战斗"的概念，不宜把所有战斗状况都纳入保密范围。报馆认为，战斗"必至两方面均有交战团体之资格，若剿办土匪，镇抚内乱，乃军队职分所应为，报馆即有辅助揄扬之义务。如去年湖口事起，军人之劳固不可没，而舆论之功尤未可泯。"③陆军部则认为，事后揄扬，可以激发民气，事前任意宣播，只能扰乱人心，其影响所及，只会妨害治安。法国、俄罗斯、希腊等国均有随时禁载的先例。且国家立法应当根据实际，"按之中国现状与报馆程度"，不能不预为限制。至于何谓"战斗"，根本不予理会。④

二是关于"军队中异常之变动"。报界认为，这个规定也有不清楚之处，即如果涉及军队违法行动，是否可以报道？"军队之变动在国家法律及上级

① 王学珍：《清末报律的实施》，《近代史研究》1995 年第 3 期。

② 原载 1929 年 7 月 18 日上海出版的《民主周刊》第 1 期。

③ 《中华民国史档案资料汇编》第三辑《文化》，江苏古籍出版社 1991 年版，第 309 页。

④ 《中华民国史档案资料汇编》第三辑《文化》，江苏古籍出版社 1991 年版，第 310 页。

官命令范围之内，自应遵守秘密。倘有逾闲荡检，于法令外有不规则之行动者，报界为维持公安起见，势不能缄默不言。”①陆军部认为，报馆发稿，来自访员，访员又大半来自传闻，报馆又无法查证，如允许报馆对军队异常变动任意登载，“其影响于治安者何堪设想?”②

三是关于“军官军佐关于军事上之任免或调遣未经宣布者”。报界认为，所谓“军事范围”应当“以大总统宣布戒严及开战为限”，一般“军队旅行操练以及军官军佐因行政上之便宜而有调遣任免”，“既不在军事范围，即不在秘密范围”，如最近的“以巡按使兼将军者，如以军官兼理行政者，或调来京，或除新职，自属政治上之常例”，不宜禁载。③陆军部认为，军队任免调遣之事，未经宣布，必然是在军事上认为应当秘密，“否则政府既定有任免调遣之事，又何惜而不即明白宣布，而必待报纸之先事传播耶?”至于“军事范围”何在，照样不予理会。④

报界一再强调“战时”和“戒严时期”，是因为战时新闻报道，特别是军事新闻报道，直接关系国家安危，世界各国在当时就普遍采取事先审查、统一发布等保密措施。第一次世界大战期间，美国威尔逊总统下令成立公共新闻委员会，负责新闻检查，禁止登载有利于敌人的消息。1931 年美国法院在尼尔案判决中明确指出，只要新闻报道可能透露军队出发时间、数量及驻地这样危及国家安全的信息，政府事先限制就是正当的。第二次世界大战期间，各国普遍出台相关规定。日本 1941 年 1 月《报纸条例》规定：政府公署关于实行动员法之秘密、军事秘密法令中规定之军事秘密、军事资源法令中规定之军事资源秘密，均不得披露。报纸不得登载足以妨碍外交进行之消息；不得让外国知悉之消息，严重干涉财政与经济政策实行之消息，以及足以妨碍其他国策实行之各种消息。⑤美国政府 1942 年 1 月发布《美国报纸战时新闻行为规则》，禁止美国所有报纸书籍和其他印刷品不适当地刊登有关军队、飞机、船只、战时生产、武器、军事设施和天气等消息。广播电台也须遵守上述规则。⑥战后的《国际新闻自由公约草案》(1948 年)明确规

①③ 《中华民国史档案资料汇编》第三辑《文化》，江苏古籍出版社 1991 年版，第 309 页。

②④ 《中华民国史档案资料汇编》第三辑《文化》，江苏古籍出版社 1991 年版，第 310 页。

⑤ 《申报》1941 年 1 月 12 日，转引自马光仁《中国近代新闻法制史》，上海社会科学院出版社 2007 年版，第 248 页。

⑥ 参见[美]约翰·D.泽莱兹尼：《传播法：自由、限制与现代媒介》第三章“威胁公共安全”，张金玺等译，清华大学出版社 2007 年版，第 85 页；张宗栋：《新闻传播法规》第八章《战时新闻传播管制及有关法规》，台湾三民书局 1978 年版，第 195 页；徐咏平：《新闻法规与新闻道德》第六章“战时新闻管制”，台湾世界书局 1982 年版，第 415 页。

定:“在战时或在非常事变时,缔约国得暂时停止本公约中所规定之义务,然其程度以当时情势所绝对必要者为限。”①

按照这个标准,报界主张应予肯定,但在当时比较紧张的国际国内局势下,中国报界对军事新闻报道范围似也可作若干妥协。正如美国法官霍姆斯曾说的:“当国家处于战争状态下,许多平时可以容忍的言论,因其妨碍战事而变得不能容许了,法院也不认为它们是宪法所保障的权利。”②美国著名记者和思想家李普曼亲自参加过第一次世界大战新闻报道,他认为,战争期间的新闻报道需要遵守相应的保密制度,只宜提供那些最有助于稳定人心的事实,不可能让公众知道得和将军们一样多。③但无论怎样,陆军部的表现是不可接受的,这样的沟通自然也难以指望达成什么共识。军事秘密范围的合理边界在哪里?这一争论直到抗战时期才算告一段落。

(二)外交秘密

还在中国古代,涉外事务就属于重点保密内容。现代社会,外交秘密范围普遍受到限制。我国台湾地区学者认为,“外交行为”应以涉及高度政治性、机密性的国家利益者始足当之,故适用时应作狭义之解释,即应限于对外交涉事项,而非泛指外交行政之一切事项而言。④相应的外交机密当然范围更小。比如,外交机密预算,应当仅指外交部主管预算中,基于确保国家利益,支用性质不宜在短期内,或倘经公开将不利外交工作推展的经费预算,不宜将一切涉及外交的预算都列为机密。

清末民初,政府和报界对外交工作并无深刻探讨,对其范围认识也比较模糊,但对应当保守外交秘密则无异议。1915 年中日交涉中,北京新闻记者俱乐部会议,约定规约五项,其中一项就是“关于外交进行有妨碍者,应守秘密”。⑤

实际上,民初报刊多次“违规”刊载外交机密新闻,如 1912 年参议院秘密会议泄密案、1917 年 2 月参议院秘密借款会议都被报界披露。到国民党统治时期,特别是 20 世纪 30 年代,舆论对国民政府封锁外交消息更加不满。1935 年 12 月《大公报》社论说:

---

① 参见《世界新闻法律辑录》,社科文献出版社 2010 年版,第 13 页。

② 转引自侯健:《表达自由的法理》,上海三联书店 2008 年版,第 140 页。

③ [美]沃尔特·李普曼:《舆论学》第二章“检查制度与保密”,林珊译,华夏出版社 1989 年版,第 22 页。

④ 这是我国台湾地区学者对“外交行为”的解释。

⑤ 赵建国:《分解与重构:清末民初的报界团体》,三联书店 2008 年版,第 198 页。

此后外交情况，宜以各种正式或非正式之方法，随时尽量公开，使一般国民随时明了国家之真正地位。按过去两年，凡关外交，宣布极少，故经过及真相如何，一般国民殊不能尽知。当局并无控制局势之把握，而仅统制新闻，使国民闭塞耳目，此为近年之一大错误。现在事态更紧，此后义应随时公开，告知全国。

胡适随即撰文《我们要求外交公开》支持上述观点，并要求"此前"的外交也应公开，并专门提到1933年5月31日签订的"塘沽协定"、1935年6月"何应钦梅津协定"以及1935年6月下旬的察东谈判。胡适认为，外交公开不但使以后的交涉有一个条文字句的根据，更可以明定交涉者的责任，"使全国人都明晓每次交涉的环境，折冲的详情，屈辱的限度"。公开更可以赢得人民的支持，"疑心能生暗鬼，只有公开可以扫除黑暗的疑虑。公开过去的外交可以求得国民的原谅，公开此后的外交可以求得国民的后盾，也许可以减轻外力的压迫。"反之，"外交不公开，就是当局者愿意单独承担负屈辱的责任"。①

但上述观点是一些外交家们所不同意的。如民国著名外交家顾维钧极力反对"人民外交"的口号和主张，其中就包含不应轻易让外交谈判公之于众的用意。顾维钧认为，外交谈判必须有所妥协，不可能全胜，但"'人民外交'总是以百分之百成功为口号，是永远成功不了的。那样只能把谈判搞糟"。而为赢得公众舆论和大众的支持，外交官"很容易做一些讨好公众的事"，罔顾国家和民族的长远利益。他认为，自从五四运动以来，在"人民外交"口号号召下，群众经常组织起来大游行或组织代表团对中国的外交代表们施加压力，最后"常常造成灾难性的后果"。②

① 《胡适文集》第11册《胡适时论集》，北京大学出版社1998年版，第669页。国民党政府长期实行秘密外交，造成许多重大失误。20世纪70年代，我国台湾地区著名国际法学家丘宏达教授根据日本公布的档案资料，认为在开罗会议期间，国民党政府甚至都没有主动提出琉球问题，而系由美国提出（总统"提及琉球群岛问题并数次询问中国是否要求该岛"），双方同意托管后，中方又未抓住机会，要求将其载入宣言，所以此后对于琉球问题也就无法主张发言权；二是过于相信和依赖美国的所谓"道德"和"善意"。在1950年美国起草对日合约时，完全听凭美国一手操办。按照国际政治惯例，中国对琉球问题除历史渊源（宗主国）以外，其权利载开罗会议记录，如要放弃这种权利，也应取得对价。参见丘宏达：《关于中国领土的国际法问题论集》，台湾商务印书馆2004年版，第31页。另据蒋廷黻研究，1879年，日本提出与中国瓜分琉球，总理衙门接受这个方案，且自以为外交得胜，可以收场。不料陈宝琛、张之洞等大起反对，斥总署的外交为幼稚，最后不了了之，日本则借机吞并琉球。参见蒋廷黻：《近代中国外交史资料辑要》，湖南教育出版社2008年版，第595页。

② 邓野：《从〈顾维钧回忆录〉看顾氏其人》，《近代史研究》1996年第6期。

总之,民国时期在法理上和舆论上对于外交机密并未进行深入研究,也未提出富有挑战性的议题。

(三) 政务秘密

目前法学界主流观点认为,政府机关适度保密是必要的。如果允许新闻媒体毫无节制的报道,就有可能导致舆论过度监督国家机关,使其无从发挥机关应有功能,导致国家权限运作出现偏颇,如犯罪侦查无法有效完成、审判机关受民意左右,无法独立裁判等。①就行政会议而言,主管机关因业务需要,或鉴于时机、内容之敏感,举行秘密会议在所难免,强制公开会议记录实即形同事后曝光,未必即绝对利于决策或施政之品质,故美国也仅要求合议制机关公开最终表决记录而已。②1999年,日本神户法院曾判决支持土地区划整理审议会议事录不予公开,主要理由就是议事录包含土地权人的个人信息,如果公开该信息,不仅使审议会委员个人受到非难,还将使土地权人提供信息的协作变得困难。③法院判决公开的大多是一些已经丧失保密性的会议记录,如1976年英国法院支持发表已故内阁官员关于内阁会议的日记,理由是已经过去10年,其机密性已大大降低甚至消失。④

清末民初报界对于政务保密的态度一直相当激进,即政务不应当有任何保密。1906年《申报》批评《报章应守规则》,一个重要理由就是认为"内政外交秘密者不得揭载"之规定,不合各国通例:

> 日本报律二十二条,有外务大臣、陆军海军大臣特发命令于外交、军事者,得禁止记载等语。外交、军事,瞬息万变,禁之记载,久矣。而吾国内政亦归禁律,岂仍守不公布之旧弊耶?
>
> (政治之事)不仅属之政府,而全国人民皆与其责,禁之不得揭载,与第二条禁议朝政,其用意一而已矣。⑤

1914年《北京日报》等批评《报纸条例》第十条第六项规定("国会及其他官署会议按照法令禁止旁听者不得登载"),主要理由没有超出上述范围,

---

① 张永明:《从中国与德国释宪机关之相关解释与裁判论新闻传播自由之界限与中国新闻传播之立法》,载刘孔中、陈新民主编:《宪法解释之理论与实务》第三辑,台湾"中央研究院"2011年版,第263页。

② 法治斌:《迎接行政资讯公开时代的来临》,载杨解君编:《行政契约与政府信息公开》,东南大学出版社2002年版,第195页。

③ 刘杰:《日本信息公开法研究》,中国检察出版社2008年版,第35页。

④ 黄金鸿:《英国人权60案》,中国政法大学出版社2011年版,第185页;[英]A.W.布拉德利、K.D.尤因:《宪法与行政法》,程洁等译,商务印书馆2008年版,第521页。

⑤ 马光仁:《中国近代新闻法制史》,上海社会科学院出版社2007年版,第79页。

但论述更加充分：

国会公开为原则，一经禁止旁听，则所议者大都关于军事、外交之秘密事件，固有报纸禁止登载之理由。

至若其他官署会议，普通政务本无不公开之例，又何从有旁听不旁听之分？但使无关于军事、外交之秘密，则报纸探访其所议事件，作为时事新闻，纪之报端，而与国人以相见者，固报纸唯一之职务也。试翻各国报纸每日记载，无日不有其本国之阁议纪事及官厅会议纪事，不见有何流弊，亦不见有何禁止之例。

今第六项之规定，乃不问政务之有关军事、外交秘密与否，但未容旁听者即不许登载，是则以后之报纸记录政界新闻，必须公报发表之件方可登载也，则试问全国报纸尚有何种事件可以作为新闻者乎？①

揆诸前述现代法学理论，民初报界笼统主张官署会议和政务一概不得保密，似欠思量。但应当注意的是，报界这一主张有比较复杂的社会背景。当时行政保密情况太过严重和普遍，民国六年（1917 年）以前，报纸上“绝少关于政府阁议之秘密记载”，个别内阁成员将一些内阁议事情况透露给记者，就会遭到同僚的攻击。1917 年以后，在著名新闻记者邵飘萍等努力下，“阁议之秘密”始被打破，每周二、四、六的报纸开始定期报道内阁开会情况。②因此，报界的上述观点在当时情况下还是应当肯定的，不宜以今天的认识评定其是非。

（四）已公开事项

信息是否公开与之前公众的可获得性是否相关？这在当今社会也仍然是一个争议纷纭的话题。美国哥伦比亚特区巡回法院也认为，特定信息并不因为公众已经知道了就必须公开，因为“权威来源作出的正式承认，可能会成为对国家安全造成损害的新信息……”③我国台湾地区司法部门认为，已核定但尚未解密之机密，虽经媒体公开报道，并不因此就自动解密，视为已公开。当然，这些信息还应符合可控性、无法确认等条件。

北洋报界提出，“万无世界共见共闻之事件，而中国报纸尚认为应守秘密者”。再者，“中国现有外报林立，外国通电机关所在都有，报馆等认为应守秘密者，恐偶一不慎，危害及于国家。若外报外电均已揭出，报馆等为拥

---

① 《北京日报等报馆为明定报纸条例辞意范围致国务总理函（1914 年 5 月 7 日）》。

② 邵飘萍：《邵飘萍新闻学论集》，北京大学出版社 2008 年版，第 165 页。

③ Afshar v. Department of State, 702 F.2d 1125, 1130(D.C. Cir. 1983).

护国权起见，应有纠正辨别之责。”[①]北洋政府陆军部曾有所回应，但避重就轻：

> 外报外电于中国真相未明，记载容有失实，报馆纠正辨论自不在禁止之列，然纠正其虚实、辨明其邪正即可，若仅转载原文，籍供新闻资料，试问与推波助澜何异？[②]

实际上并未回答这一问题。但前文引用的1914年7月10日修正《报纸条例》第十一条规定显示，政府后来认同上了上述观点，不再追究转载外国新闻的泄密责任。[③]民国17年9月19日最高法院民刑事庭会议也作出决议，认为“已经泄漏之秘密不为秘密”。

（五）违法渎职事件

长期以来，西方思想家都认为，揭露政府是新闻自由题中之义。美国开国元勋汉米尔顿曾提出，报界有权利本着善良的动机，为了正当的目的，发表事实真相而不受惩罚。美国法学家波斯纳指出：“政府机构常常会把一些材料列为机密，不是因为向公众暴露了其中的秘密就会危及国家，而是因为公布了会暴露错误从而令这个机构难堪，或是为对手提供了有助益的信息。”因而，“不应当允许政府把不管什么材料都列为机密，以此躲过批评”。[④]日本法院判决也认为，若公务之内容本身即系违法，则该公务本身已经失去民主运作意义时，自无维护秘密之必要。[⑤]

清末报界敏锐地意识到这一问题。他们提出，对违法事件，应一律报道；禁载规定不利于揭露腐败，监督政府。北洋政府时期，报界在对《报纸条例》的呈文中明确表达这一担心，认为若严格按照该条例规定执法，“则是无关军事、外交秘密之一切普通政务，无不可以官厅之命令禁止登载。推其势之所至，官厅即有违法溺职事件，亦无不可以命令禁止报纸之登载矣。其结果必致使舆论无议论行政之余地，而政治尚有何挽回补救之可期？”[⑥]现在

---

① 《中华民国史档案资料汇编》第三辑《文化》，江苏古籍出版社1991年版，第309页。

② 《中华民国史档案资料汇编》第三辑《文化》，江苏古籍出版社1991年版，第310页。

③ 《大总统公布修正报纸条例申令(1915年7月10日)》，载《中华民国史档案资料汇编》第三辑，江苏古籍出版社1991年版，第301页。

④ [美]理查德·波斯纳：《并非自杀契约：国家紧急状态时期的宪法》，苏力译，北京大学出版社2010年版，第111页。

⑤ [日]右琦正博：《国家之秘密与国民之知的权利——外务省公电泄漏事件》，李鸿禧译，载荆知仁主编：《宪法变迁与宪政成长》，台湾正中书局1984年版，第609页。

⑥ 中国第二历史档案馆编：《中华民国史档案资料汇编》第三辑《文化》，江苏古籍出版社1991年版，第309页。

看来，报界所提的意见颇为超前，也可谓卓识。北洋政府对此亦未提出不同意见。

抗日战争时期，国民党军曾在一份内部总结中，将指挥官隐瞒错误列为部队的一大缺点。“各级指挥官在战斗中有错误不当之处，始终隐瞒，不肯坦白告人，而上级者亦为情面关系不公开发表。”①这可以作为上述观点的一个佐证。

五、案例分析

根据前文考察，清末民初报界承认，报界有一定的保密责任，但仅限于国会秘密会议以及军事、外交机密；行政秘密则不应禁止，而且报纸无保守政务秘密的责任，“各国固亦有取行政宜守秘密之方针者矣，但其所谓秘密者只以之责官吏，从未有以之责报馆者也”。②然而，观诸实际，民初报界实际走得更远，不仅多次刊载国会秘密和外交机密的新闻，而且主张新闻来源保密。

（一）新闻泄密案例

1912 年参议院秘密会议泄密案、1917 年 2 月北京《公言报》泄密案以及 20 世纪 30 年代的浙江《民报》案就是三个典型的例子，不过结局有些不同。

第一个案子的经过如下：1912 年 9 月 17 日、18 日，参议院召开秘密会议，讨论借款条件。两次秘密会议的内容均由京内外各报揭露出来，使参议院面临强大的舆论压力。于是，参议院要求内务部严查各报馆，欲知“此项新闻究系何人投稿”。在参议院要求下，军警公所向总检察厅分别起诉各报馆。9 月 29 日，北京地方检察厅传令北京《中央新闻》等 15 家报馆到厅审问，向各报追索人证、物证，并将《民视报》编辑拘禁，勒令交出访员。此事在报界引起轩然大波。

9 月 30 日，北京报界集会商议对策，与会代表一致认为，“报馆登载秘密与泄漏秘密不同”，政府只追究报馆责任实为荒谬，决议抵制政府的不法行为。取得共识后，北京报界决定聘请律师从事诉讼，并致函地方检察厅，

① 万仁元、方庆秋主编：《抗日战争时期国民党军作战机密日记》，中国档案出版社 1995 年版，第 187 页。

② 中国第二历史档案馆编：《中华民国史档案资料汇编》第三辑《文化》，江苏古籍出版社 1991 年版，第 305 页。

声明报馆不能担负泄漏秘密的责任,也不能交出记者:

> 参议院之秘密会议,各报未有旁听者,是则报馆非预闻秘密之人,即不能负泄漏秘密之责任。盖必有人泄漏,然后外间喧传,报馆始能据所闻以登录。

> 访员系不负责任之人,按照报馆通例,不能追问……访员一经追究,则无人敢充访员,而报馆又不能无访员,于是只有雇用外国人充当访员一法。

北京报界宣誓,宁愿牺牲一报馆,决不将访员交出,以免“他日受全国人民之唾骂”。报界态度之强硬,超出政府预料。最后总理赵秉钧不得不与检察厅商议,“含糊了结”此案。①

第二个案子案情与此类似,但结局迥异。案件起因是《公言报》在新闻栏目发表了北洋政府与美国签订500万元借款合同草案,以及众议院讨论借款事宜的有关新闻,北京地方检察厅以“泄漏机务罪”提起公诉。起诉书称:“政府向美国借款一事关系重要,故政府于(民国)五年十一月二十一日请众议院开秘密会议”讨论。但《公言报》翌日即将借款合同全文登载(检方在该报馆查获油印合同稿各件),显系触犯暂行刑律第133条泄漏机密罪之行为,应依法判处该报发行人黄希文、编辑人王德如刑罚。被告人承认这是一次泄密事件,但认为责任不在本报,而在政府和议员。其理由如下:第一,本报所载借款合同系众议院内之人匿名送至本报,因其系油印品,固信为可靠。又“未标明为秘密会议通过,故坦然登之而不疑”。因此,此次事件实乃众议院泄密在前,“本报据以登载,实已在泄漏之后”,本报不应负泄密之责。第二,来函标有“要件”二字,并“希望本报即日登出”。“要件”与“秘密”两词在意义上并不相连,故本报将其作为“寻常事件”发表,“实属正常”。第三,如果要求报馆对于新闻事件,均应如实查访后方可登载,“则被告等实不知现今有何种法律使报馆记者负如此之重大义务”。“报馆苟如此办理,又焉能每日出一报纸?”上述要求“于法律与事实上均不可通,则不能指为故意,因此不能定被告等之罪”。京师审判厅未采纳被告的意见,最终以“泄漏国会秘密”罪,判处黄希文有期徒刑3个月、王德如有期徒刑4个月。②

第三个案子的起因是浙江《民报》刊发新闻《缉捕救党运动主使人》。公安局认为泄露秘密,勒令交出记者,该报社据实告知后,记者吴嘉生被捕。

---

① 赵建国:《分解与重构:清末民初的报界团体》,三联书店2008年版,第158页。

② 《申报》1917年2月10日,转引自马光仁:《中国近代新闻法制史》,上海社会科学院出版社2007年版,第131页。

为此，浙江记者联欢会提出严正抗议，认为记者投稿报馆，只负新闻是否真确之责任，吴嘉生所投新闻，既属确实，当然不负其他责任，该报诿责记者，公安局复认吴嘉生为泄露秘密，实属蹂躏新闻界人权。浙江记者联合会派代表见公安局长章烈，请立即释放吴嘉生，并要求登报向吴嘉生、杭州各报馆全体记者以及新闻记者联合会道歉。在各方努力下，吴嘉生获释。[①]

对上面三个案子，新闻学界一般都倾向支持报纸，批评政府。其前提假设是认为政府这些决策都是反动的、不合法的，应当予以揭露。限于主题和资料，本书不多讨论事件本身的是非，主要从理论角度，对新闻来源是否应当保密，如何权衡国家安全和新闻自由的冲突两个问题做一些探讨。

第一，关于新闻来源保密问题。按照西方大部分国家的做法，均倾向新闻来源保密权，以避免新闻来源枯竭，从而保护表达自由权。但又是有例外的，其中一个理由就是涉及国家秘密。上述第一个案子和第二个案子涉及外交机密，要求新闻界披露新闻来源是可以的，但似不应未经司法程序就强制披露；至于第二个案子的判决，通过司法途径解决纠纷符合法治原则，但判决对新闻界有欠公平。第三个案子不涉及国家安全，政府并无特别有力的理由，可以强迫报社提供新闻来源。

应当注意的是，清末民初公权力对新闻自由的干涉常常超越合理界限，甚至直接诉诸暴力。辛亥革命以后，军人势力弥漫政界。在浙江，“凡有攻击彼辈之新闻登载后，每来函请将原稿及访员交出，以便直接加以惩创”。在北京，“遇有登载军警界事，亦曾接数次警厅来函，要求将原稿及投稿人告知，倘遂其请，则投稿人立生危险”。[②]如 1912 年 6 月，北京《中央新闻》刊载《看着赵秉钧大事记》一文，揭露内务总长赵秉钧营私舞弊，包庇重用前宗社党人、现任步军统领乌珍等丑闻。赵秉钧、乌珍等唆使城南管带率领军警 200 余人，包围《中央新闻》报馆，经理、主笔及校对等 11 人被捕。[③]从这个意义上说，清末民初报界主张新闻来源保密是有利于社会进步的，应当肯定。

第二，关于新闻自由和国家安全冲突问题。按照 1966 年德国明镜周刊案的标准，“在冲突的个案中必须衡量被公布之事实对潜在敌人与国民政治判断之意义，以及公布行为对国家安全造成之危险，与人们对国防政策领域

---

① 项士元：《浙江新闻史》，杭州之江日报社 1934 年版，第 253 页。

② 邵飘萍：《邵飘萍新闻学论集》，北京大学出版社 2008 年版，第 23 页。

③ 马光仁：《中国近代新闻法制史》，上海社会科学院出版社 2007 年版，第 108 页。

重要事件之知的需求”。[①]一是从国家安全的角度，清末民国政局动荡，政府和国会在多大程度上代表民意，值得商榷。报纸在抨击腐败、凝聚民意、宣传爱国方面也确实发挥了重要作用。但在当时外国报纸林立、甚至中国人办的报纸也受到外国势力控制的情况下，[②]简单地认为新闻媒体就能真正代表中国民意和利益，不无疑问。而且，就报纸本身来说，也有自己的管理制度，如果连“内部新闻自由”都不存在，则所谓报纸代表的民意往往只是其管理层甚至总编辑一个人意见。民初报界恶性竞争、党同伐异以致上演全武行（上海国民党派别报纸记者进京采访甚至配备武器，以便自卫）的现状似也不足担负如此重任。[③]其次，国家安全问题具有特殊性和较强的专业性，如果允许素无专业知识与背景的新闻媒体任意介入，似未免缘木求鱼。清末民国时期，中国国家安全形势空前严峻，如果任由新闻媒体自由报道，实未免过于教条主义。

二是从知情权的角度，原则上，国家机密保护必须让诸人民获取信息的“知的权利”，从严限定以国家机密为由不予公开的政府信息范畴。关于军事外交细节的报道，并非公众所需要，或者说没有发表价值，但这些细节对外国专业情报人员却可能具有非常高的情报价值。因此，新闻媒体在发表有关信息时，应当自觉衡量知情权与国家利益的轻重。这也是媒体界人士极力主张的“让媒体作自己的裁判”。不过各国法律对国家机密的认定与审查权一般均属于机密产制单位及法院，并无发表讯息判断权归于报社的规定。

按照上述标准，清末民国时期关于外蒙古事件以及对日战争的有关情况，新闻界自由报道的做法似嫌过激，但对宋教仁案、借款案有关报道的管制，政府却似缺乏充分理由。

（二）保密审查案例

国民党时期，新闻检查制度对保护国家安全究竟起到了多大作用，禁载

① 张永明：《从中国与德国释宪机关之相关解释与裁判论新闻传播自由之界限与中国新闻传播之立法》，载刘孔中、陈新民主编：《宪法解释之理论与实务》第三辑，台湾“中央研究院”2011年版，第263页。

② 如严复等主办的《国闻报》，长期接受日本使馆资助。在有关日本的报道上，只宣扬其明治维新、积极进取的一面，而对其侵略中国的野心几乎没有任何揭露。参见孔祥吉、[日]村田雄二郎：《从中日两国档案看〈国闻报〉之内幕》，《学术研究》2008年第8、9期。当时外国人办的报纸有天津日日新闻（日本）、盛京时报（日本）等，参见《国民党中央秘书处关于查封北平、天津、大连、沈阳等地报刊的有关文电（1929年6—10月）》；国外电台有苏联呼声，美国人设立的东方与大美，法国人设立的国泰等，参见《国防部抄送外人在华设立广播电台取缔办法决议草案（1946年10月17日）》。

③ 赵建国：《分解与重构：清末民初的报界团体》，三联书店2008年版，第162页。

事项中有多少属于真正的国家秘密？在已公布的《新华日报》档案中，有许多这方面的内容，下文就以《新华日报》为中心进行考察。

一是禁止刊载有关中国共产党和八路军、新四军的重要新闻。南京国民政府军事委员会曾经规定："关于军事新闻及言论之发布，不得轻将部队番号标出"，各部队将领"非经核准，不得擅自发表公开谈话"。1939 年 1 月 9 日，蒋介石以此为由，指责《新华日报》"常将八路军等番号及作战地名，明白揭露，甚并印制照片，特载军事负责将领关于战略之言论，实属故违禁令"，要求国民党中央宣传部以后"一切部队行动与作战经过，尤应绝对严守机密，不得任意揭载"。[①]1940 年 6 月 4 日，八路军总司令朱德来重庆，战时新闻局特别发布"朱德来渝新闻检查办法"，规定"关于朱德之行踪，因朱为现役在前线指挥之军事长官，依禁载标准，严禁刊登"。[②]1940 年 10 月 12 日，《新华日报》发表了陕北绥德、吴堡、米脂、清涧等县政治情况，对南京国民政府前任专员何绍南颇多批评。蒋介石电令战时新闻检查局"特别注意检查，严予检扣"。[③]1940 年 10 月 19 日，蒋介石给战时新闻检查局局长下达手令，对"百团大战"名词及有关之新闻，"应绝对禁止登载"。[④]可见南京国民政府删改查扣此类消息，主要是为抹杀共产党和八路军的抗战功绩，削弱其政治影响，难谓对敌人保密。

二是禁止刊载国统区的负面新闻。如 1940 年 4 月 4 日，《新华日报》第四版"经济讲座"《论当前的金融问题》中透露说："法币的发行额，从战前的十四亿元，增至去年年终止的三十亿元，增加率是一倍有余。"战时新闻检查局训令重庆新闻检查所，认为"法币发行额为中国金融上之重大设施，不应刊登泄露，该段未予删扣，殊属疏忽，""嗣后注意为要"。[⑤]国统区法币贬值的事实人所共知，发表一个大概数字有多大危害性有待商榷。1940 年 10 月 28 日，《新华日报》登载成都市教师请求增加工资新闻。蒋介石亲自下令，此后无论机关、学校还是工厂等的"请愿加薪之类消息，应绝对检扣，禁

① 《蒋介石禁止宣传八路军战绩代电(1939 年 1 月 9 日)》(国民党中央宣传部档案)，载重庆市档案馆编：《白色恐怖下的新华日报》，重庆出版社 1987 年版，第 18 页。

② 《战时新闻检查局抄发朱德来谕新闻检查办法训令稿(1940 年 6 月 4 日)》，载重庆市档案馆编：《白色恐怖下的新华日报》，重庆出版社 1987 年版，第 84 页。

③ 《蒋介石关于从严检扣该报言论消息代电(1940 年 11 月 10 日)》，载重庆市档案馆编：《白色恐怖下的新华日报》，重庆出版社 1987 年版，第 121 页。

④ 《蒋介石严禁刊登有关"百团大战"新闻代电(1940 年 10 月 19 日)》，载重庆市档案馆编：《白色恐怖下的新华日报》，重庆出版社 1987 年版，第 114 页。

⑤ 《战时新闻检查局关于四月三日报泄露法币发行额训令稿(1940 年 4 月 4 日)》，载重庆市档案馆编：《白色恐怖下的新华日报》，重庆出版社 1987 年版，第 70 页。

止登载”。[1]这明显是出于维护政府形象考虑。据当时行政院官员日记，1940年年底，蒋介石还曾下令，关于粮食和物价问题的文章，非经他亲手核准的不许发表。这和当时经济形势严峻似不无关系。[2]

还有一个例子是1939年9月28日，《新华日报》刊载陈绍禹（王明）的《目前国内外形势与参政会第四次大会的成绩》一文，被重庆市新闻检查局查办，罪状之一是泄漏了国民参政会内容。这些内容主要是对国民政府施政提出一些批评。但据《新华日报》社长潘梓年等事后答辩，这些议案内容“早由中央社发表，无丝毫破坏秘密之处”。[3]可见，这次所谓检扣，主要还是担心《新华日报》“炒作”这些负面新闻，给政府造成难堪，而与国家安全无关。

三是禁止刊载对国内外的形势分析。1940年10月6日和7日，《新华日报》发表《敌人占领越南后的军事动向》，国民党中央宣传部认为：“关于敌人如何功川一点，论述甚详，不仅动摇民心，抑且有诱导敌人之嫌”，建议予以检扣。[4]这个例子勉强说得上涉及国家秘密，但将军事形势向民众说明白，也是发动群众和争取群众支持的前提和基础，也可以提醒国民政府针对性的加强军事防御，而且日军攻占越南众所周知，其下一步动向更是众所关注，《新华日报》有所分析，似并无不妥。

据国民党内部的说法，对作为共产党机关报的《新华日报》，审查还是比较宽大的，“因其地位之特殊，虽有时查觉其有夸耀或失实之处，均未予干涉”。[5]另据史料，1943年，重庆图书杂志审查处处长张兆，也是重庆市党部委员，浮报职员十余人，冒领薪津食米，被行政院以贪污罪查处。[6]窥一斑而见全豹，则国民党新闻审查工作的实际情形如何，也就可想而知。

---

① 《蒋介石严禁刊登请愿加薪新闻密电（1940年10月28日）》，载重庆市档案馆编：《白色恐怖下的新华日报》，重庆出版社1987年版，第117页。

② 陈方正编辑校订：《陈克文日记（1937—1952）》1940年12月17日条，社会科学文献出版社2014年版，第689页。

③ 《战时新闻检查局等查扣九月二十八日报有关文件（1939年9—10月）》，载重庆市档案馆编：《白色恐怖下的新华日报》，重庆出版社1987年版，第44页。

④ 《中宣部关于注意检扣“动摇民心”稿件函（1940年10月11日）》，载重庆市档案馆编：《白色恐怖下的新华日报》，重庆出版社1987年版，第113页。

⑤ 《国民党中执委秘书处等为取缔该报“不妥”言论往来文件（1938年12月—1939年1月）》，载重庆市档案馆编：《白色恐怖下的新华日报》，重庆出版社1987年版，第15页。

⑥ 陈克文恰为该案经办人。参见陈方正编辑校订：《陈克文日记（1937—1952）》1943年8月18日条，社会科学文献出版社2014年版，第749页。

六、余论：新闻自由与中国保密法制近代化

中国近代新闻自由与保密法制的冲突不仅为正确处理国家安全与新闻自由关系提供借鉴，也为我们评判中国近代保密法制近代化提供重要的参照。

与中国传统保密法制相比，清末民国关于保密的刑事规定并无质的飞跃（当然，整体法制性质的改变是无可否认的），但关于新闻禁载事项的规定说明保密法制性质已经发生根本变化。新闻业的兴起，要求保密法制必须面对媒体要求公开，甚至擅自公开政府信息的压力与挑战。新闻界也积极参与有关法律讨论，在北洋政府时期还直接推动政府就军事秘密范围作出具体解释。美国法学家波斯纳曾说：出版商们“更愿意事先告知不能发表什么而不是冒险出版后再因自己的麻烦被关进监狱”。[①]但这必须以政府克制自己的专横，愿意（或被迫）听取出版商的意见为前提。因此，北洋政府和国民政府时期新闻禁载规定的出台，不仅是新闻自由力量强大的证明，也是政治民主化的产物，这些都表明中国保密法制近代化的起步。

此外，新闻自由与个人隐私也有一定冲突。起初，国人很难接受报纸报道自己的私生活。《申报》（1877 年 3 月 28 日，光绪三年二月十四日）社评说：“自申报创设一二年中，犹往往有登载报中之事，无论官场民间，为本人所见，将与申报为难。”官员反映尤其强烈。江南提督谭碧理往来淞沪，为报纸所记载，即命人与报馆交涉，不得登载，后又行文总督，大肆诋骂。姚公鹤《上海闲话》记载：“昔左文襄在新疆，由胡雪岩介绍向洋商借款一千二百万，沪上报纸颇有非难。夫兵事借款，最为非计，特彼时朝野上下，知此者鲜。无论借者不明斯义，即反对者亦只知以中朝向外国贷款为有失体面，直不过无的之矢，双方均属蒙昧而已。然文襄闻有反对者，即大怒不止，故其与友人书：‘江浙无赖文人，以报馆为末路’。”社会舆论对报纸从业人员也持鄙视态度。当时优秀一点的文人都去投奔科举之路，剩下来肯当报馆记者的，不过是佯狂之士或者是落拓文人罢了。“社会普通心理，认报纸为朝报之变相，发行报纸为卖朝报之一类，故每一报社之主笔访员，均为不名誉之职业，

---

① ［美］理查德·波斯纳：《并非自杀契约：国家紧急状态时期的宪法》，苏力译，北京大学出版社 2010 年版，第 113 页。

不仅官场仇视之，即社会亦以搬弄是非轻薄之。"直到20世纪初，情况才有所好转。1906年2月5日《申报》曾发表文章《论阅报者今昔程度之比较》说："两宫（指慈禧太后和光绪皇帝）时常遍阅报纸，留心各省官吏之贤否。并闻政府诸公有老而目力不足者，则使人读而听之，其重视报纸，于此可见。"①

① 胡道静：《上海新闻事业之史的发展》，载《胡道静文集》，上海人民出版社2012年版，第317页。

第八章　中国共产党的保密观

新中国保密工作是在中国共产党领导下建立起来的，在理论上也深受党的保密政策影响。中国共产党作为一个无产阶级政党，一贯重视理论创新，党的领导人毛泽东、周恩来、刘少奇、邓小平等对保密起源、地位、性质和作用均有比较深入的论述，形成了独具特色的保密观。对此，学界也发表了一些文章，但不够全面和系统，个别观点也有待商榷。[①]本章以领袖言论和理论观点为中心，通过历史发展和中西比较的方法，对中国共产党保密观的主要内容及其与西方保密思想的差异进行考察和分析。[②]

一、领袖的保密言论

中国共产党的第一代领导人大多从事过秘密工作，对保密的重要性深有体会，提出过许多富有见地的观点。其中许多内容对今天做好保密工作仍有重要的参考价值。

（一）毛泽东

毛泽东（1893—1976 年）作为中国共产党、中国人民解放军和中华人民共和国的主要缔造者，一向重视保密工作，就如何做好保密工作发表过数量繁多、内容丰富的意见和指示，虽然没有长篇大论，但思想深邃，着眼大局，颇具指导性意义。其中，毛泽东 1941 年为机要工作的题词："保守

① 有关研究文献主要有费云东：《中共保密工作简史（1921—1949）》，金城出版社 1994 年版；严雪林：《革命战争年代中国共产党保密思想述略》，《档案与建设》2009 年第 9 期；费云东：《老一辈革命家对保密及档案工作的关怀》，《兰台世界》2010 年第 12 期；田真：《聆听李质忠同志谈机要保密工作》，《办公室业务》2011 年第 3 期；熊向晖：《我的情报与外交生涯》，中共党史出版社 1999 年版。

② 张群：《论中国共产党的保密观》，《北京电子科技学院学报》2016 年第 1 期。

党的机密，慎之又慎。”后来简化为“保守机密，慎之又慎”，成为我党保密工作的基本原则。归纳起来，毛泽东的保密思想大致包括以下三个方面：

其一，关于保密的重要性。这表现在两个方面：一是强调保密在军事斗争、密码电报、机关工作、调研出差、干部教育等工作中的重要性。“袭击敌人虽有好的计划，若此一计划被敌人知道了，则不但一钱不值，还有遭受损失的危险。所以袭击计划之严守秘密是最要紧的。”①“应在党内进行关于秘密工作的教育，每个党员及干部，只应知道他们所必须知道的事，不应知道他们所能够知道的事。”②“在此敌我斗争日益尖锐之时，保密问题值得引起我们极大注意。”③中央警卫团战士出差要“保密——不要说这里的情况。”④当秘书要“能保守机密”。⑤

二是提出改进和加强保密工作的具体意见。这涉及统战工作、密码电报、游击战争、保密检查、制度建设等多个方面。例如，“在贵军（国民党军第八十四师师长）尚未至能公开行动之时机，敝方愿将双方关系及一切信使往还保守绝对秘密”，“互相建立最机密之通讯联络（交换密码）”。⑥“袭击计划不应全部告知部下，只告部下以应知之事或分段告知之（如在出发前、行军中即到达目的地以后）”；“对驻地人民及所请向导，均不应使其知道游击队袭击的企图”；“可能时，在出发时先向假方向走一段路然后折返转向袭击目的地前进，这在敌人耳目众多之处可采用之”。“释放俘虏时，要注意保守自己行动的秘密，为达此目的，应把俘虏事先放走，而把没有走的关在一个房子内，使其不能看到游击队退去的方向。”⑦“凡是中央密电所发出之任何文件，凡未得中央许可者禁止印发。”“私人不得记录党政军机密事件及不得携

① 毛泽东：《论抗日游击战争的基本战术——袭击》（1938），载《毛泽东文集》第2卷，人民出版社1993年版，第77页。

② 毛泽东：《中共中央关于城市工作的指示》（1944），载《毛泽东文集》第3卷，人民出版社1993年版，第160页。

③ 中共中央文献研究室编：《毛泽东年谱（一九四九——一九七六）》1950年9月1日条，中央文献出版社2014年版，第183页。

④ 中共中央文献研究室编：《毛泽东年谱（一九四九——一九七六）》1955年5月14日条，中央文献出版社2014年版，第373页。

⑤ 中共中央文献研究室编：《毛泽东年谱（一九四九——一九七六）》1962年3月25日条，中央文献出版社2014年版，第95页。

⑥ 《毛泽东文集》第1卷，人民出版社1993年版，第414页。

⑦ 毛泽东：《论抗日游击战争的基本战术——袭击》，载《毛泽东文集》第2卷，人民出版社1993年版，第77页。

带此种笔记本，中央迭有通知，特重申禁令。”①“在此所谈各问题，你写电报时，为保密计，请用有线电发来，不要用无线电。嗣后凡机密电报，均请注意用有线电，不用无线电。只有非机密者用无线电。党政军均是如此。党政军对下面亦应如此，凡有有线电设备之处，均用有线电，以达保密之目的。”②中央军委要“对全军保密工作加以检查，并规定整理办法”，在一个月内形成专题报告报中央，“不得延误”。③“党、政保密，同样应颁布法令，建立制度。”④

其二，关于保密与公开的关系。毛泽东的看法颇为通达，要求根据具体事项的内容与性质，决定是全面保密、内部传达还是对外公开宣传，并根据形势任务的变化适时调整。这也表现在两个方面：一是在对敌对外工作方面。抗战爆发后，党暂时取得合法地位，秘密工作形势和任务发生较大变化。毛泽东及时提出，秘密工作要正确处理合法斗争与非法斗争的关系，注意内外有别。具体来说，在敌占区或游击区，党的组织必须秘密，否则就无法生存，但工作必须公开，不公开就无法发动群众，共同抗日；在国统区，党的大部分机构、人员和工作可以依法公开，但有些机构、人员和工作必须是秘密的；在抗日民主根据地，区县委领导机关对敌人保密，但对群众公开，区县委内部机关及秘密组织继续保密，不能公开。

这是大的方面和原则，在具体工作中，毛泽东也做出许多重要指示。例如指示在山西太原做统战工作的彭雪枫，同各方接洽，在积极推动抗战的总方针下，要有谦逊的态度，要向他们请教各方面的情况，不可自夸红军的长处，不可隐瞒红军若干不应该隐瞒的缺点。⑤“城市工作的方针和一般策略是无法秘密的，是应该向全党传达的。但是在城市与一切敌占区的具体工作计划及具体组织工作，则应完全秘密。”⑥抗战胜利之初，中国共产党就确定大力发展东北的方针，先后派遣大量干部和部队进入东北，但受制于中苏条约的安排，中共在东北不具有“合法”地位，中共所依据的只能是既成事

① 中共中央文献研究室编：《毛泽东年谱（一八九三——一九四九）》1947 年 6 月 13 日条，中央文献出版社 2014 年版，第 196 页。

②③ 中共中央文献研究室编：《毛泽东年谱（一九四九——一九七六）》1950 年 9 月 1 日条，中央文献出版社 2014 年版，第 183 页。

④ 中共中央文献研究室编：《邓小平年谱（1904—1974）》（中），中央文献出版社 2009 年版，第 1095 页。

⑤ 中共中央文献研究室编：《毛泽东年谱（1893—1949）》（中卷）1937 年 8 月 10 日条，中央文献出版社 2014 年版，第 13 页。

⑥ 毛泽东：《中共中央关于城市工作的指示》，载《毛泽东文集》第 3 卷，人民出版社 1993 年版，第 160 页。

实,而这一点是得到苏联默许的。因此,在最初一段时期,毛泽东指示:"东北的事情,我们只能做不能说。"①1949 年与傅作义谈判过程中,他又指示林彪,对傅作义军队改编的原则是:"对军官个人则专门拉拢与优待,对部队则须坚持革命性质的改编","如有反抗即行武力解决",但这一原则"在开始二十天切勿泄露"。②

二是在对内方面。新中国成立初期的工资政策,涉及广大人民群众利益,毛泽东一向慎重,认为在当时条件下,"工人福利问题,必须解决,但又必须解决得合乎实际的经济情况,不能太低,但又决不可太高,致陷自己于被动"。③因此,工资调整计划在未公开之前,要严格保密,不得擅自对外宣布,而这方面确实是有教训的。毛泽东在 1953 年的一项指示中专门说过这个问题:"鉴于今年未经中央正式决定,即已将拟于七月一日增加工资的计划普遍传达下去的情况,今后关于涉及广大人民群众利益的事项,凡尚属拟议,未经正式决定并允许下达者,一律不得下达。"④

保密与公开方面的一个核心问题就是如何处理新闻报道与保密的关系。毛泽东认为,除了涉及军事秘密和国家秘密的内容外,均应当公开报道。一是党的政策要公开报道。"一切七大的文件,包括各种报告及党章,均须在报纸上发表,使党员与党外均能阅读。"⑤"任何政策,如果只作简单的说明,而不做系统的说明,即不能动员党与群众,从事正确的实践。""我们的政策,不光要使领导者知道,干部知道,还要使广大的群众知道。有关政策的问题,一般地都应当在党的报纸上或者刊物上进行宣传。""党的政策只要领导人知道就行,不需要让群众知道"等观点都是错误的,是不能切实贯彻群众路线的表现,是有些工作不能做好的基本原因之一。⑥二是重大灾情

① 中共中央文献研究室编:《毛泽东文集》第 4 卷,人民出版社 1996 年版,第 74 页。详见邓野:《东北问题与四平决战》,《历史研究》2001 年第 4 期。

② 《林彪、罗荣桓、刘亚楼转报第十一纵队关于傅作义派代表出城谈判致中央军委电》,1948 年 12 月 16 日,载中国人民解放军历史资料丛书编审委员会编:《平津战役》,解放军出版社 1991 年版,第 177 页。

③ 中共中央文献研究室编:《毛泽东年谱(一九四九——一九七六)》1952 年 5 月 9 日条,中央文献出版社 2014 年版,第 260 页。

④ 中共中央文献研究室编:《毛泽东年谱(一九四九——一九七六)》1953 年 7 月 13 日条,中央文献出版社 2014 年版,第 132 页。

⑤ 中共中央文献研究室编:《毛泽东年谱(一八九三——一九四九)》1945 年 6 月 26 日条,中央文献出版社 2014 年版,第 609 页。

⑥ 中共中央文献研究室、新华通讯社编辑:《毛泽东新闻工作文选》,新华出版社 2014 年版,第 188 页。

要如实报道。“全国灾情，照样公开报道，唤起人民全力抗争。一点也不要隐瞒。”“工业方面重大事故灾害，也要报道，讲究对策。”[①]这主要都是从便利工作角度考虑的。[②]三是对领导干部和政策中的错误失误要公开揭露。“要把自己领导工作中的缺点向大家公开”，要把这件事提到“扫除官僚主义”的高度。[③]“凡典型的官僚主义、命令主义和违法乱纪的事例，应在报纸上广为揭发。”[④]

这方面还有几个典型案例。一是关于抗美援朝的保密与公开问题。在作出正式决策之前，毛泽东指令“不要向任何方面表示我军有出国的意图”。[⑤]出兵之际，“为严格保守秘密，渡河部队每日黄昏开始至翌晨四时即停止，五时以前隐蔽完毕并须切实检查”。[⑥]出兵之初，报纸广播不要发布任何战争情况，“在目前几个月内，只做不说，不将此事在报纸上作任何公开宣传，仅使党内高级领导干部知道此事，以便在工作布置上有所准备”。[⑦]“外国通讯社如对志愿军有反映，请注意在四五天内不要登载在《参考消息》上。”[⑧]但到1951年初，情况发生变化，就适时改变了做法，毛泽东指示说：“凡军事上有重要发展，例如攻克要地、获得重要战果，及采取释放敌俘等重要步骤，均宜由新华社在不泄露军事机密的条件下随时发表。”[⑨]其间，中央获悉美军准备撤退的情报，毛泽东将有关情况第一时间电告前方彭德怀，但

---

① 《毛泽东文集》第8卷，人民出版社1999年版，第74页。

② 1962年，毛泽东在审阅修改林彪拟在扩大的中央工作会议上讲话的整理稿上批示：“此件没有什么特殊秘密（指林彪讲话中的军事工作部分），可以和别的同志的讲话一同发给那些人看或者读给另一些人听。这个问题向高级中级干部保守秘密，不让他们知道、好好想一想，早作精神和物质准备，是极为有害的。”详见中共中央文献研究室编：《毛泽东年谱（一九四九——一九七六）》1962年3月20日条，中央文献出版社2014年版，第92页。

③ 《毛泽东新闻工作文选》，新华出版社2014年版，第166页。

④ 毛泽东：《要在报纸上揭发坏人坏事，要表扬好人好事（一九五三年一月）》，载《毛泽东新闻工作文选》，新华出版社2014年版，第217页。

⑤ 中共中央文献研究室编：《毛泽东年谱（一九四九——一九七六）》1950年9月20日条，中央文献出版社2014年版，第195页。

⑥ 中共中央文献研究室编：《毛泽东年谱（一九四九——一九七六）》1950年10月18日条，中央文献出版社2014年版，第216页。

⑦ 中共中央文献研究室编：《毛泽东年谱（一九四九——一九七六）》1950年10月19日条，中央文献出版社2014年版，第216页。

⑧ 中共中央文献研究室编：《毛泽东年谱（一九四九——一九七六）》1950年10月21日条，中央文献出版社2014年版，第219页。

⑨ 中共中央文献研究室编：《毛泽东年谱（一九四九——一九七六）》1951年1月5日条，中央文献出版社2014年版，第278页。

同时明确要求:“为了不使部队松气,上述情报不要下达。”①事后证明,毛泽东的保密策略非常正确和有效,英美两国的情报机构事先都没有觉察到中国决定介入朝鲜战争的任何蛛丝马迹。②

在后来的越南抗美斗争中,毛泽东曾以三国为例,对越军提出“先攻西北、上寮,再逐步南进”的重要意见:“三国时刘备不能取天下,首先是因为误于诸葛亮初出茅庐时的隆中对,其为刘备设计的战略本身就有错误。千里之遥而二分兵力,其终则关羽、刘备、诸葛亮三分兵力,安得不败？去年这个时候,胡志明、长征来京,我们向他们提出的先攻西北、上寮,再逐步南进的战略方针,他们是接受了的。”③但上述意见毛泽东是在与胡志明等单独秘密会谈场合谈及,知悉人士极为有限。美军从越军实际行动也许可以看出大概,但越南内部考虑究竟是怎样的,则无从探悉,其保密性很强。时至今日,则可以公开,供学习与研究毛泽东军事思想以及越南抗美战争史参考。④

二是关于气象信息保密问题。1950 年 6 月,朝鲜战争爆发后,从国家安全和人民利益出发,停止在报纸上刊登天气情况和天气预报,气象信息处于为军事服务的保密状态。1953 年 4 月中下旬,正当华北广大原野冬小麦拔节期,一场几十年不遇的强寒潮突然向黄淮海的大片地区袭来。4 月 10 日至 25 日,一场大风过后,气温骤降到－3 ℃至－5 ℃,河北、河南、山东、山西及安徽部分地区,小麦枯萎,农民蒙受了减产数十亿斤粮食的损失。毛泽

① 中共中央文献研究室编:《毛泽东年谱(一九四九——一九七六)》1950 年 12 月 11 日条,中央文献出版社 2014 年版,第 260 页。

② [美]迈克尔·华纳:《情报的兴衰:一部国际安全史》,黄日涵、邱培兵译,社会科学文献出版社 2016 年版,第 132 页。

③ 中共中央文献研究室编:《毛泽东年谱(一九四九——一九七六)》1953 年 10 月 17 日条,中央文献出版社 2014 年版,第 260 页。

④ 《毛泽东年谱》收录了毛泽东许多的内部指示,都有此性质,如 1950 年 7 月 12 日:“在起义部队中的领导机关应为军政委员会及军政组制度,不应如主力一样为党委制,以便吸收起义将领参加一起工作,利于团结和改造部队。”1950 年 9 月 20 日指示朝鲜战场:“作战最忌平分兵力,最忌只能击溃或阻止敌人而不能歼灭敌人有生力量。只要能歼灭敌人有生力量,哪怕每次只歼灭敌人一个团一个营也好,积少成多,就可逐步将敌人削弱下去,而利于长期作战。”1950 年 9 月 21 日,指示将(朝鲜战场俘虏训练之后遣送回去)“即使再当兵,战斗力亦必大减。利于缴枪,如此反复多次,可以造成敌军瓦解潮流。”1950 年 9 月 29 日指示国内宣传战线:“以后请注意,只说要打台湾、西藏,不说任何时间。”1951 年 11 月 25 日指示朝鲜战场停战谈判:“不管我方提得如何周密,对方都会提出许多不同的或修正的意见,因此,除我方应抢先提出者外,有些问题可待对方提出意见后,我方再提对策较为有利。”

东了解到这一严重情况后，立即在一张便条上写道："气象部门要把天气常常告诉老百姓，国民党老爷不管老百姓死活，而我们是关心老百姓的。"1956年4月10日，中共中央办公厅杨尚昆主任经请示周恩来总理，批准中央气象局《关于取消气象保密的报告》，同意天气实况、天气情况和天气预报使用明码。6月1日，中央气象台第1次通过北京人民广播电台和《人民日报》、《北京日报》、《工人日报》、《光明日报》等新闻媒体向北京市民直接提供天气预报服务。①

其三，关于泄密问题。中国共产党纪律一向强调保守党的秘密，严惩叛徒，毛泽东也不例外。这里举一个党外的例子。新中国成立初期，发生民主人士张东荪泄密案。张东荪时任中央人民政府政务委员、中国民主同盟中央常委、燕京大学教授，但警惕性不够，与美国特务交往，并提供了一些国家重要情报，后来查实的有"出卖1950年国家总预算详细数字的情报"、"出卖我抗美援朝的重大政治军事机密"、"掩护美帝特务活动"等。经中央批准，张被免去中央人民政府委员职务，但从宽处理，不逮捕法办，并照发工资。②1952年4月21日，毛泽东在审阅北京市委报送的关于北京市高等学校的"三反"简报上批示，大部分高校"三反"分子"还是帮助他们过关为宜"，但"张东荪那样个别的人及严重的敌特分子以外"。

但同时，毛泽东并不认为一旦泄密就一定无法挽回、前功尽弃，更强调亡羊补牢的重要性，更看重政策策略的决定性作用。1952年5月，中国人民解放军军事学院在文件大清查中，发现严重失密现象。学院领导班子专门给毛泽东写检讨，院长刘伯承自请处分。毛泽东批示："大力整顿，已有成效，免于处分。"③1956年中共八届二中全会上，有人担心达赖喇嘛不回国泄露机密，毛泽东指出："张国焘还不是有那么多机密，但是没有听见因为张国焘泄露机密，我们的事情就办坏了。"④这句话非常鲜明地表明毛泽东对保密工作地位、作用以及局限性的深刻认识。

其四，关于民族秘密问题。在新中国成立初期一度有关于民族秘密和国家秘密的议论。毛泽东在1953年中央政治局会议讨论民族政策时明确

---

① 温克刚：《中国气象史》，气象出版社2004年版，第44页。

② 杨奎松：《张东荪叛国案再研究》，载杨奎松：《忍不住的"关怀"：1949年前后的书生与政治》，广西师范大学出版社2013年版。

③ 中共中央文献研究室编：《毛泽东年谱（一九四九——一九七六）》1952年9月1日条，中央文献出版社2014年版，第592页。

④ 毛泽东：《要估计到达赖喇嘛可能不回国（一九五六年十一月十五日）》，载《毛泽东民族工作文选》，中央文献出版社、民族出版社2014年版，第259页。

指出:"民族秘密是不应该有的。这问题要谈清楚。民族秘密实际上是宗派主义。延安党校干部吃馆子分着去,也有山头。这还是汉族之间。如果发生在两个民族之间,问题就大得很。民族秘密也不应同党和国家的保密混为一谈。民族秘密就是汉族一堆,少数民族一堆,应该让知道的事不让他们知道,这就无法取得信任,无法团结。民族秘密问题,你们应该彻底展开讨论,民族干部应该了解这个问题。老是两条心,是不能解决问题的。党内不能有民族界限,不是大民族可以与闻,小民族不可与闻。"①这一指示对新中国民族政策和民族工作具有重要指导意义。

此外,机要密码工作是中国共产党保密工作的极其重要的内容,最初的中央保密委员会就是在机要工作领导小组基础上建立的,报纸杂志上也有一些老同志回忆毛泽东关心机要保密工作的文章,②但缺乏一手文献资料,无法缕述,只有留待未来补充。因其重要性,特别说明如上。

(二) 周恩来

周恩来(1898—1976 年)是中国共产党和新中国情报保密工作的奠基人。革命时期,曾长期领导党的秘密工作,是中央特科的创始人和负责人,亲手编制第一套密码"豪密",新中国成立后长期担任中央保密委员会主任,主持制定《保守国家机密暂行条例》等重要保密制度。但周恩来个人在保密方面专门论述很少,他的意见主要体现在主持起草的一系列重要文件,如《中央通告第四十七号——关于在白色恐怖下党组织的整顿、发展和秘密工作》(1928 年)、《中共中央关于秘密工作条例》(1929 年)、《中央通告第八十号——建立秘密工作》(1930 年)、《中共中央关于秘密工作基本规则》(1934 年),新中国成立初期《关于加强保守党和国家的机密的决定》(1950 年)、《关于加强保守党与国家机密的补充决定》(1951 年)等,以及一些批示与指示,如周恩来 1948 年为中共中央起草的一则指示,要求"党的政策必须及时向群众公开",批评一些地方对党的政策的不恰当保密的错误做法。

> 任何政策的决定或改变,任何政策中之正确的部分或错误的部分,必须适时地不但向干部而且向群众公开指出,才能得到群众的了解和拥护而成为力量。领导者必须经常掌握这一主动,不要因为过分小心,

① 毛泽东:《关于民族工作的谈话要点(一九五三年七月十六日)》,载《毛泽东民族工作文选》,中央文献出版社、民族出版社 2014 年版,第 185 页。

② 如朱志良:《我的机要工作生涯》,《世纪》2003 年第 1 期;李庚奇:《西楼往事——我在中办机要室工作的日子里》,《秘书工作》2006 年第 11 期;田真:《忆我的老领导叶子龙及中央机要室的工作》(上、中、下),《办公室业务》2010 年第 6、7、8 期。

许多有关政策问题，仅限于少数干部知道，弄得群众及下级干部反彷徨不定，结果必使自己陷于被动。[①]

周恩来关于外交工作要主动而不盲动、保密而不神秘、谨慎而不拘谨的观点在广大老干部中普遍流传，受到一致赞誉。周恩来还被视为党内严格遵守保密纪律的典范，改革开放初期，其夫人邓颖超曾专门撰写文章介绍。[②]

1967年1月28日，周恩来主持召开中央政治局中央文革小组成员参加的碰头会，讨论通过《中央军委命令》稿，报毛泽东批准后下发。其中明确要求军内战备和保密系统，不准冲击，不准串联。[③]这即后来统称的"军委八条命令"，对确保国家秘密安全起到重要作用。

总体来看，周恩来对保密工作在理论上讲得不多，其思想和观点主要体现为以身作则和对保密工作的具体策划、部署和要求，对周恩来保密思想要更多从保密工作实践中去总结和追寻。

（三）刘少奇

刘少奇（1898—1969年）是我党秘密工作的先驱人物，在延安时期曾被誉为我党在白区正确路线的代表，有着丰富的地下斗争经验。刘少奇也是一位卓越的马克思主义理论家，在1939年发表的《论公开工作与秘密工作》一文中，对秘密工作和保密工作必要性的论证颇为深刻。邓力群曾专门谈及这篇文章的重要意义。[④]这里主要从保密角度工作做些分析。

一是敌我力量对比决定。在敌人掌握政权、敌我势力悬殊的情况下，"对于我们有利的是采取公开的方式去进行活动，拥护、阐明与执行我们的主张。然而，敌人却能在力量上阻止我们的活动，逼使我们不得不采取秘密的方式甚至处在地下去进行活动。如是这就产生我们党的秘密工作的必要。这是由于有敌人存在以及敌人在力量上的优势而产生的。这对于我们来说，当然是被迫的不得已的，而不是由于我们主观高兴秘密工作。因此，党的活动，应该是尽可能的公开，而秘密活动，只是由于有必要。"[⑤]

---

① 周恩来：《党的政策必须及时向群众公开》，载中共中央文献编辑委员会编辑：《周恩来选集》（上），人民出版社1980年版，第301页。

② 邓颖超：《一个严格遵守保密纪律的共产党员——为纪念建党六十一周年作》，载中共中央文献研究室组织编辑：《怀念周恩来》，人民出版社1986年版，第527页。

③ 周均伦主编：《聂荣臻年谱》1967年1月28日条，人民出版社1999年版，第1050页。

④ 邓力群：《我为少奇同志说些话》，当代中国出版社2016年版，第25页。

⑤ 还可参见章士嵘：《无产阶级专政学说史（1895—1952）》，吉林人民出版社1981年版，第65页。

二是敌我斗争规律决定。“敌我斗争的通常规律，是敌我双方都要最大限度的损害与消灭对方，最大限度的保存与发展自己。敌我双方都为了要达到上述目的，首先就必须了解对方的情况与企图(愈多愈好)，而自己的情况与企图，就要使对方不了解(愈少愈好)。如是就要慎察对方，秘密自己。达到这样的一个任务，是每次战斗胜负决定的前提条件。因此，在敌人存在的条件下，党的工作就必需有一部分是要秘密的。这就产生了党的秘密工作之一般的长期性。”

在党取得执政地位以后，“由于内外的敌人还存在，还有敌人的包围，党的某些部门中的工作暂时还需要秘密”。不过这时秘密工作的性质，与地下工作时期根本不同，“它是完全合法与受到政权支持的”。①刘少奇还提出，秘密工作要尽可能利用公开的合法身份，公开因素越多，对秘密工作越有利。这个原则也适用于处理保密和公开关系。

> 在党的各个工作部门内如有更多的合法可能利用去公开进行，就可以使得党的秘密工作部门减少和缩小到较低的必要的限度，就可以减少和缩小秘密工作的机关与人员及经费。就使秘密工作机关更易于组织。只有扩大公开工作的范围，才能缩小秘密工作范围；相反，如果缩小公开工作范围，就不可避免的要使秘密工作范围扩大。②

1947年，刘少奇提出：党务系统电台应该划分密级，分为绝密、半秘密和公开三类。一类为特定的，实行“一事一密制”，由首长控制使用；二类为半秘密电台，即党内经常使用的党内事务性电台；三类为公开性电台。这对当时确保电讯畅通和安全保密起到了重要作用，划分密级、分类保护的思想对当代保密工作也有指导意义。

(四) 邓小平

邓小平(1904—1997年)是我党第一代中央领导集体的主要成员和第二代中央领导集体的核心，早年做过多年地下工作，对保密重要性有着切身体会，对于保密工作方式方法也有着深刻认识和准确把握。他在保密方面的主要贡献表现在以下两个方面：

其一，新中国成立初期，领导西南局保密工作走在前列。1950年11月16日，中共中央转发西南保密工作报告，并作出指示：“中央认为他们决定

① 参见刘少奇：《论公开工作与秘密工作》(原载1939年10月20日《共产党人》)，载《中共中央文件选集》第十二集(1939—1940)，中共中央党校出版社1986年版。

② 刘少奇：《论公开工作与秘密工作》(原载1939年10月20日《共产党人》)，载《中共中央文件选集》第十二集(1939—1940)，中共中央党校出版社1986年版。

的各项办法是对的。望你们也进行这样一次检查，并规定各项可行的办法，对保密工作加以切实整顿，是为至要。”1951 年 2 月，邓小平主持制定《西南局保密工作条例》，①并就保密工作发表重要讲话，虽然篇幅不长，却是长期保密工作经验的总结，颇有指导意义：一是保密立法问题，邓小平指出：“保密问题必须成为国家一个重要的法律。”“泄密不管自觉与不自觉，都等于叛国行为。”“对于泄漏国家机密的处罚，比其他法律要严厉。”二是保密范围问题。邓小平指出：“有些事我们认为无关紧要，但被敌人知道后就有用，如我们的财经数字，工业建设计划等，被敌人知道了，就可以估计我们的力量，了解我们的重点，从而进行破坏。”三是知悉人员范围问题。邓小平指出：“每一个消息应该有一个范围，这样消息走漏以后，就要去找这个范围的人，如果没有范围就无法追究。”四是涉密人员审查问题。邓小平指出：西南局各部门对工作人员要经常审查，区分“哪些人是有保证的，哪些人是值得注意的”。②

此外，在 1954 年 5 月一份关于宣传工作的中央文件上，邓小平指出：“我们在报纸上公开揭露自己的错误，进行严肃的自我批评，要想完全不被敌人利用是不可能的。如果因为怕被敌人利用而把自己的手脚捆起来，那就会实际上走到抛弃批评和自我批评的道路，这也正是那些惧怕批评的人们拒绝批评的一种借口。”③这与毛泽东的观点比较接近。

其二，“文化大革命”结束后，邓小平以崇高的政治威望和远见，着力恢复保密工作的优秀传统，在题为《高级干部要带头发扬党的优良传统》(1979 年 11 月 2 日)的讲话中提出明确要求：

> “文化大革命”以前，我们党的、国家的机密保守得比较好，很少泄露出去，现在有些干部的子女可以随便看机密文件，出去随意扩散，个别的甚至向外国人卖情报，送情报。这是我们现在许多事情保不了密的一个重要原因。顺便说一下，我们现行的有些做法非改不行。过去规定，机密文件不能出办公室，保密员带文件出差要两个人同行，不能一个人出去。现在却有人把机密文件随便放在自己皮包里，随便带到什么地方去。文件个人保管，喜欢放在哪里就放在哪里，这样不行！应

① 参见刘全：《邓小平与西南局时期的保密工作》，《红岩春秋》2011 年第 3 期。

② 邓小平：《要重视保守国家机密(1950 年 10 月 18 日)》，载中共中央文献研究室中共重庆市委员会：《邓小平西南工作文集》，重庆出版社 2006 年版，第 257—258 页。

③ 中共中央文献研究室编辑：《邓小平文集(1949—1974)》，中央文献出版社 2014 年版，第 172 页。

该有章程嘛。

邓小平还针对改革开放后的新形势，提出新时期保密工作的指导思想。1981年7月，邓小平在内部讲话中明确指出："原则上对外开放是不能变的，主要研究在开放的情况下，如何保密，对外要注意些什么，具体指出，以便有关部门提醒和执行。"根据邓小平的建议，1982年宪法将保守国家秘密规定为公民一项义务，并组织起草保守国家秘密法，使我国成为世界上少数几个颁布专门保密法的国家。

（五）聂荣臻

聂荣臻（1899—1992年）是中共党内第一批在苏联系统学习军事的党员之一，[①]革命战争时期长期从事地下工作和军事工作，对保密工作比较熟悉。1926年11月，聂荣臻曾根据中央指示，在武昌举办的湖北、湖南两省组织领导骨干学校讲过"党的秘密工作"的课程，阐述了保密秘密的重要性和在各种场合应注意的问题，并指出：党的"秘密工作，没有什么理论可讲，我将我工作得来的经验告诉各位，在临时应以个人智慧灵敏去运用"。[②]

新中国成立后，聂荣臻长期主管国防科工领域，在科技保密工作方面提出许多重要意见和观点。1958年6月19日，聂荣臻召集罗瑞卿、宋任穷等开会研究国防科学技术工作的保密、保卫工作问题。这次会议的起因是，根据中苏1957年10月15日协定，苏联将供应我国火箭导弹、原子能等绝密技术资料和样品，但苏联对我国保密工作不放心。此前，在1957年整风中，一些人对保密工作提出批评，有些工厂受此影响，取消了保密机构，一定程度上削弱了保密工作。为了加强保密工作，为履行中苏协定奠定良好基础，以周恩来总理的名义聘请3名苏联保密专家来华帮助工作。这次会议的内容之一就是研究苏联专家的工作问题。会议还要求公安部长罗瑞卿负责制定保卫、保密工作办法，报中央、国务院批准后执行。[③]

1959年，苏联提供的火箭导弹、原子能等绝密技术资料和样品陆续到达，我国迅速开展消化资料、研究设计和试制工作，有关保密工作必须全面谋划、大力加强。在这种情况下，聂荣臻于该年5月向周恩来、邓小平并中共中央、中央军委上报了《关于加强尖端科学技术保密问题的报告》。报告提出，保密工作要两条腿走路：一条腿是党的领导和群众路线，一条腿是建

① 周均伦主编：《聂荣臻年谱》1925年1月31日条，人民出版社1999年版，第45页。

② 周均伦主编：《聂荣臻年谱》1926年11月下旬条，人民出版社1999年版，第52页。

③ 周均伦主编：《聂荣臻年谱》1958年6月19日条，人民出版社1999年版，第644页。

立严格的保密规章制度。报告具体建议：(1)各有关部门、单位在最近时期内普遍检查一次保密工作，总结经验，在确保机密而又不妨碍工作的开展原则下，对原有的制度加以修订补充。(2)虚心听取苏方对我国保密情况的意见，吸取的他们经验，凡是我们做得不够的地方，要采取措施，坚决改正。(3)将保卫工作与保密工作结合起来，在中央领导下成立一个新技术(火箭、原子)专门保密委员会或小组，统管全国有关尖端科学技术和国防科学技术的保密工作，督促各部门、各单位建立制度，经常予以检查。(4)科学技术方面的宣传报道，在过去一段时间内不但有些失密，而且有浮夸失实之处，必须根据历次中央指示坚决纠正。周恩来、邓小平以及中央书记处批准了这一报告。①

聂荣臻在抓保密工作中，注意建立制度。1959 年 12 月 22 日，就北京航空学院等 6 所军工院校火箭专业保密工作批示："保密的具体办法应先拟好再办。"②1961 年 6 月 13 日，主持中央科学小组会议，讨论国家科委党组、中国科学院党组起草的《关于自然课学研究机构当前工作中的十四条意见(草案)》时提出，国家科委、国防科委、中国科学院、、二机部、三机部、公安部、教育部要各派出一个人，专门研究一下科学技术工作中的保密问题，制定出一个保密条例来。③

聂荣臻也较早注意到保密过度问题。1961 年，聂荣臻在向中央汇报 1961 年、1962 年科学技术工作安排时提到，科学技术战线上的歪风之一就是过度保密，"为了争名，借口保密，垄断课题，封锁消息，独占资料，拒绝内部的交流经验"。同年，聂荣臻向中央报告有关自然科学工作政策问题时，又谈到科学工作保密过度问题。由于保密范围过宽、用人条件要求过苛，保密项目越来越多，用人圈子越来越小。这就使得许多本来可用的力量闲置不用，不少重大课题只能由一两个水平较低的青年去攻坚，很久都过不了关。另外，本来可以协作交流的事情也不能协作交流，形成相互封锁、耳目闭塞的现象。根据上述情况，聂荣臻在给中央的报告《关于当前自然科学工作中若干政策问题的请示报告》(1961 年 7 月 19 日)中，就科技定密、涉密人员审查、科技交流与保密关系提出许多重要工作意见建议。

> 我们要在科学技术上做到自力更生，就必须依靠中国自己的科学研究力量，尽可能多地调动有经验的科学工作者来参与工作。因此：

① 周均伦主编：《聂荣臻年谱》1958 年 6 月 19 日条，人民出版社 1999 年版，第 671 页。
② 周均伦主编：《聂荣臻年谱》1959 年 12 月 22 日条，人民出版社 1999 年版，第 702 页。
③ 周均伦主编：《聂荣臻年谱》1961 年 6 月 13 日条，人民出版社 1999 年版，第 784 页。

(一)要根据不同情况规定密级。例如:尖端技术要分别核心部分和外围部分,全面和局部,自己独创的和国外公开的,技术工艺性的和理论性的,运用兄弟国家机密资料的工作和自行设计的工作等等,以集中力量确保真正要保的机密。按密级的不同,分别吸收符合条件的人来参加工作。为了正确划分密级,需要吸收有关专业人员参加商讨,并由有关领导机关决定和批准。(二)要正确地进行人员的政治审查。旧社会出身的科学工作者,家庭社会关系和历史情况往往比较复杂,但是有些人又确有专长。各个研究机构,必须会同干部、保卫部门,根据"有家庭和社会关系问题的,主要要看本人;有历史问题的,主要要看今天的表现;有问题要看大小"的精神,对他们的情况作认真而有分寸的审查区别,以便安排适合的工作,使之各得其所。有些人,被怀疑有问题,但缺乏证据,应当积极进行调查,早予结案。有些人,经查明确不宜于继续留在原岗位工作,就应当调去做其他工作。对个别对象,各有关单位看法不一致时,应报上级党委和有关领导部门进行审查处理。对于一些确有真才实学的科学家的审查和使用问题,必须从速解决。应该由适当的领导机关的负责同志亲自掌握,把他们的问题抓紧弄清楚,认真作出判断,凡是能用的,应该大胆地加以使用。(三)要妥善地解决科学技术资料和经验的交流问题。过分地扩大保密范围,提高保密等级的作法,往往封锁自己,妨碍科学进步,而且也不利于确保真正的机密。有些单位,借保密之名,行垄断之实,则应予以批评纠正。

聂荣臻还主张从制度入手,解决保密过度问题。1964 年 5 月 4 日,在听取五院工作汇报时提出,保密问题是应当注意的,但不能自己封锁自己,影响工作。他建议修改保密条例,并把条例的名称改为"经验交流及保密条例"。①1964 年 7 月,聂荣臻在北戴河听取钱学森等汇报五院工作时再次提出:要特别注意青年技术干部与老一辈专家的经验交流,再不要因保密而自己封锁自己了。保密条例正在修改,名称已改为经验交流与保密条例,首先是经验交流。②

"文化大革命"爆发后,国防科技工业战线也受到冲击,聂荣臻尽可能地将其保持稳定。在保密工作方面,1967 年 1 月 19 日,聂荣臻明确提出"严守机密"的要求。1967 年 3 月 2 日,在听取朱光亚等关于氢弹研制工作汇

---

① 周均伦主编:《聂荣臻年谱》1964 年 5 月 4 日条,人民出版社 1999 年版,第 936 页。

② 周均伦主编:《聂荣臻年谱》1964 年 7 月 16 日、17 日条,人民出版社 1999 年版,第 944 页。

报时，聂荣臻指出，核试验和有关的会议，该保的密一定要保。[①]

改革开放之后，聂荣臻继续关注保密工作。1981年1月29日，他看到《中办开会介绍有关保密等问题的情况》后，嘱秘书转告军委办公厅：(1)首先要注意对领导干部家属子女的教育，不该他们知道的事，一定不给文件看，不告诉他们情况，更不让他们参加不应参加的会议。家属子女不得干预领导干部的工作。(2)要注意领导干部周围的工作人员，严守保密条例的规定。(3)涉及机密问题时尽量不用电话、电报。(4)要经常进行保密教育。以上四点，后由全军保密委员会转发全军进行学习。[②]聂荣臻关于科技保密工作的一些思想主张，则在军工系统得到继承和发扬。

（六）彭真

彭真(1902—1997年)是新中国政法工作的奠基人，也是新中国保密工作的重要领导人。他在保密方面的主要贡献是，切实贯彻邓小平关于新时期保密工作的重要指示，组织起草并颁布保守国家秘密法，为保密工作长远发展奠定法制基础。1982年彭真还曾指出："我们不能因噎废食，要学会在大海里游泳、捕捞的本领。既要放宽人们对外来往的范围和条件，又要严格保守党和国家的机密，维护国家的安全、利益和荣誉。""必须保守的机密，要有效地保，任何人不得泄露。不需要保密的事，就不要乱保，不要把保密工作神秘化。"这也可以代表他的核心观点。

彭真也是一位在保密方面以身作则、堪称典范的高级领导人。1979年2月8日，中央组织部《关于彭真同志问题的复查报告》中指出："彭真同志在一九二九年被捕后不存在叛变问题，政治上是坚定的，他所掌握的北方党的大量组织机密均未泄露，他的口供没有使党的组织和同志遭到危害，保护了继任省委的安全。"[③]"文化大革命"中，彭真在被以"监护"名义关押期间，承受着巨大压力，但仍然遵守党的纪律，保守党的机密。

二、主要问题和基本观点

以上对领袖人物的保密言论进行梳理，其中既有共同点，又有不同点。

① 周均伦主编：《聂荣臻年谱》1967年1月19日条，人民出版社1999年版，第1046页。

② 周均伦主编：《聂荣臻年谱》1981年1月29日条，人民出版社1999年版，第1164页。

③ 《彭真传》(第三卷)，中央文献出版社2012年版，第1279页。

下面以主要问题为线索,归纳分析中国共产党对保密工作的一些基本观点。

(一)保密的起源和性质

与西方思想家多从道德角度评判保密不同,中国共产党认为,保密是维护阶级利益的客观需要,是阶级斗争的表现和产物。只要人类还处在阶级社会,就会有窃密和保密斗争。邓小平指出:“无论各党派、政府各部门、群众团体,都有一定的秘密性。”①陈丕显也指出:“保密是革命和建设事业的需要,不是任何人主观想出来的。”②在此意义上,保密具有客观性和普遍性。但同时,由于保密总是服从和服务于特定阶级与利益,又具有很强的主观性和特殊性。不同党派、团体和国家的保密工作有着冲突甚至敌对的一面。因此,简单认为保密是善或是恶的观点均嫌偏颇,而应根据其具体服务对象的性质来判断。

就中国共产党而言,其终极目标是实现共产主义和人的全面自由发展,在本质上已经完全不同于历史上出现的其他政党,但在政党的一些共性上仍保留着不影响其根本性质和宗旨的特点,秘密性就是其中之一。但要注意的是,中国共产党的秘密性主要针对的是阶级敌人,而非人民群众。按照阶级斗争立场和观点,中国共产党保密工作主要是为了战胜敌人,也只有对于敌人才需要保密;对于人民,则应慎用,甚至禁用。1957年《中国统计》上的一篇文章也表达了这种观点:“只要帝国主义和反革命分子存在一天,我们的保密制度也就需要存在一天。应该看到,我们的保密制度是对敌斗争的一个工具,而不是用来防范人民的。在中国,我们没有什么不可以对人民讲的事情。”③

在上述思想指导下,中国共产党高度重视保密工作,无论在军事斗争还是政治斗争中,均强调严格的保密纪律。中国共产党还将是否遵守保密纪律作为评价和选拔干部的重要标准。在1959年外交部批判张闻天会议上,时任张闻天秘书的何方也受到批判,一个罪名就是泄密。原来他在传达中央文件会议开始前几分钟,对旁坐同志透露将要传达文件的内容(“关于批判彭黄张周的事”),虽然感到有些委屈,何方还是坦率承认自己当时放松了纪律性的弦。④

---

① 邓小平:《要重视保守国家机密》,载中共中央文献研究室中共重庆市委员会:《邓小平西南工作文集》,重庆出版社2006年版,第257页。

② 《陈丕显同志在省市自治区保密工作座谈会上的讲话(1983年5月4日)》。

③ 孙昶永:《读吴景超、林和成两教授发言有感》,《中国统计》1957年第13期。

④ 何方:《从延安一路走来:何方自述》,人民日报社2015年版,第211页。

改革开放之后，在香港特别行政区筹委会成立时，其中有一些香港人士，他们在保密问题上持有一些不同的观点和意见。如何做通他们的思想工作，确保他们保守国家秘密，较为费难。钱其琛在《在香港特别行政区筹备委员会第一次全体会议上的闭幕词》(1996 年 1 月 27 日)中就此发表了很好的意见：

> 这次会议通过的筹委会的工作规则规定了集体负责制和保密原则。……这样做恰恰可以保障筹委会委员在筹委会内自由地发表意见。我们提倡并鼓励委员在筹委会内畅所欲言，但委员个人不应对外任意透露会内讨论的情况；在筹委会作出决定后，作为国家的一个权力机构的成员，大家都有责任和义务共同遵守执行。确保做到这一点，有利于维护我们筹委会的权威性，有利于筹委会委员之间的团结和工作的顺利开展。

中国共产党还一贯主张，党的各级领导人在保密问题上有着更加重要的责任，要率先垂范以身作则。周恩来、彭真都是这方面的典范。

概言之，在中国共产党看来，无论是革命时期还是建设时期，是夺取政权阶段还是执政阶段，为了保存自己、战胜敌人，保密均是客观需要，轻视甚至否定保密的地位和作用不但有害，也违背马克思主义认识论和方法论。

(二) 保密的地位和作用

同时，中国共产党始终坚持“保密是一种手段，不是目的，不是为了保密而保密”，①保密工作必须服从和服务于中心工作的指导思想。在中央正式文件中，1960 年中央保密委员会《关于保守国家秘密问题的暂行规定(草案)》第一次对上述观点作了阐述，指出保密工作必须遵循“便利生产、便利工作而确保国家秘密”原则。1983 年中央书记处将“既便利工作又确保秘密”作为新时期保密工作指导思想写进中央文件。1988 保密法将“既确保国家秘密又便利各项工作”规定为保密工作方针主要内容之一，使得这一思想法律化。2010 年，新修订保密法进一步完善上述原则，规定保密工作“既要确保国家秘密安全，又要有利于信息资源的合理利用”。

保密是手段、不是目的思想，是对保密是客观需要观点的进一步阐发，体现了中国共产党及其领导人对保密局限性的清醒认识。反映到工作布局上，就是给保密工作以正确定位，既防止因小失大，也不因噎废食。一个典

---

① 《陈丕显同志在省市自治区保密工作座谈会上的讲话(1983 年 5 月 4 日)》。

型案例就是如何评价保密工作在中国革命胜利中的地位和作用问题。对此，中国共产党的态度是一贯明确的，即保密工作贡献突出，但革命胜利的根本原因还是靠武装斗争和路线正确，不能把保密工作抬得太高。前述毛泽东关于张国焘泄露机密的讲话，非常鲜明地表明我党领导人对保密工作地位和作用的清醒认识，[①]这也是有充分事实根据的。如 1940 年一年之内日军破译我方密码电报数十起。120 师某部电台队长被日军俘虏后叛变，日军伪称此人已死，并造假坟，这个叛徒专门用电台窃收我方机密电讯，“猜出之电报和密码颇多”。1946 年至 1947 年，国民党截收、侦破我方电报 100 余起，其中有些是我方故设迷阵、诱敌上当的，但也确有因不慎泄密的。[②] 1947 年 10 月，中央社会部直接领导的一个规模较大、作用重要，涉及华北、西北、东北三个地区，有 5 部地下密台的西安王石坚情报系统被国民党破坏，被捕情报干部 44 人，牵连被捕 123 人。[③]莱芜战役期间，每次战斗前都有国民党军俘虏跑回去告密。孟良崮战役前，陈毅、粟裕部行动及企图为国民党部队侦知，指挥部到坦埠才三天，即遭轰炸，作战计划也不得不随之调整。淮海战役中，不少基层干部把作战方针当作政治动员材料，严重泄漏机密。[④]1954 年前后，在一部分高级干部中存在“严重的失密事件”。[⑤]但上述挫折均未影响革命大局，这除了在情报保密工作上亡羊补牢之外，最根本的还是党的重大方针政策正确，赢得人民群众衷心拥护，所谓得民心者得天下。

还有一个典型案例是如何处理对外开放和保密的关系。改革开放之初，随着对外交往增多，发生过一些泄密事件，实践中出现不少要求加强保密工作的声音。邓小平、彭真明确指出：我们不能因噎废食，既要严格保守党和国家的机密，维护国家的安全、利益和荣誉，又要改革开放。时任中央保密委员会主任陈丕显指出：“所谓保密要为四化服务，应该包括保卫

① 毛泽东：《要估计到达赖喇嘛可能不回国（一九五六年十一月十五日）》，载中共中央文献研究室、国家民族事务委员会：《毛泽东民族工作文选》，中央文献出版社、民族出版社 2014 年版，第 259 页。

② 费云东主编：《中共保密工作简史（1921—1949）》，金城出版社 1994 年版，第 129、141、177 页。

③ 熊向晖：《我的情报与外交生涯》，中共党史出版社 1999 年版，第 60 页；徐启明：《我所经历的战争（1911—1950）：国民党第十兵团总司令徐启明口述历史》，九州出版社 2011 年版，第 123 页。

④ 《粟裕文选》第 2 卷，军事科学出版社 2004 年版，第 277、288、753 页。

⑤ 中共中央文献研究室编：《毛泽东年谱（一九四九—一九七六）》1954 年 8 月 3 日条，中央文献出版社 2014 年版，第 265 页。

和促进两个方面。第一，是保住党和国家的秘密。在一定时期内，该保的秘密一定要保住、保好，这是个前提。保不住秘密就谈不上服务，就会损害四化建设。第二，是促进，保得好，保得适当，才能促进。保得不适当，比如，某项科研成果已经不成为秘密了，或者不放宽限制就不能取得更先进的技术，就应该适时地公开或者放宽限制。要把原则性和灵活性很好地结合起来、统一起来，把局部的暂时的利益和全局的长远的利益统一起来、结合起来。"①

保密是手段、不是目的思想，还体现为中国共产党对保密负面作用的深刻认识和高度警惕，以及对保密过度可能造成危害的防范。其主要内容包括：一是不当保密有使党脱离群众，沦为传统秘密社团的危险。为人民服务是中国共产党的最高宗旨，相信群众、依靠群众和为了群众是中国共产党制定政策和组织发展的一贯政策。这也是中国共产党从弱到强、不断发展壮大的重要原因。因此，对群众保密在根本上是和中国共产党宗旨相违背的，也不利于党的事业的发展，但革命斗争又需要对党的组织和力量采取一些保密措施。这就产生如何把握保密界限的问题。革命战争年代，特别是在抗日战争和解放战争时期，毛泽东、周恩来、刘少奇以及李克农等多次提出秘密工作要和公开工作密切配合，反对为保密而保密、将保密工作"神秘化"的做法。新中国成立后，《中共中央关于加强保守党与国家机密的补充决定》(1951 年 5 月 28 日)指出："在党内和群众中进行保密教育时，应该注意不要使党在人民群众中走向神秘化，不要把党支部的一般工作规定为秘密事项，使支部脱离群众。"《保守国家机密暂行条例》起草过程中，曾有人建议规定"各国家机关对自己业务应有定期公布"，后因故未采纳。

第二个负面作用是可能直接损害群众利益。这方面一个典型案例是前文说过的毛泽东曾亲自过问的气象信息保密问题。②1953 年 2 月，在第十五次军委例会讨论国防工程概算时，业务部门依据苏联顾问的意见，为了国防保密，建议把珠江口内伶仃岛上的居民全部迁走。彭德怀当即批评说："迁移居民一定要慎重，要积极动员。岛上的(居民)，有证明的留下，重大嫌疑的迁走，但这是极少数。内伶仃的居民全部迁走，要不得，这是单纯军事观点。"③

---

① 《陈丕显同志在省市自治区保密工作座谈会上的讲话(1983 年 5 月 4 日)》。

② 参见温克刚：《中国气象史》，气象出版社 2004 年版，第 44 页。

③ 王焰主编：《彭德怀年谱》1953 年 2 月 27 日条，人民出版社 1998 年版，第 544 页。

第三个负面作用是阻碍科学技术进步。聂荣臻元帅有专门论述,参见前文,不赘。

第四个负面作用是滋生腐败、保护特权。20 世纪 80 年代中期,曾有全国政协委员提案,要求除明文规定的项目外,一概不得保密,防止有人利用保密保护特权、失职、落后、犯法行为。国家保密局曾专门研究这一问题,并在制定保密法过程中,起草了有关条款,如不得利用保密对国家隐瞒本单位、本人或者其他人的工作失误行为和违法行为,不得利用保密阻碍先进科学技术在国内的开发和合法利用等。[①]后未采纳,但在 1988 年保密法第八条有一个禁止性条款,即不符合该法国家秘密定义的,不属于国家秘密,不应列入保密范围。2010 年新修订保密法增加定密不当条款,规定机关、单位对不应当定密的事项定密,造成严重后果的,由有关机关、单位对直接负责的主管人员和其他直接责任人员给予处分。

（三）保密与公开的关系

根据上述理由,中共领袖反对片面地机械地不分场合地强调保密,而是要根据具体事项的内容与性质,决定是全部保密、内部传达还是对外公开宣传,并根据形势任务的变化适时调整。毛泽东、周恩来、刘少奇、邓小平等言论已如前述,这里再举几个例子。1980 年,中共中央政治局就华国锋、胡耀邦以及邓小平职务调整作出决定,向党内发出《中共中央政治局会议通报》(1980 年 12 月 5 日中央政治局会议一致通过)。《通报》中写道:“考虑到这是一个十分重大的问题,为了使党内军内高级干部在思想上有所准备,中央政治局决定把这次会议的内容通知省军级常委以上同志,并由他们向参加讨论党的历史问题的四千同志传达。为了保证全党全国全军的安定团结,中央要求所有上述同志严格保密,绝对不得外泄。”胡耀邦在《关于党的新闻工作》(1985 年 2 月 8 日)中提出,西方所谓新闻自由并不真实,保密仍然是必要的。“至于资本主义国家的新闻报道,我们新闻界有些人觉得人家似乎比我们更加真实,更加敢于暴露。我看不能这样说。……说是敢于暴露,这也要看什么题目。西方国家同样是严格保密的,谁要是

① 《中央保密委员会办公室对全国政协第 444 号提案的复函(1986 年 8 月 23 日)》。据说在新中国成立初期,只有机要交通一家单位负责党政军机密文件传送。一些机关、单位和个人为图方便,将一些平常信件也交机要交通传递,经多次检查仍不奏效,不仅大幅增加工作量,让机要交通不堪重负,更危及真正核心机密文件的安全保密。经认真研究,中央决定另行成立邮政机要通信,承担核心机密文件以外密件的传递,后者仍由机要交通负责。这一分流政策效果良好,施行至今。

泄露了，同样要追究责任。所以，认为西方新闻比我们有更大的真实性，这并不符合事实。”①

（四）党的秘密和国家秘密

党的秘密和国家秘密的关系，是中国共产党执政之后必须回答的一个重大问题。表面上看是如何认识和界定国家秘密，实质上则涉及如何对待和处理党政关系，在一定程度上也可以看出党对法治的态度。

根据中国共产党章程，中国共产党是中国工人阶级的先锋队，同时是中国人民和中华民族的先锋队，代表着中国最广大人民的根本利益。中国共产党的秘密是为了维护中国人民和中华民族的利益而暂时加以保护处理的信息、计划和事件，目的在于更好地实现与维护国家和人民的利益。因而在保密工作上，中国共产党、中国人民和中华民族的根本利益是一致的，党的秘密和国家秘密并不冲突。

新中国成立后，中国共产党成为执政党，党的秘密和国家秘密在理论上实现了高度一致，国家秘密居于首要的和原则的地位，党的秘密也要服从于国家秘密。毛泽东还对“民族秘密”的说法明确表示反对。②党内文件将党的秘密与国家秘密并提，不过对党员保密要求更高一些，明确要求其保守党和国家机密，对一般群众则主要提保守国家机密。1951 年 5 月 28 日《中共中央关于加强保守党与国家机密的补充决定》指出：“保守党与国家的机密是全党的任务，也是群众性的工作”，要求在全国范围内开展保密宣传教育，使党员“懂得保守党与国家机密的重要性，提高党员的阶级觉悟，自觉地遵守保密制度，并成为保守党与国家机密的模范”，使全体人民“都了解保守国家机密是每一个人民的义务”。

在公开场合，则似乎有意识将党的秘密与国家秘密分开。1950 年颁布的《保守国家机密暂行条例》未对国家机密作出明确定义，只规定了保密范围，同时以法律的形式将公民和政府机关工作人员的保密义务固定下来。③1951 年 6 月 11 日，《人民日报》发表《为保守国家机密而斗争》的重要社论，深入批判旧中国官员为个人利益出卖国家秘密的行为，指出“保守国

---

① 中共中央文献编辑委员会编辑：《胡耀邦文选》，人民出版社 2015 年版，第 585 页。

② 毛泽东：《关于民族工作的谈话要点（一九五三年七月十六日）》，载《毛泽东民族工作文选》，中央文献出版社、民族出版社 2014 年版，第 185 页。

③ 这可能是受苏联的影响。1925 年颁布的苏联《关于间谍行为，以及关于搜集、传递不应当泄露的经济情报》（第 217 号）第一条附则一：“特别应当保守的国家机密，是指经苏联人民委员会核准并公布的特别一览表所列举的情报而言”。参见《苏联和苏俄刑事立法史料汇编（1917 年到 1952 年）》，法律出版社 1956 年版，第 402 页。

家机密制度的建立,是一个历史性的任务,也是全国人民思想建设上的巨大工程”。①

但实际上,经过新中国成立初期广泛深入的思想宣传教育,全国人民不但保密意识和观念得到普遍强化,在思想观念上,也几乎将党的秘密与国家秘密同等看待,保密与爱党、爱国的关系基本理顺。

改革开放之初,中央高度重视保密纪律的重建。1980 年中共中央《关于党内政治生活的若干准则》规定:“每个党员都必须严守党和国家的机密,并同泄露党和国家机密的现象作坚决的斗争。”1980 年 4 月 11 日,《人民日报》重新发表《保守国家机密暂行条例》,并配发题为《提高警惕,加强保密工作》的社论,要求共产党员要“自觉执行保密条例,把严守党和国家机密提高到党性原则上来对待。”党和国家秘密的权威重新得以树立,保守党的秘密的提法也未遭受什么挑战。但随着社会发展,人们逐渐认识到,党的秘密和国家秘密还是存在一定程度的差别,二者之间不能也不宜简单等同,对于二者关系还需要从法律上作出解释和规定。此外,1982 年宪法第一次将“保守国家秘密”规定为公民义务,同时又将坚持四项基本原则写进宪法,如何处理党的秘密与国家秘密的关系已经成为一个必须解决的法律问题。

要解决这个问题,关键是如何界定国家秘密。可以说,正是为了正确处理党的秘密和国家秘密的关系,1988 年制定的《中华人民共和国保守国家秘密法》(简称《保密法》)第一次对国家秘密的概念作出规定,从实质、形式及非公知性三个方面界定国家秘密:一是关系国家安全和重大利益;二是依照法定程序确定;三是在一定时间内只限一定范围的人员知悉。

在此基础上,《保密法》第一次对党的秘密与国家秘密关系作出规定,即政党秘密符合法律规定的国家秘密条件的,也属于国家秘密。据说起初考虑过“党和国家政治方面的秘密事项”列入国家秘密基本范围的写法,后来又尝试过“中国共产党的秘密属于国家秘密”的写法,最终才决定用现在的写法。无疑目前的表述是最为科学和准确的。这体现了对党的秘密和国家秘密认识的重大进步,也为正确处理中国共产党及其他民主党派的秘密与国家秘密的关系提供法律依据。

---

① 《决定》还对会议保密、机密文件管理、对机要、秘书及其他人员的审查与管理、统一战线中的保密工作、保密教育和保密纪律作了规定。

三、比较、思考和结论

有比较才有鉴别，有思考才有判断。对于中国共产党的保密观，因为直接涉及当前信息公开问题，关注的较多，但认真研究的少，一些评价也稍显意气用事，不够客观、全面。比如连美国和我国台湾地区的学者都承认和尊重中国共产党保密反谍手段的高明，[①]但个别作品仍然简单从信息公开角度批评保密工作，罔顾保密对维护国家安全和利益的重要作用，似乎一谈公开，保密就可以削弱甚至不要。这种思想倾向不仅相当危险，也是非常错误的。下面从基本认识、积极作用、负面作用、保密政策等几个方面，对中国共产党保密观与西方保密观进行初步比较和分析。当然，这里比较的只是一些个别方面和具体问题，而且是脱离历史背景与社会环境的，因此难谓全面深入的分析考察，更不能作为最终结论。

第一，关于保密的总体评价。虽然中国共产党认为不能把保密工作神秘化，共产党人隐瞒自己的观点是可耻的，[②]但这都是建立在肯定保密的前提下，换言之，即认为保密总体是好的，只是要有限度。但在西方，主流思想一度认为保密是恶，公开是善，对保密持零容忍态度。即使在今天，西方大部分思想家仍然坚持公开是民主社会的固有属性，公开应当优先于保密，公开和保密不是并列关系，而有主次之分，不宜等而视之。这方面中西之间似乎还有一些距离。

第二，关于保密的作用。中国共产党认为，保密是客观需要，江泽民曾说："革命战争年代，保密就是保生存、保胜利。和平建设时期，保密就是保安全、保发展。"与中国共产党相比，西方思想家很少笼统阐述保密有哪些积极作用，而是更倾向于就事论事，突出保密的工具性价值。这与其对保密作用总体上持否定态度不无关系。

第三，关于保密的消极作用。共产党关于保密是手段、不是目的的思想，实质就是对保密负面作用有所认知的产物。在长期革命和建设实践中，

---

① ［美］迈克尔·华纳：《情报的兴衰：一部国际安全史》，黄日涵、邱培兵译，社会科学文献出版社2016年版，第133页；张瑞德：《山河动：抗战时期国民政府的军队战力》，社会科学文献出版社2015年版，第285页。

② 毛泽东：《对晋绥日报编辑人员的谈话（一九四八年四月二日）》："我们共产党人从来认为隐瞒自己的观点是可耻的。"

对保密可能导致的脱离群众、影响科技交流等负面作用,中国共产党领导者也有比较深刻的认识,其中许多观点与西方对保密负面作用的认识也有相通之处。但中国共产党保密理论主要着眼于党的发展以及党群关系,不可避免有一些局限性。在这个意义上,西方关于保密负面作用的分析比较细致具体,颇有一些值得我们借鉴的地方。

第四,关于保密政策取向。自中国共产党成立以来,几乎在每一个重要历史时期,都形成和出台了相应的保密工作指导思想,"党管保密"的政治优势更被视为保密工作健康发展的一条重要经验。现行保密法对保密工作方针也作了明确规定,党和国家领导人也随时对保密工作予以指示,对一些具体事项保密与公开的处理常常体现出很强的策略性,显示出政治上的高度睿智与灵活。但在实践中,保密范围偏宽、保不住、保不了的问题依然突出。在这方面,西方有些经验已经成为中国保密政策的一部分,比如,中国 1995 年颁布的《科学技术保密规定》第九条规定:国外已经公开、在国内已经流传或者当地群众基本能够掌握的传统工艺不应确定为国家科学技术秘密。这其实就是基于可保性的考虑。实践中一些国家秘密不为民众所认可,与其失去可保性有很大关系。中国保密政策还需要根据形势和任务的发展作进一步调整。

总的来看,尽管中国保密观与西方保密观有一些重大差异,但距离并没有想象的那么大。随着交流的深入,共识正在越来越多,而且双方都会发现,对方身上原来都有着许多值得学习的地方。

第九章　革命、建设、改革与保密法制

在中国共产党保密思想指导下，新中国保密法制稳步发展。一般认为，革命战争时期形成的红色传统是新中国保密工作的源头。这一说法自然不错，但似乎还可以分析得更细致一些。新中国保密法制虽然源于红色传统，但更多的还是根据新情况，对传统进行改造。2000 年以来信息公开的影响越来越大，原封不动的传统已经很难找到。

一、保密工作历史概况

从历史角度看，保密工作并非一开始就是“党和国家的一项重要工作”，也有一个发展的过程。而且其重要性也并不能简单以中央保密委员会或者国家保密局的成立为标准，还应当从理论、政策、制度和实践多方面综合分析判断，特别是长期以来，保密工作与机要工作、情报工作你中有我、我中有你，考察保密工作的历史时还要注意三者之间的适当区分，不可张冠李戴。故本书下文首先对新中国保密工作从无到有、从小到大的历史发展过程做一概述。

建党之初，中国共产党借鉴国际共产主义运动经验，①在党章、党纲中将保守秘密作为党员的一项神圣义务，严厉惩治泄密（叛党）行为。大革命期间，秘密工作（地下斗争）普遍开展，党组织和党员保密要求日趋严

① 1847 年 12 月，由恩格斯起草的无产阶级政党的第一个党章《共产主义者同盟章程》中就规定，“保守同盟的一切秘密”作为盟员必备的条件之一。俄国十月革命前夕，反对武装起义的季诺维耶夫、加米涅夫在孟什维克《新生活报》上公开发文，批评武装起义是冒险行为，这等于泄露了布尔什维克准备发起武装起义的秘密。当时临时政府立即采取镇压措施，十月革命被迫提前举行。参见章士嵘：《无产阶级专政学说史（1895—1952）》，吉林人民出版社 1981 年版，第 142 页。

格。1926年1月,中共中央下发《中共中央组织部通知——加强党的秘密工作》(组织部通告组字第3号),第一次从革命全局的高度,阐述了秘密工作的重要性和必要性,要求全党把秘密工作"同当前政治斗争相结合",并对文件移送等提出明确保密要求。这份文件可以视为中国共产党保密工作的起源,但显而易见,此时保密还只是工作要求,在形式上附庸于秘密工作,远谈不上独立的组织形式和工作内容,遑论系统的保密政策。

大革命失败后,党组织不适应秘密工作环境,叛徒告密事件频发,革命形势空前严峻。1929年,中央成立了中央秘密工作委员会,由中央政治局直接领导。中央先后下发《中央通告第四十七号——关于在白色恐怖下党组织的整顿、发展和秘密工作》(1928年)、《中共中央关于秘密工作条例》(1929年)、《中央通告第八十号——建立秘密工作(1930年)》、《中共中央关于秘密工作基本规则》(1934年)等文件,明确提出,党的秘密工作应在每个同志"日常生活中建立起来,时时刻刻耐心留意养成秘密工作之习惯","谁忽视秘密工作,客观上等于告密,不但是错误,而且是不可饶恕的罪恶"。①这是中国共产党情报保密工作发展的关键时期,后来一系列保密政策和策略大多奠定于此。

这个时期,革命根据地保密工作也得到发展,当时的重点保密对象是军事机密,主要又体现为游击战争的保密问题。毛泽东曾专门谈到袭击计划保密的重要性及具体要求。②粟裕也专门谈过"保守军事秘密"问题,根据他在江南坚持三年游击战争的经验,认为"游击队能否完成战斗计划,除政治条件外,保守军事秘密如何,关系极大",并提出系统的保密要求。③

① 《中央通告第八十号——建立秘密工作(一九三零年六月六日)》,载《中国共产党组织史资料》第八卷文献选编(上),中共党史出版社2002年版,第334页。

② 毛泽东:《论抗日游击战争的基本战术——袭击》,载《毛泽东文集》第2卷,人民出版社1993年版,第77页。

③ 粟裕:《游击战术讲授提纲(1938年1月)》:"宿营前应该完全禁绝交通、封锁消息,不准有人出入警戒线。宿营后禁止大声喧哗和烧很大的烟火。注意对空隐蔽。出发前检查营舍有无遗落文件、字纸、军用物品,消除军队驻扎的痕迹。不要吹号,甚至不要吹哨子。必要时部队歌也不唱。枪不要走火。行军都在夜间,注意收除路标和消除行军痕迹。收容落伍人员,不使落入敌手。对敌多施欺诈手段。""注意照顾好所带向导,教育他勿泄漏我军行动秘密,待至次日行动前遣返回家。""各队首长应亲自问清向导的情况,但注意不要泄漏机密。"参见粟裕:《粟裕文选》第1卷,军事科学出版社2004年版,第14—16页。

抗战全面爆发后，党暂时取得了合法地位，秘密工作形势和任务发生较大变化。毛泽东及时提出，秘密工作要正确处理合法斗争与非法斗争的关系，注意内外有别。同时，保密纪律进一步加强。1937年中央制定《保守党内秘密条例》，对党员保密提出具体要求。①1937年12月25日，中共中央在《书记处工作规则和纪律》中对高级领导干部保密专门做出规定：书记处讨论并决定的问题，在未传达未公开以前必须保守秘密，任何同志“不得在党内外泄露”。1941年1月“皖南事变”后，新四军指挥部发布《新四军关于保守军事秘密的规定》，系统总结过去保密工作的经验，提出今后保守军事秘密的具体办法。

解放战争时期，由于解放区面积不断扩大，以秘密斗争为主的局面开始改变，保密工作逐步走向统一和公开。1948年，中央印发《中共中央保密委员会章程》和《各级保密委员会章程》，对中央和各级保密委员会的性质、任务、组织及工作方法做了规定。各级保密组织的建立标志着中国共产党保密工作在组织形式和工作内容上不再附庸于秘密工作，开始形成独立统一的保密政策。

新中国成立之初，保密工作一度有些混乱。据统计，1949年全年各地遗失电报、党内机密文件3万余份，1950年遗失5万余份。1950年10月，中共中央发布《关于加强保守党和国家的机密的决定》，指出革命战争年代形成的许多保密工作制度和做法，已不适应于新中国成立后的新的复杂的社会环境，必须把原来“零碎的局部的保密工作”，发展成为“统一的、国家规模的保密工作”，即“全面的、系统的、人人负责的、严格的、经常的保密工作”。②1951年5月，中共中央下发《关于加强保守党与国家机密的补充决定》，明确指出：“保守党和国家秘密，乃是关系全党、全军、全国人民的最大利益的问题。各级党委必须重视保密工作，并将这件工作作为自己经常注意的工作。”③1951年6月8日，中央人民政府以政务院命令形式公布实施中国第一部保密法令——《保守国家机密暂行条例》，在总结革命战争时期保密工作经验的基础上，对保密范围、保密组织、保密制度、奖惩制度等做了

---

① 《保守党内秘密条例(一九三七年五月二十日)》，载《中国共产党组织史资料》第八卷文献选编(上)，中共党史出版社2002年版，第491页。

② 《决定》还对会议保密、机密文件管理、对机要、秘书及其他人员的审查与管理、统一战线中的保密工作、保密教和保密纪律作了规定。参见《人民日报》1951年6月11日社论《为保守国家机密而斗争》。

③ 《补充决定》还就保密组织的健全、保密教育的开展、机要人员审查和清理、出版物保密审查、个人笔记日记涉密检查和销毁以及奖惩等做了进一步规定。

比较系统、全面的规定。[①]这三份文献不仅是新中国成立初期保密工作的指导性文献，也是中国共产党保密政策走向成熟的重要标志，有着重要的历史意义，但由于其依据的主要是战争时期的经验，对社会主义建设时期的保密工作还缺乏预见，因而也有一定的局限性。

1956年社会主义改造任务完成后，社会主义建设蓬勃开展，国内外局势进一步缓和，保密工作呈现出一些新特点，新中国成立初期过于严厉的保密政策需要作出相应调整。1956年10月，国务院制定《关于划分保密范围和改善资料供应工作的通知》，借鉴苏联经验，对密与非密的界限划分问题以及国家秘密的充分利用问题作出规定。1958年9月8日，中共中央发布《关于科学技术保密问题的规定》，提出科技保密“不应妨碍国内科学技术成果的传授和经验交流”。1960年3月，中央保密委员会起草了《关于保守国家秘密问题的暂行规定（草案）》，提出“保密工作必须在党中央和各级党委的领导下，按照便利生产、便利工作而确保国家秘密的原则，依靠群众和发挥群众进行”，以克服保密工作“神秘化”的倾向。由于“文化大革命”的爆发，这个文件没能修改成熟，始终处在“草案”的状态。

“文化大革命”结束以后，经过拨乱反正，保密工作逐步得到恢复和加强。面对改革开放的新形势，邓小平、彭真等领导同志多次指出：既要坚持对外开放，放宽人们对外来往的范围和条件，又要严格保守党和国家的机密。1979年8月13日，中共中央、国务院批转中央保密委员会办公室、外交部、公安部《关于在对外活动中加强保密工作的请示报告》，就对外活动中的保密工作提出要求。中国共产党第十一届中央委员会第五次全体会议通过的《关于党内政治生活的若干准则》中也就保密问题提出具体要求。[②]1983年4月，中央保密委员会根据中央指示，召开省、市、自治区保密工作座谈会。会议认真分析、研究中国进入新的历史时期后保密工作所面临的新情况、新问题，提出新时期保密工作的指导思想：“提高革命警惕，贯彻突出重点、积极防范的方针，坚持内外有别、既便利工作

---

① 有关《暂行条例》内容的详细介绍，参见江庸：《保守国家机密暂行条例浅说》，上海大众法学出版社1951年版。

② 《关于党内政治生活的若干准则》：“每个党员都必须严守党和国家的机密，并同泄漏党和国家机密的现象作坚决的斗争。一切党员看文件，听传达，参加党的会议，都要严格遵守保密纪律，严禁把党的秘密泄漏给家属、亲友和其他不应该知道这种秘密的人。必须注意内外有别，凡属党内不许对外公开的事情，不准向党外传布。”

又确保秘密的原则，确保党和国家的核心秘密，有领导有控制地放宽对非核心秘密的限制，更好地为社会主义现代化服务。”这个会议形成的《省、市、自治区保密工作座谈会纪要》，经中央书记处批准，由中央办公厅印发全党全国。1988年颁布的《保守国家秘密法》全面贯彻和体现上述指导思想。

1992年党的十四大召开以后，中国开始建立社会主义市场经济体制，对外开放范围进一步扩大，保密工作开始遭遇新的挑战。根据江泽民的指示：“革命战争年代，保密就是保生存、保胜利。和平建设时期，保密就是保安全、保发展。”在新的历史时期，“保密工作关系党和国家安全、关系经济建设和社会主义发展的大局”。1997年8月，中共中央下发《关于加强新形势下保密工作的决定》，根据新时期党和国家保密工作实践经验，将依法管理国家秘密，不断提高技术防范能力和现代化管理水平提到指导思想的位置，并首次提出“加强保密法制建设是强化保密管理的根本措施”。2000年以来，随着全球化和信息化的发展，中央对保密工作提出依法行政、政务公开以及加强互联网防护等要求。[①]2010年新修订的保密法贯彻和体现了上述指导思想。

二、红色传统的继承

在革命战争期间，中国共产党保密工作在经验和技术上获得苏联的大力支持。苏联曾帮助培养无线电密码人员，张闻天夫人刘英留学莫斯科期间曾接受密码培训，并奉命“带回”（背诵）一套密码本。[②]新中国成立后，保密工作也和其他工作一样，向苏联学习，邀请苏联专家帮助工作，积累了一些经验（如保密范围等），[③]但在制度上，主要还是对革命战争时期红色传统的继承与改造。

一是涉密文件管理制度。1943年中央办公厅、中央组织部下发《关于阅读党内秘密文件的通知》，根据文电内容、发文单位性质、客观环境，

① 国务院先后颁布《全面推进依法行政实施纲要》（2004年）、《中华人民共和国政府信息公开条例》（2007年）、《国务院关于加强法治政府建设的意见》（2010年）等重要法规和文件，提出了依法行政和政务公开等基本要求。

② 刘英：《刘英自述：张闻天夫人口述历史》，人民出版社2012年版，第30、92页。

③ 周均伦主编：《聂荣臻年谱》1958年6月19日条，人民出版社1999年版，第644页。

将文件划分为“普通件”、“普密件”、“机密件”、“绝密件”四类，并规定每一级的具体内容范围，以及阅读人员范围和纪律。1947年中央办公厅秘书处制发《关于按重要性与机密性处理文件的规定》，对涉密文件的保密管理作了进一步规定。新中国成立初期涉密文件管理基本沿袭革命战争年代的做法。1953年2月1日毛泽东签发《中国人民解放军秘密文件保密工作细则》。①1964年下发更为成熟的《关于秘密文件管理工作的暂行规定》。

二是电讯保密管理制度。1947年，根据刘少奇建议，中央曾对党务系统电台进行密级划分，分为绝密、半秘密和公开三类，进行保护。1948年12月中国人民解放军总参谋部颁发我党历史上第一个机要保密工作规定——《机要规则》，确立了党政军机要电讯工作统一领导体制，对电讯密件以及机要电讯人员的保密管理提出严格要求。1949年中央军委又制定《关于机要工作制度》，对机要电讯保密管理做了补充规定，并明确提出：“电信工作的基本要求是确实、迅速、秘密。”上述制度在新中国成立后基本沿袭，直到1987年《中国人民解放军机要工作条例》将机要工作的基本要求修订为“机密、及时、准确”。②

三是干部审查制度。抗日战争期间，革命队伍迅速壮大。为清除混入党内的反革命分子、异己分子和堕落分子，保持革命队伍的纯洁性，以及多方面了解干部的思想品质和工作才能，以便更有计划地培养干部，正确地使用干部，党中央先后下发《中央关于审查干部问题的指示》(1940年)、《中央组织部关于审查干部经验的初步总结》(1940年)、《中央书记处关于审查干部的具体办法的决定》(1943年)、《中央组织部关于在审查干部中保留政治嫌疑问题的暂行处理办法》(1948年)等文件，规定由组织部门负责，对全体党员干部，特别是政治面目不清、来历不明和在重要关节上含糊不清的干部进行政治审查。新中国成立后，中央先后下发《中央关于清理“中层”“内层”问题的指示》(1951年)、《中共中央关于审查干部的决定》(1953年)等文件，对各级党政机关、人民团体及财经、文教等部门中的全部干部进行审查。1951年5月28日中共中央《关于加强保守党

① 中共中央文献研究室编：《邓小平年谱(1904—1974)》(中)，中央文献出版社2009年版，第1095页。

② 费云东、刘静一：《秘密环境下的电报档案工作之三——党政军三大系统机要电讯与保密》，《档案天地》2010年第10期。

与国家机密的补充决定》对机要干部审查和管理专门做了规定。[①]1953年中央还曾专门就邮电系统要害人员清理以确保党和国家机密作出安排。曾任张闻天秘书的何方就曾因所谓政治问题，不宜接触外交机密，被调离外交部机关，到下属单位工作。[②]

四是新闻保密审查制度。抗日战争时期，以《解放日报》改版为中心，共产党开始建立审查稿件制度，如领导人看大样，重要社论、通讯文章要报中央审定。[③]解放战争时期，新华社先后下发多份新闻保密审查文件，如1947年新华总社《注意在报道中不要泄露军事秘密》的指示、1948年《新华总社关于保守军事秘密的通报》、1948年8月8日新华总社《关于严守军事与生产秘密，防止单纯新闻观点的指示》、1948年10月6日中宣部《关于新华社发电保密制度的规定》、1949年2月10日中共中央《关于严防帝国主义分子反动新闻记者刺探政情军情的指示》等，为正确处理保密与新闻自由的关系奠定了基础。[④]新中国成立后，1949年12月9日，中央人民政府政务院颁布《关于统一发布中央人民政府及其所属各机关重要新闻的暂行办法》，严禁采访和发表属于外交、国防、军事、公安、财经和其他国家机密。1951年政务院保密委起草《各级人民政府及其所属机关发布新闻、论文、资料的保密审查暂行办法》。1954年12月中央制定《关于在报刊出版物上保守国家工业建设秘密的指示》，明确规定了哪些工业建设项目属于国家机密，不能公开报道，哪些不属于国家机密，可以公开报道。

同时，根据新中国成立后的新形势，党和政府对保密传统又进行较大调整。一是在目的和宗旨上。革命战争时期保密工作主要是为了保护“党的秘密”，为了新民主主义革命胜利。1926年1月中共中央下发的《中共中央组织部通知——加强党的秘密工作》（组织部通告组字第3号）对此有较好的阐述。该通知号召全党必须认清“我党正处在反动派进攻”和“军阀严重压迫之下”的严峻形势，牢固树立保守党的秘密的思想；保守秘密必须与当

---

① 以上资料参见中共中央组织部、中共中央党史研究室、中央档案馆编：《中国共产党组织史资料》第八卷，中共党史出版社2002年版；参见邓进：《1953—1956年广东省的干部审查》，《福建党史月刊》2008年第8期；刘明钢：《陈云审干思想初探》，《江汉大学学报》2006年第2期；傅平：《审干运动和周恩来》，《红岩春秋》2000年第4期。

② 何方：《从延安一路走来：何方自述》，人民日报社2015年版，第256页。

③ 孙旭培：《解放前党对新闻自由的说法与做法》，《炎黄春秋》2012年第8期。

④ 参见新华社新闻研究部编：《新华社文件资料选编》第1辑，转引自马光仁：《中国近代新闻法制史》，上海社会科学院出版社2007年版，第320—324页。

前的政治斗争相结合。该通知指出:“秘密我们的组织,极关重要”,“组织上秘密既是保护组织,也是看重革命。不守秘密,是变相的告密,是破坏组织的行为。”

新中国成立后,党的秘密虽然仍旧是保密工作的重中之重,但不再是唯一,国家安全和利益成为保密主要内容,“国家机密”一词也应运而生。1950年2月中央人民政府政务院发布的《关于各级政府工作人员保守国家机密的指示》明确指出:

> 因为中国人民在坚决进行反帝、反封建、反官僚资本的斗争,并从事于艰巨的建设工作,而国内外敌人则千方百计对中国加以侦查破坏,为使国家不遭受破坏与损失,各级政府的工作人员,均负有保守国家机密的责任。

1950年,时任中共西南局书记的邓小平专门召开会议研究保密工作,①显示“国家机密”观念在地方领导人中已经形成。1950年10月中共中央《关于加强保守党和国家的机密的决定》、1951年5月中共中央《关于加强保守党与国家机密的补充决定》两个重要文件都秉持类似立场,并明确将党和国家机密并提。②

二是在规范形式上。革命战争时期主要表现为党章党纲等党的内部文件。革命根据地政府也颁布一些惩治泄密、窃密行为的法令,③但在数量上,党内规定占主体地位。新中国成立后,以党内文件形式出现的保密制度还比较多,但比例逐步下降。

最重要的变化是体系化。革命战争时期保密规定比较零散,多为涉密文件资料、电讯等具体领域的保密规定,以及党员的保密责任和义务规定等,没有形成和出台一个纲领性规定。新中国成立后,不但出台各个方面的具体保密规定,还于1951年6月8日以政务院命令的形式公布实施纲领性

---

① 邓小平:《要重视保守国家机密》,载中共中央文献研究室中共重庆市委员会:《邓小平西南工作文集》,重庆出版社2006年版,第258页。

② 《保守国家机密暂行条例》在1951年全国秘书长会议上通过,时任政务院副秘书长李克农介绍有关起草情况,参见田真:《关于1951年全国秘书长会议的一些简况》,《办公室业务》2010年第2期。

③ 例如1934年《中华苏维埃共和国惩治反革命条例》、1939年《陕甘宁边区抗战时期惩治汉奸条例(草案)》、1944年《苏中行政公署、苏中军区司令部联合公布处理汉奸军事间谍办法》、1945年《山东省战时行政委员会、山东军区关于特务汉奸之处理办法的联合决定》、1945年《苏中区惩治战争罪犯及汉奸暂行条例》、1945年《苏皖边区惩治叛国罪犯(汉奸)暂行条例》、1947年《苏皖边区第一行政区破坏解放区革命秩序治罪办法》等。

质的法规——《保守国家机密暂行条例》，从而在一定程度上实现保密法制的部门化。《保守国家机密暂行条例》对保密范围、保密组织、保密制度、奖惩制度等做了比较系统、全面的规定，使保密法成为一个独立法律部门的重要标志。①

内在体系的自洽是评价一个制度体系成熟的重要指标。新中国成立初期，保密法制建设是符合这个标准的。在《保守国家机密暂行条例》之后陆续颁布的一些保密规定，均服从和统领于《暂行条例》，与《暂行条例》形成特别法和普通法的关系。如在军事领域，1951 年 6 月，中国人民解放军根据《保守国家机密暂行条例》授权，制定单独的《保守国家军事机密暂行条例》(1963 年 10 月修订)。②1953 年 2 月 1 日，毛泽东主席签发《中国人民解放军秘密文件保密工作细则》。③改革开放之后军事机密保护立法继续沿用这种做法。④

三是在工作模式上。新中国确立党管保密的原则，并成立中央保密委员会，领导全国党政军保密工作。在革命战争年代，起初并无“党管保密”的

① 该《条例》的主要特点：(1)目的和任务进一步明确。第一条规定的斗争对象为“国内外间谍分子、反革命分子和破坏分子”，同时又规定“防止各种人员泄漏或遗失国家机密”。(2)关于国家机密基本范围的细密化。第二条将国家机密细分为 17 项。(3)关于一系列有关保密问题的规定制定、批准权及其程序。如第三条规定：属于国家机密基本范围的“各种具体事项和范围”，属于政务方面者，由中央人民政府政务院规定颁布；属于国防和军事方面者，由中央人民政府人民革命军事委员会规定颁布。(4)关于保密组织。第四条规定：“各级人民政府和武装部队均须成立保密组织，负责领导保密工作”。(5)关于保密教育。第五条要求上述各单位注意对所属人员进行保守国家机密的教育，并随时向人民群众进行必要的宣传和教育。(6)若干具体的保密制度。第六条至第十二条规定了关于经管国家机密人员的选拔、文电管理、会议保密、新闻保密审查等方面的保密要求。(7)对出卖及泄漏国家机密行为的罚则。这方面的规定见之于第十三条至第十五条。如第十三条规定：凡“出卖国家机密于国内外敌人者”，“出卖国家机密于国内外奸商者”以及“故意泄漏国家机密于国内外敌人者”，均“以反革命论罪，依《惩治反革命条例》惩处”。(8)对保守国家机密作出成绩者的表扬或奖励。(9)关于监察机关对保护国家机密工作的经常监督。有关该条例的详细介绍参见江庸：《保守国家机密暂行条例浅说》，上海大众法学出版社 1951 年版。

② 1950 年 1 月中央人民政府革命军事委员会颁布《国家保密条例》，但该条例侧重加强军政系统机要工作管理，涉及军事问题较多，且本身就是绝密级国家秘密，不对外公开，作为国家保密条例不太适合，才有后来的《保守国家机密暂行条例》。

③ 中共中央文献研究室编：《邓小平年谱(1904—1974)》(中)，中央文献出版社 2009 年版，第 1095 页。

④ 改革开放之后，保密法一时未能出台，1978 年 1 月中央军委先行颁发《中国人民解放军保守国家军事机密条例》。1986 年 11 月中央军委主席邓小平签发《中国人民解放军保密条例》，同时废止《中国人民解放军保守国家军事机密条例》。1988 年和 2011 年，中央军委先后根据新颁布保密法，对《中国人民解放军保密条例》进行修订。

问题，因为所有工作都在党的领导之下。大革命失败后，适应秘密工作为主、公开工作为辅的形势，1929 年成立由中央政治局直接领导的中央秘密工作委员会，该委员会的一项重要职责就是指导、领导全党的保密工作。随着各革命根据地的成立，革命力量的分散，这种统一的模式难以适应实际斗争的需要。到抗日战争时期，党的保密工作由中央社会部和中央书记处办公厅主管，军队系统保密工作由敌工部、情报部和锄奸部主管，政府系统保密工作由保安处(厅)主管，均非专门保密工作部门。解放战争时期，随着解放区的扩大与连片，为加强组织领导，中共中央成立中央保密委员会，由中共中央秘书长和中央军委总参谋长亲自领导。1948 年中共中央制定《中共中央保密委员会章程》，对中央保密委员会的性质、任务、组织及工作方法做了规定。中央保密委员会的成立，不仅进一步加强保密工作的领导，更提高保密工作领导的权威性和有效性，标志着党的保密工作在新形势下走向统一、健全和规范化。

新中国成立后，中国共产党成为执政党，保密工作对象和方式都发生重大变化。为了加强保密工作的领导，中央进一步明确“党管保密”的原则，并对组织形式予以规范。1951 年 5 月，中央下发《中国共产党各级保密委员会组织通则》，规定“中央及各级党委的保密委员会，在中央或各级党委的领导下进行工作”，“按照党内统一、党外分设的原则进行组织”。《组织通则》还对军队系统保密委员会设置及专职干部配备作出具体规定。同年 6 月 8 日颁布的《保守国家机密暂行条例》又特别规定：“各级人民政府和各武装部队均需成立保密组织，负责领导保密工作。其组织通则另定之。各民主党派、各人民团体、各机关、学校、工厂、企业、矿山、仓库等视其需要建立保守国家机密的制度及保密组织。”1953 年 5 月 19 日，毛泽东在中南海西楼会议室主持召开中央书记处扩大会议，会议重要内容之一就是决定成立由周恩来、彭德怀、邓小平、饶漱石、李富春、薄一波、罗瑞卿、黄克诚等十六人组成的中央保密委员会，并责成由周恩来主持制定各种保密制度和严格的惩罚条例。①随后根据周恩来总理的指示，首次成立中央保密委员会办公室，承担日常保密工作任务。党的保密委员会组建原则和政务院的法律规定，对保密工作领导体制的形成和发展，产生重大而深远的影响。在以后的几十年中，以党的保密委员会为基本结构形式的保密领导体制不断健全完善，

---

① 中共中央文献研究室编：《毛泽东年谱(一九四九—一九七六)》，中央文献出版社 2014 年版，第 101 页。

党管保密的政治优势和组织优势得到进一步巩固和加强。①

以上这些变化是新中国政治、经济和社会条件发生重大变动的结果。正如 1950 年 10 月中共中央《关于加强保守党和国家的机密的决定》指出的，过去所处的农村环境中的简单保密制度和办法，已不适应于新中国成立后的新的复杂的社会环境，必须把原来"零碎的局部的保密工作"，发展成为"统一的、国家规模的保密工作"，即"全面的、系统的、人人负责的、严格的、经常的保密工作"。②正所谓环境使然，新的保密传统在不知不觉间缓慢生长。

1960 年 3 月，根据《保守国家机密暂行条例》实施中暴露的问题，中央保密委员会起草《关于保守国家秘密问题的暂行规定(草案)》，对《保守国家机密暂行条例》有关规定作了细化和调整，提交中央审议，准备作为下一步修改的基础，后因"文化大革命"爆发终止。

"文化大革命"期间，虽然中央也曾明确要求，不准冲击、不准串联军队和地方的战备系统、机要系统和保密系统，③但在总体上，保密工作与其他工作一样，遭到极大干扰和破坏，但也是在这样混乱的局面中，更能看出我党长期积淀下来的保密传统的积极作用。周恩来等领导人在巨大压力之下，仍然严格遵守保密纪律，显示出崇高的革命品格和风范。

三、改革开放与保密

"文化大革命"结束以后，国家开始改革开放，保密工作虽然仍然强调继

---

① 需要注意的是，中央保密委员会在成立以后的很长一段时期内，日常工作都放在中办机要部门。直到改革开放之后，1988 年 3 月，党中央、国务院决定单独设立国家保密局，承担中央保密委员会办公室日常工作，与中央保密委员会办公室一个机构、两块牌子。2010 年修订的《中华人民共和国保守国家秘密法》，以法律的形式确立了保密行政管理部门的法律地位。同年，党中央、国务院又决定将国家保密局升格为副部级国家机构。长期以来，国家保密局特别是中央保密委员会只是制定政策，并不直接介入具体保密事务，一般文献中少见记载。吴学昭在撰写《吴宓与陈寅恪》一书时，曾想获得新华社重庆分社上报的一份《内部参考》，其中有吴宓对批林批孔运动的尖锐发言，"由于中共中央保密委员会对这部分《内参》尚未解密而未能看到"。参见吴学昭：《吴宓与陈寅恪》(增订本)，三联书店 2014 年版，第 496 页。

② 参见《人民日报》1951 年 6 月 11 日社论《为保守国家机密而斗争》。

③ 参见中共中央文献研究室编：《毛泽东年谱(一九四九——一九七六)》1967 年 2 月 19 日条，中央文献出版社 2014 年版，第 58 页。

承优秀革命传统，但这主要是指思想教育上的，在制度建设上已经悄然发生重大变化。

一是在指导思想上，强调为改革开放服务。1983 年 5 月中央书记处批准印发的《省、市、自治区保密工作座谈会纪要》提出，新时期保密工作指导思想是："提高革命警惕，贯彻突出重点、积极防范的方针，坚持内外有别、既便利工作又确保秘密的原则，确保党和国家的核心秘密，有领导、有控制地放宽对非核心秘密的限制，更好地为社会主义现代化服务。"1988 年全国人大常委会通过的《中华人民共和国保守国家秘密法》全面贯彻上述指导思想，明确规定保密工作实行"积极防范、突出重点，既确保国家秘密又便利各项工作"的方针。尽管此前周恩来等人也曾提出保密工作要为中心工作服务、避免神秘化等思想，但在法律上作出明确规定，强调保密工作的适度性，这还是第一次。

另外一个重要变化是强调法制。一是根据邓小平的提议，在 1982 年宪法中，就保护国家名誉、保守国家机密单设一条。①二是制定出台保密法。1979 年 11 月，邓小平同志延续其新中国成立初期的一贯主张，指出"保密应该有章程"。1980 年 4 月，彭真同志提出"国家需要制定保密法"，并亲自召开专门会议，部署保密法制定工作。1980 年中央保密委员开始组织起草保密法。1988 年 9 月 5 日，第七届全国人大常委会第三次会议通过并公布《中华人民共和国保守国家秘密法》，1989 年 5 月 1 日开始施行。《保密法》的颁布是中国保密工作走上法制化轨道的重要标志。

二是在具体制度上，根据改革开放的需要，陆续作出修正。如在定密方面，1988 年《保密法》规定国家秘密的概念以及国家秘密与党的秘密的关系，对国家秘密范围的制定，国家秘密的确定、变更和解密作了明确规定，增加一系列程序性的要求，为对国家秘密的科学管理提供了法律依据。在保密管理方面，《保密法》及其实施办法明确基本的保密义务和保密措施，对保守国家秘密以及防范泄密和窃密提出了要求。在法律责任方面，起草制定《保密法》的相关成果就是使得立法机关对 1979 年《刑法》的有关规定作了重要补充，在《保密法》获得通过的同时，还通过《关于惩治泄露国家秘密犯罪的补充规定》，增加一个新罪名，即"为境外机构、组织、人员窃取、刺探、收买、非法提供国家秘密罪"。《保密法》的颁布实施，对于增强保密意识、规范保密工作，维护国家安全和利益，保障改革开放和社会主义现代化建设事业

① 《彭真传》编写组:《彭真传》(第四卷)，中央文献出版社 2012 年版，第 1455 页。

的顺利进行，起到重要作用。

1992年党的十四大之后，中国开始建立社会主义市场经济体制，对外开放范围进一步扩大。而这个时期也恰逢世界保密法制发生重大变革。一是公开化的影响。20世纪90年代，特别是2000年以来，在南非《约翰内斯堡原则》影响下，越来越多的国家（包括英国）和地区仿照美国模式，在信息公开和知情权框架下对保密法制进行修改，保密法制有从刑法附庸演变成为信息公开法附庸的趋势。二是全球化的影响。如在申请加入世贸组织时，申请国家或地区政府必须对透明度问题作出承诺。成为世贸组织正式成员后，就有义务采取有效措施，切实履行这些承诺。这要求申请方必须合理界定信息公开与保密的边界。三是信息化的影响。20世纪70年代以来，西方国家逐渐形成各种类型的强制性的保密标准，使得保密法制成为囊括程序性和实体性、伦理性规范和技术性规范于一体的规范体系。

在这三大浪潮冲击下，中国保密法制也发生巨大变化。20世纪90年代中后期，集中修订了70多个保密事项范围，删除有关商业秘密和工作秘密条款；1994年以来，制定20多个保密标准（包括技术标准、管理标准和测评检查标准三类）；2007年，《政府信息公开条例》颁布。更为集中的表现则是历经十多年修改完成的保密法。

新修订的保密法于2010年4月29日全国人大常委会通过、2010年10月1日起实施。修订内容涉及多个方面，其中关于保密部门职能，①涉密单位、涉密人员和涉密业务的保密管理，②涉密信息系统保密措施，以及保密法律责任四个方面，属于一些技术性修改，谈不上与红色传统有何关系。但以下三个方面，出现较大变化。

一是工作方针。保密法第四条将原来的“既确保国家秘密又便利各项工作”，修改为“既确保国家秘密安全又便利信息资源合理利用，”并增加了第二款：“法律、行政法规规定公开的事项，应当依法公开”。有学者认为，第二款实质上就是处理保密法与规定公开事项的法律、行政法规之间关系的基本适用原则。不论是根据文义解释规则、结构解释规则还是立法过程解

① 有学者认为，此次修订将“国家保密工作部门”修改为“国家保密行政管理部门”，不利于保密部门发挥其宏观协调作用。但从保密部门历史沿革看，称谓不涉及保密管理体制问题，《保密法》中关于实施机关的称谓只是法律上的表述。

② 《保密法》第三十四条规定，从事国家秘密载体制作、复制、维修、销毁，涉密信息系统集成，或者武器装备科研生产等涉及国家秘密业务的企业事业单位，应当经过保密审查，具体办法由国务院规定。

释规则，都可以合理地从这项规定推断出保密法与规定公开事项的其他法律、行政法规之间一般法与特别法关系的结论。换言之，当两者之间不一致，或者当有规定公开事项的法律、行政法规时，应优先适用规定公开事项的法律、行政法规，不得再以保密为借口阻挠公开。保密法的这项规定明确宣示公开优先的原则，等于已经隐含确认“公开是原则、保密是例外”。①这是适应政府信息公开的修改，显示全球信息公开浪潮对中国保密法制的影响，也是新中国保密传统的新发展。

二是定密管理。新保密法做出的另一个重大修改是确立定密责任人和定密权限制度。这不但是为解决1988年保密法没有限定定密主体和权限，②以致定密主体过多（县级以上机关就可以定密）、定密范围过宽的问题，也因为根据1988年保密法，定密是机关、单位保密义务的一部分，而不是其行政权力，因此也就无所谓限制问题。但是按照民主政治和知情权的立场和观点，人民有权了解政府行为，政府施政应当公开。政府将一些信息确定为国家秘密，实质上对民众知情权构成限制，属于典型的行政权力行为。按照依法行政原则，对于权力行使必须予以法律规范，使其符合比例原则和正当程序原则，否则就有滥用和侵害人民权利的危险。事实上，定密随意甚至借定密拒绝政府信息公开的案例在实践中已经屡见不鲜。因此，新保密法在原有规定机关、单位应当依据保密事项范围确定密级的基础上，还对定密主体（包括机关单位和个人）资格及其权限做出规定，没有相应定密权限的机关单位和个人，不得确定、变更和解除国家秘密。将不应当确定为国家秘密的事项确定为国家秘密，造成严重后果的，要承担相应的法律责任。这相对于1988年保密法当然是一个重大改变。2014年3月9日，国

① “保密也是为了维护人民的根本利益，它本身既不是目的，更不可能是原则。”“将公开与保密都作为原则并列，不但混淆了不同层面的问题（公开作为原则是在国家制度层面，而保密作为原则顶多只能是在保密工作层面），难以准确反映人民与国家机关之间的主从关系，实践中可能导致保密本身成为目的，公开变成为政府机关的恩赐，甚至可能会出现保密为原则、公开为例外的结果。”“既然两者不相关，都是原则，不分主次，那么保密就完全有可能范围越来越大，公开的范围逐步被挤压。”周汉华：《保守国家秘密法修改述评》，《法学家》2010年第5期。

② 1988年保密法起草过程中，曾对定密权限有所规定，并有多种方案，其中一个方案是：“绝密限于中央国家机关各部门和省、自治区、直辖市国家机关以及国家保密工作部门授权的单位确定；机密限于前款所列机关、单位，省、自治区、直辖市国家机关的派出机构和各部门，自治州、设区的市的国家机关，以及省、自治区、直辖市保密工作部门审定的单位确定；秘密限于第二项所列机关、单位，自治州、市的国家机关各部门，县级国家机关以及省、自治区、直辖市保密工作部门审定的单位确定。”但这实际相当于普遍授权，因此最后阶段被删去。

家保密局局长签署2014年第1号令，公布实施《国家秘密定密管理暂行规定》，对定密工作做了进一步规定。

三是涉密人员。世界主要国家均对涉密人员进行严格安全背景审查，并根据具体涉密程度，对其就业、出国境予以一定限制，但同时，根据权益平衡原则，给予相当的物质补偿。在中国，涉密人员管理并不是一个新问题。在革命战争年代，绝大部分党员干部都属涉密人员。为了确保党的秘密安全和干部政治可靠，陈云在延安担任中央组织部部长期间率先建立审查干部制度，新中国成立后这一制度得以延续。改革开放以来，随着国内外政治形势的缓和，政审有流于形式的倾向，手段也有落伍之嫌。

与发达国家相比，中国目前对涉密人员审查管理流于粗放，对一些关键情况缺乏了解，甚至在制度和技术上存在障碍，无法做到及时、准确和全面掌握。当然，中国是否需要建立完全类似美国的涉密资格审查制度，值得商榷。比如，美国高级官员来源途径多样，背景复杂，有些甚至可能为外国移民，而且此前大多在非政府部门工作，只是因为总统信任才进政府任职，总统任期结束后可能就离开政府，一一审查很有必要；中国高级干部大多有比较长时间的从政经历，很早就属于"体制内"人员，似不必再一一进行涉密资格审查。

同时，另一方面，涉密人员权益保障问题一直没有得到很好解决。在新中国成立以后的相当长时期里，对涉密人员强调的仍然是继承和发扬忠诚、奉献的革命传统，在管理手段上主要靠思想政治工作稳定人员队伍。但随着经济社会环境变化，对涉密人员出国、就业、婚姻的诸多限制，对其个人和家庭的正常生活造成很大影响。如现行公务员法第八十一条规定：公务员在涉及国家秘密等特殊职位任职或者离开上述职位不满国家规定的脱密期限的，不得辞去公职。一些重大泄密案件都显示，涉密人员变节的一个重要原因是对物质待遇或者职位晋升等不满意，从而给敌对势力策反留下可乘之机。新修订保密法借鉴国外经验和做法，强调涉密人员权益保障问题，从而为未来建立涉密人员权益补偿机制提供法律依据。这是一个重大进步，也是一个重要转变。

四、保密制度的中国特色

2010年修订保密法时，还将一些实践中行之已久的富有中国特色的做法写进法律，但对此有一些争议。最典型的是密级鉴定制度。密级鉴定是指保密行政管理部门对涉嫌泄露国家秘密案件中有关事项是否属于国家秘密以及属于何种密级进行鉴别和认定的活动。在此前很长一段时间里，密级鉴定都属于“无法可依”状态，也因此受到一些批评。但从法制史角度看来，却有其合理性。理论上，办案机关要确定相关文件材料的属性本来是很简单的事情，根据保密法规定，产生国家秘密的机关单位都应当按照保密事项范围确定密级、保密期限和知悉范围，并在相应的载体上做出国家秘密标志，不属于国家秘密的，不应当使用国家秘密标志，因此，本来只要直接看相关材料是否标明国家秘密标志就可确定。但在实际工作中，由于定密方面存在的种种问题，如该定的不定，不该定的滥定，该解密的未解密，或者解密未通知等情况，仅从标志难以准确确定，使得这一简单的事情变得不简单。实际工作中办案机关有征求产生单位意见的，但产生单位往往与案件存在某种利害关系，其出具的意见难具权威性。为此，有的办案机关就根据原保密法第十三条关于“对是否属于国家秘密和属于何种密级有争议的，由国家保密工作部门或者省、自治区、直辖市的保密工作部门确定”的规定，提请保密局鉴定，鉴定结果也为法院所采纳。

1998 年，国家保密局出台第一个对密级鉴定工作进行规范的制度性规定《查处泄露国家秘密案件中密级鉴定工作的规定》。该规定将密级鉴定定义为：“密级鉴定是指保密工作部门按照管理范围，应公安、国家安全、检察、审判及纪检、监察机关的提起，对其办理的案件中涉嫌涉及国家秘密事项做出的鉴别和认定。”《最高人民法院关于审理为境外窃取、刺探、收买、非法提供国家秘密、情报案件具体应用法律若干问题的解释》（2000 年 11 月 20 日由最高人民法院审判委员会第 1142 次会议通过，自 2001 年 1 月 22 日起施行）第七条规定：“审理为境外窃取、刺探、收买、非法提供国家秘密案件，需要对有关事项是否属于国家秘密以及属于何种密级进行鉴定的，由国家保密工作部门或者省、自治区、直辖市保密工作部门鉴定。”2010 年修订《保密法》时，把密级鉴定工作取得的经验以法律形式加以固化，在第四十六条规定：“办理涉嫌泄露国家秘密案件的机关，需要对有关事项是否属于国家秘密以及属于何种密级进行鉴定的，由国家保密行政管理部门或省、自治区、直辖市保密行政管理部门鉴定”，从而在法律上确立密级鉴定工作的地位。2013 年 7 月，国家局根据《保密法》规定，出台新的《密级鉴定工作规定》。

有学者提出，密级鉴定权应当属于人民法院，而不是保密行政管理部门。①

① 张正平：《定密的主观性及其克服》，《法商研究》2012 年第 2 期。

这种观点似有误解保密法之嫌。首先，依据《保密法》第二十条、第四十三条、第四十六条规定，对于定密争议，有权作出决定的法定主体是国家或者省级保密行政管理部门，而不是法院。当然，法院有权就保密局作出的决定是否符合保密法（即合法性，而不是合理性）进行审查。其次，误解密级鉴定制度。第一，密级鉴定仅限于泄密案件，而且是在办案机关认为需要的情形下，至于政府信息公开案件则由作为被告的行政机关举证，一般无须请保密局鉴定；第二，按照刑事诉讼法规定，密级鉴定只是一种专业性技术意见，并非当然产生法律效力，只有经过司法机关审查认可，才能作为定案根据。如在游鸿增诉龙岩市劳动教养管理委员会劳动教养决定案中，法院认为，上诉人提供的密级鉴定书"不符合《中华人民共和国保守国家秘密法实施办法》第十条第一款第（二）、（三）项规定，属无效鉴定"。[①]在河南律师于萍涉嫌故意泄露国家秘密案中，法院也未采信保密局的密级鉴定意见。[②]概言之，泄密案件中的国家秘密最后决定权仍在法院，不存在拱手让渡问题。此外，因定密专业性较强，世界上主要发达国家对于某一事项是否属于国家秘密，也基本尊重行政部门（特别是专门国家秘密鉴定机构）意见。从实践来看，中国保密部门的密级鉴定意见还是比较准确的，也比较有说服力，在目前定密过宽过滥的现实下，密级鉴定制度还可以起到纠正定密不准的作用。

密级鉴定从无法可依到有法可依，经历了一个曲折的过程，但基本上是自发形成的。这一制度的生成背后，蕴含着丰富的法制史意义，显示了"本土资源"的生命力。放眼世界，俄罗斯、法国、日本也都设立类似制度。这有力证明，实践才是法制建设的第一推动力，简单以外国法（而且还是不全面的）为标准评判中国法制得失，有时确实很不科学，也不公平。

目前有争议的还有涉密工程和涉密采购项目（以下简称涉密工程）确认制度。2000 年 1 月 1 日起试行的《招标投标法》第六十六条规定，涉及国家秘密等特殊情况，不适宜进行招标的项目，按照国家有关规定可以不进行招标。2003 年 1 月 1 日起施行的《中华人民共和国政府采购法》第八十五条也规定，涉及国家秘密的采购不适用本法。但何为"涉及国家秘密"？政府采购主管部门（财政部和发改委）与上述办案机关一样，似乎同样不信任具体行政机关，仍然要求保密部门出具意见。2009 年财政部《中央单位变更

---

① 福建省龙岩市中级人民法院《行政判决书》（〔2003〕岩行终字第 70 号），转引自章剑生：《政府信息中的"国家秘密"——〈政府信息公开条例〉中的"国家秘密"之解释》，《江苏大学学报》2012 年第 6 期。

② 《于萍涉嫌故意泄露国家秘密案》，《最高人民法院公报》2004 年第 2 期。

政府采购方式审批管理暂行办法》(财库〔2009〕48 号)第六条规定,因采购任务涉及国家秘密需变更采购方式的(即采用公开招标以外其他采购方式),中央单位应当提供由国家保密机关出具的、证明本项目为涉密采购项目的文件。[①]但保密行政管理部门的确认在法律上并无明确依据。《中华人民共和国保守国家秘密法实施条例》第二十六条只是规定,政府采购监督管理部门、保密行政管理部门应当依法加强对涉及国家秘密的工程、货物和服务采购的监督管理。至于是否涉密,根据保密法和实施条例,机关、单位有独立的定密权,其所要做的是根据国家保密规定确定密级,并符合国家保密规定和标准。除非发生定密争议,才需要提请保密局确认。故而目前在理论上,一般将涉密工程确认视为《保密法》第四十三条规定的定密监督行为。

实践中,涉密工程出现两个极端:一是工程一旦涉密,即一切程序和操作都严格保密,稍嫌宽泛和笼统,不符合保密最小化原则。甚至还有个别机关、单位为规避公开招标,进行暗箱操作,或者为加快施工进度,将一些不符合标准的工程确定为涉密工程,给贪污腐败提供机会,如海军原副司令员王守业贪污的一个重要途径,就是利用部队的保密工程,收取贿赂,贪污公款。二是一些应当确定为涉密工程的或者已经确定为涉密工程的项目,保密管理不到位甚至缺位,存在严重泄密隐患。如何既确保涉密工程安全,又最大程度降低廉政风险,增强涉密采购过程的竞争性,已成为涉密工程管理工作的一大难题。其未来走向如何,有待观察。

总的来看,新修订的《保密法》不但标志着中国特色社会主义保密法律体系的基本形成,在一定程度上也意味着新的保密传统在一步一步更新与打造之中,其中固然有着外国法的强大影响,但也不乏一些富有中国特色且符合一般规律的本土经验。二者同样值得重视。

① 2015 年财政部《中央预算单位变更政府采购方式审批管理办法》(财库〔2015〕36 号)第九条规定:“中央预算单位因采购任务涉及国家秘密需要变更采购方式的,应当提供由国家保密机关出具的本项目为涉密采购项目的证明文件。”

第十章　从“资料供应”到“信息公开”

现行保密法规定，保密工作要“既确保国家秘密安全，又便利信息资源合理利用”。这其实就是保密法制的两大目的，不可偏废，但这二者又常常产生矛盾。上文考察的中国近代保密与新闻自由冲突就是一个典型例子。新中国成立以来，保密与新闻自由的冲突不算激烈，但保密与信息资源利用的冲突问题则几乎一直存在。在新中国成立初期，用了一个和计划经济时代相称的名词，称为“资料供应”问题；改革开放后，为与信息化、公开化潮流相适应，又称为信息公开或者信息自由问题。[①]而这一切，都可以从1957年说起。[②]

一、1957年的“保密风暴”

新中国成立后，迅速建立统一、全面的保密制度，并大张旗鼓的开展保守国家机密运动，激发了全国人民的爱国热情，受到广大人民群众的拥护。但在1957年，保密制度遭遇到一些知识分子的质疑与批评。1957年，在国家统计局召开的整风座谈会上，吴景超等11位专家学者对统计资料供应和保密问题提出严厉批评。[③]在中国政治法律学会组织召开的整风座谈会上，

---

① 本书所说的信息自由，主要是指自由寻求、接受和传递信息的权利。信息自由权是一种人权。参见王四新：《信息自由：人权标准的确立与发展》，《电子政务》2009年第7期。

② 本章使用了一些1957年“大鸣大放”中的材料。这部分材料产生于特定时期，其中固然有不少真知灼见，但有些内容掺杂太多感性和情绪，不够客观甚至偏激。按照历史学要求，对这些材料应该细致考证，特别是与来自反方的材料进行比照。限于时间和条件，本书未能一一核实。之所以还是决定使用这些材料，主要是其中反映出来的保密过度问题，通过其他途径的权威材料可以间接证实。细节未必准确，但总体可信。不过，笔者是坚决反对仅仅依靠或者主要利用“大鸣大放”材料来评判和研究那段历史的（如《陈寅恪的最后二十年》）。这不仅违背中央有关政策，也不符合历史学纪律。谨此说明，请读者明鉴。

③ 《为了帮助国家统计局整风，薛暮桥局长邀请京津部分经济学统计学教授举行座谈会》（1957年5月20日），《统计工作》1957年第12期。

陈体强、王铁崖等法学家批评保密制度阻碍民主和法制。[①]意见相当集中与激烈，1958 年中国人民大学编印《高等学校右派言论选编》时，特地将"攻击保密制度"作为一个专题。[②]一些历史学著作也将"不受保密制度的限制"作为"百家争鸣"期间知识分子所要求的权利之一。[③]探讨新中国保密与信息公开的关系，将 1957 年作为起点，是比较合适的。

这些意见建议大体可以分为两类：一是针对学术资料保密制度，认为保密范围过宽，影响了科研工作的开展和理论与实践的结合，建议放宽一些。这类意见占大多数。[④]以下是一些代表性观点。

外贸部行情研究所副所长杨西孟：

> 资料供应问题：国家机关的保密尺度可考虑放宽一些。有些东西并非机密性很大，也当成密件，徒然造成保管上的困难。

中国科学院经济研究所副所长巫宝三：

> 由于大家体会到国家资料的机密性，提高了警惕，觉得索取资料不合适。这样，(统计)局外科学研究工作同志即使要做研究，也不能主动索取查料。研究工作者的心情就是这样，但这不是埋怨。

中国科学院经济研究所副所长严中平：

> 对当前中国现实经济问题无法研究，原因是没有材料。希望国家统计局适当缩小保密范围，尽量公布资料。同时希望中央各业务部门也定期公布资料。公布的资料不一定要十分准确，有什么资料就提供什么资料，情况有了变化后可以再更正。

中国科学院计算技术研究所研究员徐钟济：

> 统计资料是学术研究的泉源。……学术研究不一定要统计局自己做，还可以让大家做。这里就产生了资料保密的问题。资料应尽可能开放。怎样开放，请统计局考虑。

北京大学经济系教授兼系主任陈岱孙(书面发言)：

> 过去许多经济学作教学或者研究的同志都感觉资料缺乏，尤其是统计数字方面。当然保密是应当的，但是过去保密的范围是否不太明

---

① 中国政治法律学会编：《政法界右派分子谬论汇集》，法律出版社 1957 年版。

② 中共中国人民大学委员会编：《高等学校右派言论选编》，中国人民大学出版社 1958 年版，第 479 页。

③ 阎明：《中国社会学史》，清华大学出版社 2010 年版，第 328 页。

④ 本书所引用发言资料，除注明出处外，均引自《为了帮助国家统计局整风，薛暮桥局长邀请京津部分经济学统计学教授举行座谈会》(1957 年 5 月 20 日)，《统计工作》1957 年第 12 期。

确？其次，有些不保密的统计资料是否可以考虑印行，有的公开出售，有的内部出售，如此也省得统计局应付各方面次数繁多的要求的麻烦；对于用者也便利？

中国人民大学教授李景汉：

国内从事学术研究者，由于严格的保密制度，不易看到和使用新的统计资料（当然中国人民大学能够看到一些，算是例外）。应当在不违反国家政策的前提下，放宽保密限制，使大家能得到和使用资料。

北京大学经济系教授罗志如对统计资料不成熟不宜公开的观点提出不同意见：

资料不公开，据说是因为有些资料不成熟，可能有错误，这种看法不完全对。今天并不要求很成熟很正确的资料，将来以后也可以修改。不成熟的资料公布出来，可以促使它成熟，因为有大家提意见。同时，我们还要求在发表总结数字的同时发表数字计算整理的经过。这样可以增加公众对数字的了解和信心。

中国人民人学计统系教授赵承信：

国家统计局应向广大社会科学界开门。过去我很想到统计局来看资料，因为保密问题，不敢来。不敢来的还大有人在。希望国家统计局在统计工作上依靠统计学者，而且依靠社会科学界人士。

中国人民大学计划统计系教授杨学通：

资料保密问题，我赞成许多先生的意见。可以把统计资料按保密和不保密区分一下，有关重要物资的资料，有关国民经济计划的重要资料，应被保密。但有些资料如人口按年龄构成的数字，就不一定要保密。物价指数、生活费指数为一般人民所关心，可否按期公布。对外贸易指数也应进行编制。

南开大学经济学教授林和成：

国家统计局与南开大学的联系不够：统计局与老年一代的统计学者脱了节……统计局关于统计工作的方针、方案的制定，没有邀请老年专家参加，我想这里并不存在保密问题，应该邀请他们参加。……统计局对我们有帮助，但不够。连报表制度也因为是密件不能充分供给我们。

吴文翰在北京法学界座谈会 1957 年 5 月 27 日第一次会议上发言：

整个保密制度与科学研究的矛盾，数法学为最深。我呼吁理论要联系实际;我呼吁废除不必要的保密制度。①

北京大学法律系教授陈体强在北京法学界座谈会6月7日第6次会议上发言批评保密制度生搬硬套苏联:

1953年外交学会有人想把英国一国际法教科书译成中文,人民大学反对说:苏联对此书不公开的。后据了解不是如此,该书在苏联是公开出售的。虽已成旧账,希人民大学检查时参考。②

费孝通在公开发表文章中,也认为保密的范围定得太宽,要搞科学研究,资料和科学家之间却隔着一堵墙,国外资料得不到。③

武汉大学韩德培教授没有公开批评保密制度,但从文章里可以看出这个意思。

在法学研究中,目前最令人感到头疼的,是资料问题。就国内的资料来说,譬如从民刑法课程的教育情况来讲,目前我们固然还没有颁布民刑法典,就是将来颁布了民刑法典以后,如果教民刑法的教师,只是根据几个政策性的文件和有关法律的条文一条一条地十足教条主义式地来讲课,那一定是空洞洞干巴巴的,令人感觉枯燥无味,听而生厌。但是如果能够将这些文件和法律条文与法院的审判实践很好地结合起来讲,我相信讲课的内容,就一定会有血有肉,显得丰富多彩,活泼生动。可是我们各地各级法院有关审判实践的资料,在目前的情况下,却很难为我们搞法学教育工作的人所占有,因而也就很难充分地加以利用。其结果,在教学上就往往不免理论脱离实际,在科学研究上,亦复是如此。……因此我觉得,可不可以请中央司法部和最高人民法院考虑一下,除中央一级现有的刊物外,由各省高级法院出版一种判例简报性质的刊物,每一月或两月出版一期,其内容主要是选择本省范围内各级法院的重要的或具有代表性的判例,按一定的分类,大致依原有形式刊印出来(有机密性的除外),此外也可以刊载法院的重要工作总结和法院干部根据实际工作经验对某些法律问题的意见和讨论。

再就国外的资料来说。过去几年,社会科学包括法学在内的国外资料,除了苏联和人民民主国家的出版物尚容易看到外,资本主义国家出版的刊物,一般是比较难于得到的。目前情况虽然有些改变,但要及

① 中国政治法律学会编:《政法界右派分子谬论汇集》,法律出版社1957年版,第26页。
② 中国政治法律学会编:《政法界右派分子谬论汇集》,法律出版社1957年版,第38页。
③ 费孝通:《知识分子的早春天气》,《人民日报》1957年3月24日。

时得到一些必要的具有参考价值的刊物，有时仍然感到很不方便。我们不是要争取恢复中华人民共和国在联合国的合法地位吗？然而我们在学校里联合国出版的刊物，往往都无法看到。我们不是天天都在谈要批判资产阶级的思想吗？然而我们对不少资产阶级学者最近发表的社会科学包括法学在内的著作，却不容易有看到的机会。如果我们对近年以来资本主义国家的社会实际情况以及社会科学方面的著作都茫然无知，而仍然是抱残守缺地只有若干年以前甚至是几十年以前的那么一点知识，那我们对某种资产阶级思想或社会制度所进行的批判，就可能完全是隔靴搔痒，或者就可能是脱离实际，没有什么重大的现实意义。譬如关于资本主义国家的国会制度，如果我们不知道和研究它近年来在若干国家内的变化和发展情况究竟如何，说来说去还是老一套地把它们的国会一概说成是清谈馆，那就未免有点像堂吉诃德向风车作战一样，把风车当巨人，自我陶醉以为在向巨人作战，其实是向风车猛冲猛撞，岂非白费了自己的气力？如果我们写出的这一类批判性文章，不能针对着批判的对象，真刀真枪地打个交锋，想法子击中它的要害，而竟是那样没有说服力，甚至乱说一通，我看没有什么多大的意思。因此，我希望有关的文教部门和负责订购外文图书的机构，多给我们一些方便，让我们能及时看到一些必要的资本主义国家出版社的社会科学包括法学在内的刊物。不要怕它们是毒草，真要是毒草的话，要相信我们是一定能够学会和掌握鉴别和降服毒草的本领的。①

二是从政治层面，对保密制度提出批评，意见比较激烈。发表这些意见的主要是政法学者。如中国人民大学教授吴景超，将统计局资料保密问题归结为封建思想残余，言辞比较激烈：

国家统计局过去所搜集的资料，多在保密的招牌下冻结起来，以致人民对于这些材料，无法利用，实为一大惧失。统计局的内部资料，几乎全部可以公开，而不会为国家招来损失。（个人意见，除国防及外交资料外，其他都可公开）现在对于公开这些资料的障碍，是思想上的障碍。即若干领导，思想中还存在“民可使由之，不可使知之”的封建残余。（我不说是资产阶级思想残余，因为在资本主义国家内，我们所说

① 韩德培：《要为法学上的“争鸣”创造条件》，《光明日报》1957年6月12日第3版，转引自《韩德培文集》，武汉大学出版社2007年版，第482页。

的许多保密资料，都是公开的）这就造成在人民内部，有一部分人处于非常有利的地位，他们看得到这样或那样的资料，而另一部分人则什么资料也看不到。我建议，首先把统计局内部人手一册的那本统计手册，整理付印，然后把内容逐渐加以丰富使全国人民，都可享受统计的果实。

罗志如从扩大民主的高度对统计资料保密制度提出批评：

关于资料问题，首先是保密问题。应该承认，这个问题已开始解决，资料已经开放一些。但今天不是开放不开放的问题，而是开放得多还是开放得少的问题。哪些应该保密，哪些可以不保密，界限很难划分。我很怀疑，对社会主义国家来说，是否需要比资本主义国家有更多的保密？有些资料实际上不需要保密，保密徒然给工作带来障碍。当然，对这个问题应该发展地来看，在新形势下应有新的看法。一两年来，在接待外宾时，常使我感到窘迫。外宾问到中国的物价如何？对外贸易如何？生活水平如何？我们回答不出，他们很惊讶。其实，资料公开不仅为了科学研究，而且还为了扩大民主。资料应该更多地公开，作为中国全民的财产，而不是一部分人的财产。譬如，现在只听见保姆谈物价问题，我们很难谈物价问题。物价指数很可以按期公布。资料在相当大的范围内可以从内部发行改为全部公开。这样做纵然有些风险，但为了扩大民主，也值得。我们可以在资料公开这一点上，也与资本主义国家来竞赛。

陈体强在北京法学界座谈会6月7日第6次会议上发言，认为保密制度使人大代表无法监督政府：

全国人代大会是最高权力机关，按理可以监督政府……但怎样进行监督？实际上也很难监督。要监督先要了解情况，而很多情况都是保密。不用说代表，据翁文灏说，连黄炎培当副总理兼轻工业部的部长时要一份各省工业厅厅长名单都不行。还有一些问题，政府工作好坏究竟由谁负责？不清楚。①

陈体强还批评制定法学科研规划对专家保密：

在法学研究12年科学规划草案中有国际法，然而我们搞国际法的却不知道，听说是人大、外交学院的同志参加讨论。周老（鲠生——引者注）参加过一次，后来要王铁崖和我参加一次。这事其实得集中很多

① 中国政治法律学会编：《政法界右派分子谬论汇集》，法律出版社1957年版，第33页。

人共同讨论,有什么可保密的?这也说明宗派主义。①

陈盛清在北京法学界座谈会5月30日第2次会议上发言,批评对宪法草案保密:

1954年宪法草案公布前,我们研究国家法的还看不到,但党员早已讨论过了。政法教育会议的文件在别的学校有的已经组织讨论,而我们老教师却看不到,龚祥瑞、杨玉清等五人对此有意见,在一起谈论。肃反时竟说成“反革命小集团的现行活动”,有两个人被迫承认,半年后才修正。②

中国人民大学刑法教研室朱华荣认为犯罪数字不应保密:

法律科学研究工作强调联系实际,但很多不该保密的材料加以保密。美国每年公布犯罪数字,我们认为是部分正确的。资产阶级国家敢暴露,为什么我们不敢发表犯罪数字?当然这可能被资产阶级国家利用来进行反宣传,难道资产阶级不怕我们反宣传吗?我们犯罪数字不敢公布,这种做法是违反共产党宣言的,因为马克思说过共产党隐瞒自己的政策是耻辱。

吴家麟在北京法学界座谈会5月27日第1次会议上发言批评政府不能切实遵守保密制度:

国务院有个出国工人管理局,据说是保密的,但却保不到底。前十几天《人民日报》载国务院任免命令中又免去了该局副局长的职务。我去信问,未见复。后来在国务院公报上发表的任免命令中把这一条删去了。由此可见,包括领导在内,法制观念也不强,把民主程序看成形式主义。③

对保密制度提出批评意见的还有一些普通学生。如中国人民大学朱荣庭:

一切文件、活动都应该公开,没有保密的必要,因为大规模的阶级斗争已经结束了,不必先党员,后团员、群众。

中国人民大学法律系学生魏式昭:

保密范围太宽,很多政策都要保密,连实习的工作、时事政策的抄录都作为保密本收回去,我们是司法工作者,为什么不信任我们。

---

① 中国政治法律学会编:《政法界右派分子谬论汇集》,法律出版社1957年版,第38页。

② 中国政治法律学会编:《政法界右派分子谬论汇集》,法律出版社1957年版,第133页。

③ 中国政治法律学会编:《政法界右派分子谬论汇集》,法律出版社1957年版,第138页。

中国人民大学马列主义研究班研究生王新：

保密应放宽，不要限制太严了，实际有许多并非保密的东西也保密了。许多材料一般干部不能看，只有党员才能看，使教员很难联系实际，也是造成教条主义的原因。①

北京大学张强华对当时人事档案材料提出批评建议，认为不应对当事人保密：

每个人的档案材料应该公开，档案材料应由本人签字同意；领导不得私自填写各人的档案材料；关于每个人的鉴定，必须公开讨论，取得与其本人一致后才下肯定。②

二、政府对批评的回应

上述第一种批评意见主要反映了保密制度与学术自由的矛盾，第二种意见反映了保密制度与民主制度特别是公民知情权的矛盾。对于前者，政府基本是承认的。国家统计局局长薛暮桥在总结发言中认为统计资料确实存在保密不当、供应不足的问题。

过去保密制度规定得太笼统，是否太严，还很难说。我们有些同志对这个问题没有很好研究，因此有宁紧毋松的偏向。空白报表也保密，很可笑，现在许多报表事实上是公开了。物价指数成为密件，这也出于缺乏考虑，总认为密比不密要保险些。第一个五年计划公布以后，问题应该很明确了。数字公开以后，可能有些坏处，可能给帝国主义钻空子，但不公开就不能动员全国人民。五年计划所公布的指标都可公开发表。

但我们对资料的保密规定未作相应的调整，也未很好研究放宽保密尺度问题。过去很多资料因为是“绝密”，只印一两百本，发完了，就无法供应。有很多材料事实上并不保密，只是因为数字未定，拿不出去。例如，国民收入的数字屡经修改，怕公开以后再修改会被动。当然完全不成熟的材料，随便公开是不行的。但到一定程度，还是应该公布。

---

① 中共中国人民大学委员会编：《高等学校右派言论选编》，中国人民大学出版社1958年版，第479页。

② 《北京大学右派分子反动言论汇集》，北京大学出版社1957年版，第121页。

应该承认，我们对整理、出版资料注意得还不够。社会经济研究的教条主义，统计局要负很大一部分责任，因为没有很好的供应资料，大家多叫、多批评，对我们改进工作有好处。

薛暮桥并提出了改进意见：

资料供应问题的解决方法：(1)公开发行，这适用于需要量大的资料；(2)成立资料室，除北京外，上海、天津等地都可以办。资料室内安置需要量少的资料，以及不完全成熟的资料。

关于制度层面的一些意见，比如“只有国防、外交有秘密，其他方面没有秘密”，“我们什么都保密，外国什么都不保密”，则受到公开批判，其中最典型的是吴景超。当时在国家统计局会议上发言批评保密制度的有12位专家，但在中国人民大学编辑的《高等学校右派言论选编》中只收录了吴景超的发言。[①]《中国统计》杂志还对吴景超和南开大学教授林和成进行批判，但对吴景超的调子明显高了许多，认为他的“指责”“特别使人费解”。

一是，吴景超批评国家统计局的资料“多在保密的招牌下冻结起来，以致人民对这些资料无法利用”。文章认为：“在中国的社会制度下，统计资料为人民服务，首先表现为统计部门如何及时地向各级党政领导机关提供分析研究、决定政策，编制国民经济发展计划和检查执行计划情况所必需的可靠的统计资料。几年来中国经济建设工作所取得的伟大成就是尽人皆知的，而这些成就的获得，应该说是与统计工作人员的劳动分不开的。”因此，“断然抹杀人民对统计资料资料的利用”，就使人不能不怀疑吴教授所说的“人民”是何所指了。

二是，吴景超说：领导在保密工作思想根源上还存在“民可使由之，不可使知之”的“封建思想残余”。为了具体阐明这一论点，吴景超还解释了为什么不说是资本主义思想残余，是“因为在资本主义国家内，我们所说的许多保密资料，都是公开的”。批评文章据此推论，在吴景超看来，当时领导思想不但说不上社会主义，甚至连资本主义都够不上，实际上是在实行“愚民政策”。文章认为，要回答这些问题，最好是看事实。第一，要看保密制度是怎么建立起来的。新中国成立之初，反革命分子四处潜伏，美帝国主义和蒋介石反动集团不断派遣特务来窃取国家机密，进行破坏；国内资产阶级五毒泛滥，盗取情报投机倒把。“面对这种现实，我想任何爱国人士都会认识到建

① 《高等学校右派言论选编》，中国人民大学出版社1958年版，第479页。

立严格的保密制度在当时是绝对必要的。""我们未能随着整个形势的变化而对过去的保密制度作必要的改进,这是工作上的缺点,但绝不能因此就否定保密制度的必要。只要帝国主义和反革命分子存在一天,我们的保密制度也就需要存在一天。应该看到,我们的保密制度是对敌斗争的一个工具,而不是用来防范人民的。在中国,我们没有什么不可以对人民讲的事情。"第二,文章认为:"在资本主义国家里,是否就像吴教授所说的那样什么资料都是公开的呢?除了大家所共知的那些商业秘密以外,熟悉资本主义国家情况的同志还告诉我,英美政府决策部门的资料是从不为外人知道的,有时公开一些数字也只是发表合计数或相对数,而具体细数则讳莫如深,决不像吴教授所说的那样'都是公开的'。所不同的,我们保密是为维护人民的利益,光明正大毋庸隐讳;他们保密则是不敢承认资产阶级残酷剥削劳动人民的真相,真正的在实行'民可使由之,不可使知之'的愚民政策。"①

三、初 步 评 估

综观以上观点特别是批评意见,核心问题其实就是保密范围问题,即哪些应当保密,哪些应当公开?应该说,当时保密范围确实存在偏宽问题。在整风前,党和政府已有所意识并开始改进,当时称之为"改善资料供应问题"。其主要措施包括,1953年,中央转发政务院关于1953年保密工作存在的问题及改进建议的报告,1954年12月中央制定《关于在报刊出版物上保守国家工业建设秘密的指示》,明确具体地划分了国家工业建设方面的保密范围,规定了哪些工业建设项目属于国家机密,不能公开报道,哪些不属于国家机密,可以公开报道,同时规定报刊出版物保守国家工业建设秘密的措施。

更重要的举措是普遍组织开展划分保密范围。1956年10月国务院印发《关于划分保密范围和改善资料供应工作的通知》,要求在中央国家机关普遍开展划密工作。《通知》指出:划分机密与非机密以及机密等级是严格保守国家机密和有利国家各项工作进行的必要措施,必须按照"既能便利工作,又能严格地保守国家机密"的原则认真研究。《通知》强调,

① 孙昶永:《读吴景超、林和成两教授发言有感》,《中国统计》1957年第13期。

“保密范围是指国家的机密，就是关系到国家安全的东西”，“只有泄露了会危害国家安全和利益的东西才能被列入国家机密的范围”，“不要把一般机关内部的保密事项（如人事变动、保卫工作等）列入国家机密范围”。《通知》还指出，适当地改善资料供应工作，是有利于国家各项建设工作进行的必要措施，供应资料是每个部门应负的责任，不许借故推诿。各机关、单位之间，应本着相互协助、相互支持、相互学习以及尽量采用先进的必要的科技知识来教育青年学生的精神，互相提供必要的资料。1957 年 1 月国务院批转的《国务院保密委员会关于保密工作座谈会的报告》进一步强调了上述精神，并对国家机密的等级和划密工作的步骤做了部署。此后，划分保密范围的工作在中央国家机关各部门中普遍展开。根据通知精神，以及整风反右斗争中各方面对保密工作的意见，国务院保密委员会成立审查小组，通过座谈、试点到逐步推开，逐一审核工业、交通等各部门报送的保密范围，分批予以公布。截至 1959 年 4 月，共制定完成 23 个部门的保密范围。

科学技术保密工作是国家保密工作的重要组成部分，在当时也存在保密范围偏宽问题。1959 年 7 月 12 日，中央批准国家科委党组提出的《关于科学技术保密范围和密级划分的暂行规定》，明确中国科技保密的范围，规定科学技术的密级划分方法。1965 年 9 月，中央保密委员会、国家科委召开全国科学技术交流和保密工作会议，讨论《关于科学技术交流和保密工作的报告》及《关于科学技术交流和保密工作的若干意见》两份文件，对正确处理交流与保密的关系、科学技术的保密范围和密级划分、区分国防保密与技术保密、区分经济保密、公文保密与技术保密等方面的问题作了比较全面的明确的阐述。所以，专家学者们关于保密范围偏宽的批评是没有太大问题的。

其次，是关于保密与民主的问题。意见最激烈的是吴景超。[①]他认为保密制度中的问题，根子在于当时领导有“民可使由之，不可使知之”的封建观念。这一看法似嫌过激。刚刚从长期的残酷的革命战争环境中过来，大部分党员领导干部都还很难适应和平建设的新形势，不宜苛求。何况在全国范围内，国家安全形势依旧相当严峻，保持警惕很有必要。实际上，受第二次世界大战以及东西两大阵营对抗的影响，当时各国保密空气普遍较浓，保

① 吴景超是民国时期著名社会学家、经济学家，对市场和社会主义、城市化与农村发展都有独到的见解。参见吴景超：《第四种国家的出路——吴景超文集》，商务印书馆 2008 年版。

密执法普遍偏严。①

最后，当时制度设计特别是保密范围制度存在重大缺陷。保密范围是新中国确立的一项主要保密制度，是确定、变更和解除国家秘密的直接依据，也是政府信息公开工作顺利进行的重要保证。1950 年 2 月 16 日政务院第二十次政务会议通过的《政务院关于各级政府工作人员保守国家机密的指示》规定，保守国家机密主要范围包括有关国家军事、外交、财政经济等方面不应公开之事项、国家各种措施之未决定或虽经决定而尚未公布之事项、各级政府认为应保守秘密之事项。1951 年《保守国家机密暂行条例》第二条列举 16 种具体事项以及一个兜底条款（“其他一切应该保守秘密的国家事务”），但表述过于宽泛。关于密级划分问题也没有一个统一标准，实践中有的将国家秘密划分为“绝密”和“秘密”两级，有的划分为“绝密”、“机密”、“秘密”三个等级，造成国家秘密管理不够规范的状况。更重要的是，该条例未对国家秘密的定义、如何确定国家秘密、如何解除国家秘密做出规定。1957 年之前也只有少数机关单位颁布保密范围。②应该说，这才是造成当时实践中保密范围过宽、资料供应问题严重的主要原因。

四、信息公开背景下的保密问题

2000 年以来，信息化、公开化与全球化浪潮全面推进，公众对保密制度的批评又多了起来，但明显趋于理性、温和。与此前相比，有以下几个特点：

第一，在批评主体上，政府官员也加入公开批评行列。2002 年秋，时任

① 例如，第二次世界大战前，英国法院在审理泄密案件时不仅审查所泄露信息是否涉密，还要重点考虑所泄信息是否危及国家安全。第二次世界大战后，只要嫌疑人未经授权泄露国家机密即为有罪，理由是只要是国家机密，其对敌国来说就一定是有用的，就一定会危及国家安全。这导致司法实践中量刑普遍偏重。据 1920 年《公务秘密法》第一章的规定，被指控犯有间谍罪的嫌疑人最高刑是有期徒刑 14 年，而从 1946 年至 1988 年，英国所有因犯有间谍罪而被判刑的人平均刑期是 14 年。转引自 Ann Rogers, *Secrecy and Power in the British State*, 1st ed., London, Pluto Press, 1997, p.53。

② 例如 1951 年天津市委《机关学校工厂企业防谍保密条例》对保密范围作了比较具体的规定，包括人事组织情况，有关生产或业务之计划、总结、报道、指示，机密文件、电报、重要档案、资料统计图表、数字及未经公布之会议决议等。

国家保密局法规室主任的郭杰先生公开发表文章，在肯定政府保密工作取得明显成绩的同时，也比较罕见的提出尖锐批评，认为“该公开的信息不公开，该保密的信息保不住”问题最为突出，“定密机制不科学、不完善，保密范围偏宽，密级过高，定密随意”问题则长期存在。[①]这是 1957 年以来，首次公开对保密制度提出的强烈批评，且出自政府官员之口，引起学术界和舆论界的广泛关注。

其实，在此前的 2001 年，国家保密局下属金城出版社公开出版的《保密法比较研究》一书中，已经指出现行保密制度中存在“定密程序不完善，定密活动不规范”、“基本上没有实施解密活动”、“保密管理制度有待进一步完善”、“法律责任不完善”等问题。在郭杰文章发表后的 10 年间，学术界也发表了多篇批评保密制度的文章。[②]但与这些作品主要是理论阐述不同的是，郭杰文章披露了许多具体例子。

关于保密范围偏宽问题，郭杰认为，原商业部具体保密范围规定的有关布票、粮票的暗记，一般干部的人事档案，领导干部的电话、住址、汽车牌照、司法文书等内容，应当从具体保密范围中分离出去的事项，由于机构改革、人员变动、无人顾及等原因，尚未及时调整具体保密范围，造成范围偏宽。[③]

关于定密过多问题，郭杰认为，从 1995 年至 1997 年底，各省、自治区、直辖市及中央国家机关 47 个部门共产生国家秘密约 780 多万件。其中，外交、公安等 6 个重要部门产生国家秘密 140 多万件，占 47 个国家部委定密总数的 18%。有的部门一年产生的国家秘密事项就有 30 多万件。而据有关报道，美国 1997 年全年共产生国家秘密 10 万件，被允许接触这些秘密的不足 10 万人，且国家秘密的数量和接触人员呈逐步下降的趋势。由此可见，中国国家秘密的数量是比较惊人的。

关于定密不当问题，郭杰认为，1995 年国家科技部实行国家科技秘密

---

① 郭杰：《中国政府保密工作的现状》，《环球法律评论》2002 年秋季卷。

② 如周汉华：《政府信息公开条例专家建议稿——草案、说明、理由、立法例》，中国法制出版社 2003 年版，第 112 页；汪全胜：《论政府信息的保密范围》，《软科学》2006 年第 5 期；王锡锌：《政府信息公开语境中的“国家秘密”探讨》，《政治与法律》2009 年第 3 期；湛中乐、苏宇：《论政府信息公开排除范围的界定》，《行政法学研究》2009 年第 4 期；庞世之、孙战国：《试论保密事项范围制定修订工作的基本原则》，《保密科学技术》2011 年第 10 期。

③ 在此前提出保密范围偏宽的还有徐向丽、周立强：《对近年来北京市泄密罪案的分析》，《人民检察》1994 年第 12 期。该文认为保密法规定比较科学，对当时保密法实施情况也有比较深入的分析。

项目审批制度后，①各地各部门的科技部门向国家科委申报的几千项科技秘密事项，经过科技保密专家的审评后，被确定为国家科技秘密事项的仅为5%左右。在地方上，某省党委办公厅系统定密情况显示，该系统在一年内所确定的国家秘密，依照相关保密范围对照判断，所确定的国家秘密事项的准确率只有30%左右。有的单位把一些刊物看成生财之道，本不应定密，却标上密级，但又公开征订，甚至在征订中公开声称这是供党和国家领导人参考的秘密刊物，以此来招揽订户。

第二，在维权方式上，一是采取发表文章、新闻评论等传统方式，如著名经济学家吴敬琏曾就SARS危机中某些领导干部封锁疫情提出了“政务公开，公共信息透明化”的主张，认为“政府机构和政府官员对于决策权的垄断，通常靠他们对于公共信息的垄断来支撑”。“全能政府的体制”下往往把公共事务的处理和反应处理过程的信息看作是党政机关的“内部秘密”，“获取信息成为一种特权”，不法官员借机把公共信息化为私有，用作寻租的工具。SARS危机确实在很大程度上推动了中国政府信息公开的进程。②二是提起行政复议或者政府信息公开诉讼。例如全国土壤污染状况调查方法和数据信息案、③经租房文件涉密案等。④对一些热点案件，在当事人起诉之外，还通过媒体报道的方式，形成批评保密制度的民意。随着公民知情权情绪的日益高涨，国家秘密争议问题可能会越来越多。

第三，在分歧解决模式上，一是政府主动作为。如2001年外交部开始启动的外交档案解密工作，打破了此前档案基本没有解密的局面，受到国内外舆论高度评价。2005年国家保密局和民政部联合召开记者招待会，公开宣布自然灾害死亡人数不再保密。2010年保密法修订公布后，国家保密局集中组

① 《国家秘密技术项目持有单位管理暂行办法》(国科发成字(1998)003号)第二条规定：本办法所称的国家秘密技术是指经国家科委、国家保密局审核、确认并在特定范围内发布的《国家秘密技术项目通告》中的项目。

② 吴敬琏：《建设一个公开、透明和可问责的服务型政府》，载《吴敬琏自选集》，学习出版社2008年版，第603页。

③ 2006年7月18日，国家环保总局和国土资源部联合启动了经费预算达10亿元的全国首次土壤污染状况调查。2013年1月30日，北京律师董正伟通过在线提交和电子邮件的方式向环保部提交两份信息公开申请书。一份是申请公开全国土壤污染状况调查方法和数据信息；另一份是申请公开全国土壤污染的成因和防治措施方法信息。2月24日，董正伟收到了环保部公开答复函件，称全国土壤污染状况调查数据属于国家秘密，根据政府信息公开条例第十四条规定，环保部不予公开。据报道，依据环境保护工作国家秘密范围的规定，该事项属于国家秘密，保密期限为“公开前”。

④ 参见章剑锋：《经租房业主的维权之路》，《南风窗》2009年第4期。

织开展保密事项范围清理工作，对一些不再符合国家秘密标准的事项，如国家调节储备物资的年度计划，高等学校特殊专业教育统计情况，全国政协机关年度经费预、决算报告等，予以删除。[①]2011 年刑事诉讼法修订中，全国人大删除了原第九十六条有关涉及国家秘密的案件，犯罪嫌疑人聘请律师以及律师会见在押的犯罪嫌疑人，应当经侦查机关批准的规定。[②]二是通过司法途径解决。2011 年 7 月 29 日，最高人民法院颁布了《最高人民法院关于审理政府信息公开行政案件若干问题的规定》(以下简称《司法解释》)，对政府信息公开行政案件的受案范围、举证责任、审理方式、不予公开的范围以及判决方式等问题做出规定。根据《司法解释》规定，政府机关拒绝提供有关信息的，应当对拒绝的根据以及履行法定告知和说明理由义务的情况举证，如被告以国家秘密为由拒绝提供信息的，应当承担证明该信息涉及国家秘密且不能做区分处理的举证责任。考虑到国家秘密信息的专业性和保密性，《司法解释》同时规定，被告能够证明政府信息涉及国家秘密，请求在诉讼中不予提交的，人民法院应当允许。[③]例如 2012 年《人民法院报》曾公开评析的上海经协公司诉浙江省建德市政府信息公开案，浙江省高级人民法院根据建德市政府保密局的意见，认定原告申请公开的政府信息为国家秘密，驳回上诉。[④]

第四，在诉求动机上，政府改革保密制度的主要动机是为便利工作。保密制度最直接的约束者和实施者就是政府官员，他们对于保密弊端的认识在某种意义上更加深刻，对改革保密制度的愿望也更加强烈。保密常常影响政府信誉，公开信息则可赢得信任。“任何政府，尤其是民主政府，通常会发现披露信息对解释其行为和赢得公众支持，不仅有用，而且必要。”[⑤]保密制度改革还可以减少不必要保密事项，降低政府管理成本。总体来看，政府主动改革保密制度固然有保障公民知情权的考虑，但主要动机还是为了便

---

① 参见《抓紧保密事项范围制定修订工作，打好规范定密工作坚实基础——国家保密局政策法规司负责同志谈保密事项范围制定修订工作》，《保密工作》2012 年第 6 期。

② 最高人民法院、最高人民检察院、公安部、国家安全部、司法部、全国人大常委会法制工作委员会《关于刑事诉讼法实施中若干问题的规定》(1998 年 1 月 19 日)规定，刑事诉讼法第九十六条规定的“涉及国家秘密的案件”，是指案情或者案件性质涉及国家秘密的案件，不能因刑事案件侦查过程中的有关材料和处理意见需保守秘密而作为涉及国家秘密的案件。

③ 江必新主编：《最高人民法院关于审理政府信息公开行政案件若干问题的规定——理解与适用》，中国法制出版社 2011 年版。

④ 参见《政府信息公开行政案中派生国家秘密的认定——浙江高院判决上海经协公司诉建德市政府其他信息公开案》，《人民法院报》2012 年 7 月 19 日。

⑤ [美]艾布拉姆・N.舒尔斯基：《无声的战争》，罗明安、肖皓元译，金城出版社 2011 年版，第 164 页。

利工作，而且很大程度上受到中央政府保密决策的束缚和制约，因而局限性也是很明显的。

新闻媒体和民众之所以关注保密制度，很大程度上是为了保障自己的知情权及其他相关权益，新闻媒体关注保密也还有借此扩大影响、谋取利润的考虑。1957 年专家学者对保密制度的批评，主要是为了维护学术自由权。近年发生的一些政府信息公开案件则是为了维护经济权益(如要求公开经租房信息)或者其他权益，不再限于传统意义上的知情权。

五、应当改进的误读

综上所述，与新中国初期相比，改革开放以来，特别是 2000 年之后，中国保密制度有较大进步，民众权利意识和维权途径也有明显进步，但与民众权利诉求相比，保密制度建设还有较大差距。对此，不仅政府方面应当反思和改革，学术界也有需要改进的空间。前者说得较多，这里主要就后者做一些初步探讨。

在总体上，目前已很少再有学者批评政府限制学术资料问题，重点转向国家秘密保密问题，但由于保密工作的特殊性，学者们对保密法制普遍比较陌生，出现了一些不应有的误读。例如，关于保密事项范围问题。有学者认为："国家秘密的范围只是定密考虑的范围，不是国家秘密本身，但在实践中其往往被错误地当作国家秘密，并且主要由国家保密行政管理部门加以确定。"①根据《保密法》第十一条规定，保密事项范围由保密行政管理部门会同外交、公安、国家安全等有关中央机关制定。说保密事项范围"主要"由国家保密行政管理部门确定，这一说法缺乏法律和事实根据。制度上，保密行政管理部门没有行政处罚权，没有案件调查权，其权力范围远远弱于外交、公安和国家安全等部门，很难想象在保密范围制定上会起到主导作用。实践中，国家保密局副巡视员郭杰先生曾公开披露保密范围制定中的困境："一些不需要保密的信息，要从国家秘密范围中划出，(国家保密局)需与有关部门进行艰苦的协商工作，协商不成，这些应当公开的信息就会继续保密，而保密部门因权力所限，又不便直接对此类信息进行强制解密。"②近年

① 张正平：《定密的主观性及其克服》，《法商研究》2012 年第 2 期。

② 郭杰：《信息公开与保密的法律保障》，《信息网络安全》2007 年第 4 期。

来，随着信息公开的推进，中央国家机关对于调整保密事项范围以及解密公开工作的态度明显积极，但整体上这种尴尬局面还没有完全打破。

关于定密权问题。有文章还认为，《保密法》第十二条将定密（权）主体确定为“各级国家机关、单位的负责人及其指定的人员”（实际上并非各级机关、单位，仅限于市级以上机关及其授权的机关、单位），这使得定密主体过于宽泛，定密活动难以控制。事实上，第十二条规定的定密责任人制度，是近些年来保密工作一项重要改革，定密责任人一般都是机关、单位中层领导担任，且必须接受定密培训，为的就是解决此前定密主体宽泛导致的定密随意性问题。这相对于原来已经是一大改进。作者的上述观点，明显是不大熟悉定密制度沿革所致，有失公允。至于还有学者认为国家保密局垄断定密权，更是对保密法的误读。

关于定密异议问题。根据《保密法》第二十条，机关、单位对已定密事项是否属于国家秘密有争议的，由国家保密行政管理部门或者省（区、市）保密行政管理部门确定。全国人大常委会法工委和国家保密局编写的保密法解读（释义）中都认为，这里的“机关、单位”是指国家秘密知悉范围内的机关和单位。对此，学者们多持反对意见，认为不应限定在知悉范围内，应当将主体扩大到个人。在目前情况下，这一主张恐难以被接受，实际上，公民个人通过信息公开申请或者相关诉讼可以在一定程度上达到定密异议的目的。

关于密级鉴定问题。有文章还指出，在司法实践中，人民法院“将本应由人民法院判断是否国家秘密的司法职权拱手让渡给保密行政机关，让其事后鉴定、事后定密”。所谓事后鉴定，实际指的是《保密法》第四十六条规定的密级鉴定问题。对此，第九章已经做过分析，此处不赘，这里想强调的是，因定密行为具有很强的专业性，一般只有保密部门才有能力胜任。即使西方国家，对于某一事项是否属于国家秘密，也基本尊重行政部门意见。所谓法院“拱手让渡”的说法没有法律根据。[①]至于事后定密，准确的说法应当是定密滞后。这属于《保密法》第四十九条规定的定密不当行为，对此负有责任的人员应当依法追究责任。但定密滞后并不当然影响定密行为的效力，特别是在该事项仍有可保性的情况下，定密是重要的泄密补救措施，定密行为仍然具有法律效力。最高人民法院的法官明确表示赞成事后定密。[②]美国总统行政命令《国家安全信息保密》也规定，在特定条件下重

① 这种观点透露的司法万能心态也应当反思。法院在国家秘密司法审查工作中也有很大改进空间。参见张群：《论国家秘密司法审查》，《法治研究》2014 年第 6 期。

② 李广宇：《政府信息公开判例百选》，人民法院出版社 2013 年版，第 381 页。

新定密也具有法律效力。不过,根据美国信息安全监督办公室(Information Security Oversight Office)的意见,如果重新定密需要考虑下列因素:已经公开的时间,公开的性质和范围,将重新定密事实通知知悉范围内人员的能力,阻止信息进一步传播的能力,重新定密后从之前无接触授权的人员处收回信息的能力。①日本的一些司法判例也认为,如果重新定密不致造成公民重大不利,也是可以接受的。②至于对不应当定密的事项,无论事前定密还是事后定密都属违法,没有法律效力。因此,一概否定事后定密行为,特别是将此视为定密随意的现实表现,值得商榷。但对于哪些情形可以事后定密,是否应当制定特别程序,确保稳妥,我国目前还没有明确规定,应予以改进。③

关于自行解密问题。我国现行《保密法》第十九条规定,国家秘密的保密期限已满的,自行解密。这是旧保密法既有的规定,但在实践中一直难以落实,特别是对保密法实施之前的涉密文件,由于历史原因,没有明确标注保密期限。20 世纪 90 年代初期,国家保密局根据保密法实施办法的规定,曾组织开展过涉密文件资料清理工作,要求有关机关、单位根据审查情况重新定密或者解密,但似乎成效不大。这除了舆论批评的政府保密惯性等原因以外,也因为国家秘密本身情况比较复杂,本不宜采取自行解密这样简单的处理办法。而且,我国自行解密制度只有寥寥四字,具体操作完全付之阙如。从法源上看,这一条似乎借鉴的是美国的自行解密制度,但美国自行解密制度是有其他配套制度做支撑的。简言之,即自行解密是常态,但仍有例外,并明确规定例外的大致范围。④对于例外范围内的信息,仍需要接受系

① 《美国情报安全监督局条例与规章(1 号指令)》(1982 年 6 月 5 日),根据第 12356 号总统行政命令颁布,并经国家安全委员会 1982 年 6 月 22 日批准。详见《国外保密法规选编》,金城出版社 1997 年版,第 79 页。

② 范姜真薇:《政府资讯公开与国家秘密保护——以日本之学说与实务见解为主》,台湾《政大法学评论》第 100 期。

③ 如陈晓兰诉上海市卫生局案,涉密文件定密时间整整滞后 6 年之久。这是明显不大合适的。参见李广宇:《政府信息公开判例百选》,人民法院出版社 2013 年版,第 381 页。

④ 其主要包括:(1)未经授权将参与机密人员之身份来源、情报来源或方法之应用、情报来源人员之身份等予以公开将明确且可证明会对国家之安全利益造成损害。(2)信息之公开将有利于大规模毁灭性武器之发展或使用。(3)信息之公开将损害美国之暗号系统或行动。(4)信息之公开将对美国技术科技武器系统之应用造成损害。(5)将使现仍有效之美国军事作战武器计划泄露之信息。(6)信息之公开将严重且可证明会对美国与外国政府之关系或现正进行中之外交活动造成损害。(7)信息之公开将明确且可证明会对有责任保护总统、副总统及其他保护国家安全利益之政府官员的能力造成损害。(8)信息之公开将严重且可证明会损害目前之国家安全紧急准备计划。(9)将违反法律、条约或国际协议之信息。

统的解密审查，对于其中涉及情报来源或方法、情报来源人员身份等公开后可能危害国家安全的信息，政府还必须特别说明，始可适用例外不自行解密之规定。

以上只是笔者阅读所及的个别例子，未必具有典型性，但法制史考察表明，公民知情权保障从来不是信息公开法所能完全解决的，而且保密事关国家安全，其优先性举世公认，不应也不宜厚此薄彼，公开和保密“两手都要抓，两手都要硬”。相对于信息公开，学者对中国保密法研究明显欠缺，这不是一个法治国家的应有状态。努力应当是多方面的。

六、余论：工作秘密

在我国各级党政机关和事业单位中，工作秘密不但是一个客观存在、不容回避的事实，而且由于其数量的巨大、内容的敏感性，成为重要程度仅次于国家秘密的重要信息。公务员法、法官法、检察官法、警察法等法律对此也都有规定。但是，这些法律规定都不够明确，存在许多制度漏洞。《保守国家秘密法》和《政府信息公开条例》则回避了这一概念。这一法律困境已经严重影响和制约实践中对工作秘密的确定及保护工作。下面在梳理有关专家学者和实践部门意见的基础上，提出一点自己的看法，希望有助于该问题的研究。①

（一）工作秘密的法律困境

据江苏省保密行政管理部门的调查，我国党政机关所产生的国家秘密文件其实很少，应当主动公开的文件也为数不多，而工作秘密等内部文件却大量存在，占到文件总数的70%以上。②但法律规范方面却面临困境。目前可见的专门法律性规范是广州市2001年7月16日以政府令形式颁布的《广州市保守工作秘密规定》(2007年修订)。这也是我国首部关于保守工

① 这是笔者撰写的第一篇有关保密法的文章，时间大约为2011年上半年。回头看实在稚嫩，但工作秘密相关研究几年来似乎并无太多进展，故收录于此，供参考。

② 这些文件可以细分为四种情形：一是公开后被敌对势力、犯罪分子或者竞争对手所利用的害处要大于人民群众从这些文件中所获得的好处的；二是公开后在人民群众中所造成的内部矛盾、纠纷等不安定因素要大于人民群众这些文件所获得的好处的；三是人民群众并不需要关心，对他们也没有什么利用价值的请示、报告等纯粹内部事务的文件；四是正在酝酿、调研、试点过程中尚不确定或者不成熟的政策、措施，需要逐步成熟和完善后方可扩大公开范围并付诸实施的文件。

作秘密的地方性规章。2001年,公安部也出台了《公安机关警务工作工作秘密具体范围的规定》。但显而易见,仅靠地方立法与部门立法是很难妥善解决这一问题的。

在国家层面,国务院1993年4月公布的《国家公务员暂行条例》中首次规定,公务员应当保守国家秘密和工作秘密。2005年4月,十届全国人大常委会第十五次会议通过的《中华人民共和国公务员法》第12条规定了类似内容。2007年4月,国务院公布的《行政机关公务员处分条例》第26条规定,泄露工作秘密、造成不良后果的,给予警告、记过或者记大过处分,情节较重的,给予降级或者撤职处分,情节严重的,给予开除处分。但这些法律法规对工作秘密本身却没有明确规定。

我国最重要的两部信息法律法规中则回避了这一概念。2007年颁布的《政府信息公开条例》仅明确规定涉及国家秘密、商业秘密、个人隐私的政府信息不得公开(第14条)。2010年修订后的保密法也回避了这一概念。

实践中,各级党政机关确定工作秘密的法律依据主要是国家保密局和中央有关机关联合制发的国家秘密及其密级的具体范围(下文简称保密事项范围)。在我国制定的80多个保密事项范围里,有三分之一提到工作秘密,如机关、单位尚未宣布的人事变动,机关领导同志的电话号码、家庭住址,法院合议庭讨论案件的会议记录等事项,一般都规定不得擅自公开和扩散。

保密范围的此类规定最初并无法律依据,只是实践的产物,但也不违背《政府信息公开条例》有关规定的精神。有专家指出,首先,《政府信息公开条例》第8条规定:行政机关公开政府信息,不得危及国家安全、公共安全、经济安全和社会稳定。这条规定不仅是针对国家秘密事项而言的,同时也包括了工作秘密以及其他会产生上述后果的信息。其次,《政府信息公开条例》第7条第二款规定,行政机关发布政府信息,依照国家有关规定需要批准的,未经批准不得发布。这条规定其实是对现行保密范围中明确规定为工作秘密、内部事项等敏感信息的内容,采取了限制公开的措施,与保密范围中所规定的"不得擅自扩散和公开"相吻合。因此,无论是从确保国家秘密安全、实施《公务员法》,还是从落实《政府信息公开条例》而言,依法确定和保护工作秘密等敏感信息的工作已经长期存在,当前不应当轻易忽略或随意取消。①

① 江苏省国家保密局课题组:《国家秘密定密管理课题研究报告》(内部),2009年版,第67页。

但是总体来说，哪些事项属于工作秘密？如何界定工作秘密？如何保护工作秘密？这些都是法律上尚未得到根本解决的问题。实践中，各个机关单位自行确定范围、程序和保护措施，导致工作秘密过多过滥，不但影响工作秘密的有效保护，也影响信息资源共享。①

（二）如何界定工作秘密

尽管工作秘密在公务员法、法官法、检察官法、警察法等法律中都有相关规定，但从整体上看，这些规定比较分散、不集中，而且过于原则，难以操作。因此，对工作秘密概念的界定是首先要解决的一个问题。目前在法律上，主要遵循《公务员法》的界定：(1)除国家秘密以外的，在公务活动中不得公开扩散的事项；(2)一旦泄露会给本机关、本单位的工作带来被动和损害的。《广州市保守工作秘密规定》的规定与此类似：工作秘密是指在各级政府及其行政管理部门的公务活动和内部管理中，不属于国家秘密而又不宜对外公开的，依照规定程序确定并在一定时间内只限于一定范围人员知悉的事项。学术界的意见与法律的规定大同小异：工作秘密是指各级国家机关在其公务活动中和内部管理中产生的不属于国家秘密而又不宜对外公开的事项。②

最近有学者提出新的看法，认为上述界定存在如下缺点：一是把工作秘密的主体仅限于各级国家机关，把某些事实上拥有工作秘密并需要准确界定的公共企事业单位排除在外；二是没有指明工作秘密的本质特征在于保障各级国家机关、授权单位正当行使职权；三是没有归纳出工作秘密的程序特征，从而导致实践中确定工作秘密的随意性；四是运用否定式来界定工作秘密，并没有说清楚工作秘密是什么，包含什么。工作秘密的界定必须是一个肯定命题。因此，作者主张从保障公民知情权和推进政府信息公开的视角，借鉴保密法关于国家秘密的定义，把工作秘密确定为是指“各级国家机关、授权单位为了保障其职权的正当行使，依据简易程序确定并在一定时间内只限一定范围人员知悉的工作事项”。该文还分析了工作秘密的特征，包括主体的广泛性、职权的正当性、程序的简易性、内容的保密性、责任的行政性等。③

---

① 陈立骅：《工作秘密的立法探讨》，《保密工作》2010 年第 1 期。

② 其中一种观点是：工作秘密，也可以称为公务秘密或者内部事项，指只限于国家工作人员在从事公务的过程中知悉的不宜公开的内部情况、资料和信息。参见《保密法比较研究》，金城出版社 2001 年版，第 146 页。

③ 秉泽：《工作秘密概念初探》，《保密工作》2010 年第 1 期。

(三) 如何保护工作秘密

在如何保护工作秘密问题上,主要有两种意见:一是放在国家秘密范畴里进行保护;二是以政府信息公开例外的形式保护。

第一种意见的根据是国家秘密和工作秘密之间的密切联系。在某些情形下,工作秘密可以直接转化为国家秘密,而国家秘密也可能成为工作秘密(如果解密后认为不宜公开的,比较妥当的做法就是作为工作秘密进行保护)。这在国外也不乏先例。例如《泰国国家安全条例》规定:内部资料是国家秘密的等级之一,其范围包括没有列入秘密范围的不宜公开的文件、文书、命令、指令以及某些工程项目、项目、图纸、数据等。《美国国防部密件之安全》也规定:密件分为绝密、机密、秘密和内部事项,内部事项指除了绝密、机密、秘密之外为了官方目的不能发表和传递给任何人的情报和材料。在加拿大,某些信息可能给特定的公共利益造成损害,因而不能被泄露,如内阁提交给政府的文件和备忘录及其摘要、财政部的会议纪要等,这类信息被称为敏感信息。但这种观点在我国似未获赞同。①

第二种意见是所谓信息公开例外模式,也是国际比较通行的做法,如在日本,按照《关于公开行政机关掌握信息的法律的规定》,关于国家机关相互间的审议、研究或协商的信息,公开后可能影响坦率地交换意见或者决策的中立性,可能在国民之间引起混乱,或者使得某些特定的人士获得非法利益或者遭受损失的信息,也不予公开。②

在我国,第二种意见也是十多年来比较主流的看法。周汉华认为,由于我国缺少规范的政府信息公开制度和例外的规定,大量的政府信息究竟应该如何划定公开与不公开的界限,在实践中非常困难。这就导致国家秘密和工作秘密的膨胀。对于工作秘密而言,有两大缺失:一是缺少严格意义上的法律根据,在其他国家基本没有类似的对应概念;③二是内容太宽泛,没有任何确定程序,没有任何边界,凡是与政府有关的工作事项几乎都可以被界定为工作秘密,结果造成政府机关及其工作人员习惯于"关门作业",不愿向社会公开其信息。周汉华认为,上述情况的出现,最根本的原因在于法律制度的构造。由于我们只有一部保守国家秘密法,而没有信息公开法,因

---

① 参见《保密法比较研究》,金城出版社 2001 年版,第 146 页。

② 国家保密法法规室编:《外国保密法律法规汇编》,金城出版社 2009 年版,第 127 页。

③ 这种观点并不正确,美国总统奥巴马 2010 年签发的第 13556 号行政命令(Executive Order)《受控非密信息(Controlled Unclassified Information)》(又称敏感非密信息,sensitive but unclassified,缩写 SBU),就包含我国所谓工作秘密的内容。

此，政府信息公开的例外只能依靠国家保密法来规定。结果，许多在其他国家要根据其他例外来保护的政府信息在我国不得不依靠国家秘密法来保护，并相应的造成国家秘密的膨胀。工作秘密的膨胀也是基于同样的原因。周汉华认为，借鉴其他国家的立法经验，通过明确规定政府信息公开的各种不同种类的例外，可以解决这个问题。[①]通过明确各种例外，对现行国家秘密与工作秘密中的许多内容，可以进行分流，这样国家秘密的范围将可以大大“消肿”，真正实现对国家秘密的有效保护，而工作秘密作为一个大口袋，将被分解到其他各种不同类型的例外中。如果不属于任何一种例外，就不能再以抽象的工作秘密继续保密。按照周汉华的思路，实际是要以信息公开例外的方式废止工作秘密。但正如他所担心的，如果不同时启动对国家秘密与工作秘密的“消肿”过程，就无异于在现在的两个大口袋之外，又增设了小口袋，更增加了政府信息不公开的范围。[②]或许正是出于上述顾虑，2007 年颁布的《政府信息公开条例》除了列举国家秘密、商业秘密和个人隐私外，没有再列举工作秘密。

但以上两种意见似都未获采纳。目前，比较一致的看法是一种现实主义的策略。陈立骅主张应该由相应的中央机关牵头，起草一个指导性文件，报国务院审查批准后公布施行，以便推进工作秘密保护工作走上法制统一的轨道上来。由于在相当长的时期里，工作秘密都被当做与秘密级类似的国家秘密保护，在我国制定的 80 多个关于国家秘密事项范围里，有三分之一提到工作秘密的保护，因此，国家保密行政管理部门应当承担起这个责任，会同公务员主管部门在调查研究基础上，联手起草保守工作秘密的指导性意见，按照立法程序报请国务院审查决定。陈立骅还提出保守工作秘密指导意见的基本框架。[③]

还有学者认为，从长远来看，我国工作秘密保护的必然选择是借鉴国际通行做法，把《政府信息公开条例》提升为政府信息公开法，并以信息公开例

---

① 该书建议设立的例外包括：根据保密法被确定为国家秘密的信息；根据其他法律的明确规定不予公开的信息；与公众无关、纯粹的机关内部人事规则的事务；企业的商业秘密或者以不公开为条件由企业向政府机关提供的其他信息；公开后能够确定特定个人身份的个人信息；政府机关决策过程中，政府机关之间或者政府机关内部的研究、建议、讨论或者审议，一旦公开会影响决策过程或者造成公众混乱的信息；与刑事执法有关，公开后会影响犯罪侦查、公诉、审判与执行刑罚，或者影响被告人公平受审判权力的信息。

② 周汉华：《政府信息公开条例专家建议稿——草案、说明、理由、立法例》，中国法制出版社 2003 年版，第 112 页。

③ 陈立骅：《工作秘密的立法探讨》，《保密工作》2010 年第 1 期。

外列举的方式予以明确规定，同时加强配套制度建设，建立一个由相关法律、行政法规、地方性规章相衔接的保守工作秘密法律体系，但在《政府信息公开条例》没有关于工作秘密的例外规定、保密法又没有相关规定的情况下，可行的做法只有借鉴国外关于敏感信息的具体规定，探索制定一个全国性保守工作秘密的指导手册，以明确规定工作秘密的概念、范围、程序、措施和责任。①

（四）建议与思考

当前，我国法律对国家秘密、商业秘密和个人隐私都有比较明确的规定，但对数量最为庞大的工作秘密却没有相应的规范，这是很不妥当和相当危险的，也不能适应当前泄密的严峻情势和信息公开的潮流。部分学者建议参照美国"受控非密信息"(Controlled Unclassified Information)的模式，由国家保密行政管理部门牵头组织起草全国性的工作秘密规范性文件是必要的，也是可行的。此外，本书还有如下两点意见：一是工作秘密立法应当注意和《保密法》、《政府信息公开条例》及其他法律规范的衔接，力图构建起包括国家秘密、工作秘密、商业秘密、个人隐私及其他秘密信息在内的比较完善的秘密信息保护体系。二是建议对工作秘密确定和保护中的不当和违法行为，明确予以禁止并追究直接责任人的法律责任。这也是国外立法惯例。最典型的则是美国，在其总统 13292 号行政命令《国家安全信息保密》(2003 年 3 月 25 日发布)1.7 条规定，在任何情况下，不得因为如下目的而对信息定密：(1)掩盖违法、低效或者行政管理失误；(2)阻止对个人、阻止或者机构不当行为的批评；(3)抑制竞争；(4)阻止或者延误无需以国家安全名义保护的信息的公开。与国家安全没有明显关联的基础科学研究信息，不应被定密。②这虽然讲的是国家秘密，但也应该适用于工作秘密。

在我国，也早有此类主张。20 世纪 80 年代中期，曾经有全国政协委员针对当时利用保密保护特权、失职、落后、犯法的行为提案，要求改革保密制度，除明文规定的具体项目外，一概不得保密。当时国家保密局曾经专门研究这一问题，并准备在起草保密法的时候，写上此类条款，如不得利用保密对国家隐瞒本单位、本人或者其他人的工作失误行为和违法行为，不得利用

---

① 李杰：《国外工作秘密法律保护的启示》，《保密工作》2010 年第 1 期。

② 国家保密法法规室编《外国保密法律法规汇编》，金城出版社 2009 年版，第 7 页。但在很长的一段时期里，美国未对过度定密行为规定任何处罚措施。参见 *Government Secrecy: Classic and Contemporary Readings*(2009)，p.161。

保密阻碍先进科学技术在国内的开发和合法利用等，[①]但最后未获采纳。

2010年修订的《保密法》第四十九条借鉴国外立法例，明确规定机关、单位违法“对不应当定密的事项定密”且“造成严重后果的”，由有关机关、单位依法对直接负责的主管人员和其他直接责任人员给予处分。正在起草中的《违反保密法律法规行为处分规定》规定：对不应当定密的事项定密，或者应当解密的事项不及时解密，造成严重后果的，对有关责任人员，给予警告或者记过处分；情节较重的，给予记大过或者降级处分；情节严重的，给予撤职处分。但何谓“不应当定密的事项”，法律规定并不明确。目前一般是根据排除法来解释这一条款，即根据《保密法》第四条规定，法律、行政法规规定公开的事项，应当依法公开，具体则是指《政府信息公开条例》中规定的应当主动公开的政府信息。[②]但不难发现，这一规定并未包含上述禁止定密事项条款，不利于预防和惩处实践中危害性比较严重的借保密掩盖违法失职等行为。借工作秘密立法，做一些具体化规定，无疑很有必要。

---

① 《中央保密委员会办公室对全国政协第444号提案的复函(1986年8月23日)》。

② 其具体包括：(1)涉及公民、法人或者其他组织切身利益的；(2)需要社会公众广泛知晓或者参与的；(3)反映本行政机关机构设置、职能、办事程序等情况的；(4)其他依照法律、法规和国家有关规定应当主动公开的。

第十一章 结 语

近代著名思想家严复曾经指出:“读史不归诸政治,是谓无果;言治不求之历史,是谓无根。”考诸往史,访之异域,所谓显学者,无不成于积累,而所谓盛世者,亦莫不以前史为师。以上从纵横两个方面考察中国保密传统及其转型,对于保密现象在中国历史上的意义作了初步揭示。综上所述,本书有如下几点认识:

第一,保密的地位和作用。历史研究表明,无论哪一政体、哪一社会,保密或者说对信息流动的控制,都是政府必要的管理手段。专制政体需要保密,民主政体同样需要保密。在中国古代,保密制度不但为维护皇权发挥积极作用,还为国家安全作出贡献,为科举制公平实施提供有力保障,维护了读书人的合法权益,抑制了徇私舞弊之风。现代社会,保密还是保障人权的一种重要手段,如投票秘密、新闻来源保密等。在此意义上,保密是一种重要的管理能力。日本著名行政法学家盐野宏甚至认为:“行政过程,着眼于信息的话,可以说是信息的收集、积蓄、利用、提供的过程。以行政立法为代表的行政的法的行为形式就是所积蓄的信息的利用,宣教则是信息的提供,公开有时则是作为行政上的义务履行确保手段的信息的利用,行政调查则正是信息的收集。”①因此,保密作为一种管理方式和手段,本身阶级性并不明显,保密并不必然压制乃至破坏民主,对其性质和作用的判断和评价主要要看其服务对象。现实中,从来没有一个国家主张和实践百分之百的政府信息公开或者保密制度。在总体上,与公开相比,保密当然是次要的、例外的、个别的、受限的,甚至是负面、消极的,但国家安全的重要性和优先性也是毋庸置疑的,执政者决不可头脑发热,简单否定甚至抛弃保密。从哲学上说,保密和公开是一对矛盾,如果没有保密,也就无所谓公开,反之亦然。因此,在具体政策上,保密范围宽泛固然不好,但也不是简单的越小越好,还是

① [日]盐野宏:《行政法总论》,杨建顺译,北京大学出版社2008年版,第217页。

应当严格依据人权和法治原则，结合各国实际，作出适当规定，从而在源头上确保国家秘密的正当性与合法性。

第二，中国保密法制史的分期和特点。保密法制的一个重要内容是保密与公开的关系。以保密与公开关系为标准，可以把中国保密法制史划分为三个阶段。自先秦至清代中期，属于中国保密法制的封闭发展时期，其最大特点是保密主要作为一种内部管理措施，没有社会公开的压力，因而立法的重点是健全完善保密的各种措施，以及对泄密罪的惩治，但实践中暴露出的保密过度等问题以及有识之士对此的一些思考和对策，却符合保密一般规律，显示出中国古代国家治理水平的提升，对现代保密法制建设也有一定的启示意义。

自清末至民国时期，属于中国保密法制的开放发展时期。这个阶段最大特点是保密法制必须回应新闻自由的冲击与挑战，并开始受到西方影响，呈现出国际化的特点。由于战争等原因，国家安全危机空前严峻，保密法制有被动和过严的一面，但新闻自由也有泛滥和过度的地方，同时因为法制不健全，缺乏制度平台进行沟通、形成共识，政府与报界经常发生激烈冲突乃至不可收拾。但总的来看，保密法制与新闻自由的关系还是比较协调的，处于冲突—调适—冲突状态。在这个阶段，新闻业实质争取的还是行业权益，一般民众还没有适当途径和力量维护知情权，对国家保密制度提出质疑和挑战。

新中国成立以来，属于中国保密法制的全面发展时期。这个阶段最大特点是保密法制必须直面回应公民知情权的挑战。一方面，在中国共产党坚强领导下，保守国家秘密成为公民的法定义务，全国人民保守国家秘密的观念和意识普遍加强，建立了现代意义上的统一的国家保密制度；另一方面，随着长期战争状态的结束，和平建设的开始，公民自由寻求、获取和利用信息的需要比以往任何一个时期都迫切。改革开放以后，政府信息公开成为世界潮流，公民开始利用法律手段维护自己的知情权，权利意识日益强烈，国家秘密与信息自由权冲突比以往显著。

第三，影响中国保密法制的因素。中国保密法制的近代化和独立化，在根本上属于社会发展的产物。在中国古代农耕社会，政府信息公开的压力和动机都显著不足，邸报也远未成长为现代公共传媒，因而在整体上，中国古代保密法制还停留于对国家秘密的消极保护，还谈不上对信息资源的合理利用。清末以来国家安全危机的空前严峻，信息传播途径和方式的重大变革，特别是新闻业的兴起，新闻自由观念的形成，直接推动保密法制的近代化和独立化。

这段历史也同时证明，只有在社会进步与制度改良基础上，保密法制才能健康发展，保密工作才能成效卓著。袁世凯政府关于报纸应守军事秘密范围的规定，如果仅从字面而论，其内容和程序均无太多可以訾议之处，且表现出对法治和民意的尊重，但却引发报界的一再抗议。南京国民政府战时新闻保密检查虽符合国际惯例，但也不断遭到民意的反对，个别新闻媒体甚至公然发表涉密消息。其中原因何在？似乎都需要从具体历史环境入手分析。当政府以公权为上，把民意和民权当玩偶的时候，最完美的法律大概也难以给民众安全与信赖。正如有学者在分析清末电报泄密时指出的，进入20世纪后，电报泄密的主导因素已由制度因素逐步向社会因素转移，从而呈现出制度在不断完善，泄密却日渐频繁的诡异态势。这从一个侧面折射出清末严重的社会颓势与危机。保密与新闻自由冲突只是社会之一端，其关系缓和根本上取决于社会的进步与制度的改良。

第四，中西保密思想与法制的异同。中西保密地位和作用、保密制度起源与发展方面都存在一些重大不同。但这主要是由于社会、历史和文化等因素造成的，谁都不能指望明清社会提出新闻自由主张，也很难设想在日寇铁骑下的民国政府实行政府信息公开。但新中国成立特别是改革开放以来，中西保密思想和法制趋同因素确实日渐增多，比如，以公开为常态、保密为例外主张的提出和落实；以定密为核心的保密法制框架的形成；以科技为核心、适应互联网时代的保密标准的颁布；以政府信息公开诉讼为途径的定密异议等。随着全球化、信息化、公开化和法治化的发展，中西保密法制相似之处可能还会更多。但无论怎样发展，既确保国家秘密安全，又便利信息资源合理利用，是中国保密法制应当坚持的根本宗旨。

第五，保密问题的法制史意义。上述考察证明，中国保密法制史的发展符合且体现着法制建设和保密工作的一般规律，在世界法制史上也不逊色。而这些特点是以民刑为标准的部门法制史研究难以发现的。这启示我们，在法律史研究中，除了目前通行的部门法思路之外，不妨尝试以具体事务为标准的部门法思路，围绕土地、水利、反贪这样一些具体问题，看看当时中国人在法律上是怎样解决的，或许也可以有许多新的发现。

主要参考文献

一、中 文 著 作

1. 曹立新:《在统制与自由之间——战时重庆新闻史研究(1937—1945)》,广西师范大学出版社 2012 年版。

2. 中央文献研究室编:《毛泽东年谱(1893—1949)》,中央文献出版社 2014 年版。

3. 中共中国人民大学委员会:《高等学校右派言论选编》,中国人民大学出版社 1958 年版。

4. 沈醉:《军统内幕》,文史资料出版社 1984 年版。

5. 国家保密局法规处:《美国保密法律制度》,金城出版社 2000 年版。

6. 中国第二历史档案馆:《民国时期文书工作和档案工作资料选编》,档案出版社 1987 年版。

7.《孙子兵法新注》,中华书局 2005 年版。

8.(宋)曾公亮、丁度:《武经总要》,解放军出版社 1993 年版。

9. 中共中央组织部、中共中央党史研究室、中央档案馆编:《中国共产党组织史料》,中共党史出版社 2002 年版。

10. 中国第二历史档案馆:《中华民国史档案资料汇编》,江苏古籍出版社 1991、1999 年版。

11. 戚其章:《中日战争》第五册,中华书局 1993 年版。

12. 政协江苏委员会文史资料研究委员会:《中统内幕》,江苏古籍出版社 1987 年版。

13. 白新良:《清代中枢决策研究》,辽宁人民出版社 2002 年版。

14. 陈方正编辑校订:《陈克文日记(1937—1952)》,社会科学文献出版社 2014 年版。

15. 陈谦平:《民国对外关系史论》,三联书店 2013 年版。

16. 程树德:《九朝律考》,中华书局 2006 年版。

17. 费云东:《中共保密工作简史(1921—1949)》(内部),金城出版社 1994 年版。

18. 冯尔康:《雍正传》,人民出版社 1985 年版。

19. 高格、韩立朝主编:《保密法总论》,金城出版社 1995 年版。

20. 高庆德等:《美国情报组织揭秘》,时事出版社 2011 年版。

21. 戈公振:《中国报学史》,岳麓书社 2011 年版。

22. 顾炎武:《日知录》,上海古籍出版社 2012 年版。

23. 郭卫:《大理院解释例全文》,世界书局 1933 年版。

24. 郭卫:《大理院判决例全文》,世界书局 1933 年版。

25. 国家保密局:《中华人民共和国保守国家秘密法释义》,金城出版社 2010 年版。

26. 国家保密局编:《保密法比较研究》,金城出版社 2001 年版。

27. 侯健:《表达自由的法理》,上海三联书店 2008 年版。

28. 后向东:《美国联邦信息公开制度研究》,中国法制出版社 2014 年版。

29. 黄金鸿:《英国人权 60 案》,中国政法大学出版社 2011 年版。

30. 黄濬:《花随人圣庵摭忆》,中华书局 2013 年版。

31. 黄源盛纂辑:《晚清民国刑法史料辑注》,台湾元照出版有限公司 2010 年版。

32. 江必新主编:《最高人民法院关于审理政府信息公开行政案件若干问题的规定——理解与适用》,中国法制出版社 2011 年版。

33. 江庸:《保守国家机密暂行条例浅说》,上海大众法学出版社 1951 年版。

34. 李飞主编:《中华人民共和国保守国家秘密法解读》,中国法制出版社 2010 年版。

35. 李广宇:《政府信息公开判例百选》,人民法院出版社 2013 年版。

36. 李启成点校:《资政院议场会议速记录》,上海三联书店 2011 年版。

37. 李文海:《历史并不遥远》,中国人民大学出版社 2004 年。

38. 李秀清:《大清新法令》第四卷,商务印书馆 2010 年版。

39. 李竹:《国家安全立法研究》,北京大学出版社 2006 年版。

40. 梁启超:《先秦政治思想史》,岳麓书社 2010 年版。

41. 林爱珺:《知情权的法律保障》,复旦大学出版社 2010 年版。

42. 刘杰:《知情权与信息公开法》,清华大学出版社 2005 年版。

43. 刘哲民:《近现代出版新闻法规汇编》,学林出版社 1992 年版。

44. 马光仁:《中国近代新闻法制史》,上海社会科学院出版社 2007 年版。

45. 梅仲协、罗渊祥编纂:《六法解释、判例汇编》,上海昌明书屋 1947 年版。

46. 钱大昕:《廿二史考异》,凤凰出版社 2008 年版。

47. 钱大昕:《潜研堂文集》,上海古籍出版社 2009 年版。

48. 钱大昕:《十驾斋养新录》,上海书店 2011 年版。

49. 沈家本:《历代刑法考》,中华书局 1983 年版。

50. 王宠惠:《中华民国刑法》,中国政法大学出版社 2006 年版。

51. 王剑:《明代密疏研究》,中国社会科学出版社 2005 年版。

52. 王名扬:《法国行政法》,中国政法大学出版社 1989 年版。

53. 王名扬:《美国行政法》,中国法制出版社 2005 年版。

54. 王名扬:《英国行政法》,中国政法大学出版社 1987 年版。

55. 王鸣盛:《十七史商榷》,上海书店 2005 年版。

56. 王四新:《表达自由——原理与应用》,中国传媒大学出版社 2008 年版。

57. 王应麟:《困学纪闻》,上海古籍出版社 2008 年版。

58. 夏东元编著:《郑观应年谱长编》,上海交通大学出版社 2009 年版。

59. 夏勇主编:《保密法学教程》,金城出版社 2013 年版。

60. 谢振民:《中华民国立法史》,中国政法大学出版社 1999 年版。

61. 杨启樵:《雍正帝及其密奏制度研究》,广东人民出版社 1983 年版。

62. 杨伟东:《政府信息公开主要问题研究》,法律出版社 2013 年版。

63. 杨珍:《清朝皇位继承制度》(修订版),学苑出版社 2009 年版。

64. 叶德浩:《谍战与其防卫》,同林堂印书局 1947 年版。

65. 余绳武主编:《沙俄侵华史》,人民出版社 1976 年版。

66. 张明杰:《开放的政府——政府信息公开法律制度研究》,中国政法大学出版社 2003 年版。

67. 张群:《上奏与召对:中国古代决策规划和程序研究》,上海人民出版社 2011 年版。

68. 张瑞德:《山河动:抗战时期国民政府的军队战力》,社会科学文献出版社 2015 年版。

69. 张宗栋:《新闻传播法规》,台湾三民书局 1978 年版。

70. 赵翼:《陔余丛考》,河北人民出版社 2007 年版。

71. 赵翼:《廿二史劄记》,凤凰出版社 2008 年版。

72. 赵建国:《分解与重构:清末民初的报界团体》,三联书店 2008 年版。

73. 中国政治法律学会编:《政法界右派分子谬论汇集》,法律出版社 1957 年版。

74. 周汉华主编:《外国政务公开制度》,中国法制出版社 2003 年版。

75. 周汉华主编:《政府信息公开条例专家建议稿》,中国法制出版社 2003 年版。

76. 周汉华主编:《中国政务公开的实践与探索》,中国法制出版社 2003 年版。

77. 周勋初修订:《韩非子校注》,凤凰出版社 2009 年版。

78. 朱传誉:《宋代新闻史》,台湾商务印书馆 1967 年版。

79. 庄吉发:《清代奏折制度》,台湾"故宫博物院"1979 年版。

80. 孙承泽:《春明梦余录》,北京古籍出版社 1992 年版。

二、中文论文

81. 邓颖超:《一个严格遵守保密纪律的共产党员——为纪念建党六十一周年作》,载《怀念周恩来》,人民出版社 1986 年版。

82. 刘少奇:《论公开工作与秘密工作》,载《中共中央文件选集》第十二集,中共中央党校出版社 1986 年版。

83. 邓小平:《要重视保守国家机密》,载《邓小平西南工作文集》,重庆出版社 2006 年版。

84.《为了帮助国家统计局整风,薛暮桥局长邀请京津部分经济学统计学教授举行座谈会》(1957 年 5 月 20 日),《统计工作》1957 年第 12 期。

85.《于萍涉嫌故意泄露国家秘密案》,载最高人民法院中国应用法学研究所编:《人民法院案例选》(总第 47 辑,2004 年刑事专辑),人民法院出版社 2005 年版,第 535 页。

86.《政府信息公开行政案中派生国家秘密的认定——浙江高院判决

上海经协公司诉建德市政府其他信息公开案》,《人民法院报》2012 年 7 月 19 日。

87. 蔡墩铭:《刑法关于军事秘密之保护》,《台湾法令月刊》1985 年第 9 期。

88. 蔡志方:《资讯不公开——中国国防机密法制之研究》,载《法治与现代行政法学》,台湾元照出版有限公司 2004 年版。

89. 陈玺:《唐律"漏泄禁中语"源流考》,《华东政法大学学报》2012 年第 1 期。

90. 陈新民:《新闻自由与司法独立——一个比较法制上的观察与分析》,载陈新民:《德国公法学基础理论》(下卷),法律出版社 2010 年版,第 454 页。

91. 程洁:《公开与保密:以资讯公开制度为核心》,《岳麓法学评论》2001 年卷。

92. 程味秋、周士敏:《论审判公开》,《中国法学》1998 年第 3 期。

93. 法治斌:《知的权利》(1982 年),载《人权保障与释宪法制》,台湾月旦出版公司 1993 年版。

94. 范姜真薇:《国家机密与知的权利》,《律师杂志》2000 年第 266 期。

95. 范姜真薇:《日本资讯公开法救济程序之探讨》,台湾《东吴法律学报》2005 年第十七卷第一期。

96. 范姜真薇:《政府资讯公开与国家秘密保护——以日本之学说与实务见解为主》,台湾《政大法学评论》第 100 期。

97. 冯军:《瑞典新闻出版自由与信息公开制度论要》,《环球法律评论》2003 年冬季号。

98. 高一飞、张金霞:《日本的死刑执行公开制度——兼论死刑执行信息公开的限度》,《日本问题研究》2013 年第 1 期。

99. 郭成康:《雍正密谕浅析——兼及军机处设立的时间》,《清史研究》1998 年第 1 期。

100. 郭杰:《中国政府保密工作的现状》,《环球法律评论》2002 年秋季卷。

101. 郭杰:《信息公开与保密的法律保障》,《信息网络安全》2007 年第 4 期。

102. 贺诗礼:《关于政府信息免予公开典型条款的几点思考》,《政治与法律》2009 年第 3 期。

103. 金庸:《康熙朝的机密奏折》,载《鹿鼎记》附录,广州出版社 2008 年版。

104. 康黎:《论沈家本的死刑程序观》,《中华文化论坛》2006 年第 1 期。

105. 赖晨:《郑观应与清末电报保密》,《重庆邮电大学学报》2010 年第 5 期。

106. 李国荣编选:《清末修订报律史料选载》,《历史档案》1988 年第 3 期。

107. 李书永:《宋代保密制度研究》,河南大学 2011 年硕士论文。

108. 李文海、康沛竹:《甲午战争与日本间谍》,《清史研究》1994 年第 4 期。

109. 廖天威:《国家机密法制与新闻自由的平衡与互动》,2003 年 2 月 10 日。

110. 林爱珺:《基于知情权的国家保密制度研究》,《新闻理论》2008 年第 1 期。

111. 林明锵:《公务机密与行政资讯公开》,《台湾大学法学论丛》1993 年第二十三卷第一期。

112. 刘全:《邓小平与西南局时期的保密工作》,《红岩春秋》2011 年第 3 期。

113. 龙文懋:《侵犯国家秘密犯罪中国家秘密的甄别问题研究》,《中国人民公安大学学报》2008 年第 1 期。

114. 邱贞慧:《国家机密法制之研究——以机密资讯审定为中心》,台湾东吴大学法律系 2008 年硕士论文。

115. 沈福俊:《建立与政府信息公开制度相适应的保密制度——以〈保守国家秘密法〉的修改为视角》,《法学》2009 年第 9 期。

116. 沈逸:《开放、控制与合作:美国国家信息安全政策分析》,复旦大学国际关系与公共事务学院 2005 年博士论文。

117. 宋长军:《日本信息公开法的制定与特点》,《外国法译评》2000 年第 1 期。

118. 苏俊雄:《论国家机密法益与新闻自由的保护》,《政大法学评论》1993 年第 48 期。

119. 孙昶永:《读吴景超、林和成两教授发言有感》,《中国统计》1957 年第 13 期。

120. 孙世彦:《公开死刑资料:联合国的要求以及中国的应对》,《比较法研究》2015 年第 6 期。

121. 田真:《建国初期党的保密工作及中央秘书处的保密制度》,《办公室业务》2010 年第 1 期。

122. 汪全胜:《论政府信息的保密范围》,《软科学》2006 年第 5 期。

123. 王晖:《内地与香港保密法比较研究》,《中国法律》2003 年第 2 期。

124. 王锡锌:《政府信息公开语境中的"国家秘密"探讨》,《政治与法律》2009 年第 3 期。

125. 王学珍:《清末报律颁布前后的报界反应》,《广州广播电视大学学报》2008 年第 6 期。

126. 王学珍:《清末报律的实施》,《近代史研究》1995 年第 3 期。

127. 王学珍:《清末报律的制定》,《中山大学学报论丛》1994 年第 1 期。

128. 吴福环:《清季总理衙门工作制度和运转上的几个特点》,《新疆大学学报》1991 年第 3 期。

129. 吴宗谋:《军事机关与秘密保护法制——以国家机密保护法为中心》,《军法专刊》第 94 卷第 20 期。

130. 夏勇:《西方新闻自由初探——兼论自由理想与法律秩序》,《中国社会科学》1988 年第 5 期。

131. 徐世龙:《唐代保密制度与泄密问题研究》,陕西师范大学 2013 年硕士论文。

132. 徐向丽、周立强:《对近年来北京市泄密罪案的分析》,《人民检察》1994 年第 12 期。

133. 徐子婷:《新闻自由与刑法之冲突——以美国法为中心,论泄密、诽谤与侵犯隐私之责任》,台湾政治大学法律研究所 2002 年硕士论文。

134. 闫晓丽:《大数据时代的个人信息及隐私保护立法研究》,《保密科学技术》2015 年第 9 期。

135. 颜廷、任东来:《美国新闻出版自由与国家安全——以 1971 年五角大楼文件案的研究为中心》,《新闻与传播研究》2008 年第 6 期。

136. 杨奎松:《张东荪"叛国案"再研究》,载《忍不住的关怀》,广西师范大学出版社 2013 年版。

137. 杨伟东:《美国情报自由法诉讼述评》,《甘肃政法学院学报》1999 年第 3 期。

138. 杨小军:《定密行为的法律性质与可诉性研究》,《河南科技学院学报》2011 年第 7 期。

139. 杨小军:《政府信息公开范围若干法律问题》,《江苏行政学院学报》2009年第4期。

140. 杨植钧:《国家安全资讯之豁免》,http://ja.lawbank.com.tw/pdf2/0182-0207.pdf。

141. 余华青:《略论秦汉王朝的保密制度》,《中国史研究》2002年第3期。

142. 袁物蕴:《新中国保密法制研究的回顾与思考》,《法律文献信息与研究》2011年第4期。

143. 詹胜创,《国防科技保密法制之研究》,中原大学财经法律学系2005年硕士论文。

144. 张金霞:《死刑执行公开研究》,西南政法大学2012年硕士论文。

145. 张千帆:《政府公开的原则与例外——论美国信息自由制度》,《当代法学》2008年第5期。

146. 张群:《论国家秘密司法审查》,《法治研究》2014年第6期。

147. 张群:《谈谈中国古代的保密文化》,《北京电子科技学院学报》2013年第1期。

148. 张群:《西方保密理论初探》,《北京电子科技学院学报》2015年第1期。

149. 张群:《中国保密法制历史研究的意义、现状与展望》,《北京电子科技学院学报》2013年第3期。

150. 张群:《中国近代保密法制与新闻自由》,《政法论坛》2012年第3期。

151. 张新宝、王伟国:《司法公开三题》,《交大法学》2013年第4期。

152. 张玉瑞:《商业秘密保护范围的发展》,《法学研究》1995年第4期。

153. 赵冬:《中美涉密证据质证制度比较》,《保密科学技术》2015年第10期。

154. 赵现海:《银章密奏与洪熙中枢政治》,《故宫博物院院刊》2010年第6期。

155. 赵正群、崔丽颖:《判例对免除公开条款的适用——对美国信息公开诉讼判例的初步研究》,《南京大学学报》2008年第6期。

156. 赵正群、宫雁:《美国的信息公开诉讼制度及其对中国的启示》,《法学评论》2009年第1期。

157. 浙江省高级人民法院课题组:《政府信息公开行政诉讼案件疑难

问题研究——以浙江法院审理的行政案件为实证样本》,《行政法学研究》2009 年第 4 期。

158. 郑春燕:《政府信息公开与国家秘密保护》,《中国法学》2014 年第 1 期。

159. 钟高玉:《我参与侦破"黄浚案"》,《纵横》1995 年第 4 期。

160. 周宝荣:《宋代的书稿审查》,《社会科学》1995 年第 5 期。

161. 周汉华:《〈保守国家秘密法〉修改述评》,《法学家》2010 年第 5 期。

162. 周汉华:《美国政府信息公开制度》,《环球法律评论》2002 年第 3 期。

163. 朱芒:《开放型政府的法律理念与实践——日本信息公开制度》(上、下),《环球法律评论》2002 年秋季号、冬季号。

三、中 文 译 著

164. [美]唐·R.彭伯:《大众传媒法(第 13 版)》,金玺、赵刚译,展江校,中国人民大学出版社 2005 年版。

165. 国家保密局法规室编:《国外保密法规选编》,金城出版社 1997 年版。

166. 国家保密局法规室编:《外国保密法律法规汇编》,金城出版社 2009 年版。

167.《世界新闻法律辑录》,社会科学文献出版社 2010 年版。

168. [德]盖奥尔格·西美尔:《社会学——关于社会学形式的研究》,林荣远译,华夏出版社 2002 年版。

169. [德]康德:《论出自人类之爱而说谎的所谓法权》,载李秋零主编:《康德著作全集》第 8 卷《1781 年之后的论文》,中国人民大学出版社 2010 年版。

170. [美]艾布拉姆·N.舒尔斯基:《无声的战争》,罗明安、肖皓元译,金城出版社 2011 年版。

171. [美]大卫·约翰逊:《在国家秘密处决之处:日本的死刑》,江溯译,《刑事法评论》第 19 卷。

172. [美]盖里·罗斯:《谁来监管泄密者?国家安全与新闻自由的冲突》,巩丽娟译,金城出版社 2013 年版。

173. [美]凯斯·森斯坦:《政府对信息的控制》,李志强译,《比较法研究》2007 年第 2 期。

174. [美]肯尼斯·F.沃伦:《政治体制中的行政法》,中国人民大学出版社 2005 年版。

175. [美]理查德·波斯纳:《并非自杀契约:国家紧急状态时期的宪法》,苏力译,北京大学出版社 2010 年版。

176. [美]迈克尔·华纳:《情报的兴衰:一部国际安全史》,黄日涵、邱培兵译,社会科学文献出版社 2016 年版。

177. [美]斯蒂格利茨:《自由、知情权和公共话语——透明化在公共生活中的作用》,宋华琳译,《环球法律评论》2002 年秋季号。

178. [美]托比·曼德尔:《信息自由:多国比较》,龚文庠等译,社科文献出版社 2011 年版。

179. [日]西田典之:《日本刑法各论》,刘明祥、王昭武译,中国人民大学出版社 2013 年版。

180. [日]藤仓皓一郎等:《英美判例百选》,段匡等译,北京大学出版社 2005 年版。

181. [日]右琦正博:《国家之秘密与国民之知的权利——外务省公电泄漏事件》,李鸿禧译,载荆知仁主编:《宪法变迁与宪政成长》,台湾正中书局 1984 年版。

182. [英]理查德·迪肯:《日本情报机构秘史》,群益译,群众出版社 1985 年版。

183. 张卓明译:《涉密案件程序法》,《行政法学研究》2010 年第 4 期。

四、英文论著

184. *Ann Rogers*, *Secrecy and Power in the British State*: *a History of the Official Ac*, London, Pluto Press, *1997*.

185. Cass R.Sunstein, *Government Control of Information*, *California Law Review*(74), *1986*.

186. Daniel Patrick Moynihan, *Secrecy*: *The American Experience*, *New Haven*, *Yale University Press*, *1998*.

187. *David Kahn*, *The Codebreaker*, *The Story of Secret Writing*,

Ecribner(*1996*).

188. Donald C. Rowat(Ed.), *Administrative Secrecy in Developed Countries*, *Columbia University Press*, *New York 1979*.

189. Itzhak Galnoor (Ed.), *Government Secrecy in Democracies*, *New York University Press*, *1977*.

190. J.O'Reilly, *Federal Information Disclosure*, Shepards/Mcgraw-Hill, 2000.

191. Juha *Mustone*(*ed*), *The World's First Freedom of Information Act*, *Anders Chydenius Foundations*, *2006*.

192. Kenneth F.Warren, *Administrative Law in the Political System* (*5th Edition*), *Westview Press*, *2011*.

193. Steven Aftergood, *Government Secrecy and Knowledge Production*: *A Survey of Some General Issues*(1999), *www.fas.org*.

194. Susan L.Maret and Jan Goldman(Ed.), *Government Secrecy—Classic and Contemporary Readings*, *Libraries Unlimited*, *2009*.

后　记

本书的初稿是笔者 2013 年在中国政法大学完成的博士后研究报告，大部分内容曾在报纸杂志上发表。这次出版前，从观点、结构到资料等各方面都进行了修改，有些章节几乎是重新写过，但还是有一些资料没有来得及查阅，有一些问题没有想清楚，恳请广大读者和专家批评指正。

付梓之际，要首先感谢导师朱勇教授。朱老师是新中国培养的第一届法学博士，著名法律史专家，博士论文《清代宗族法研究》和译著《中华帝国的法律》(*Law in Imperial China*)享誉海内外。在撰写本书过程中，我还多次阅读这些作品，以求获得灵感和启发。对我的博士后研究，朱老师曾有比较周到的考虑和安排。但因个人原因，我选择了在当时看来似乎更易完成的保密法。这给朱老师的工作造成很大困扰。对此我深感歉疚，亦感谢朱师的宽容。

衷心感谢师母成亚平女士。成老师出身革命军人家庭，快人快语，平易近人，对学生关怀备至。她召集的聚会，总是温馨而又活泼，让我倍感亲切和温暖。感谢张文江、关丹丹、范辉、杨红、乔惠全、刘盈皎等师弟师妹，对我的"不情之请"一向来者不拒，解除我的"法大之忧"，衷心祝福他们学业进步。感谢国家图书馆赵红研究馆员、清华大学法学院于丽英馆长、中国社会科学院法学研究所蒋隽研究馆员、北京大学历史系韩策博士、清华大学法学院研究生刘信一同学、台湾大学历史系陈重方博士不辞辛劳，帮我查找资料。感谢同门中南财经政法大学法学院李栋教授，虽然远在武汉，但答辩和出站等事务多由其一手操持，我坐享其成，惭愧又感动。感谢中国政法大学博士后流动站郑永吉主任及其同事，为我的研究和生活提供许多方便。

特别感谢中国人民大学法学院赵晓耕教授、中国政法大学法学院刘广安教授、北京大学法学院李启成教授拨冗参加博士后报告出站答辩，并提出重要修改意见。在参与撰写《保密法学教程》、《保密工作概论》的过程中，国家保密局和金城出版社的领导、专家以及编写组同仁就史料引用、法理分析、语言表达提出许多很好的意见和建议，为本书增色不少。感谢清华大学法学院吴杰博士、吉林大学法学院杨芹博士、北京大学法学院研究生方瑞同学、四川大学法学院研究生赵菘同学、中国社科院法学所研究生朱乾乾同学、华东师范大学法学院研究生韩姗姗同学在资料搜集和书稿整理上的大力惠助。

感谢中国社会科学院法学研究所杨一凡教授、孙宪忠教授、周汉华教授、李明德教授、薛宁兰教授、刘仁文教授、张生教授，清华大学法学院苏亦工教授、程洁教授，南开大学法学院侯欣一教授，华东政法大学李秀清教授，南京大学法学院张仁善教授，西南民族大学杜文忠教授，北京电子科技学院孙宝云教授对我从事学术研究的支持与鼓励。他们也都是我尊敬的学者。

感谢陈亮、陈新宇、陈煜、崔明逊、邓建鹏、段晓彦、高汉成、高琦、胡兴东、胡震、解锟、李洪雷、李青武、刘敬东、刘晓林、刘昕杰、牟宪魁、聂鑫、沈一民、石经海、宋华琳、宋玲、苏苗罕、孙家红、田雷、王昊、王静、王沛、王帅一、汪雄涛、吴一鸣、尤陈俊、张卓明、郑磊、周振杰、赵晶、朱腾等学界朋友。相识十多年来，他们一直在各自研究领域孜孜以求、不改其乐，与他们的聚会和交流是我生活中最轻松愉快的部分，也是我坚持学术研究的重要动力。

2014 年，笔者有幸到甘肃省定西市渭源县挂职锻炼一年。渭源是著名哲学家、国学大师汤用彤先生的诞生地与黄河主要支流渭河的发源地，历史悠久，文化厚重，境内伯夷叔齐采薇之首阳山、秦长城遗址、清代藏族土司寨堡等名胜古迹，让人颇生思古幽情。一年间，亲身参与基层政权运作，近距离体察民艰，不啻阅读正在发生的鲜活历史。渭源朋友和挂职同事与我热情交流党建、政法、教育、扶贫、民政等方面的见闻、感受、意见和建议，不仅增长了我的知识，也加深了彼此的情谊。这些都直接间接促进本书的写作。在此意义上，本书也是挂职生活的一段记忆，弥足珍贵。

在查阅资料过程中，我还惊讶地发现，1938 年 7 月国民党军第 41 师为防守武汉进行的王家牌楼战役，就发生在我的故乡安徽省潜山县牌楼乡（现属黄铺镇）。日本防卫战史研究室编写的《支拿事变陆军作战史》对此役有具体记载，且赞扬国军英勇善战。该师师长丁治磐回忆录（九州出版社 2013 年版《丁治磐先生口述历史》）中提到的司令部驻地驾雾冲（现属潜山县水吼镇），是我小时就听说过的大山深处一个颇有点神秘色彩的村庄，现已是小有名气的风景点。抗战期间，以李宗仁、白崇禧为首的桂系军队奉命驻防安徽。离我家不过二里之遥的云峰村李大屋，背山面水，位置险要，两度成为桂系第 138 师师部驻地，并因此遭受日军扫荡，多名群众惨死日军屠刀之下，现已辟为抗战纪念馆对外开放。第138师驻皖期间最耀眼的战绩之一是在邻近的太湖县张家榜上空，击落敌第11军司令官冢田攻所乘飞机，并获重要机密文件，冢田攻及随行人员当场身亡。白崇禧在回忆录中专门提及此事。我少时就读的野寨中学，则是为纪念桂系第176师在安庆地区牺牲的烈士设立的学校。该师曾长期驻扎潜山境内，与驻安庆日军迭有战斗。1943年，在皖鄂两省13县人士协助下，第176师在潜山县野人寨修建抗日阵亡烈士公墓，殓葬烈士遗骸近1 000具；同时，“为期永久纪念忠烈，培植烈士遗族及地方优秀青年起见”，在墓园设立私立景忠初级中学，七十余年弦歌不辍，现为安徽省级示范重点中学。176师在安庆期间的作战日记后收入中国档案出版社1995年出版的《抗日战争时期国民党军作战机密日记》一书，本书引用其中多则资料。笔者幼时就眼熟于牌楼山头的碉堡，听奶奶诉说“跑鬼子反”的往事，但看到如此丰富的文字记载还是第一次，生命仿佛一下被拉长。谨记于此，以示对桑梓和母校的祝福与先烈的敬意。

最后，感谢全国哲学社会科学规划办、中央党校科研部及各位匿名评审专家，感谢国家保密局科研管理部门和财务管理部门的领导和同事，感谢上海人民出版社的领导和编辑朋友。本书的出版有他们的诸多辛劳。

这本书断断续续写了五六年，日子就这样匆匆流逝，我也从年逾而立到岁近不惑。幸有小女源源的成长，让人感到生命的欢欣与快慰。愿她健康、快乐、幸福、美丽，拥有一个波澜壮阔、自由洒脱的精彩人生。

张　群

2014年12月27日修改稿，2017年1月13日定稿

图书在版编目(CIP)数据

中国保密法制史研究/张群著.—上海:上海人民出版社,2017
ISBN 978-7-208-14510-8

Ⅰ.①中… Ⅱ.①张… Ⅲ.①保密法-法制史-研究-中国 Ⅳ.①D922.142

中国版本图书馆CIP数据核字(2017)第112163号

责任编辑 汪 娜
封面设计 夏 芳

中国保密法制史研究
张 群 著
世 纪 出 版 集 团
上海人民出版社出版
(200001 上海福建中路193号 www.ewen.co)
世纪出版集团发行中心发行 上海商务联西印刷有限公司印刷
开本720×1000 1/16 印张21 插页4 字数347,000
2017年6月第1版 2017年6月第1次印刷
ISBN 978-7-208-14510-8/D·3038
定价68.00元